평범한 사람들의
히말라야 14좌
①

평범한 사람들의 히말라야 14좌 ①

한의사 남편과 플루티스트 아내가 함께한
히말라야 14좌 베이스캠프 트레킹

최찬익·서지나 지음

그러나

걸음이 아주 느린 평범한 남편의 말

여행을 좋아하는 보통 사람으로서 목숨을 걸지 않고, 정상을 오르는 등산 장비를 사용하지 않으면서 일생에 한번 해볼 만한 의미 있는 여행 프로젝트가 무엇일까 생각해봤다. 그에 대한 답으로 20년 전부터 혼자 설산을 다녔지만 아직도 미완으로 남아 있던 히말라야 14좌의 베이스캠프를 아내와 처음부터 다 걸어보기로 했다.

이 여행이 앞으로의 삶을 살아가는 데 오래 남을 좋은 추억거리가 되었으면 했고, 앞으로 남은 평범한 다른 여행 계획에도 많은 영감을 주었으면 했다.

첫 번째 여행은 안나푸르나, 다울라기리, 마나슬루의 베이스캠프까지 걸었다. 쉬울 것 같아서 첫 코스로 잡은 안나푸르나에서 매일 우박을 맞고, 비를 맞고 걸어야 했다. 다울라기리에서는 어렵게 마지막 코스까지 도착했지만, 어둡고 칼날 같은 능선에서 조난을 당해야 했다. 가이드는 혼자 도망을 치고, 5,000m가 넘는 험난한 절벽에서 아내와 둘이 밤새 내리는 눈을 맞으며 살아남기 위해 서로를 격려하며 쉬지 않고 몸을 움직여야 했다. 그 하룻밤이 십 년 같았다. 그 기나긴 밤을 지새우고 떠오르는 태양을 보며 살았음에 감격하고, 참으로 장엄한 산군들에 감격하기도 했다. 다울라기리 조난의 기억이 채 사라지기도 전에 지루하고 긴 저지대 산행을 해야 하는 마나슬루 베이스캠프까지 무사히 걸었다.

다음 시즌에는 칸첸중가와 마칼루 그리고 쿰부히말의 초오유, 에베레스트, 로체 남벽으로 트레킹을 진행했다. 유명한 사람들이 아니기에 협찬은 생각도 하지 못하고, 대부분의 트레커들처럼 우리도 아름다운 설산을 걷기 위해 온전히 우리가 번 돈을 저축해서 비용을 만들고, 열심히 일해서 시간을 만들었다.

이 책에는 그렇게 떠난 길에서 우리가 만난 평범하지만 소중한 이야기들이 담겨 있다. 히말라야의 설산을 처음 만나러 가는 이들이나, 여러 번 설산을 방문했지만 이 책에 소개된 미지의 길을 아직 못 가본 이들을 위해 다음과 같은 원칙으로 책을 서술하려고 노력했다.

첫째, 느리더라도 걸어서 큰 무리 없이 갈 수 있는 히말라야 14좌 베이스캠프로 가는 코스들에 대한 소개를 하려고 했다.

둘째, 여행사 패키지 상품이 아닌 모든 과정을 직접 준비하고, 많은 수업료를 지불하면서 알게 된 정보들을 충실히 담고자 했다. 각 산에 대한 기본적인 정보, 카트만두나 포카라에서 각 산의 베이스캠프로 가는 정확한 방법, 하루에 걸으면서 만나는 마을들에 대한 충실한 정보, 꾸렸던 스태프들에 대한 정보, 대략적인 예산, 새로이 변하고 있는 트레킹 루트에 대한 모든 정보를 숨김없이 전달하려고 했다.

현재 이 책에서는 히말라야 14좌 중에 네팔과 인도에 걸쳐 있는 8좌의 베이스캠프를 다루고 있다. 이 책에 나와 있는 여러 코스들 중 다울라기리, 마칼루, 마나슬루, 칸첸중가의 최신 트레킹 정보는 현재 한국은 물론 세계 유수의 가이드북에서도 찾기 어렵거나 다루지 않는 경우도 많았다.

초오유는 티베트가 아닌 네팔에서 접근해서 베이스캠프를 갔다. 티베트 쪽에서 초오유 베이스캠프를 방문하는 것은 의외로 쉽기 때문이다. 인도와 네팔 국경의 한가운데에 위치한 칸첸중가는 나중에 네팔의 남·북면 칸첸중가 베이스캠프와 종합적으로 소개할 기회를 가져보기로 하고 인도 시킴 주의 칸첸중가 국립공원에서 오르는 코스를 선택하여 다양한 접근 방법을 보여주려고 했다.

사람의 삶은 그리 길지 않다. 지금 이 순간은 다시는 돌아오지 않을 소중한 시간들이다. 이 여행은 내 삶의 주인으로서 주도적으로 생각하고, 결정하고, 단행한 아름다운 기억으로 남았다.

굳이 이 고생스럽고 힘들었지만, 그래도 너무나 소중했던 이 여행을 책으로 내고 싶었던 이유는 많은 사람들이 인생에 단 한 번이라도 길고 아름다운 길을 걸으며 스스로와 대화를 나누고, 자신의 깊은 내면을 들여다볼 수 있으면, 돌아와 현실에서 무겁고 힘든 짐을 지고 살아갈 때 위안이 되지 않을까 싶어서이다. 히말라야가 여러분의 외로움과 상처를 치유 해주기를 바라서이다.

우리 부부의 산행기들을 가이드 삼아 설산 방문 계획을 세우고, 설산에서 일찍 숙소에 도착한 날은 좋은 볕 아래에서, 또는 길고 긴 밤 헤드랜턴을 켜고 침낭 속에서 읽어준다면 더 많은 공감을 느낄 수 있을 것이라고 생각한다.

히말라야가 독자들의 외로움과 상처에 대한 치유, 혹은 같은 풍경을 본, 같은 길을 간 동지로 만들어주기를 고대한다.

남편의 온갖 감언이설에 속아 히말라야 14좌를 시작한 아내의 말

히말라야 14좌가 뭔지도 몰랐다. 어렸을 때 계룡산 금잔디 고개에 올라가본 것이 정상 등반의 처음이자 마지막이었다. 멀리서 본 설악산 울산바위 계단을 보고 겁에 질려 내려와버린 나다.

필리핀에 휴식차 갔다가 뜻하지 않은 교통사고를 당했다. 치료하던 의사와 백년가약을 맺고 그 후로 지겹도록 히말라야 이야기에 시달려야 했다. 어려서부터 유달리 몸이 약했던 나는 필리핀의 산을 타며 몸을 만들어 마침내 히말라야에 첫발을 들이는 데 성공했다. 남편은 히말라야 14좌가 뭔지도 모르고, 다울라기리에서 죽음을 눈앞에 두고도 현실을 파악하지 못하는 무지한 나를 잘 살려서 마침내 히말라야 8좌의 베이스캠프까지 무사히 도달하도록 해주었다.

흔히들 나를 보면 손에 물 한 방울 안 묻혀봤을 것 같다고 말한다. 그만큼 약해 보인다는 뜻일 거다. 그러면서 어떻게 그렇게 험한 곳을 가느냐고 묻는다. 무지에서 시작했고 무모한 첫걸음이었다. 하지만 그 첫걸음이 내 인생의 2막이었다고 고백한다.

길에 선 나는 플루티스트, 방송인, 학교 선생님, 이런 명칭은 다 벗어버리고 그냥 한 인간, 히말라야 풍경의 일부였을 뿐이었다. 지금 나는 다시 일상으로 돌아와 살아가고 있다. 여전히 밖의 일에서 스트레스 받고 하루하루 존버정신이다. 다만 잠들기 전 따뜻한 물에 샤워하고 있다는 사실, 내가 편안하게 숨을 쉰다는 사실에 감사하고, 편히 누울 수 있는 안락한 침대가 얼마나 행복한지 뼈저리게 안다는 것이 히말라야 14좌 여행 이후의 삶의 변화이다.

이 책을 읽는 분들에게 전하고 싶다. 때로는 말도 안 되게 무모해지시라고.

그때가 바로 지금이라고.

우리가 험한 곳에 가 있는 동안 주야로 우리를 걱정하고 안전을 위해 기도해주신 많은 분들이 있었다. 먼저 KUCM 진대홍 목사님을 비롯한 성도들께 지면을 통해 진심으로 감사드린다. 암 투병 중에서도 늘 우리가 먼저 이신 나의 엄마 이선옥 여사에게도 무한한 감사를 드린다.

　우리의 험난한 이 산행기를 과감히 출판해주시는 솔빛길 대표님에게 또한 깊이 머리 숙여 감사 인사를 하고 싶다. 마지막으로 깜도 안 되는 나를 데리고 히말라야를 구경시켜준 나의 사랑하는 남편 최찬익, 나의 평생 주치의에게 감사와 존경을 전하고 싶다.

2018년 5월 더운 마닐라에서 추운 설산을 그리워하며

최찬익, 서지나

목차

히말라야 8좌 난이도 및 여행환경표

산	난이도(1-5)	시설 및 여행환경(1-5)
안나푸르나 ABC	1	4.5
다울라기리 서킷	5	1
마나슬루 서킷	4	1,5
칸첸중가 고차라 BC	3	1
마칼루 BC	4.5	1
초오유 BC	3.5	5
에베레스트 BC	2.5	5
로체 사우스 BC	3	5

1-최저, 5-최고

· ANNAPURNA ·

1. 안나푸르나

🧭 카트만두 공항에서 타멜까지

비행기에서 내리면 셔틀버스를 타고 이동해서 공항 건물로 들어가게 된다. 요새는 네팔 이민국도 외국인들이 직접 여권을 기계에 대고 스캔해서 사진도 디지털로 기계를 보고 다 찍어 스스로 준비 한 후, 그 종이를 가지고 가서 비자 기간에 맞게 그 옆 은행에 비자비를 내고 그 영수증을 들고 이민국 가서 이민국 직원에게 비자 스티커를 받으면 되는 시스템이다.

프리페이드 택시 요금을 확인하고, 공항 입구 환전소에서 일단 50달러 정도만 바꿔서 택시를 타는 것이 좋다. 시내가 환율이 더 좋다.

환율, 1달러=100.5루피다.(2017년 현재) 프리페이드 택시 요금표에 따르면 타멜까지는 700루피이다.

Tip 공항에서는 최소 금액만 환전하자. 여행자 거리의 환전소들의 환율이 훨씬 좋다.

🧭 2017년 4월 20일 2일차 카트만두-포카라

호텔에서 택시를 불렀다. 300루피를 부른다. 걸어서 1km도 안 되는 거리지만 짐도 많고 오랫동안 네팔에 오지 않았으니 수업료도 조금씩 내야한다. 네팔 택시들은 내릴 때 보통은 잔돈이 없다고 하는 경우가 많으므로 잔돈을 미리 준비하는 것이 좋다.

그나마 택시 기사가 새로 생긴 투어리스트 버스인 자가담바 버스 정류장을 잘 안다고 해서 다행이었다. 짐은 많은데 버스 정류장이 어디에 있는지 인터넷에도 정확하게 안 나오고, 아는 사람이 별로 없어 걱정이 많았다.

그 작은 미니 카에 짐을 억지로 다 싣고 도착해보니, 카트만두 자가담바 버스 승차장은 안나푸르나 호텔 내부의 주차장 안에 있었다. 정확한 위치를 모르면 안나푸르나 호텔 문 앞을 지키는 여러 명의 호텔 경비원들 위세에 눌려 찾기도 힘들었을 거고, 전혀 상상이 가지 않는 위치였다. 막연히 생각하던 타멜 앞 왕궁 옆 골목의 투어리스트 버스들이 줄지어 서 있는 포카라 행 투어 버스 터미널이나 그린라인의 터미널은 자가담바 버스가 서는 곳이 아니다.

자가담바 버스의 좌석은 고급 마사지 의자처럼 좋으나 버스 안에 화장실은 없다. 버스는 오전 7시 반 출발하여 통상적으로는 오후 3시에 도착한다고 한다.

카트만두에서 포카라까지는 네팔 국내선 비행기나 그린라인 버스, 자가담바 버스를 이용할 수 있다.

비포장도로에서는 차가 마구 튀므로 서빙해 주는 뜨거운 커피는 조심해야 한다.

점심시간이 되자 고급 리조트에 차를 정차하고 뷔페식의 네팔 음식이 나왔다.

길을 가는 동안 보니 케이블카에, 래프팅에 많은 것들이 시도되고 있었다.

자가담바 버스는 승객에게 예약한 호텔을 물어보고 적절한 곳에 내려준다. 포카라 여행자의 중심지 페와 호수에 있는 레이크 사이드-센터 포인트 근방에서 하차했다. 3시 반쯤 도착했다. 짐이 많아 코앞이라도 그냥 택시를 타야 했다. 택시 기사는 우리는 무조건 기본 200루피라고 우겼다. 그래 수업료 삼아 200루피를 주고, 택시를 탔는데 아주 가까운 골목으로 들어가서 내리게 되었다.

예약한 호텔은 아이스 랜드 호텔이었고, 작은 수영장이 있고, 방도 크고 따뜻한 물이 잘 나오고, 에어컨과 옷장, 커피포트 등의 시설이 깔끔하고 좋다. 30불에 조식 포함인데, 괜찮은 호텔로 독자들에게도 추천한다.

오후 4시 넘어 다울라기리와 마나슬루 트레킹을 같이 할 에이전시 소속 가이드인 모니와 호텔에서 만났다. 30분 정도 대화 후 내일 다시 보자고 일단 보냈다.

포카라에서 환전은 액수가 1,000달러 정도 되면 약간 흥정이 가능하나 그렇게 크지는 않다. 은행이 환율이 더 좋긴한데, 돈이 남아도 은행에서 환전 금액의 15%만 다시 사주기 때문에 여행자들이 은행에서 환전을 잘 하지 않는다.

이번에 다시 네팔에 와서 느낀 것이지만, 각자 사는 나라의 물가를 생각하면 그래도 견딜 만은 하겠지만, 여행이라는 것이 현지의 물가로 다니는 것이고, 현지인과의 차이를 일정 부분 고려하여 다니는 것인데 지나쳐도 한참 지나치고 있었다. 어디를 가나 달러로 가격을 이야기하고, 외국인에 대한 바가지가 만연하고 있었다. 그러나 지불하는 비용 대비 서비스의 질은 저하하고 있으니 나중엔 어떻게 될지 모르겠다.

등산 에이전시 중 한 군데에 가서 다울리기리에 대해 한참 물어보고 많은 답을 얻었다. 에이전시 사장이 역시 가이드 출신인데 성실해 보였고, 에둘러 말하지 않았고 질문에 대해 별로 생각을 길게 하지 않고, 바로 답을 해주기도 하고 비교적 솔직했다. 그리고 자기 에이전시는 한국 손님들과 별로 접촉이 없어서 찾아주지 않는다고도 했다.

다른 곳에서도 몇 곳을 물어보고 느낀 건데, 에이전시 사장들이 경험이 많은 경우는 질문에 대한 답이 아주 정확하고, 가격도 명확하게 제시하였다. 말이 중언부언하고 질문에 대해 바로 답을 하지 못하거나 너무 쉽게 답을 하는 경우는 잘 모르는 경우이다.

여기에 오기 전에 미리 잘 준비한다고 온라인 상으로 상담 했었는데, 그때는 질문할 때마다 조금씩 가격만 올라가고 여전히 알고 싶은 건 오리무중이었다. 그런데 현지에 오니 가격 견적이 명확하게 나왔다. 단 반나절이면 되는 것을 쓸데없이 아까운 시간 낭비한 것이 후회되면서 해당 에이전시와 여러 조건을 재협상해야겠다 생각했다.

🕐 2017년 4월 21일 포카라 3일차

10시에 가이드를 만나기로 약속하고 이것저것 정리하고 10시에 가이드 만나 호텔에서 트레킹 회사로 1km 정도 걸어갔다. 그런데 얼굴 인상이 영 교활해 보여서 불안했다.

안나푸르나는 예측이 가능하고, 일정이 정확하게 지정되어 있어서 비용을 다 지불했다. TIMS에 카드를 만드는 비용이 20달러씩 이라고 되어 있는 부분이 있어 나중에 문제가 발생하지 않도록 1인당 10달러씩 2명으로 표기해 달라고 했다. 그리고 가이드와 포터의 보험비로 20달러로 정확하게 기재하게 했다.

다울라기리 비용을 보니 처음 견적에 가이드 비용이 25달러이었던 것이 슬그머니 포터 비용을 올리면서 같이 30달러로 올렸길래 다울라기리는 많이 어려운 코스니 이해하자고 하고 동의해줬다. 그런데 오늘보니 갑자기 35달러로 청구가 되어 있길래 이 부분은 바로잡았다.

이런 것을 명확하게 하지 않으면 나중에 문제가 발생하므로 에이전시를 바꿨어야 했는데, 에이전시와 가이드를 바꾸는 것이 간단하지 않을 것 같아서 그대로 진행했다.

　다울라기리나 마나슬루 같은 어드밴처 코스 산행으로 에이전시에 지불하는 가격은 일정의 변화가 예측 불허이고 대개들 목적지에 도달하지 못하고 실패하므로, 약 30% 수준으로 선금을 내는 게 관행이어서 그건 그렇게 했다.

　늦게까지 늦장을 부리다 다울라기리에 같이 갈 가이드를 만나서 필요한 거 사러 가야 한다고 해서 따라나섰다.

　가이드를 보자마자 든 생각은 만만치 않겠다 였다.

　역시나 물건을 사러 갔는데 의견이 전혀 안 맞는다. 뭐든지 자기 마음대로에 우리가 생각한 금액보다 딱 2배를 더 부른다. 곤란하다고 하자 그럼 자기는 못하겠단다. 그래서 그럼 하지 말자고 했다. 쓸데없이 택시비만 날렸다.

　다시 에이전시로 가서 안나푸르나는 그냥 하고 다울라기리는 안 한다고 환불받았다. 사장님이 출장 중이라 더 이야기가 안 됐다. 내일 오신다고 하는데 우리도 내일 안나푸르나로 출발해야 한다. 원래 계획에서 차질이 생겼다. 안나푸르나에서 바로 다울라기리로 이어서 가려고 했는데 가이드 문제로 다시 포카라로 와야 하나 고민하다가 아직 내 몸도 회복이 덜 되었고, 아침에 도착한다는 사장님을 만나고 가자고 남편에게 이야기했다.

　남편은 내 말을 참 잘 들어주는 편이다. 이번에도 역시 내 말을 따라준다. 솔직히 나는 하루를 더 쉬고 싶었는데, 너무 빨리 산에 가고 싶어 하는 모습에 차마 그 말은 하지 못했다.

안나푸르나 베이스캠프(ABC) 트레킹 소개

■ 안나푸르나(Annapurna 8,091m)

안나푸르나(Annapurna)의 안나(Anna)는 '곡식', 푸르나(purna)는 '가득하다' 라는 산스크리트 어로 풍요의 여신 혹은 수확의 여신이라는 이름으로 불린다. 힌두의 성지인 마차푸차레(Machapuchare, Fish Tail, 6,993m)가 이곳에 있어 숭상을 받는 곳이다.

1950년 다울라기리에서 등반로를 찾지 못하고 헤매다가 다른 곳의 등반로를 찾아 나섰던 프랑스 원정대의 모리스 에르조그(Maurice Herzog)가 1950년 6월 3일 세계 최초로 등반한 곳으로, 8,000미터 이상의 메이저 급 고봉이다.

히말라야 14개의 8,000미터 이상 고봉 중에서 높이 8,091m로 제10위의 산이다. 동쪽의 마나슬루 산군과 서쪽의 다울리기리 산군 사이에 위치하여 있는데, 산군의 길이가 무려 55km에 달한다. 안나푸르나는 다른 산군들과 마찬가지로 위치 순서가 아니라 높이 순서대로 명명이 되어서, 1, 2, 3, 4 봉으로 나가지 않고, 안나푸르나 1봉(8,091m), 3봉(7,555m), 4봉(7,525m), 2봉(7,937m), 강가푸르나(7,455m)의 순서로 산군이 형성되어 있다.

흔히 포카라에서 보게 되는 안나푸르나는 안나푸르나 남봉(7,219m)이다. 주봉인 안나푸르나 1봉은 안나푸르나 베이스캠프(ABC 4,130m)로 들어서면서부터 잘 보이고 이외의 지역에서는 주봉이 아닌 것처럼 보이기도 하고, 뒤로 숨어 있어서 보이지 않기도 한다.

일반적인 트레커들은 안나푸르나 남면, 즉 ABC로 향하지만, 정상을 오르는 원정대들은 남면 코스가 굉장히 어려우므로 안나푸르나 라운드 코스에 위치한 안나푸르나 북면 베이스캠프로 정상에 오르게 되고, 그래서 일반적인 트레커가 원정대를 만나게 되는 경우는 거의 없다.

최근 안나푸르나 트레킹 코스는 계속된 산악 도로 확장 공사로 네팔은 물론 히말라야 전체를 통 틀어 가장 트레킹하기 편하고 짧은 코스가 되었고, 풍요의 여신인 안나푸르나와 그를 호위하는 수많은 설산들을 산행 첫날부터 볼 수 있는 편리한 세상이 되었다. 그러나 그런 빠른 산행은 해발 4,200m까지 너무나 빨리 도달하게 하므로 고산병이 발생하는 경우가 많으니 편리해진 트레킹 코스가 꼭 좋은 것만은 아니다.

최근의 트레킹 트렌드는 따로 고산에 적응하는 휴식 일을 주지 않고 데우랄리에서 바로 ABC에 올랐다가 최대한 빨리 하산하는 치고 빠지는 방법으로 5박 6일 혹은 무리하여 4박 5일도 실시되고 있다. 그러나 트레커들이 고산병의 부담을 감수하면서 일출을 보기 위해 ABC에 머무는 것을 많이 시도하고 있어서 즐거운 트레킹이 인생에 길이 남을 고행 길이 되는 경우도 많은데, 상상으로만 생각하는 고산병과 실제로 겪는 고산병은 그 강도가 다르다.

필자는 안나푸르나 라운딩 중 마낭 근처의 브라가에서 단번에 안나푸르나 3봉 베이스캠프에 올라갔다가 죽음과도 같은 온몸의 마비 증상을 동반한 전기에 감전된 것 같은 고산병을 경험하고는 그 뒤로는 절대로 고산병을 감수하는 코스를 잡지 않는다. ABC에서 머무는 것보다는 데우랄리 혹은 마차푸차레 베이스캠프(MBC)에서 새벽 3~4시 경에 아주 일찍 올라 장엄한 일출을 보는 것이 더 나은 선택이라고 생각한다.

2017년 6월 현재 지프와 소형 택시 및 버스가 모두 포카라에서 시와이까지 왕복 운행하고 있고, 조금 위로도 가기는 하지만 ABC는 시와이에서 트레킹을 시작하는 것이 가장 빠르고 안전한 길이어서 이곳을 시작점으로 삼고 있다.

하차 후 시와이에서 뉴 브리지 혹은 지누단다 정도까지 오르는 것이 보통 첫날의 일정이다. 둘째 날은 가파른 촘롱을 오르고 다시 가파른 길을 올라 어퍼 시누와에 도착하는 것이 보통의 일정이다. 셋째 날은 아침에 장엄한 풍광을 보며 출발하여 다음 날 ABC 코스의 성공 여부를 가늠할 데우랄리에 도착하게 된다. 나흘째는 MBC를 거쳐 목표인 ABC에 올랐다가 하산하며 최대한 고도를 내려서 데우랄리 이후 도반 혹은 뱀부까지 내려오게 된다. 그리고 닷새째에 시누와를 지나 촘롱과 지누단다를 경유하여 출발지인 시와이에 도착한 후 지프 혹은 택시를 타고 포카라로 향하면 5일 안에도 완료가 가능하나, 하루 정도의 예비 일을 두고 조금 천천히 오르거나 고소 적응에 하루 정도를 사용하여 6일 정도로 마무리하는 것을 기본으로 하고 트레킹에 임하는 것이 현명하다.

우리 부부의 트레킹 전략

나는 차라리 안나푸르나 라운드를 하여 토롱 라나 메소칸토 라를 넘을지언정 안나푸르나 ABC 코스를 가는 것은 무척이나 싫어했다. 그 이유가 일단 숫자를 헤아리기 어려운 돌계단이 끝도 없이 펼쳐지고, 상행과 하행이 모두 같기 때문이었다. 길고 힘든 오르막을 올랐다가 내려가고, 다시 또 올라가고 내려가기를 반복하는 코스가 너무 싫었기 때문이다.

설산에 왔는데 북한산이나 청계산 가는 것처럼 너무나 사람이 붐비고, 단체 여행객들하고 일정이 겹치면 숙소를 못 잡아 산행 일정에 차질이 생기기도 한다. 네팔을 찾는 트레커들 중 78%가 안나푸르나 ABC와 안나푸르나 라운드, 에베레스트, 랑탕에 오르는데, 이 산군들 중에서도 가장 많이 찾는 곳이 안나푸르나 ABC 코스이다.

설산을 오래 경험한 사람 입장에서는 가능하면 안 가고 싶은데, 이번 히말라야 14좌의 메이저 코스이니 꼭 가야 하는 길이었다. 가장 짧은 기간에 올라 고소 적응에 필요한 훈련과 다른 히말라야의 메이저 급 산군들에 대비한 적응 훈련을 일정 수준 안나푸르나 ABC에서 쌓을 수 있게 된다. 또한 일단 고소적응이 되면 2~3주까지 고소 적응 능력이 지속되므로 다른 산군에 연속하여 트레킹을 갔을 때 고소 적응에 필요한 기간이나 예비 일이 필요없으므로 최소 2일 이상 기간을 절약할 수 있게 된다.

그것이 히말라야가 처음인 아내와의 제1번 코스로 안나푸르나를 선정한 이유였고, 네팔 서부 히말라야라는 지역적인 특성상 처음 오르는 이들의 충격도 최소화하며 다른 메이저 급 코스와의 연계를 위해서도 선택했던 것이다. 또한 어느 지역보다도 트레킹하기 좋은 환경인 것도 이유였다. 숙소인 로지나 찻집도 많고, 그런 좋은 여건이 아무래도 히말라야를 처음 찾는 아내에게 적응하기 쉬울 것 같았기 때문이다.

그리고 안나푸르나 본연의 맛과 풍모를 천천히 살펴보고, 각 코스별로 정확한 라운딩 트레킹을 통해 전 코스를 제대로 해보고 싶어서 ABC를 히말라야 14좌의 첫 번째 코스로 했다.

	안나푸르나 베이스캠프(ABC) 트레킹 실제 (2017. 4. 22 ~ 2017. 4. 27)
1일	포카라 — 시와이(Siwai 1,380m) — 큐미(Kyumi 1,410m)
2일	큐미(Kyumi 1,410m) — 로어 시누와(Lower Sinuwa 2,360m)
3일	로어 시누와(Lower Sinuwa 2,360m) — 데우랄리(Deurali 3,200m)
4일	데우랄리(Deurali 3,200m) — MBC(3,700m) — ABC(4,130m) — MBC(3,700m)
5일	MBC — 데우랄리 — 도반(Dovan 2,500m) — 뱀부(Bamboo 2,335m) — 로어 시누와
6일	로어 시누와 — 촘롱(Chomrong, 2170m) — 지누단다(Jhinudanda 1,780m) — 시와이 — 포카라

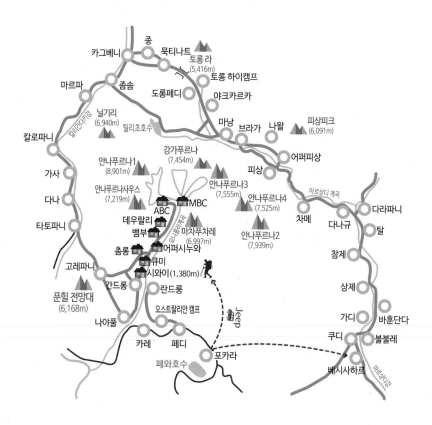

🧭 안나푸르나 1일 차

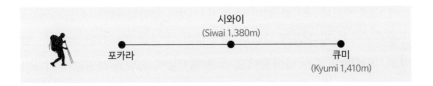

택시를 타고 가면서 보니 예전에는 다 걸어서 올랐을 길들이 도로의 확장 공사로 이제는 유실되거나 사라졌다. 퇴락해버린 유명한 호텔들과 아름다운 마을들과 무너져버린 등산로들을 바라보면서 아쉬웠다. 저기서는 어떤 일이 있었고 저 길이 참 좋은 길인데 아쉽다는 이야기도 하면서 추억에도 잠겼는데 한가하게 추억에만 잠기기에는 길이 많이 험했다. 이 비포장도로가 열리면서 차량이 무려 시와이 그리고 간드룩까지도 올라갈 수 있는데 조금 더 연장될 가능성도 보였다.

도로가 연장이 되고, 전기가 가설되고 전화도 열리면서 동네 사람들의 삶은 조금씩 편리해졌겠지만, 한편으로는 이렇게 오랫동안 엄청난 수입을 주던 사업을 잃어버리는 것이 그들의 삶에 더 이익이 될까 하는 의문이 들었다.

시와이에 2시 반에 도착했다. 포카라에서 2시간 만에 도착했으니 굉장히 빠른 것이지만, 우리에게는 오늘 산행의 시작이 너무나 늦어져버렸다. 오늘 일정은 지누단다에 가는 것이었는데 뉴 브리지까지만 가도 많이 가는 것일 성싶었다. 이 코스는 강을 따라 길이 평탄하고 30분 간격으로 숙소가 있는 지역이니 갈 수 있는 정도까지는 가보자 했다.

시와이에 지프와 택시가 대기 중이고 버스도 올라와 있었는데 그들을 관리하는 듯 보이는 티켓 박스도 있었다. 지프를 전세 내서 빌리면 포카라—시와이 구간에서 2시간 정도 걸리고, 1대에 5,000루피 즉 50불 정도, 택시는 4,000루피, 버스는 350루피로 가격이 정해져 있다. 올라가는 길도 그렇고 내려가는 길에서도, 모두들 여러 사람이나 팀들이 모여 비용을 나눠서 내고 지프나 택시를 같이 타고 가는 것이 일반적이다.

오후 6시가 지나도 포카라로 하산하는 손님을 기다리는 차들은 많았고, 비레탄디 혹은 나야풀에도 많은 택시들이 손님을 하염없이 기다리며 대기 중인 경우가 많았다. 버스는 포카라 바그룽 버스 터미널에서 첫차가 새벽 6시 30분에 출발하고 매 1시간 20~40분 간격으로 하루 7번 출

발한다. 포카라에서 시와이까지는 중간에 10분씩 2번 정도 쉬어서 운행하여 4시간이 걸린다. 오후 3시 35분이 시와이행 막차다. 버스를 타고 가는 경우, 가이드 및 포터가 동행하는 경우도 버스 차장이 팀스 및 각종 퍼밋들을 걷어가지고 가서 처리해준다.

시와이에 도착해 차에서 내려서 포터 상갈은 지고 갈 짐을 정리하고, 우리도 준비해서 걷기 시작했다.

트레킹을 시작해서 큐미에 오후 4시에 도착해서 10분 정도 쉬다가 뉴브리지까지 가고 싶어서 다시 길을 떠났는데 한참을 더 가야 하는 길이었고, 아내와 앉아 쉬던 허름한 로지에 그냥 짐을 풀고 하루의 피로를 풀기로 했다. 우리 외에도 늦게 도착한 몇몇이 로지 앞을 지나갔지만 우리는 오후 5시 이후로는 어지간하면 산

행을 하지 않는 걸로 정해서 그냥 이 로지에서 쉬기로 했다.

방은 안나푸르나 트레킹 코스에서 좋다고 말하기는 어려운 시설이었다. 그러나 이곳 이후로는 돈을 주기 전에는 전혀 발견할 수 없는 전기 콘센트가 있는 방이었다. 다만 아직 저지대이니 모기가 있었다. 길가에 쑥이 많이 있고 옥수수도 좋았고, 여기만 해도 다락논이 있어 쌀도 익어갔다.

어린 아기가 처마에 매달린 요람에 누워 있었고, 주인아주머니가 수시로 흔들어 주었다. 방은 100루피로 처음이자 마지막으로 옛 안나푸르나의 방값이고, 음식값은 다른 곳과 같았다. 네팔 물가를 원화로 환산하여 감을 잡으려면 뒤에 00을 붙여서 100루피면 네팔 사람에게는 10,000원의 가치 혹은 그 이상이 있는 것으로 보면 된다.

쉬고 있는데, 포카라 에이전시 사장에게서 전화가 왔다. 다울라기리는 나중에 포터가 1명 늘어날 수도 있다더니 정말로 1명 더 늘게 되어 포터 4명, 가이드 1명에, 손님이 2명인 7명의 다울라기리 팀이 확정이 되었다고 한다. 손님이 달랑 2명인데, 스태프가 5명이 되었다. 실제 내 필요 인원은 가이드 1명 포터 1~2명인데 나머지 2~3명은 가이드, 포터의 장비와 식료품 운반을 위한 것이다.

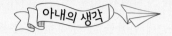

아내의 생각

에이전시와의 문제로 한국에 간 사장님 기다리느라 12시에 출발하게 되었다. 꼬인 일정 풀고 잘못된 것 바로잡고 사장님의 사과와 서비스로 안나푸르나 입구까지 최대한 차량으로 진입할 수 있는 호사를 누렸다. 지프가 2시간 30분 정도 비포장도로를 신나게 달리는데 난 어느새 끝없는 공중 부양을 시도하고 있었다. 내가 사는 필리핀도 발달이 안 된 소위 후진국이라 해도 이렇게 비포징도로가 지속되는 곳은 보지 못했는데, 이곳은 비포장도로가 참 길다.

산행을 시작하기에는 너무 늦은 2시 50분, 안나푸르나에 첫걸음을 내딛었다. 차를 타고 오면서도 느꼈지만, 오지 중에서도 이런 오지는 처음이다. 필리핀의 웬만한 오지에 익숙한 나지만 정말 오지게 오지다. 그런데 앞으로 우리가 가게 될 14좌 중에 가장 현대화(?)된 곳이라고 한다. 다른 곳은 어떻길래, 후우, 한숨이 나온다.

우리보다 빠른 포터는 벌써 저만치 가고 있고 뒤에서 보니 짐이 너무 무거운 건 아닌가 걱정을 하고 있었는데, 다른 팀의 포터들 짐을 보니 우리 짐은 귀여운 수준이다. 무게는 모르겠지만 짐의 크기가 자기 키보다 두 배는 더 되는 것들도 등에 지고 다닌다. 자동으로 입이 벌어진다. 그리고 그냥 이유 없이 미안해진다.

내 짐도 아닌데, 괜스레 마음이 무겁다. 그래도 등산객 짐을 지는 포터는 네팔에서는 돈을 많이 받는 나름 고소득 업종이라고 한다. 혼자서 이런저런 생각을 하며 걷는데 물소리가 들린다. 계곡은 설악산 장마 온 후처럼 물살이 거세고 소리가 요란하다. 어렸을 때 놀러 갔던 설악산이 생각났다.

오늘의 원래 목적지는 지누단다였지만 너무 늦게 출발한 관계로 뉴 브리지도 못 가고 숙소를 정했다. 방값은 정말 저렴했지만 밥값은 엄청나게 비쌌다. 방은 그냥 움막 분위기였고 이불을 들추자 손바닥만한 거미가 내 옷에 붙는 바람에 얼마나 놀랐던지. 태어나서 그렇게 큰 거미는 처음 봤다.

이제 시작이란 걸 그때는 몰랐다. 피곤해서 잠시 누울까 했다가 졸음이 말끔히 가시고 초롱초롱해졌다. 배도 고프고 다시 나가서 저녁을 기다리는데 비가 내린다. 이런 분위기에는 동동주에 파전인데, 여기는 히말라야이다. 식사를 주문하면 오래 걸린다는 소문은 들었지만, 1시간을 기다려도 밥이 안 온다. 우리가 주문할 때 나무로 불 피우기 시작했으니…….

달밧이라는 네팔 음식을 처음 먹어본다. 녹두수프(?)에 반찬 2개. 역시 커리가 들어간다. 그런데 이것이 무한 리필이 된단다. 그렇지만 양이 워낙 많아서 우리는 리필은 하지 못했다. 리필을 안 한다니 무지 놀라는 눈치다. 적당히 걷고 잘 먹었더니 오히려 컨디션은 좋아지는 듯하다. 근데 왜 내 몸은 자꾸만 노랗게 변해가는 건지 모르겠다.

내일은 오늘 가지 못한 것까지 7시간 정도는 가야 한다는데, 벌써부터 걱정이다. 일단 거미가 나온 그 방에 다시 들어가는 것이 당장의 숙제다. 내가 스파이더 걸이 될까 봐 두렵다.

🧭 안나푸르나 2일 차

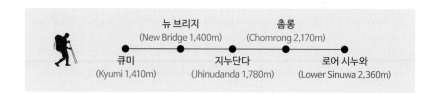

뉴 브리지
(New Bridge 1,400m)

촘롱
(Chomrong 2,170m)

큐미
(Kyumi 1,410m)

지누단다
(Jhinudanda 1,780m)

로어 시누와
(Lower Sinuwa 2,360m)

　우리 부부는 일찍이 느려터지기로 소문이 난 데다가, 사진 자주 찍고 길에 나는 풀이나 꽃이나 개미에 별걸 다 보고 다니느라 빠르기로 소문난 한국의 등산가들과는 차원이 달랐다. 그래서 느리게 다니도록 계획을 잡고 항상 표준 속도보다 50%이상 시간을 더 잡았고, 표준 시간과 같게 목적지에 도착하면 신기하게 생각하거나 무리했다고 생각했다.

　큐미에서 7시 반에 출발하여 8시 50분에 뉴 브리지(1,400m)에 도착했다. 일행이 많고 입맛이 까다로운 분들은 좋은 된장 약간과 쌈장 및 간장과 후추를 조금 가져가면 가면서 산나물이나 야채를 조금 채취하면 식사 시간이 훨씬 부드러워진다. 네팔 음식이 거칠고 험하며 로지의 음식 메뉴들이

주로 서양인들을 위한 음식 쪽으로 발달이
되어 있어 입맛을 잃기 쉬운데 이런 몇 가지
양념을 준비하면 적응하여 산행을 잘할 수
있다. 여행 기간이 길면 고춧가루를 좀 준
비했다가 어린 양배추나 배추 혹은 야채에
피시 소스 같은 것으로 김치 겉절이를 담아
며칠 먹어도 좋다.

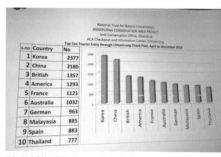

s.no	Country	No
1	Korea	2377
2	China	2180
3	British	1357
4	America	1293
5	France	1121
6	Australia	1032
7	German	963
8	Malaysia	885
9	Spain	883
10	Thailand	777

2016년 안나푸르나 ABC 코스에서는
방문자 수가 한국인이 1위, 2위는 중국인이었다.

　뉴 브리지에서 촘롱까지는 3시간이 걸린
다. 몇 번 다니게 되면서 알게 된 이곳의 지속되는 오르막과 돌계단들이
참 싫은데 그래도 천천히 오르막을 오른다. 강을 따라 아름다운 동네 길
을 지나 논을 지나 다 무너진 다리를 비켜서서 좁고 높은 벼랑길을 약간
지나 나무다리를 건너서 내내 오르막을 오르면 여기가 지누단다. 11시
에 도착했다.

　안나푸르나가 지금보다는 길이 길었을 때는 많은 이들이 산을 오르다
가 고산병에 걸려 뜻을 못 이루고 하산하여 여기서 남은 시간을 닭을 잡아
닭볶음탕과 팩 소주를 마시면서 온천하며 지내다 집에 가야만 하는 경우
가 많았다. 그래서 그들을 지누파라고 불렀다. 세월이 흘러 도로가 개설되

어 길이 짧아지니 여기서 1박을
하거나 닭을 잡는 분들도 줄어들
었고 점심 정도 하면서 쉬었다가
길을 재촉하거나 아침에 차 한잔
마시고 올라가는 정도로 들르는
곳이 되었다.

　좀 이르기는 했지만, 비도 오
고 해서 아무것도 모르는 아내가

고생할 생각에 달밧과 삶은 감자와 차를 주문해서 이른 점심을 먹었다. 요새는 네팔 정부에서 나무를 연료로 사용하는 것을 규제하고, 가스나 석유를 연료로 할 것을 권장하면서 음식의 취사 속도는 많이 빨라졌다. 그전에는 2~3시간 걸리던 것이 1시간 정도면 충분히 가능한 경우도 많아졌다. 요리도 잘하는 우리 포터 상갈이 직접 요리하고 거들어서 금방 점심 준비를 마치고 12시경에 촘롱을 향해 떠날 수 있었다.

촘롱으로 가는 길은 잘 보이지도 않는 높고 가파른 언덕을 넘어야 한다. 언덕 정상 부근에는 늘 독수리가 날고 있어, 다소 암울한 분위기를 자아낸다. 그 언덕을 참고 잘 넘어가면 내리막인데, 거기에서 촘롱까지 가려면 점심을 먹고 출발했던 지누단다보다 더 고도가 낮은 곳으로 갔다가 다시 올라와야 한다.

비가 많이 오자 까마귀처럼 많던 독수리들도 보이지 않고, 가장 먼저 만나는 찻집에 앉아 뜨거운 차를 한 잔씩 하고 다시 길을 나섰다. 비가 오는 길은 반질거리는 돌바닥과 계단이어서 매우 조심스럽게 걸어서 급격한 경사의 계단을 따라 하강했다.

촘롱에 2시에 도착했는데 비가 오고 있어서 아무것도 보이지 않았다. 원래 촘롱은 장엄하게 서 있는 설산들에 감동을 받을 정도로 조망이 좋은 곳인데, 높고 깊은 산들만 약간 보이고 그 뒤에 있는 설산들은 보이지 않더니 곧 안개와 구름에 가려 아무것도 보이지 않았다. 안나푸르나의 날씨가 가장 좋은 최성수기는 10월이다. 그때는 건기여서 비도 오지 않고 조망도 탁 트여서 좋다. 다만 성수기에는 북한산처럼 앞사람의 엉덩이를 보면서 올라가야 할 일도 많고, 로지의 방을 잡는 것도 경쟁이 붙게 된다. 방을 못 잡게 되면 복도에서 자는 일도 발생하는 게 안나푸르나 성수기의 풍경이다.

촘롱은 푼힐과 비레탄티 등에서 오는 등산로가 교차하는 중요한 지점이라 로지들이 크고 학교와 관공서가 크고 체크 포인트도 있다. 촘롱과 시누

와 사이의 계곡에 다리가 놓여 있어 그 다리를 건너가면 된다. 시누와로 가는 출렁다리를 건너가 비교적 평탄한 길을 지나가다 보면 가게를 하나 만나는데 이 가게가 실질적으로 수십 년간 안나푸르나에서 가장 싼 가격으로 모든 물품을 공급해온 도매상이다. 이곳에서 산행에 필요한 것들을 대부분 구할 수 있다. 이후로는 물건도 거의 없고 있더라도 가격이 몇 곱절 비싸므로 필요한 물건이 있으면 여기에서 구하는 것이 좋다.

시누와(Sinuwa)는 로어(lower) 시누와와 어퍼(upper) 시누와가 있는데 어퍼 시누와가 아침 조망도 훨씬 좋고 다음 날 산행도 좀 편하게 시작할 수 있어서 대개의 등산객들이 어퍼 시누와를 목적지로 한다. 그러나 오르막 길에 지치고 힘든 많은 사람들은 로어 시누와에서 1박을 하는 경우도 많다.

몸도 안 좋은데 무리해서 산행을 시작하여 고생만 죽도록 하고 있던 아내는 하루 종일 비 맞고, 오르막만 오르느라 죽을 지경이었다. 로어 시누와에 4시 반에 도착했는데 한 시간만 오르면 시설이나 조망도 나은 윗동네인 어퍼 시누와에서 지낼 수 있었지만 어퍼 시누와로 가자는 말은 차마 할 수가 없었다.

마침 동네에 한국 사람들이 미리 자리를 잡은 로지가 있고 비에 젖은 옷도 말리기 좋을 것 같아 내일 1시간 일찍 떠나기로 하고 방을 잡았다. 로어 시누와도 역시 물자가 교차하는 동네라서 물자가 풍성하고 규모도 큰 곳이라 비교적 괜찮은 상태의 로지가 3개 정도인데 게스트하우스는 하루 400루피 정도이고, 와이파이 값으로 200루피를 받았다. 그러나 방이 차서 위로 가는 사람들도 있었다. 저녁으로는 달밧을 주문했는데, 양도 많고 리필도 된다. 사실 네팔 사람들의 주메뉴가 달밧이라서 히말라야 여행에서는 최직의 메뉴이다. 프렌치 프라이를 같이 시키니 밭에서 캔 신선한 감자로 만들어 맛이 좋았다. 요새는 좀 달라지고 있지만 본래의 네팔 사람들의 식습관은 아침에 진한 밀크티를 한 잔 마시고 아침 일을 하고, 11시 넘어서 점심으로 식사를 하고, 저녁은 7시 전에 보통 먹는다.

　산에서도 그 패턴을 따르게 되지만, 고용주인 손님의 의견이 많이 반영되고, 결국 손님이 주문하는 음식을 여분으로 해서 포터나 가이드도 먹게 되는 경우가 많아서 손님의 입맛이나 배려가 스태프들의 식사와 건강의 유지 여부에 중요한 부분이 된다.

　그러나 대지진 이후로 네팔의 인심도 각박해져서, 포터나 가이드에게 식사비를 받거나 숙식비를 일정 부분 요구하는 곳들도 많아졌다. 이런 변화가 트레킹 비용의 상승에도 어느 정도는 일조하게 되었다.

　방에 짐을 풀고 식당에 나와 저녁을 주문해놓고 차를 기다리는데 옆에서 한국 분들이 큰 목소리로 떠들면서 안주를 시켜놓고 팩소주를 마시고 있었다. 이분들이 고소 적응 없이 해발 4,200m의 안나푸르나 베이스캠프에서 잠을 잔 다음 일출을 보겠다고 해서 걱정스러웠다. 양치질을 하는데, 아까 술 마시던 분들이 있어서 트레킹 계획이 약간 무리가 있어 보이니 수정하라고 조언해 줬는데, 아내가 오지랖이 넓다며 웃었다.

　하늘에 별이 많았다.

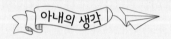

6시에 일어나서 침낭 속에서 뭉개다가 남편이 설산이 보인다고 하여 나가보니, 와, 눈 쌓인 안나푸르나 설산! 정말 눈 쌓인 안나푸르나 하얀 설산의 꼭대기가 선명하게 보인다. 말로만 듣던 설산이다. 눈 덮인 산을 처음 보는 것은 아니지만 만년설이 쌓인 히말라야와는 비교가 안 된다. 쌀쌀함도 잊은 채 넋을 잃고 바라본다. 도저히 설명이 곤란하다. 솔직히 큰 기대를 하지 않았는데, 남편이 입만 열면 히말라야 노래를 부르는 이유를 조금은 이해할 것 같았다.

7시에 밀크티 한 잔을 마시고 출발한다. 처음 맛보는 밀크티는 내 입맛에 딱 맞다. 해가 뜨니 쌀쌀하던 날씨도 선선해졌다. 뉴 브리지를 지나 지누단다까지 간다. 포터는 2시간 걸린다고 했는데, 3시간쯤 걸린 것 같다. 길이 힘든 것인지 아직 컨디션이 좋지 않은 것인지 많이 힘들다. 하지만 길 중간중간 보여주는 안나푸르나는 정말 장관이다. 내가 눈으로 보고 있는데도 비현실적이다.

끝없는 계단이라더니 정말 도시에서 1년 걸은 계단보다 오늘 더 많은 계단을 오르내린 것 같다. 오기 전에 누워만 있어서 근육이라고

힘들다고 불평하지 않기로 하였다.

는 하나도 없는 말랑말랑한 허벅지였는데, 완전 딴딴해져서 터질 지경이다. 슬슬 다리가 얼얼해질 때쯤 반가운 점심을 먹었다. 점심을 먹고 나서부터 부슬부슬 비가 오더니 폭우로 변했다. 우비를 입고 진행하니 속도는 느려졌고 오후 3시면 도착한다고 했는데, 4시 반이 되어서 겨우 로어 시누와에 도착했다.

숙소에는 한국 사람 천지다. 우리가 머문 숙소는 다 한국 사람이었고 역시 시끌벅적하다. 술잔이 돌고, 한국에서 가져온 팩소주가 테이블에 가득하다. 술을 마시면 목소리 커지는 한국 사람들의 특징이 여기서도 재현되고 있길래 그냥 들어왔다. 원래 고산에서는 술 마시면 안 된다고 남편이 말했었다. 고산병에 걸릴 확률이 높아진단다. 모두가 같이 쓰는 식당인데 조금만 남을 배려해서 목소리를 낮춰주면 좋겠다는 생각이 들었다.

내일은 또 얼마를 걸어야 할까? 남편은 4월, 5월의 안나푸르나는 꽃이 피고 새가 우는 아름다운 곳이라고 했다. 그러나 꽃은 폭우 속에 온데간데없고 새는 간혹 가다 울기도 했지만, 빗속에서 듣는 새 울음소리가 아름답다는 생각은 들지 않았다. 사기당한 기분이라고 할까! 문득 여기를 혼자 왔다면 난 어떤 선택을 했을까 생각해봤다. 오늘 당장 내려갔을 것이다!

고산에 오면 씻지 않는 것이 좋다고 해서 고양이 세수만 겨우 했다. 침낭을 머리 위까지 덮어썼는데도 약간 한기가 느껴졌다. 아직 고산병 걸릴 높이는 아닌데도 머리가 살짝 아프다. 감기 기운이 있는 듯한데, 그 흔한 아스피린 하나 챙겨오지 않았다. 아무 대책도 없이 온 거다.

🧭 안나푸르나 3일 차

데우랄리는 마차푸차레 베이스캠프(MBC)와 안나푸르나 베이스캠프(ABC)의 전진 기지로 ABC 트레킹에서 성공과 실패를 가르는 가장 중요한 곳이다. 데우랄리로 걷다가 뱀부 정도에서 빨리 가이드 혹은 포터를 먼저 보내서 방을 잡아서 짐을 넣어놔야 한다. 그래야 만약 데우랄리에 방이 없거나 혹은 파워 게임에 밀려서 방을 빼앗겨서 일정에 차질이 생기는 참극을 막을 수 있다. 그리고 부수적으로는 고소 증상도 어느 정도는 막을 수 있다.

만약 방이 없어서 데우랄리 위인 MBC로 올라가면, 해가 지는 경우도 있어 빙하를 건널 때 위험하고 체력이 많이 소모될 수 있다. 게다가 MBC 는 3,700미터 지점이므로 밤새 고소가 와서 잠도 자지 못하고 고통 속에서 밤을 보내고 아침이 되어도 기력을 찾지 못하기도 하고, 심한 경우에는 의식을 잃고 후송해야 하는 경우도 자주 발생한다.

특히 트레킹 도중 단체 트레킹 팀이 나타나면 반드시 주의해야 한다. 포터들이 대규모로 같은 회사의 로고를 찍은 카고백을 들고 뒤에 있거나 앞에 있는 경우 단체 트레킹 팀이다. 일렬로 줄을 맞추어 단체로 행진하는 일행들을 만나게 되면 아무 말 없이 사리를 박차고 일어나 초고속으로 산행을 진행해서 반드시 데우랄리에서 머물 수 있도록 해야 한다.

새벽 4시 반에 일어나서 다시 별을 보려고 하는데 조금 늦었는지 많지가 않았다. 오늘도 비가 많이 오려나 보다 생각도 하고 아내의 컨디션이 걱정되기도 했다. 다행히 아내가 생각보다는 기력이 좀 있는 듯해서 아침은 밀크티로 하고 점심을 일찍 하기로 했다. 오전 7시에 떠나기로 했는데, 옆방 사람들이 일어나니 로지가 온통 시끄러워서, 알람보다 더 좋은 효과가 있어서 쉽게 일어날 수 있었다.

아침 7시에 식당에서 밀크티를 마셨다. 혼자 온 한국 여성이 반갑게 인사하며 자기도 그냥 ABC로 가기는 할 건데 걱정이라고 해서 그럼 MBC에서 오후 3시경 올라가면 가능할 거라고 했다.

아침에 아내에게 겨우 밀크티 한잔 먹이고 사탕 먹으면서 돌계단의 가파른 오르막을 1시간 정도 올라가 좌측으로 굽은 마을에 들어서니 어퍼 시누와였다. 이곳은 조망이 위아래로

아, 계단이 빨리 끝났으면!

확 트이고 설산들이 구름처럼 조망되는 최고의 경치를 지닌 마을 중 한 곳이다.

야외 식당에 많은 사람들이 나와서 멋진 경치를 조망하면서 차도 마시고 식사도 하면서 다시 길을 떠날 준비를 하고 있었다. 우리도 식당에서 차를 마시면서 우기에 다시없을 맑은 날씨에 모습을 드러낸 웅장한 산군들을 바라봤다.

날이 더 좋으면 어퍼 시누와에서는 좌측부터 히운출리(Hiunchuli 6,441m), 안나푸르나 남봉(7,219m), 바르하출리(Bharhachuli 7,647m), 안나푸르나 팡(annapuruna pang 7,647m), 안나푸르나의 주봉인 안나푸르나 1(Annapuruna1 8,091m), 강가푸르나(Gangapuruna 7,454m), 안나푸르나 3봉(Annapuruna3 7,555m), 마차푸차레(Machapuchare 6,993m) 순으로 장엄하게 펼쳐지는데 10월에 그런 경우가 많고 우기가 시작되기 직전에는 그 일부만 보이는 경우가 많다.

안나푸르나 3봉과 강가푸르나는 안나푸르나 라운딩을 하는 경우 브라가와 마낭에서부터 트레킹 내내 그 봉우리를 볼 수 있다. 강가푸르나는 틸리초 가는 길과 마낭으로 가는 길에서 잘 보인다. 울창한 수목이 우거진 아래 지역과 그 옆으로 틸리초와 수백 미터의 협곡을 이루면서 수백 개의 폭포가 장관을 이루지만 안나푸르나 지역에서 가장 위험한 트레킹 지역 중 하나이다. 틸리초 봉의 틸리초 호수는 세상에서 가장 높은 호수이며 힌두교의 성소 중 한 곳이다. 이 호수에 몸을 담그면 죄업이 소멸된다고 힌두교인들은 믿는다.

성산 마차푸차레는 역시 힌두교의 가장 숭앙받는 성소로 누구에게도 등반을 허락한 적이 없는 산이다. 그런 이유로 이 지역에서는 살생이 금지되고 성스럽지 않은 행동이 엄격하게 통제되므로 여행자들에게는 뭘 먹을 만한 것이 없는 구간이기에 신속하게 통과해야 하지만 그러기에는 너무나 아름다운 곳이다.

어퍼 시누와에서 뱀부까지는 약 두 시간이 걸리고, 뱀부에서 도반까지는 한 시간 반, 도반에서 히말라야까지 한 시간 반, 히말라야에서 데우랄리까지 2시간이 걸리는 코스로 순탄한듯 하지만 끝없는 오르막이 기다리고 있다.

어퍼 시누와에서 뱀부로 가는 길은 가는 대나무들이 길가에 내내 서 있는 부드러운 길인데, 평탄하고 평온한 산길이어서 시원하고 볕도 잘 들어 좋은 길이다. 탁 트인 곳에서 멀리 보이는 마차푸차레를 보면서 걷기에 좋다. 내내 그렇게 가다가 갑자기 길이 확 꺾여 내려간 다음 오르막과 내리막이 반복되다가 그대로 쭉 가면 뱀부가 나오는데 산행이 늘 이렇다면 늘 다니고 싶을 정도로 좋은 길이다.

뱀부에 10시 40분 정도 도착했는데, 뱀부에서 점심을 먹는 것이 좋았을 것이다. 고도가 높아지면 체력 소모량이 많아지므로 잘 먹어야 하는데 이번 히말라야 산행에서는 이상하게도 잘 먹지 않거나 먹지 못했다. 차를 한

잔 마시고 그냥 출발했다.

뱀부에서 출발 후 30분 정도는 길이 평탄하고 좋았다. 그러나 30분이 지나면서 오르막이 지속되고 다시 30분 후 평탄한 대나무 숲이 지속되는 시원하고 호젓한 산행의 맛을 느끼면서 즐거운 마음으로 산행을 지속했다. 간혹 이 구간을 말로 오르는 서비스를 이용하는 사람들도 있다.

도반에 12시 반에 도착했다. 도반은 아주 평탄하고 볕이 좋아 예전부터 여기에 숙박하는 사람도 많았고 여기서 점심을 하는 사람도 많았다. 점심

을 티베탄 브레드로 대충하고 나이가 70대 정도인 체력이 좋으신 한국 어르신 내외가 계셔서 이런저런 여행 이야기를 하게 되었다. 그동안 한 여행이 다양하고 경험도 많으신 분들의 이야기라 대화가 길어졌다. 그분들은 하산하는 길이었고 우리는 올라가는 중인데 대화가 흥미진진하다 보니 자리에 앉아 있는 시간이 길어졌다.

그분들과 헤어져서 다시 산행을 시작했는데 도반 이후에는 오르막이고 계단이 많아서 은근히 힘들었다. 잘 걷다가 10분 뒤 갑자기 기운이 쭉 빠지는 게 은근히 죽을 맛이어서 길가에 앉아 좀 쉬면서 컨디션 회복을 기대했는데 몸의 회복이 빨리 되지 않았다. 별로 좋지 않은 상태에서 골골거리며 길을 가니 오히려 아픈 아내가 컨디션이 별로인 남편을 걱정하게 되었고, 그래도 컨디션이 돌아오지 않아 애를 먹었다.

3시 45분, 몸이 여전히 안 좋아서 자주 쉬면서 히말라야에 겨우 도착했지만 여전히 상태는 호전되지 않았다. 안 좋으면 쉬어야 하는데 포터에게 우리 짐을 다 주고 데우랄리에 방을 잡아놓고 기다리게 했으므로 데우랄리까지는 어떻게든 가야 했다. 히말라야 로지에서 밀크티를 한 잔 마시고 출발했는데 내내 언덕길이 나와서 정말 힘들었다.

계속 힘을 못 쓰고 잘 걷지 못하는 상태에서 힌쿠 케이브 앞에 앉아 멀리 데우랄리를 바라보기만 하자, 보다 못한 아내가 생수 1.5리터 한 병과 태양열 충전기를 내게서 받아갔다. 갑자기 그 순간 끊어졌던 전기가 들어온 것처럼 몸에 힘이 제대로 들어오더니 몸도 많이 가벼워지고 몸 상태가

모두 정상으로 돌아왔다.

그러나 힌쿠 케이브에서 데우랄리로 가는 길은, 눈앞에 조금만 가면 숙소가 보이고 금방 도착할 것 같지만 위험이 기다리는 길이기도 하다. 굽이굽이 숨어 있는 언덕 밑으로 양편의 큼직한 산에서 폭포들이 흘러내리는데 그 폭포에서 떨어지는 물들이 바닥으로 흐르고 그 위를 눈이 살짝 덮어서 잘못 밟으면 아주 위험해지는 상황이라 길을 잘 보고 지나야 한다.

우리와 같은 이유로 먼저 숙소에 도착해 있던 가이드들과 포터들이 줄지어 나와 늦게 도착하는 손님들을 데리고 숙소로 이동했다. 데우랄리는 멀리서 보기에는 막판에 언덕을 올라야 하는 것처럼 보이지만, 계단을 오른 뒤 오른쪽으로 굽은 길로 조금만 가면 4개의 숙소가 나온다.

멀리 보이는 파란 지붕이 데우랄리이다.

포터는 마을 입구에서 우리를 기다리고 있었다. 오늘 산행은 힘들었고 히말라야에서 데우랄리까지 무려 2시간이 걸렸고 도착 시간은 거의 해가 거의 질 무렵인 오후 6시 10분이었다. 포터를 일찌감치 보냈는데도 어렵게 잡은 게 지하방이었고, 그게 마지막 방이었다고 한다.

아내의 생각

새벽 1시 30분. 화장실에 가려고 나왔다 본 하늘은 모든 힘들었던 것을 잠시 잊게 해주었다. 하늘에 다이아몬드가 촘촘히 박혀 있는 것 같다. 아니 다이아몬드보다 훨씬 반짝이고 아름답다. 온몸을 감싸는 한기에 정신이 번쩍 들어 아쉬움을 뒤로하고 방으로 들어갔다.

아침 5시 30분 일어나서 따뜻한 수프와 차를 마신 후 7시에 출발했다. 어퍼 시누와까지 가파른 계단을 1시간쯤 올라갔다. 포터가 30분이면 간다고 했는데, 아마 현지인들 걸음이었나 보다. 진짜 숨이 턱까지 찬다. 무슨 기계처럼 다리를 움직였다. 드디어 어퍼 시누와 도착. 그런데 어제 힘들어도 여기에 와서 잘 걸 하는 후회가 든다. 마구마구 후회가 몰려온다. 설산들이 병풍처럼 서 있다.

그중에서도 내 눈을 사로잡은 산은 마차푸차레라는 물고기 꼬리 모양의 산이다. 아직 인간이 올라가보지 못한 산, 아니 인간의 정상 접근을 막아놓은 산이다. 사람의 손을 안 탔다고 하니 더 신비해 보인다. 안나푸르나 꼭대기도 보이고 참 멋진 곳이다. 사람이 만든 건물이나 물건을 보고 이렇게 감동받은 적은 없다. 홍콩의 야경, 파리의 에펠탑, 아름답고 근사했지만 그 순간뿐이었다. 잠깐 황홀했지만 오래가지는 않았다. 그런데 이번에는 보고 있을수록 근사하고 아쉬웠다. 사진을 찍어보지만 그래도 아쉽다. 내가 받은 감동이 사진에 나타나지 않는다. 30분 이상을 머물렀는데도 발걸음이 떨어지지 않는 곳이었다.

시누와에서 뱀부로 가는 길은 정말 행복했다. 그래 이게 트레킹이지 하는 생각이 절로 들었다. 날씨도 좋고 풍경도 좋고 길은 더없이 좋았다. 아싸, 제발 이렇게 계속 좋아라. 콧노래가 절로 나온다. 뱀부에서 차 한 잔하고 도반까지도 비교적 양호했다. 남편을 앞장세웠더니 날듯이 걸어간다. 같이 가자고 말할 틈도 없이 내가 보이면 또 가버린다. 이런 좋은 길을 도란도란 이야기하면서 가면 좋겠는데……

새도 울고 랄리구라스도 피어 있고, 남편만 옆에 있음 딱인데 남편은 저 앞에 간다.

슬슬 배가 고파졌다. 내일부터는 꼭 아침 먹고 출발해야지 하는 생각이 든다. 도반에 12시 30분 도착해서 달밧이랑 삶은 감자를 시켜서 미친 듯이 먹었다. 옆에 한국에서 오신 노부부와 잠깐 이야기를 나눴는데, 말씀하시는 걸로 봐서는 60살이 훨씬 넘으신 거 같았다. 남편은 거의 아마추어 마라토너였고 부인은 나이를 가늠할 수 없을 정도로 고우셨다. 나도 저 나이가 되었을 때 남편을 따라 이런 곳에 올 수 있을까? 자신이 없다.

1시 30분 히말라야로 출발했는데, 계속 오르막이다. 많이 먹은 후라서 오르막이 힘들다. 시간이 늦어져서 서둘러야 하는데 남편의 컨디션이 좋지가 않다. 쉬면서 따뜻한 물을 먹이고, 옷을 입히고 손을 만져보니 너무 차다. 긴장을 하니 힘든 걸 하나도 못 느끼겠다. 겨우겨우 히말라야에 도착해서 차 한 잔을 마셨다. 벌써 4시인데, 2시간은 더 가야 해서 갈 길이 바쁜데, 남편이 정상 컨디션이 아니다. 아주 천천히 가다 쉬다를 반복했다. 그사이 뒤의 트레커들은 우리를 앞질러 갔고 우리는 꼴찌가 되었다.

남편은 경험이 있어서 다행히 포터를 먼저 보내서 방을 잡으라고 했다. 데우랄리의 고도가 3,200m인데 방이 없으면 MBC까지 더 가야 한다고 한다. 해는 저물어가고, 결국 남편이 옆으로 기우뚱하며 손으로 돌을 짚는다. 남편 배낭에서 1.5리터 물 한 병과 태양열 충전기를 얼른 내 가방으로 옮겨 담았다. 긴장한 탓인지 전혀 무게를 못 느끼겠다.

조금씩 기운을 차리는 것 같기는 한데 여전히 힘들어한다. 처음에는 늘어난 배낭의 무게를 못 느끼겠더니 나 역시 점점 기운이 빠진다. 드디어 데우랄리가 보인다. 도착하기는 하는구나. 거북이 걸음이라 그렇지 오기는 오는구나. 남편은 컨디션을 다시 회복했는지 걸음이 조금씩 빨라진다.

그래, 배낭이 가벼우니 발걸음도 가벼우시겠지. 나는 죽겠구만. 사람들이 길을 가지 않고 사진을 찍고 난리다. 헉, 빙하다. 눈이다. 내가 생각한 새하얀 눈이 아니라 시꺼먼 흙에 버무려진 눈이다. 눈에 빠지지 않기 위해 스틱을 꾹꾹 짚으며 천천히 걸었다. 뒤에 따라오던 남편이 걱정되어 돌아보니 사진 찍고 아주 신났다. 다행이긴 한데, 그래도 내가 가져온 짐을 달라는 소리는 하지 않는다.

그나저나 비까지 내리고 눈앞에 보이는 저 징글징글한 계단을 아마 20분은 더 올라가야 오늘 일정이 끝날 텐데. 정말 한 걸음 한 걸음 겨우겨우 올라갔다.

포터가 우리가 도착하지 않으니 걱정이 되었는지 입구까지 나와서 목이 빠져라 서성이다 우리를 확인하고 휙 들어간다. 좀 나와서 가방이라도 받아주지.

모든 로지에 방이 다 차서 간신히 제일 후진 방 하나를 잡아놓았다고 한다. 그래도 정말 다행이고 고마웠다. 포터가 이 방이라도 잡지 못했다면, 생각만 해도 끔찍하다.

돈을 주지만, 그래도 늘 마음이 무겁다.

🧭 안나푸르나 4일 차

오늘은 ABC를 가는 날이다. MBC에서 자기로 했으므로 서둘러야 할 일은 없었지만, 오후의 날씨가 내내 좋지를 않아서 가능하면 오전 중에 ABC 행을 마무리하고 싶었다.

데우랄리에서 MBC 가는 길도 처음에는 조금 쉽지만, 자칫 방심하면 사고를 당할 만한 오르막 구간이 있었다. 성지이므로 성소를 방문하는 이들도 있었다. 아침이니 날씨가 괜찮아서 산들의 사이사이로 설산들이 보이다가 사라지다를 반복했다.

보통 2시간이면 도착하는데 너무 여유를 부리면서 이것저것 구경 다 하다 MBC에 3시간만인 10시 30분에 도착했다. 차 한 잔 마시고 방 잡아 놓고 숨 좀 크게 돌리고 막 가려는 참인데 날씨가 좋지 않았다. ABC에 있던 사람들이 MBC로 피난을 왔고, 다 같이 한참을 기다려도 안개가 끼고 눈 폭풍이 치고 좋지 않았다. 각자의 판단에 따라 그 폭풍 속으로 가는 사람도 몇 명 있었고, 하산하는 이들도 있었다. 우리는 일단 점심을 먹고 방에서 30분간 자고 일어났다.

눈은 좀 오지만 바람은 불지 않았고 우리는 ABC로 출발했다. MBC에서 ABC로 가는 길은 직진으로 올라가다가 왼쪽으로 굽어서 다시 올라가므로 다 보이지는 않는다. ABC 가는 길은 눈이 녹았다 내렸다를 반복해서 걷기에 불편했다. 우리는 아주 천천히 오르막을 올랐다. 내가 먼저 오르고 아내의 뒤는 포터 상갈이 잘 받쳐서, 아내가

마차푸차레 베이스캠프

힘들어 할지언정 지쳐서 길에서 포기하지는 않게 잘 가이드해주었다. 산에 오르는 길은 안개가 자욱해서 별로 보이는 게 없었지만 높은 곳에 핀 꽃들이 참 아름다웠다.

ABC에 도착해서 보면 산장 아래 깃발들이 있는 곳이 4,130m 지점이다. 산장을 지나 뒷동산으로 올라가면 안나푸르나에서 잠든 산악인들을 추모하는 탑들이 있는 지점이 있다. 거기가 4,200m이고 거기에서 더

올라가야 본격적인 안나푸르나의 베이스캠프가 나오는데 우리는 고(故) 박영석 대장을 기린 탑까지 갔다가 내려오기로 했다.

MBC에서 오후 1시 10분에 출발해서 고 박영석 대장 기념탑에 도착한 시각이 3시 20분, 2시간 10분 만에 도착했다. 그냥 보통 정도이지만 우리 느림보 부부에게는 숨찬 시간이었다. 열심히 노력하여 왔으나, 비가 와서 풍요의 여신의 화사한 모습은 보이지 않았다. 짙은 운무 뒤에서 내려보고 있을 것이다.

고 박영석 대장 추모탑

박영석 대장은 2011년 안나푸르나 남면의 험로에 새로운 등반 루트를 개척하기 위해 나섰다가 사랑하는 산 친구들과 산 속에 영면하였다. 언젠가 때가 되면 헌신할 것으로 믿는다. ABC 산장 뒤 1분 거리의 얕은 능선에 있으나 찾는 한국인들이 많지 않다. 근처에 다른 나라의 산악인을 기리는 탑도 여러 개 있다.

비교적 잘 만든 탑이라고 들었는데 찾기가 조금 어려워서 산장의 사람에게 물어보고 언덕을 올랐다. ABC 산장 옆에 작은 푯말이 하나 있다면 이곳을 찾는 데 큰 도움이 될 것 같다. 묵념하고, 사탕을 몇 개 놓고 돌탑을 하나 쌓고 우리의 안전한 산행을 지켜주시고, 설산 안에서나마 편히 계시다가 때가 되면 다들 같이 나와주시라 부탁을 드리고 자리를 떠났다.

ABC에서 30분 정도 머물다가 하산을 시작했다. 많은 사람들이 ABC 산장 숙소의 식당에 앉아 있었다. 그중에는 상행길에 만났던 한국인들도 여럿 있었다.

고산병은 낮에는 좀 견딜 만하여 사람들이 방심하고 앉아 있다가 깊은 밤에 증상이 심해지는데 그래서 후송도 어렵게 되고 손쓸 틈 없이 당하는 경우가 많다. 우리 부부는 그런 위험을 감수하고 싶지는 않아서 빠르게 고도를 내리기로 했다. 오후 3시 50분에 하산을 시작하자마자 약 30분간 맑아져서 산군도 조망하고 사진 촬영도 가능하더니 갑자기 눈과 우박이 쏟아지기 시작했다. 우박의 크기가 거의 비비탄만 하고 세차게 내리쳐서 제대로 맞으면 매우 아팠다. 포터를 앞세우고 정신없이 하산을 했다.

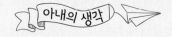

5시 15분에 눈이 떠졌다. 어제 늦게까지 산행한 것에 비해 쌩쌩하다. 아침으로 간단하게 된장국에 햇반을 말아 먹었다. 뜨거운 걸 먹으니 한결 낫다.

7시 40분 출발, MBC까지 2시간 걸린다고 했다. 하지만 이런 말은 믿지 않는다. 우리가 느리다는 것을 깨달았기 때문이다. 난 2시간 30분 예상. 느리게 가는 덕분에 고산병 증세는 없는 것 같다.

고도가 높아서 그런지 쌀쌀하다. 길을 걷다 문득 내가 사진 속에 들어와 있는 것 같은 착각을 했다. 모든 것이 현실감이 없고 그림 속 같다. 그렇게 멍하게 있는데 한 무리의 트레커들이 지나간다. 다시 현실로 돌아온다. 모든 사람이 나를 앞질러 간다. 끊임없는 은근한 오르막이 계속된다. 내 호흡은 턱에 차고, 걷다 쉬다를 반복한 결과 3시간 30분 만에 MBC에 도착했다.. 정말 대단하다. 어찌 이리 늦게 걸을 수 있는지. 안개가 많이 끼어서 ABC를 가도 아무것도 보이지 않을 것 같다.

오늘은 푹 쉬고 내일 새벽에 출발하자고 남편에게 온갖 아양과 아부를 하는 중이다. 그럴 것도 같은 눈치였다. 고지가 바로 앞인데, 밥을 먹으니 몹시 피곤하고 눈이 감긴다. 점심 먹고 잠깐 30분 낮잠을 자고 있으니 1시에 깨우더니 가자고 한다. 그래 매도 먼저 맞는 게 낫다고 했지 하며 따라나서서 보니, 얼핏 보면 스키장 같은 곳을 걸어 올라가야 한다고 한다. MBC에서 ABC까지 2시간 걸린다는데, 우리는 3시간쯤 걸리지 않을까 싶다.

짐은 숙소에 두고 난 맨몸으로 간다. 포터가 남편 배낭을 메고 따라붙는다, 같이 가자고 말도 안 했는데. 처음엔 가방이 없으니 걸음이 빨랐다. 하지만 바로 언덕길, 다시 올라가는 사람들에게 길을 내어주기 시작한다. 눈밭을 얼마 만에 걸어보는건지 모르지만, 그러나 일단 힘들다. 점심을 너무 많이 먹었는지 속이 불편하고 몸이 힘들다.

그냥 숙소에 있고 남편만 보낼 걸 하는 생각에 따라나선 것이 후회가 되기 시작했다. 한참을 걷다 보니 무념무상의 상태가 된다. 언젠가는 이 눈밭도 끝이 있겠지! 끝나겠지! 머리도 묵직한 것이 높기는 한가보다. 안개는 자욱해서 보이는 건 없고, 바람은 쌩쌩 분다. 우리 포터 아저씨는 내 옆에 그림자처럼 붙어서 먼저 가라고 해도 안 간다. 남편은 저만치 앞에 가는데…….

그렇게 한참을 걷다 보니 안개가 살짝 걷힌 사이로 안나푸르나 베이스캠프가 보인다. 너무 반가워서 눈물이 날 것 같았다. 그런데 그렇게 보이는 베이스캠프 앞에까지 1시간은 더 걸은 듯하다. 눈 밑으로는 빙하가 흐른다고 했다. 그래서 잘못 걸으면 발이 푹 빠진다. 내 앞의 중국 관광객이 빠졌다. 관광객은 소리 지르고 가이드는 허둥대고 난리였다.

그걸 보고 내가 걷는 것을 머뭇거리자 포터 아저씨가 앞장서며 따라오라고 한다. 어지간한 가이드보다 훨씬 낫다. 드디어 도착은 했는데, 그런데 남편은 또 어디론가 간다.

야!!!! 소리가 묻혀서 한숨이 된다. 도대체 또 어디를 가는 것일까? 고 박영석 대장 추모 돌탑을 찾아가는 중이었다. 말이라도 해주었으면 이리 신경질이 나지는 않았을텐데……. 세 분이 함께 이 산에 잠들어 계셨다. 갑자기 숙연해진다. 이름만 들어봤을 뿐인 세 분이 사진 속에서 참 친근하다.

시간도 늦고 날씨도 좋지가 않아서 차도 한잔 못 하고 하산을 시작했다. 인증샷을 찍으며 14좌인데, 이제 겨우 1개라고 생각하니 갑자기 정신이 아득해진다. 그래도 뭐 내려가는 길은 발걸음도 가볍게 랄랄라 하며 걸었다. 선글라스도 벗고 올라올 때 못한 구경을 한다. 세상에 정말 파랑새가 있다니, 내 눈을 의심했다. 정말 파란 나라의 파랑새가 있었다. 이건 뭐 동물원에서도 본 적이 없고 앞으로도 못 보겠다 싶었다. 하얀 눈밭의 새, 파랑새……. 이게 현실이 맞나 싶다.

더욱더 비현실적인 것은 내려가면서 내가 이렇게 오랫동안 눈밭을 걸어 올라왔던가 하는 생각이 든다는 거다. 내리막도 이렇게 끝이 없다고 느껴지는데 이 길을 내가 진정 걸어 올라왔단 말인가! 비닐포대만 하나 있으면 그냥 쭉 타고 내려갈 텐데 싶다. 갑자기 하늘에서 천둥이 치고 우박이 쏟아진다. 음향팀에서 들었으면 분명히 녹음하고 싶었을 것 같다. 힘이 드니 자꾸 엉뚱한 생각만 든다.

드디어 우리 로지 지붕이 보인다. 겨우 로지에 도착하고 그대로 침낭 속으로 들어갔다. 좀 쉬니 아프던 머리도 괜찮아지고, 다리가 아픈 거 빼고는 다 괜찮다. 뜨거운 밀크티에 설탕을 많이 넣고 홀짝거리며 마셨다.

저녁을 간단하게 먹고 일찍 잠자리에 누우니, ABC에 올라간 한국 사람들이 걱정된다. 많이들 올라갔는데, 밤새 괜찮아야 하는데……. 고산병으로 ABC에서 한국 사람도 많이 죽었다는데, 모두 괜찮아야 할 텐데 오지랖 떠는 생각을 했다.

며칠째 물티슈로 대충 닦고 있는데, 오늘도 그래야겠다.

참, 사람 꼬라지가 꼬질꼬질하다.

🧭 안나푸르나 5일 차

데우랄리
(Deurali 3,200m)

뱀부
(Bamboo 2,335m)

마차푸차례 베이스캠프
(MBC 3,700m)

도반
(Dovan 2,500m)

로어 시누와
(Lower Sinuwa 2,360m)

낮에 ABC를 다녀오고 나서 저녁에 일찍 잠에 들었는데 자주 깼다. 밤 11시. 새벽 2시. 거의 15분 간격으로 깼고 머리가 쑤셔서 약을 하나 먹을까 하는 생각도 했다. 깊은 새벽이 되자, 날씨는 제법 추운 편이었고, 모자를 쓰고 잤더니 숨쉬기가 불편해, 벗고 잤더니 차라리 나았다.

잘 만큼 잔 것 같아서 시계를 봤더니 새벽 5시였다. 더 누워 있는 게 별 의미가 없을 것 같아서 밖에 나갔다. 새벽 공기를 뚫고 솟아오른 안나푸르나 산군들과 뒤로 혹은 앞으로 마주 보는 마차푸차례는 정말 아름다웠다.

하산은 MBC에서 데우랄리를 거쳐 히말라야까지 오전에 걸어서 히말라야에서 점심을 먹었다. 내려가는 길에 빙판이 많아서 많이 미끄러웠다.

등산화를 신지 않고 산악 마라톤화나 운동화를 신고 온 사람들은 넘어지면서 구르기도 해 위험한 순간들이 자주 보였다. 이 글을 읽는 독자들은 반드시 좋은 등산화를 신고 히말라야에 오르기를 바란다.

이후 도반을 거쳐 뱀부, 그리고 어퍼 시누와를 거쳐 로어 시누와까지 하산했다.

무슨 공포 영화처럼 한밤중에 눈이 번쩍 뜨였다. 그러고는 가슴을 두드렸다. 너무 답답하다. 숨을 쉬고 있는데 너무 답답해서 미칠 것 같았다. 가만히 있는 것이 힘들어 일어나서 화장실에 다녀왔다. 나가서 별 보며 한숨 돌리고 따뜻한 물 한 잔 마시고 나니 조금 나아지기는 했지만 다시 누울 수 있는 정도는 아니었다.

남편은 살짝 코를 골며 곤하게 잠들어 있어 깨우지 않고 혼자 버텨보기로 했다. 시간이 지나도 풀리지가 않는다. 일단 입고 있는 옷을 한 개만 놔두고 다 벗었다. 한결 나아지는 것 같았고 벽에 비스듬히 기대서 살짝 잠이 들 수 있었다.

그런데 이번엔 머리가 아파서 깼다. 이게 고산병인가? 저 위의 ABC로 올라간 사람들이 걱정이 됐다. 이 와중에 진정 오지랖이다. 잠깐 잠이 들었다가 남편의 아침 준비 소리에 깼다.

된장 국물만 좀 마시고 바로 나갈 준비를 한다. 오늘은 또 얼마를 가야 끝이 날까? 촘롱까지 간다는데, 감이 오지를 않는다. 남편은 1시간쯤이면 데우랄리에 간다는데, 내려가고, 내려가고 또 내려간다. 내가 정말 여기를 걸어왔다는 건가? 설마, 이 끝없는 가파른 계단을 정말 내가 걸어서 올라온건가? 아무리 생각해도 아닌 것 같다. 내가 정말 머리가 나쁜 건지 모르겠지만 기억이 나지를 않는다.

데우랄리에서 밀크티 한잔 마시고 내려가려는데 하행 시간표가 있다. 오, 마이 갓!

오늘 촘롱까지 9시간 30분이 걸린단다. 갑자기 머리가 복잡해진다. 앞서가는 남편과 이야기를 해봐야겠다. 괜히 짜증이 난다. 여기 오기 전에 남편은 하루에 5~6시간만 걸으면 된다고 했다. 그것도 차 마시고 쉬고 놀면서 가는데도 그렇다고 했다.

그런데 며칠째 10시간 혹은 그 이상을 걷고 있다. 꽃 피고 새가 우는 히말라야가 아니라 매일매일 우박과 천둥이 함께하는 험난한 일정인데, 오늘은 9시간 반을 걸어야 한다는데, 우리는 항상 일정표보다 느리다. 그렇다면 10시간을 걸어도 촘롱까지 못 간다는 얘기가 된다. 히말라야에 도착해서 남편과 이야기를 해서 오늘은 시누와까지 가기로 합의했다. 그래도 오늘 가야 할 길은 멀었다.

6시에 도착하면 빠른 도착이다. 히말라야에서 출발하자마자 우박이 내린다. 한국에서는 우박을 본 적도 없다. 그런데 우박을 며칠째 맞고 오늘도 또 맞으며 걷고 있다. 그것도 하루 종일. 내 인생에 이런 일이 또 있을까? 아예 폭우가 내린다.

도반을 거쳐 뱀부에 도착했는데, 그냥 여기에서 쉬고 싶으나, 그래도 시누와까지는 약속을 했으니 걸어야 한다. 로어 시누와에 6시 전에는 도착하겠지 하면서 걸었다. 뱀부에서 시누와까지는 오르막인데, 끝이 보이지 않고 미친 듯이 올라간다. 아무튼 그래도 우박이 자꾸 머리를 때려 점점 생각이 없어진다. 언젠가는 이 오르막도 끝나겠지. 결국 다 올라왔다. 더 올라갈 곳이 없다.

뒤를 돌아보니, 지금까지의 투덜거림을 우와 하는 감탄사로 바꿔버리는 그림 같은 풍경이 눈앞에 펼쳐져 있다. 안개가 끼고 어디에선가

뻐꾸기가 울고 이름 모를 여러 새들이 울어댄다. 여전히 우박이 내 머리를 때리는데, 참 이해하기 힘든 상황이지만 이 모든 게 어우러져서 묘한 분위기를 연출한다. 역시 현실감은 없다.

이제 빠진 턱을 집어넣고 길을 보니 올라온 만큼이나 다시 내리막이다. 흠, 다리는 천근만근이고 신발은 정말 벗어 던져버리고 싶다. 진흙까지 잔뜩 묻은 신발 때문에 걸음은 더욱더 느리다. 내 짧은 다리를 안타까워하며 지긋지긋한 내리막을 걸어가니 너무나 반가운 파란색 지붕이 보인다. 2시간 만에 어퍼 시누와에 도착한 것이다. 원래도 가장 좋아하는 색이 파란색인데 앞으론 더 좋아질 것 같다. 안나푸르나의 로지 지붕은 모두 다 파란 양철판이다.

얼마나 반가운지 한국에 갔다 돌아온 남편만큼이나 반갑다.

🧭 안나푸르나 6일 차

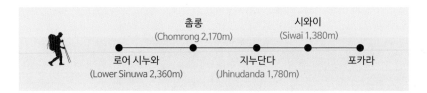

촘롱
(Chomrong 2,170m)

시와이
(Siwai 1,380m)

로어 시누와
(Lower Sinuwa 2,360m)

지누단다
(Jhinudanda 1,780m)

포카라

아침에 일어나 계산서를 살펴보니 계산이 맞지 않는다. 마시지 않은 블랙 커피값도 청구되어 있다. 히말라야에서는 계산서를 항상 꼼꼼히 살펴봐야 한다.

아내의 몸 상태가 좋지 않아서 나야풀에서 쉬다가 바로 다울라기리로 가지 않고 포카라로 가기로 했다. 로어 시누와에서 촘롱으로 해서 지누단다로 해서 고속 하산을 했다. 하산길에서 항상 사고가 나므로 자주 쉬어주면서 하산을 했다.

큐미에서 네팔 사람들과 지프 하나를 섭외해서 대여하기로 하고 포카라로 향했다. 지프차가 올라온 길을 내려가는데 비포장 도로의 덜컹거림에

속이 울렁거리는데 아내는 더 힘들었을 것이다. 예전에는 강을 따라 오르던 그 길을 이제는 하루 만에 산 중턱에 오르고, 앞으로는 지프차가 더 올라갈 텐데 이게 좋은 일인지 알 수가 없었다.

지프차로 내려가는 길에는 한때는 고수익을 올리던 부자 동네였던 마을들이 모두 퇴락한 모습으로 남아 있었다. 모두 이름만 남은 호텔들이 되었고, 방은 아무도 이곳에 숙박하지 않아 그냥 창고로나 쓰이는 곳들이 대강 보아도 100여 곳이 넘는 것 같았다. 차가 잠시 정차하고 내려가는 길이라고 해서 태워준 다른 팀 포터 아저씨가 그 퇴락한 호텔 앞에서 포터 일에 쓰던 대나무 광  주리와 노끈을 지프 위에서 내렸다. 아저씨가 내리는데 가족들로 보이는 사람들 십여명이 마중을 나와서 눈물을 글썽거리면서 아저씨에게 수고했다고 하고, 아저씨는 가족들에게 돈을 가져다 줄 수 있다는 마음에 뿌듯해하는 것이 느껴졌다. 그 짐꾼 아저씨는 우리에게도 태워주어 고맙다고 인사하고 가족들과 같이 집으로 돌아갔다.

아내에게 "저 아저씨도 한때는 저 호텔의 주인으로 수입이 좋았을 텐데 도로의 발달로 사업을 잃은 집안의 가장이 되었네." 라고 말했다. 풍경으로는 가장으로서 집에 먹을 것을 가지고 가는 모습과 가족들이 마중 나오는 모습이 좋아 보였다. 그렇지만, 왜 현지인들에게 별로 도움이 되지 않는 것 같은 길을 만드는 데 네팔 정부가 그토록 힘을 쓰는 것인지 잘 이해할 수가 없었다.

지프차는 비레탄티를 지나 나야풀을 거쳐 포카라까지 왔다. 포카라의 아이스 랜드 호텔에 도착하니 마음이 푸근했다.

아내의 생각

오늘은 어디까지 가는지 생각 안 하기로 했다. 남편의 배려로 갈 수 있는 만큼만 가자고 했다. 남편과 이야기 중 안나푸르나 이곳에 매일 우박과 비가 왔는데 다울라기리 쪽은 눈이 오지 않았을까 생각되어 알아보니 예상대로였다. 일정을 급선회히여 미르피기 이닌 디르방 쪽으로 올라가기로 했다.

정말 다행이다. 그럼 오늘과 내일만 산행하면 된다. 몸은 산에 들어올 때보다 훨씬 좋아졌지만 그래도 힘들고 지친다. 줄어든 일정에 몸이 먼저 반응한다. 마음이 가벼우니 발걸음도 가볍다. 저절로 속도는 빨라진다.

하산길의 최대의 고비라고 생각하는 촘롱이다. 저 계단만 넘으면 수월할 거라는 착각에 투지를 불태우며 앞장섰다. 남편이 점심을 먹으며 이왕 쉴 거면 포카라로 가면 어떻겠냐고 제안한다. 그런 걸 뭘 물어보나, 나는 당연 100% 찬성이지.

사실 다르방은 열악하다고 들어서 내심 걱정하는 중이었다(만약 이때 다르방으로 갔으면 다울라기리는 시작도 못했을 거다.). 포카라로 가기로 하니 또 욕심이 생긴다. 오늘 그냥 가자는 쪽으로 생각했는데, 가능할 것도 같다. 그 뒤로 나는 내가 나를 의심할 정도로 걸음이 빨라졌다. 사진 찍으며 천천히 오는 남편을 빨리 오라고 재촉하며 바삐 걸었다.

내려오는 길에 정말 포터와 비슷한 속도를 내며 걷는 내가 신기했다. 내려오는 동안 정말 많은 한국 분들을 만났다. 그중에 한 분이 베이스

캠프까지 갔냐고 물으며, 많이 힘드냐고 하시면서 "정말 좋아요?" 하고 물으셨다. 나는 1초의 망설임도 없이 "후회 안 하실 거예요." 했다.

또 어떤 분은 시누와까지 얼마나 더 가야 하는지 물으셨고 나는 나의 경험을 살려 힘드시더라도 꼭 어퍼 시누와에서 숙소를 잡으라고 했다. 단 한 번의 경험이 나를 갑자기 으쓱하게 만들었다. 나는 산에서 만나는 한국 사람들이 참 반가웠다. 어떤 분은 자꾸 영어로 어디서 왔냐고 물으셔서 장난하시는 줄 알았는데 정말 외국 사람인줄 알았다고 한다. 이상하게 어렸을 때부터 자주 그런 오해를 받고는 했다. 아무튼 난 하행길이고 그분들은 상행길이라 위로와 격려를 해드렸다. 내가 뭐라고, 겨우겨우 기어서 갔다 왔으면서, 피식 웃음이 났다.

나 같은 사람한테 물어보시는 저분들은 얼마나 힘들면 이리도 어설퍼 보이는 내게 이것저것을 물으시겠나 싶었다. 나름 뿌듯해하면서 하산길은 만만할거라 생각했는데 완전 착각이었다. 거의 다 온 듯한데 길은 계속 이어졌다.

포카라 가는 차를 타려면 빨리 가야 하는데 조바심이 났다. 남편은 걱정하지 말라고 만약 차가 없으면 버스 정류장 근처 숙소에서 자고 내일 아침에 가자는데 난 빨리 포카라로 가고 싶었다. 다시 오르막이 나오고 아무래도 남편 말을 들어야겠다고 포기하는 중에 저 앞에 큰 길이 보였다. 야호!!!!

다행히 지프차도 여러 대 보였다. 다른 일행들과 이야기가 잘되어서 함께 타기로 했다. 가는 중간에 다른 팀 포터를 내려줬다. 식구들이 길가에 다 나와서 그를 맞이한다. 갑자기 울컥했다. 누군가의 남편이고 아이들의 아빠일 그가 무사히 돈을 벌어 귀가해서 그들은 너무 기뻐했고 힘들었을 포터의 어깨는 당당하게 펴져 보는 내가 다 든든하게 느껴졌다. 그들의 재회가 머릿속에 오랫동안 머물렀다.

포카라는 우리나라의 조금 큰 읍내 같은데 산에 있다 내려오니 대도시에 온 느낌이다. 포터는 우리를 호텔로 데려다주고 기분 좋게 다시 보자는 인사를 남기고 갔다.

DHAULAGIRI

2. 다울라-기리

다울라기리 서킷 트레킹 소개

▪ 다울라기리(Dhaulagiri, 8,167m)

산스크리트 어로 '희다'라는 뜻의 다발라(Dhavala)와 '산'이라는 뜻의 기리(Giri)가 만나 이루어진 다울라기리(Dhaulagiri)는 '흰 산'이라는 뜻이다. 네팔 중북부에 위치한 네팔 제2의 도시 포카라 북서쪽 약 50km 지점, 칼리 간다키 계곡 중간에 위치하고 있다.

다울라기리 산군은 칼리 간다키 강을 경계로 안나푸르나 산군과 마주보고 서 있다. 다울라기리 산군은 다울라기리 1봉을 포함한 8,000m급 1개, 7,000m급 12개의 산으로 이루어진 약 40km의 긴 산군으로 서쪽으로 푸타 히운출리(7,426m)와 동쪽으로 툭체 피크(6,920m) 사이의 중앙에 다울라기리 1봉(8,167m)이 있고 강을 사이에 두고 반대측인 서쪽으로 다울라기리 2, 3, 4, 5봉과 구르자 히말(7,193m)이 군집해 있다. 1808년 처음 유럽에 알려지고, 에베레스트가 발견되기 전인 19세기 중엽까지는 세계 최고 높이의 산으로 알려졌었으나 현재는 세계 7위의 산이다. 히말라야 14좌 중 7번째로 높은 산이지만 14좌 중에서 1960년에야 13번째로 등정되었을 만큼 등반이 어려운 봉우리로 기록되었다. 중국 원정대의 정상 등정 전까지 등반을 금지시킨, 중국에 위치한 시샤팡마가 가장 마지막에 등정되었다.

1950년 프랑스 원정대부터 내내 실패를 하고 연이은 여러 원정대의 실패 후, 1960년 5월 13일 국가적인 후원을 받은 스위스 원정대와 오스트리아의 쿠르트 디엠베르거 등 스위스, 오스트리아, 독일 합동 원정대가 초등에 성공하였다. 현재에도 다울라기리 남벽은 세계적인 난이도를 자랑하는 수직 벽으로 눈조차 쌓이지 않는다. 한국은 1988년에 등산가 최태식이 다울라기리 1봉 정복에 무산소로 성공했다. 수많은 산악인들이 다울라기리 등정에서 목숨을 잃어 '죽음의 봉우리'라는 달갑지 않은 별명을 갖고 있기도 하다.

네팔 제2의 노시 포카라와 인섭해 있어 안나푸르나와 트레킹 거짐을 공유하며 포카라에서도 날씨와 위치에 따라 조망이 된다. 중간이 높고도 펑퍼짐한 모습으로 조망된다. 안나푸르나 서킷 트레킹 코스를 통해서 가까이 접근할 수 있으며, 고레파니, 푼힐에 올라가면 다울라기리 산군의 다울라기리 1봉이 잘 보인다. 다울라기리 2, 3, 4, 5, 6봉은 뒤쪽에 있어서 그리 잘 보이지 않는다.

이탈리안 베이스캠프에서도 조망이 되나 본연의 장쾌한 모습은 다울라기리 베이스캠프에서 그 거대한 모습을 볼 수 있으며, 트레커와 원정대 모두 같은 캠프를 쓰게 된다. 다울라기리 베이스캠프에서는 에베레스트와는 달리 산 정상까지 손에 잡힐 것처럼 가깝게 모두 조망되어 거대한 장관을 보이며, 프렌치 패스와 담푸스 패스를 넘어서도 다울라기리의 산군들이 조망이 되며, 안나푸르나 라운드의 묵티나트에서도 역시 거대한 모습으로 보인다. 다울라기리는 그 시작인 다르방부터 마지막인 담푸스 패스와 야크카르카는 물론 마르파로 내려가는 길에서도 잘 조망이 되고 반대편인 안나푸르나 지역에서도 잘 조망된다.

트레킹하기 좋은 계절은 우기 이전인 5월과 10월~11월 초이다. 6월에서 9월 초까지는 우기로 대부분의 지역에 많은 비가 내리므로 이 때에는 산행을 피하는 것이 좋다. 12월이 넘어가면 날씨가 매섭게 변한다. 겨울에는 해발 고도 4,000m에서 5,000m 이상의 고원은 매서운 강추위와 높게 쌓인 눈으로 패스를 넘기 힘들다.

우리 부부의 트레킹 전략

다울라기리 서킷은 일반적인 트랙이 아닌 이른바 어드벤처 트랙으로 유명한 곳으로, 아름답고 장쾌한 곳이지만 접근이 쉽지 않다. 우리의 처음 전략은 안나푸르나와 연계하여 ABC에서 고산에 적응을 한 뒤에 바로 마르파에서 야크 카르카를 거쳐서 담푸스(타파) 패스를 지나 히든 밸리와 프렌치 패스를 넘어 다울라기리 베이스캠프 및 제패니즈 베이스캠프를 넘어 이탈리안 베이스캠프로 향하는 매우 험하지만 일단 담푸스 패스를 넘으면 차라리 쉬워지는 GHT(그레이트 히말라야 트랙) 루트를 따르고 싶었다. 그러나 안나푸르나 ABC의 이상 기후로 마르파 역시 영향을 받아 폭설로 마르파로 넘을 수가 없어서 본래의 표준 코스인 다르방으로 진입하여 고도 1,100m부터 최대 5,360m에 이르는 약 4,200m를 올려야 하는 길을 선택해야 했다.

다울라기리 트레킹의 경우 길을 안내해줄 만한 인력을 보유한 에이전시를 만나기가 어렵다. 기본적으로 야영을 하게 되므로 야영 장비를 갖추기 위한 비용에 대한 압박이 있고 야영의 어려움도 함께 있는 곳이다. 식사와 야영에 대비한 준비를 든든하게 하지 않으면 트레킹의 성공 여부를 떠나, 무사히 산에서 나올 수 있느냐가 관건이 될 정도로 난이도가 높은 트레킹 코스이다.

이탈리안 베이스캠프 앞에서 폭설로 인해 길이 막히는 경우가 많고, 무사히 이탈리안 베이스캠프를 통과해도 재패니즈 베이스캠프부터 다울라기리 베이스캠프를 통과하여 프렌치 패스를 넘어 히든 밸리를 통해 다시 담푸스 패스를 넘어 마르파로 진입하기까지 최소 3일 이상을 고도 5,000m

이상의 지역을 내내 통과해야 한다.

5,000m 이상의 지역에서 텐트 하나에 의지해 트레킹을 해야 하므로 세계 유수의 히말라야 트레킹을 다룬 책들도 다울라기리 트레킹 편은 찾을 수가 없으므로, 원정대가 아닌 이상은 일반인들에게 트레킹에 대한 정보가 거의 없다고 봐도 과언이 아니다. 다른 트레킹 지역과는 달리 마을이라고 부를 수 있는 곳도 실질적으로는 살라가리 이전 도반까지만 존재한다.

2017년 6월 현재 살라가리에 이제 막 대피소 정도의 수준으로 1개, 이탈리안 베이스캠프에 역시 야영을 위한 야영장이 1개 있다.

다른 지역의 트레킹에 비해 많은 인력과 장비가 필수적으로 준비되어야 하고 트레킹 경험도 상급 수준이 되어야 하므로 일반적인 트레커에게는 넘어서기 어려운 벽이 분명히 존재한다. 또 충분한 자금과 시간을 가진 원정대가 아닌 이상 마르파를 통해 역으로 물품이나 인력을 공급받거나, 다르방을 통해 필요한 것들을 내내 공급받는 것이 어렵고 날씨가 시시때때로 혹독하게 변하므로 거기에 대한 대비도 역시 필요하다.

날씨의 변화가 급격하고 특히 눈이 많이 오는 관계로 트레킹에 좋은 철이 되어도 갑작스런 일기의 변화로 마르파에서는 접근조차 하지 못하고, 베니를 지나 다르방으로 하여 접근하는 경우에도 일반적인 등산로가 개설된 이탈리안 베이스캠프 이상 접근하지 못하는 경우가 많다.

본격적인 루트인 스위스 베이스캠프, 제패니즈 베이스캠프를 거쳐 다울라기리 베이스캠프로 가는 길에서 트레킹이 실패로 돌아가거나, 눈에 막혀 구조 헬기로 탈출해야 하는 경우도 자주 발생하고 있다. 다행히 다울라기리 베이스캠프에 도착한다 해도, 주의할 점이 있다. 날씨가 아무리 좋았던 날이어도 오후 1시 이후가 되면 안개가 끼고 눈 폭풍이 매일 치므로 새벽 일찍 산행을 시작하여 패스들을 모두 넘고 안전한 캠핑 지역에서 쉬어야 한다는 것이다. 이것이 트레킹 성공의 핵심이다.

2017년 6월 현재 다울라기리에는 다르방에서 시작되는 새로운 도로망이 개설이 되었다. 무디로 가는 거칠고 험한 길 대신, 평탄하고 차가 다닐 만한 넓은 길이 깊이 개설되어 이틀을 절약할 수 있다. 이 새로운 코스로 가면 첫날은 버스와 지프차의 종점인 다르방에서 보내고 본격적인 트레킹을 시작하는 2일째 날은 캄라(Khamla)에서 보내게 된다.

현재는 차도가 거대한 바위 하나를 사이에 두고 양쪽에서 많이 완성되어 있는 상태인데 그 바위를 뚫고 완성되면, 버스와 지프차들이 카라(Khara) 마을보다 더 깊이 들어가서 트레킹 코스를 많이 줄여줄 듯하다. 2일째 트레킹 코스는 캄라(Khamla)를 지나 나우라(Naura)까지 진행할 수 있을 것으로 기대하고 있다.

그러나 3일 차인 버거러(Bagar)부터 일반적인 트레킹 코스에서는 찾아보기 힘든 매우 험한 절벽 길을 만나게 된다. 네팔 관광청에서 내내 보수하고 넓히는 공사를 하고는 있으나 소수의 인력으로만 진행되고 있고 기본적으로 암릉이기 때문에 쉽게 길을 넓히기 어려운 부분이 있다. 아내와의 동반 트레킹을 몹시 후회했을 정도로 길이 좋지 않았다. 살라가리에서 이탈리안 베이스캠프 가는 길에 넓은 지름길을 내는 중이나 2017년 6월 현재 완성되지 않았다.

다울라기리는 다르방에서 보았을 때 맨 우측의 1봉과 좌측의 2, 3, 4, 5, 6봉 등 연봉이 늘어선 가운데의 협곡을 수시로 오가면서 트레킹을 진행하게 되는데, 험준한 벼랑에서 떨어지는 낙석이 많아 부상의 위험도도 역시 높아서 경험 있는 가이드의 노련한 등산로 운영이 없으면 절벽으로도 오르고 빙하도 맨발로 건너게 된다.

이탈리안 베이스캠프에서 다울라기리 베이스캠프까지는 빙하 지대를 건너기도 하고 너덜 지대와 눈이 많은 지대를 지나게 되므로 양측의 다울라기리를 모두 오가며 주의해서 건너야 하는데 역시 노련한 가이드의 조력이 없으면 고통스러운 길이 된다.

다울라기리 베이스캠프 이후로는 내내 가파른 언덕과 능선을 타게 되며 눈으로 가득한 대설원이 프렌치 패스는 물론 담푸스(타파) 패스까지 2일 이상 진행되고, 야크 카르카 직전 고소 캠프에서 눈과 작별하게 된다.

마나슬루처럼 트레킹을 하는 데 특별한 허가가 필요한 것은 아니다. 경험있는 에이전시를 찾을 때, 반드시 루트에 대해 질문하고 첫째 날에 '다르방에서 무디로 간다.'라는 식으로 가이드 등 관계자의 설명이 있다면 최근에 이 지역을 진행해보지 않은 것이므로 디른 곳을 알아보는 것이 현명하다. 1인 혹은 2인 규모의 트레킹이라도, 포터 4명, 가이드 1명으로 약 5명 정도의 인력이 필요하므로 비용의 압박이 꽤 큰 코스라고 할 수 있다. 인력과 일정에 필요한 식량이나 장비를 모두 개인이 준비를 하면 비용은 조금 줄어든다. 그러나 에이전시에서 전체 비용을 총괄하여 견적을 주는 경우도 있으므로 잘 생각해서 결정해야 한다.

트레킹의 난이도를 최상으로 생각하고 최대한으로 준비하는 것이 트레킹 성공을 위해 필요하다. 다울라기리 이전 다른 코스를 통해 고산 적응이 되어 있지 않으면 살라가리 혹은 이탈리안 베이스캠프에서 2일 정도 휴식한 후 진행하는 것이 좋다. 마르파에서 포카라까지는 가격은 비싸지만 언제든지 지프차의 이용이 가능하다.

다울라기리 진입 시에는 구조 헬기 관련 보험을 준비하거나 6,000m 이하의 트레킹 시 구조 헬기의 이용을 보장해주는 여행자 보험을 준비하는 것도 안전한 방법이다. 우리도 그렇게 준비했다.

	다울라기리 서킷 실제 트레킹 (2017. 4. 30 ~ 2017. 5. 11)
1일	포카라 바르방 버스 터미널 — 베니(Beni) — 다르방(Darbang 1,110m)
2일	다르방 — 캄라(Khamra 1,435m)
3일	캄라 — 나우라(Naura) — 버거러(Bagar 2,080m)
4일	버거러 — 도반(Dovan 2,520m)
5일	도반 — 살라가리(Sallaghari 3,445m)
6일	살라가리 — 이탈리안 BC(Italian Basecamp 3,660m)
7일	이탈리안 BC — 재패니즈 BC(Japanese Basecamp 3,890m)
8일	재패니즈 BC — 다울라기리 BC(Dhaullagiri Basecamp 4,748m)
9일	다울라기리 BC — 프렌치 패스(French pass 5,360m) — 히든 밸리(Hidden Valley 5,140m)
10일	히든 밸리 — 담푸스 패스(Dhampus pass 5,244m) — 조난
11일	조난 — 구조 — 고소 캠프(4,930m) — 야크 카르카(Yak Kharka 3,900m) — 마르파(Marpha 2,670m)
12일	마르파 — 포카라(버스로 이동)

다울라기리 서킷 트레킹 지도

다울라기리 II (7,751m)

히든 밸리 (5,140m)

담푸스 피크 (6,035m)

좀솜 (2,720m)

프렌치 패스 (5,360m)

담푸스 패스 (5,244m)

고소캠프 (4,930m)

재패니즈 캠프 (3,890m)

다울라기리 BC (4,748m)

야크 카르카 (3,900m)

마르파 (2,670m)

다울라기리 IV (7,751m)

다울라기리 I (8,167m)

비행기 (좀솜)

이탈리안 캠프 (3,660m)

안나푸르나 (8,163m)

살라가리 (3,445m)

안나푸르나 남봉 (7,219m)

도반 (2,520m)

버거러 (2,080m)

나우라 (1,570m)

New Route (2017 open)

버스, Jeep

무디

캄라 (1,435m)

타토파니 (1,190m)

다르방 (1,110m)

버스

베니 (830m)

⏱ 다울라기리 1일차

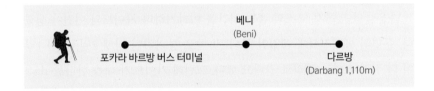

포카라 바르방 버스 터미널에서 버스 티켓을 구입하는데 외국인인 우리와 짐 때문에 버스 차장과 홍정을 해야 했다. 가이드가 비협조적이거나 외국인을 봉으로 생각하면 돈을 많이 내게 된다. 안나푸르나 트레킹을 같이 한 상갈 포터가 다울라기리 트레킹 역시 여러 번 성공한 베테랑이어서 차비 교섭도 잘했고 중심도 잘 잡았다.

포카라에서 베니까지 1인당 200루피, 짐값은 600루피가 되었다. 버스는 1시간 간격으로 출발한다. 9시 50분에 출발해서 베니에 도착하니 오후 2시 20분이었다.

베니는 다울라기리 라운딩의 시작점이자 종점이기도 하다. 베니 뒷마을

강 앞에 다르방 행 지프차, 버스 정차장이 있다. 약간의 언덕길과 복잡한 시장통을 지나 20분 정도 걸어가니 버스가 한 대 서 있었다. 가이드가 베니 어딘가에 가서 입산 신고를 하고 포터들이 버스에 짐을 싣고 외국인인 우리의 편의를 위해 좋은 자리를 잡아주었다.

7명의 버스비 2,400루피를 지급하고 2시 50분에 다르방(1,110m)으로 출발했다. 차는 베니 뒤의 험악한 산길을 지나 다르방에 오후 5시에 도착했다. 다르방은 아주 작은 소읍이다. 그래도 이 산군이 시작되는 곳으로 가장 번화한 곳이다. 약국이 많았는데, 숙소는 벌어진 입이 다물어지지 않을 정도로 열악함 그 자체였다.

차에서 내리자마자 비가 오기 시작해서 이번 여행은 우기도 아닌데 참 고생한다 싶었다. 동네에 이름도 없는 숙소에 머물게 되었는데, 알고 보니 가이드가 잘 아는 동네 사람의 집이었다. 방값도 꽤 비싸게 지불했다.

다음날의 트레킹 코스와 출발 시간을 이야기하다 가이드와 이견이 생겼다. 분명히 에이전시에 옛길인 무디(Mudi)로 통과하면 상행 2일, 하행 1일이 더 걸리니 바로 캄라로 간다고 했다. 그런데 가이드가 대뜸 한다는 소리가 내일은 시방까지 간다고 한다. 결국 그럼 옛 코스인 무디 코스로 간다는 소리가 아닌가! 캄라로 해서 나우라로 가는 새 코스로 가자고 하니 가이드는 거긴 힘들다고 우겼다. 그건 옛날이고 요새 캄라로 가는 길이 새로 만들어져 편하고 빠르다고 하니, 자기 고향이 무디여서 자기가 잘 아니 걱정 말라 한다. 자기 고향이어서 무디로 가자고 하는가 싶어서 어지간하면 그러고 싶지만 진정 힘도 들고 길도 험해서 무디로는 갈 수 없었다.

논의를 하다가 캄라로 가는 길이 빠르고 순탄하니 그렇게 알라고 했더니 동네 사람들에게 물어본다고 한다. 그래서 그러라고 했더니 동네 친구를 데려다 물으니 그 친구도 눈치 없이 새로 길이 열려서 바로 캄라로 가는 게 편하다고 한다. 그럼에도 무디로 가는 길을 고집하길래 그냥 우리 계획에 맞추어 잘 가이드해주기 바란다고 하고 말았다. 이 가이드는 자기 말만 하고 손님의 의견을 잘 듣지를 않으니 불편했다. 포카라에서 교체할 생각도 했는데, 사장이 잘할 수 있다고 해서 데리고 왔는데, 많이 의심스러웠다. 좋은 숙소 놔두고도 자기가 아는 사람의 허름한 숙소를 싸지도 않은 가격에 잡은 것도 짜증스러웠다. 숙소의 양철 지붕으로 엄청난 비가 내리고 있어 참 시끄러웠다.

 아내의 생각

호텔에서 일찍 버스 정류장으로 와서 9시 45분 버스가 출발했다. 버스의 상태는 영화나 드라마에서 보던 우리나라 60년대를 연상시켰다. 2시간 20분쯤 비포장도로를 달린 버스는 베니에 도착했고 우리는 걸어서 20분 정도 이동해서 다른 버스를 타야 했다. 걷는 동안 어찌나 모래바람이 불던지 눈을 뜰 수가 없었고 입에서는 모래가 씹혔다. 모두들 마스크를 한 이유를 알 수 있었다.

포터들이 짐을 싣고 차장에게 말해서 우리에게 좋은 자리를 내주었다. 신기한 것이 앉아 있는 손님을 차장이 비키라고 하고 우리 자리를 만들어주었다. 민망하고 미안해서 고개를 푹 숙였다.

2시 50분 다르방으로 출발했고 역시나 비포장길을 달리며 점점 첩첩산중 속으로 들어간다. 너무 흔들려서일까? 남편이 설사병에 걸렸다. 잠깐 쉬는 곳마다 화장실을 찾으러 다닌다. 괜찮아지겠지라며 애써 외면해본다.

5시 넘어 다르방에 도착했다. 가이

일단 양은 많다.

드가 자기가 아는 집으로 안내하는거 같다. 정말 말도 안 되는 시설인데 500루피를 달란다. 그냥 알겠다고 했다. 너무 오래 차에 시달려서 지친 탓도 있고 자기네 동네니까 친척 집일 수도 있고.

가이드와 남편이 내일 일정을 논의하는데 가이드가 남편의 요구를 따르지 않고 자지 주장만 고집한다. 가이드 말대로 하면 일정도 늘어나고 힘들다. 자기네 동네라고 하는데 새로 길을 내고 다리도 생겼는데 모르고 있다. 동네 사람에게 물어보고 나서야 알겠다고 한다. 자꾸 디 올리기리에서 태어나서 잘 안다고 강조하는 것이 어째 좀 불안하다.

🧭 다울라기리 2일 차

캄라
(Khamra 1,435m)

다르방
(Darbang 1,110m)

　천장이 합판으로 막힌 것이 아니고 서로 뚫린 구조의 집인지라 수많은 사람들의 갖가지 신음 소리를 들으니 새벽 알람이 달리 필요 없었다.

　가이드의 살살거리는 태도가 경계를 하게 했고 고집 센 모습도 근심하게 했다. 제 말만 하는 태도도 피곤했다. 좋은 가이드 만나는 운이 없어 불편하네 하는데, 날씨도 밤새 비 오고 바람 불고 천둥 치고 정신이 없었다.

　아침은 물을 끓여 아내에게는 오트밀을 주고, 나는 누룽지를 끓여 먹었다. 가이드와 포터들이 식사와 야영 등 두루 피곤하게 할 것 같다고 했더니 아내는 시키면 되지 뭐가 문제냐고 했다. 이번엔 인원이 많고, 오지라서 뭔가 편이 기울어지니 걱정을 하는 것인데, 차마 그 말은 할 수 없었다.

비가 와서인지 가이드가 출발을 미적거리길래 7시 반에 그냥 출발했다. 마을의 경찰서를 뒤로 하고 몇 개 있지도 않은 건물을 지나면 큰 도로가 나온다. 그 큰 도로를 따라가다 보니 옛길인 무디로 가는 긴 출렁다리가 좌측으로 나왔다. 아무 말도 안 하고 그 다리에 그 오르막을 안 오르게 된 것만 해도 다행이라고 생각하고 비포장도로를 따라 꾸준히 걸었다. 길이 더욱 넓어지고 좋아져서 속도가 더 빨라지기 시작했다. 다음 목적지인 바르방(barbang)까지 1시간 20분이라고 쓰인 영어 표지판이 나왔는데, 여기까지 트랙터와 미니 택시가 잘 올라왔다. 디르방에 일찍 도착한 경우, 카라까지 조금 더 차를 타고 올라가서 그냥 조용한 숙소에서 묵을 수도 있을 듯하다. 카라 후반부 중간에 길이 막혔지만 양측으로 도로가 많이 완성되어 있고 큰 바위 하나만 깨면 도보로 1시간 거리가 도로로 열리게 된다. 앞으로 여기까지 차가 오는 게 일상화되면 당일로 캄라를 지나 짐라티를 넘어 나우라까지 갈 수 있을 것이라고 본다. 2017년 6월 현재 열심히 도로 공사 중이니 2017년 혹은 2018년 안에 그렇게 될 수 있을 것 같다.

무디로 가는 다리가 다시 나왔으나 도로가 건설되어 있어 도로를 따라 그냥 개울을 건넜다. 새로 열린 길로 가면 좌측의 무디로 가는 옛길처럼 엄청난 다리들과 언덕을 넘고 할 일이 거의 없다. 길을 걷는데 도로가에 별 특징은 없는 잘 지은 큰 집이 있다. 이 동네가 바르방이다. 10시 20분에 도착했다.

가이드가 좀 앉으라 하길래 길가의 집 처마 밑에 잠시 앉아 쉬었다. 주는 의자에 앉았는데, 비 오는 가운데 예상치 못하게 따뜻한 블랙티 주길래 마셨는데 지나가는 여행자에게 한잔 주는 그런 인심이 아니었다. 50루피를 줬다.

바르방에서 쉬다가 11시에 일어나 다시 길을 떠났다. 곧 길이 좁아지고 언덕이 시작되고 시골 마을들이 다시 시작되었다. 11시 45분 정도에 칼레니(Kalleni) 마을을 지나가는 도중에 점심
식사를 하자고 하여 그러자고 했더니 그
냥 남의 집 담을 넘어 그중 좀 마당 넓고
좋아 보이는 집으로 돌격, 자리 펴고 취사
준비를 했다. 그런데 점심 때가 되니 주인
내외 돌아오고 안주인은 몹시 싫어하는
것 같아서 굉장히 눈치를 봤다. 12시도
안 되어 점심 준비를 시작했는데 장장 2시간 15분간의 점심 후 출발했다.

　오래 설산을 떠나 있었더니 촌닭이 다 되었다. 주인장에게 고맙다고 하
고 가려는데 가이드가 불러 세운다. 700루피 요구한다며 줘야 한다고 한
다. 주인이 요구한 것도 아닌데 자신이 알아서 그런다. 그래 이게 뭔고 하
다가 주인에게 500루피만 하자고 500루피 주기로 했는데 주인에게 직
접 주란다. 결국 외국인 트레커 돈 털어서 고향 사람 도와준 셈이 됐는데,
기분이 유쾌하지는 않았다. 그래서 불러 지출 계획이 있으면 미리 말하고
남의 집 함부로 들어가서 돈 내고 눈치 보는 이런 일은 하지 말라고 했다.

　앞으로도 야영을 많이 하게 될 텐데 이러면 곤란하다 싶었다. 특히 야
영이 일상인 다울라기리는 우리 부부 단 2명이 트레킹을 하지만, 1일 기준
최저 5명의 인건비와 장비 비용 및 기타 비용을 지불하고 있으니, 추가 지
출은 잘 통제해야 했다. 외국인은 한번 우습게 보이면 끝이 없고, 오직 야
영지에 단 1~2개의 숙소가 간판도 없고 시설도 없고 뭐든지 아무것도 없
으면서 가격은 어지간한 유명 루트의 숙소들에 비해 전혀 싸지 않은 경우
가 많으니 정신을 바짝 차려야 한다. 칼레니 마을에서 30m 정도 나오자마
자, 마을 입구에 공공 캠핑장이 샤워장과 세면장까지 잘 설치되어 있어 화
가 났다. 도대체 왜 남의 집 담을 넘었단 말인가!

　칼레니 마을에서부터 좌측으로 강을 끼고 상당히 가파른 오르막이

30분 정도 지속되다가 산마루에 도착하면 외딴 집이 한 채 있고 여기가 보스봇(bosbot) 마을이다.

가이드는 계곡 맞은편인 무디 출신이라 이 동네 길은 잘 몰라 동네 사람들에게 내내 물어보면서도 잘 안다고 우겼다. 자기가 잘 아는 길이라고 너무 우기지 않으면 좋으련만 자기가 잘 모른다는 것을 전혀 인정하지 않으면서도 지금 이 순간에도 길을 묻고 있다.

보스봇을 지나 평탄해 보이지만 절벽인 오솔길을 따라 다시 다른 카라 마을에 도착했다. 이 마을에서 캄라 가는 길은 2개인데, 어퍼는 50분, 로어는 40분인데 로어가 평탄하고 빨라서 당연히 로어로 간다. 이 마을을 출발해서 10분 정도 지나면 오르막이 시작되는데, 약 30분 이상 정신 바짝 차리고 가야 하는 조마조마한 길이 나왔다. 막판에 가파른 계단을 오른 뒤 평탄한 길이 나오면 캄라이다. 도착 시간은 5시 40분이었다.

가는 길에 다울라기리 베이스캠프를 다녀온다는 이들을 만났다. 처음 올라갈 적에는 무디로 올라갔다가 이 길이 빠르다 하여 처음 이 길로 와

본단다. 우리는 새로운 길을 거의 처음 가는 일행들인 것이다. 트레커도 아니고 이들은 뭘까? 그들이 휙 지나가고 난 뒤에 위쪽 길은 어떠한가 물어볼 걸 하는 후회가 들었다. 나중에 도착해서 다울라기리 베이스캠프에서 다시 만났는데, 위에 있는 원정대로 술과 기타 먹을 것을 수시로 배달하는 포터들이었다. 이들은 2~3일이면 다울라기리 베이스캠프에 간다고 해서 부러웠다.

캄라는 다락논 마을인데 마을의 가장 멋진 촌장님 댁에서만 야영해야 한다는 동네 규칙이 있다. 다른 곳에서는 야영 불가이다. 야영하는 텐트 하나당 돈을 내야 하고, 텐트에 주방 일을 보기 위한 공간이 있는데도 불구하고 스태프들은 주인댁의 부엌을 빌렸다. 돈은 외국인인 우리가 내는 것이고 따뜻하니 그리하는 것일 게다. 그 부엌 한쪽에 술을 내리는 도구들이 즐비하게 늘어져 있고, 마당 한 켠에서는 술을 내리기 위해 이미 불을 때는 중이었다. 스태프 중에 누가 술을 과하게 마시면 어쩌나 걱정이 되었

별이 가득하고 은하수가 흐르던 촌장님 댁

다. 텐트 치고 차 한 잔 얻어 마시니 해가 졌다. 해가 지자마자 여기저기서 많은 별이 쏟아져 나왔다.

밤새 하늘에는 별이 가득하고 은하수가 흐르고 가끔 유성이 밤하늘을 그으며 지나갔다.

아침 6시쯤 일어났는데 비가 억수같이 온다. 내 기억 속 히말라야는 비가 매일매일 온다. 짐을 정리 후 나설 준비를 하는데 비가 너무 많이 와서 선뜻 발걸음이 떨어지지 않는다. 그래도 가자! 마음 단단히 먹고 나서는데 가이드가 준비가 안 됐다고 한다. 비가 그치면 가자고 한다. 대뜸 비가 안 그치면 하고 물었다. 눈을 피한다. 슬슬 기분이 언짢아지려 한다. 갈 길이 멀다던데. 남편이랑 먼저 나섰다. 따라오겠지. 한참을 기다려서야 가이드가 나온다.

가는 길이 완전 대로다. 와, 이렇게 좋을 수가! 아주 수월하게 진도 팍팍 나간다. 카라까지 1시간 30분이 안 걸렸다. 이럴 수가 3시간 걸린다고 그랬는데. 비도 오고 포터들이 오지 않아서 기다리기로 했다. 보통은 포터가 먼저 간다고 들었는데 조금 이상하다.

앉아서 20분쯤 간식 먹고 놀았는데도 아직까지 안 온다. 오겠지 생각하고 다시 출발한다. 오늘 캄라까지 갈 예정인데 3시간 30분쯤 걸린다고 한다. 오늘 8시간쯤 걸리는 줄 알았는데, 나야 일찍 끝내면 좋다. 1시간 20분쯤 지나서 가이드가 포터랑 너무 떨어져 있다고 쉬어 가자고 한다.

1번 포터가 오고 다시 출발해서 조금 가는데 가이드가 또 부른다. 포터가 배고프다고 한다. 이해한다. 짐을 지면 배고플 거다. 그리고 밥

그래, 저 설산까지 걸어보자! ▶

을 좀 먹어야 쌀이랑 기타 등등 무게도 준다. 갈 길이 멀지 않은 듯하니 밥 먹고 가는 것도 좋은 생각인거 같다.

적당한 빈집에 터 잡고 점심 준비를 한다. 이런 건 정말 특별한 경험이다. 우리는 아침에 비 맞은 재킷을 말리면서 따뜻한 햇빛에 휴식을 취하며 주변을 둘러보았다.

그때 집주인이 나타났다. 주인도 없는 집에서 밥을 해먹고 있는 건데. 괜찮은 건지. 주인아저씨 눈치를 본다. 주인아저씨는 눈치를 주고 주인아주머니는 드러내놓고 싫어하는 것 같다. 가이드가 설명하는 것 같긴 한데 마음에 안 드는 눈치다. 괜히 눈치 보인다. 밥 다 먹고 나서려는데 가이드가 돈을 달란다. 비용을 지불할 거였으면 눈치 안 보고 있는 건데, 괜히 눈칫밥 먹었다.

아무튼 밥 맛있게 먹었으니 다시 캄라로 출발해서 3시간 30분 만에 캄라에 도착했다. 길은 너무너무 예쁘고 날씨도 좋았다. 물론 혼자 겨우 지나다닐 수 있는 폭에 길 옆은 낭떠러지였지만 별로 위험하다는 생각은 하지 않고 즐기면서 왔다. 정말 트레킹하는 기분 난다.

5시 30분에 캄라 도착했고 포터들이 텐트를 친다. 선물받은 텐트는 어지간한 로지보다 편하다. 저녁 먹고 올려다본 하늘에는 초저녁인데도 별이 쏟아질 듯 많았다. 귀뚜라미, 풀벌레 소리에 너무 행복하다. 야영이 걱정되었는데 비가 오지 않아서 너무 다행이고, 일단 고도가 낮아서 그런지 춥지도 않고 아주 행복 지수 120이다. 난 왠지 이 산이 마음에 든다.

🧭 다울라기리 3일 차

버거러
(Bagar 2,080m)

캄라
(Khamra 1,435m)

오늘은 길도 안 좋고 아직 산행 초입이라서 길게 걷지 않는다. 그래서 다들 좋아했는데 사고가 많았다. 가이드가 계란이 없다며 계란을 사야 한다고 해서 10개만 샀다. 계란 한 개에 30루피라고 한다. 시골 사람이 도시 사람 코 베어가는 지경이다. 올라가면 계란이 더 비싸진다고 하지만 아직 신뢰하는 관계가 아니라서 조금만 샀다.

다울라기리의 막내인 다울라기리 6봉(7,268m)을 내내 보면서 걸었다. 다울라기리 산군들은 다울라기리 1봉을 제외한 나머지는 반대편으로 가 있고, 깊은 협곡 사이를 지나가게 되므로 길이 다울라기리 2, 3, 4, 5, 6봉 쪽으로 가면 1봉이 잘 보이고, 1봉 쪽으로 가면 나머지가 잘 보였다.

워낙 가리는 것이 없이 다 위로 솟구쳐 올라 있어서 모든 산들이 다 크고 아주 가깝게 보이고 그래서 저지대에서조차 가슴에 와서 꽂히는 것처럼 거대하게 산들이 다가왔다. 그리고 지금 길이 많이 나아졌다는데도 여러 번 히말라야를 다녀봤지만 이런 길은 틸리초 이후 처음 만나본다는 생각이 들었다. 2주 뒤에 제한 구역인 마나슬루에 가서도 다울라기리에 비하면 별 감흥이 없을 정도였다.

럭시를 내리는 도구

수프로 아침을 간단히 하고 빠른 점심을 먹기로 했는데, 포디 중 우두머리인 싱갈과 가장 나이가 어린 포터가 다퉜다. 싱갈은 양배추 2개 넣어 가라는 거고, 막내는 이미 무거워서 못 한다는 것이었다. 둘이 내내 가져가라 싫다 다투다가 싱갈이 화가 났다. 화가 난 싱갈이 양배추를 집어 던지고 상추도 던지고 손님 앞에서 참으로 장관이었다. 내가 그 배추 들고 갈 판이었는데 그들의 문제에 이런 방식으로 끼어들면 위계가 무너지므로 그냥 놔두고 이미 그들의 싸움으로 늦어진 길을 먼저 떠났다.

8시 20분에 길을 떠났는데 포터들이 아직 따라오지 않았다. 그러나 부드러운 능선을 따라 오르내리면서 아주 기분 좋게 트레킹을 시작했다. 키방(Khibang)에 새로운 다리가 아주 잘 만들어져서 실질적으로 무디로 가는 길을 선택하지 않게 되었다. 키방을 거쳐서 짐라티(Ghimlati)에 9시 30분에 도착했다. 짐라티는 키방의 새로운 출렁다리에서 불과 10분 걸리는 곳에 위치해 있다. 옛 다울라기리 트레킹 코스인 무디와 캄라로 갈리는 기점으로, 무디는 상행이고 캄라는 하행이 된다.

짐라티에서 보는 무디는 거의 저 하늘 위의 독수리 요새로 안나푸르나 같으면 지누단다에서 촘롱 가는 언덕길의 3배는 되는 것 같다. 서 길로 갔으면 상행에 2일이나 3일이 추가되며 완전히 퍼졌을 것이다. 가이드가 저기가 자기 고향인 무디라며 여러 가지 자랑을 했지만, 무디에 갔으면 가이드야 좋았겠지만 손님들은 죽을 고생을 했을 것인데, 그 부분에 대한 반성이나 사과는 없었다.

짐라티에서 15분 더 걸어가니 나우라(naura) 마을이다. 캄라도 좋았지만 여기서 캠핑했으면 더 좋았겠다는 생각을 했다. 학교도 있고 동네가 크고 번듯했다. 강이 우측으로 흐르고 농사지을 농토도 풍족해 보였다. 여기서 차 한잔 하고, 주게파니에서 점심 예정인데, 1시간 정도 더 걸린다 했다. 나우라 마을에는 호텔로 불리는 민박이 있는데, 마을 분위기가 평화롭고 순탄해서 하루 머물러 가고 싶다는 생각이 들었다. 도로가 현재 상황에서 도로 중간에 버티는 큰 바위 하나만 깨고 더 위로 열리면 다울라기리의 첫째 날 숙박지는 이곳이 되는 것이 당연한 수순일 것이다.

다울라기리의 아이들

다울라기리의 학교

그런데 아무리 기다려도 포터들 두 명이 안 와서 다른 포터 한 명을 보냈더니 막내 포터는 나우라에 도착했다. 말을 들어보니 아침에 양배추 3개 가지고 싸우며 집어 던지고 난리더니, 홧김에 대장 포터가 문제의 갓 내린 초극강 술인 럭시 두 컵 마시고 어느 골에 퍼져서 못 왔다고 한다. 간밤에 럭시 내리는 통과 장작불을 보며 불안했는데 결국 그렇게 되었다. 에이전

시에 술 마시는 포터들 보내면 바로 하산시킨다고 미리 당부를 했는데, 술 마시는 것을 막는 게 쉬운 일이 아니다.

10시도 안 되어 나우라 마을에 도착하여 결국 여기서 아침 겸 점심 준비하면서 어느 골에 퍼진 포터를 기다리게 되었는데, 그 포터를 찾으러 간 포터가 12시경 가방만 가져왔다. 아침에 산 계란들도 사라졌는데 할 말이 없었다. 많이 샀으면 어쩔 뻔했나 싶었다.

나우라에 오자마자 가이드와 포터들이 뭘 하다가 차 두 잔을 아무 말 없이 그냥 가져다주길래 미리 준비해둔, 주전자로 하나 가득 매일 끓여 오는 우리 차를 끓여온 줄 알았는데 허락도 없이 차를 주문해서 말없이 가져다주고는 돈을 받는 것이었다. 가이드에게 따끔하게 주의를 주고, 돈 낼 일 있으면 미리 이야기하라 다시 말해뒀다. 나중에 생각하니 주방을 쓰는 주방 사용료를 따로 내고 찻값도 따로 내는 이런 건 무슨 경우인지 생각할 수록 어이가 없었다.

술 먹고 어느 골에 퍼져 있던 포터가 멋쩍은 웃음을 띠며 도착했고, 관

사진만 봐도 오금이 저린다.

리 책임은 가이드에게 있으므로 아무 말도 하지 않았다. 1시 10분에 나우라에서 버거러(Bagar)를 향해서 출발했다. 여기서부터 서서히 오르막이 시작되다가 가파른 오르막으로 연결된다. 버거러로 가는 길은 산을 올라 방목을 하고, 계단식 논을 만드는 집을 지나면서 가파르게 올라간다.

그런데 막내 포터가 시작부터 짐 무게가 너무 많이 나가 힘들다고 슬슬 퍼지더니 여기서 아주 퍼졌다. 가이드가 달래고 기다리고 하느라 시간이 많이 지체되었다.

위로 힘들게 올라섰더니 능선 길이다. 멀리 산으로 구비구비 길이 이어진다. 히말라야 산길들은 보통 보기에는 위험해도 실제로는 다닐 만한 길인데, 버거러 가는 길은 그게 아니고 정말로 반지의 제왕에 나오는 반지 원정대가 간 길보다 조금 더 위험한 수준이었다. 가이드가 막내 포터 데려오는 사이 길은 서서히 반지의 제왕을 능가하는 길로 변했다. 처음에는 우리가 반지를 버리러 가는 프로도와 샘이 된 것 같다는 둥, 가이드는 골룸이

다울라기리 **93**

어울리겠다는 둥 농담을 했지만, 길은 반지의 제왕에 나오는 길이 가소로울 지경이었다. 사람들에게 장난으로 다울라기리는 좀 험해서 반지의 제왕 코스로 간다고 했는데 이건 진짜다.

이런 길에서 이러다 마누라 잡겠다 싶어서 일부러 오늘이 무슨 요일인지, 다리에 힘주고 한 발 한 발 걸어라, 땅만 봐라 이야기를 하다가 말을 잊게 되었다. 정말로 2,000m는 되어 보이는 수직 절벽이 몇십 센티 폭의 길 아래로 장쾌하게 수직 하강을 하고 있었고, 절벽 길에는 자잘한 돌들과 흙돌이 깔려 있어 미끄러지기도 쉬운, 딱 한 번만 실수하면 바로 저 세상 행인 그런 길이었다. 모퉁이를 도는데 길이 안 보이고 하늘이 보이는 해괴한 경우도 있었고, 이건 아주 반듯한 절벽 길이 너무 좁아 가슴이 조여왔다.

열심히 따라오는 아내의 얼굴을 보니 미안한 마음뿐이었다. 아내가 이런 역대급 압박에 잘 견딜 수 있을까 싶었다. 잠시 조금 넓고 나무가 약간 있는 데서 쉬는데, 검정색 플리스 재킷이 땅에 떨어져 있다. 그래서 보니 오늘 술 먹고 안 와서 시간 다 잡아먹고, 계란 다 깨먹은 그 인간의 옷이다. 그냥 버리고 가자니 그 안에 핸드폰이 있고, 저 옷이 없으면 산에서 얼어 죽을 것이고 패스들을 같이 넘을 사람도 없을 테니 우리 스스로 망할 일이어서 할 수 없이 그 옷을 주워 아내가 배낭에 달고 갔다.

길은 더더욱 살벌해져서 카메라도 집어넣고 오로지 길에만 집중했다. 쉴 만한 데서 드디어 옷 주인을 만났는데, 바로 떠나려고 하길래 웃으며 길에서 재킷 주웠는데, 네 재킷은 어디있느냐 하고 물으니 가방 안에 있다고 한다. 그럼 이건 하며 물으니 놀라서 우리 배낭을 내려놓고 재킷을 받으러 오는데, 자기가 지고 가던 100리터짜리 우리 배낭을 절벽 끝에 세워 뒀다가 툭 친다.

배낭이 그대로 넘어져서 절벽 아래로 우당탕 소리를 내며 굴러간다. 그 시간이 참으로 길게 느껴졌다. 다행히도 수풀이 약간 있는 숲 지역의 우기의 계곡이라 수천미터 아래로는 가지 않았겠지 생각하며 마지막에 탕 하며 걸리는 소리가 나기는 했지만 쉬고 있던 포터 일행들과 우리는 턱이 빠질 지경이었다.

피해 상황을 생각해봤다. 우리 식량 전부와 아내와 나의 보온 의류, 장갑들, 모자 그리고 장비들. 저게 없으면 이번 산행은 망하는 것이다. 우리 배낭 위에 자기 배낭도 있던 포터들이 즉각 수색에 나섰으나 긴 소리를 내며 굴러 내려간 배낭은 그리 쉽게 찾아지지 않았다.

참사의 현장

한참 동안 멍하니 있다가, 일단 시간도 늦어지고 있고 막내 포터와 가이드도 못 오고 있으니 길을 먼저 가자고 하여 재촉했다. 길은 여전히 좁고 험해서 오금이 저려왔다. 반지의 제왕에 나오는 길은 여기에 비하면 참으로 평탄한 길이다.

"난 여기 1,000만 원 준다고 해도 다시 안 와!" 라고 말을 했지만, 뒤따라오는 아내는 대답이 없었다.

왜 14좌 트레킹 난이도에 다울라기리는 별이 5개가 찍히게 되었고, 서양의 유명 가이드북과 트레킹 전문 책들에서 다울라기리는 다 빼는지 이유를 알 것도 같았다. 가이드가 막내 포터 찾아오고 가방도 찾아오고 우르르 좁은 곳에 모였는데 여전히 길은 좁아서 무섭고 힘든데, 드디어 비가 내리기 시작하고 우박도 마구 떨어지기 시작하였다.

이번에는 가이드가 앞장을 섰고, 맞은편 절벽에는 폭포가 있었다. 폭포가 있는 건 가이드가 말해서 알았지만, 길이 조금 나아지면서부터나 볼 여유가 생겼다. 비가 많이 내리고 있었고, 시간은 5시를 넘고 있었다.

버거러 마을 위와 아래로 가는 입구를 나타내는 네팔 관광청의 이정표가 서 있으나 위와 아래 중 어느 길인지 알 수가 없었다. 앞에 누가 아래로 지나가길래 아래로 길을 잡았다.

버거러 마을에는 홈스테이(민박)하는 집이 있고, 거기에는 이미 러시아 트레커가 1명 있었다. 그는 이탈리안 베이스캠프에서 눈이 너무 많이 와서 그냥 돌아왔다고 하고, 포터 1명만 데리고 있었다.

비가 와서 캠핑이 곤란하니 방값을 내고 부엌 사용료를 내기로 하고 방에 들어갔다. 빙에 짐 옮기고, 콜라 한 잔 마시고 뭔가 화가 나는 상황을 가이드에게 이야기하고 가이드와 포터들도 뭐라고 서로 한참을 이야기했다.

그리고 가이드가 앞으로의 계획을 이야기했다. 아침에 포터들이 먼저 출발, 점심을 일찍 준비해두고, 저녁에도 먼저 도착 이른 저녁과 텐트 세팅을 하기로 했다고 한다. 드센 고참 포터들의 말썽과, 성실한 듯 보였으나 사실은 일정을 더 잡아 늘여 일당을 좀 더 챙기고 싶어서 일부러 뒤에서 천천히 오면서 버티던 회계 담당 포터와, 하루 종일 이젠 못 가요 등으로 다양한 말썽을 일으킨 막내 포터 등은 이제 가이드의 통제 안으로 들어가고, 가이드의 운신이 편해졌다.

하루 종일 난리를 친 포터들의 정성을 다한 차와 과자 서비스도 있었다.

홈스테이는 바람이 좀 들어왔고 시설이 좋지는 않았으나 가격은 비싸지 않았다.

어쨌든 오늘은 살았다.

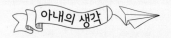

첫 야영은 비도 오지 않았고 아주 아늑하게 잘 잤다. 아침 6시 자동으로 눈이 떠지고 스태프가 주는 뜨거운 물에 수프랑 초코파이를 먹고 커피를 마셨다. 아침으로 달걀을 삶아줄까 프라이를 해줄까 묻길래 삶아 달라고 했다. 그랬더니 계란을 사야 한다고 한다. 위에 가면 비싸다며 계란 30개를 사자고 하는데, 그냥 10개만 샀다.

떠나려는데 포터들 분위기가 심상치가 않다. 양배추랑 야채 몇 개를 막내 포터한테 들라고 하니 싫단다. 그래서 야채가 밭으로 던져지고 큰소리가 났다. 아무리 그래도 손님 앞에서 성질부리며 음식 재료를 집어 던지는 건 보기가 참 분위기 거시기하다.

대충 상황 종료되는 듯해서 모르는 척하고 먼저 출발했는데 포터들이 오지 않는다. 나우라에 도착했는데 가이드가 기다려보자고 한다. 20분쯤 기다리니 포터 한 명이 와서 둘이 싸워서 한 포터가 술 마시고 드러누웠단다.

우려하던 일이었는데, 우리와 안나푸르나 트레킹을 같이 했던 포터가 삐쳤다고 한다. 결국 점심 먹기로 한 곳까지 못 가고 나우라에서 기다릴 겸 점심을 먹기로 계획을 바꿨다. 자꾸 이러면 곤란한데. 밤도 아니고 아침부터 술을 드셨으니 이 일을 어찌할꼬. 하필 또 우리 짐을 지고 있는데. 발은 빠르니 믿고 기다려보는 수밖에 없다. 설상가상으로 삐친 양반이 요리사이다.

먹을 게 없어서 그냥 맨밥만 달라고 했다. 다행히 혹시나 해서 꺼내놓은 김 가루, 참치 통조림. 가루 된장국이 있었다. 다울라기리는 자연은 다 좋은데 사람이 힘들게 한다. 일행이 많다 보니 사고도 많이 나는 것 같다.

결국 다른 포터들이 나서서 짐 들고 술 취한 포터를 데리고 왔다. 그래도 밥 먹는 시간에 딱 맞춰서 왔다. 이른 점심을 먹고 3~4시간 걸린다고 하는 버거러로 출발했다. 밥도 맛있게 먹었으니 또 가보자. 그런데 아까부터 막내 포터가 자꾸 처진다 싶더니 심하게 뒤로 처진다. 포터 4명 중에 우리 짐을 진 포터가 2명인데, 2명이 제일 신경이 쓰인다. 아무래도 저 포터 불안하다. 도망가거나 퍼질 것 같다.

길은 점점 험해져서 옆은 몇 천 미터 낭떠러지다. 한 사람이 겨우 지나갈 정도의 좁은 폭인데 처지는 막내 포터 때문에 자꾸 뒤를 돌아다보게 된다. 돌아다볼 때마다 보이는 저 아래 풍경은 진짜 심장을 순간 멈칫멈칫하게 한다. 이 와중에 우리 가이드는 노래까지 부르며 신이 났다. 눈치는 참 없다. 내 얼굴 표정 보면 알 텐데…… 타인이 공포를 느끼는 걸 즐기나?

그리고 자꾸 위험한 지점에 세워놓고 뭔가를 설명하려 든다. 물론 자기는 안전한 지점에 서 있고, 위험하다고 이야기해도 신경을 전혀 안 쓴다. 여기서 태어나서 그런 건지 좁은 길에 낭떠러지여도 별 감이 없나보다.

어찌 되었든 포터가 너무 처지자 결국 가이드가 짐을 나누어 졌다. 그런데도 막내 포터는 올 줄을 모른다. 급기야 결단을 내려야 했다. 이러다간 포터 기다리느라 날 샐 것 같았다. 가이드에게 우리끼리 갈 테니 막내 포터를 챙겨오라고 했다. 그리고 다시 시작한 트레킹은 오로지 남편과 나 둘뿐이고 길은 더 위험해졌다. 조금 더 가니 오늘 술 마시고 뻗은 상갈 포터의 재킷이 바위 위에 있다. 뭐지 하며 살펴보니 주머니에 핸드폰도 들어 있다. 설마 이거 가져가야 하는 걸까? 종이 한 장도 무겁게 느껴지는 여기에서? 뒤에 따라오는 가이드가 챙겨 오지 않을까?

그런데 남편이 그러다 다른 사람이 가져가면 어떻게 하냐고 해서 남편이 챙기기 전에 재빠르게 내 배낭에 둘러메고 길을 나섰다. 남편의 배낭은 이미 무게를 초과했다. 내 짐도 버리고 싶은 판에 포터 옷을 들고 갈 줄이야. 다행히 얼마 가지 않아서 포터들을 만나고 그의 이름을 부르며 재킷은 어디에 있냐고 물으니 자기 배낭에 있다고 한다. 그래서 내가 뒤를 돌아 재킷을 보여주니 너무 놀란다. 그러다가 그만 우리 배낭을 놓치고 말았다.

헉, 우리 배낭이 낭떠러지로 굴러가는 소리가 들린다. 10초간 그 누구도 숨을 쉬지 못했다. 정신을 차리고 보니 포터가 내려가기 시작했다. 그나마 다행히 절벽이 초지가 아니라 나무들이 있었다. 다른 포터들도 따라 내려가고, 난 사람이 혹시 다치지 않을까 걱정하기 시작했다.

남편은 걱정 말라지만. 혹시나 하고 한 15분쯤 기다렸을까. 포터들이 올라온다. 휴, 정말 심장이 오그라든다. 그래도 사람도 다치지 않고 배낭도 찾은 것에 감사했다.

그러는 동안 처져 있던 포터와 가이드가 보인다. 앗, 그런데 비가 내린다. 정말 미치겠네. 금방일 줄 알았던 목적지 버거러는 보이지도 않고 굽이굽이 외진 길만 보인다. 포터들 먼저 출발하고 가이드랑 같이 가면서 슬슬 화가 나기 시작했다. 팀을 잘 이끌지도 못하고 시간 개념도 없고 하루 종일 전화하고 마을 사람들과 떠드느라 시간 가는 줄 모르고.

산에서 해가 지면 얼마나 무서운데(경험은 없지만 남편에게 귀가 따갑게 들음) 결국 소리를 질렀다. 아무도 없다는 것을 확인한 후에 이게 뭐 하는 거냐, 시간이 몇 시냐, 넌 뭐 하는 사람이냐 등등 하고 싶은 말과 속에 있는 말을 다 쏟아냈다.

가이드 변명하려는 거 그만 가라고 소리 지르고 이따 이야기하자고 했다. 소리 지른 힘으로 6시 안에 버거러에 도착했다. 비가 많이 내려서 텐트는 포기하고 로지의 방을 빌렸다. 옆방과 우리 방 사이에 전구가 달려 있고 스위치는 옆방에서 조절할 수 있는 특이한 구조의 집이다. 사방이 뚫려 있어서 나방과 여러 벌레들은 자유롭게 드나들었고 우리 방의 밝음과 어두움은 옆방 아저씨 손에 달려 있었다. 다만 비가 새지 않는 것에 감사해야 했다.

가이드 불러서 아까 화낸 건 미안하다고 사과하고 내일 도반까지 갈 거니 스케줄 잡고 뽀터늘 먼저 출발시켜 점심 준비하고 우리 노착 선에 텐트를 쳐달라고 부탁했다. 오늘 같은 사고가 나지 않게 해달라는 말과 함께.

가이드가 포터들을 통솔하지 못한다. 매사에 물어보고 끌려다닌다. 착해서라고 이해하기엔 불안한 요인이 너무 많다. 가이드가 팀장인데 포터들도 가이드 말을 통 듣지를 않는다. 오늘은 자기들의 잘못이 너무 크다고 생각한 건지 모두들 눈치들을 보며 우리 근처에 오질 않는다. 내일부터는 잘한다고 했으니 믿어봐야지.

기분 좋게 누워 침낭 속에서 듣는 빗방울 소리와 나를 부르는 사랑

하는 이의 목소리는 세레나데가 되었고, 어둠 속에서의 은은한 랜턴 불빛과 그 불빛을 쫓는 나방의 그림자는 왈츠가 되었다. 이 순간 나는 바랄 것이 없다. 여기는 히말라야다.

우리가 정말 저 길을 걸어왔을까?

🧭 다울라기리 4일 차

도반
(Dovan 2,520m)

버거러
(Bogar 2,080m)

　어제는 정말 가슴 조이는 산행이었다. 버거러로 오는 길보다는 덜 위험하지만 더 좁고 가파른 길을 오래 걸어 도반에 가야 한다. 어제 내리 사고친 포터들은 일찍 일어나 짐을 준비하고 먼저 갈 준비 중이다. 나름 짐 배분도 잘된 모양이다. 나이 든 포터들이 무거운 걸 좀 나눠 들었다. 어제 얘기를 들어보니 나이 든 짐꾼들이 무거운 건 막내에게 줄줄이 안긴 모양이었다. 막내 포터에게는 내일이라는 게 안 보일 정도로 무거운 하루였을 거다. 아침에 단호박 차로 대충 허기를 달래고, 점심을 일찍 먹기로 하고 6시 40분에 출발했다.

　버거러에서 어제 잔 숙소는 마을 한복판이 아닌 마을 초입이었다. 마을 가운데의 목장과 보리밭을 지나 곧 가파른 산마루에 올랐다. 아침부터 산마루에 오르려니 제법 힘들다. 그렇게 힘들게 올라가서 내내 설산을 바라보며 길을 걸었다.

오르막이 끝나고 다시 한참을 내려가서 강가로 길을 잡았다. 온천 푯말이 있다. 온천이 강 옆에 바로 있지는 않고 조금 떨어진 곳에 있었다. 온천 앞에 8시 30분에 도착해서 좀 쉬었다가 립시바(lipsiba)까지 45분 걸린다는 이정표를 만나 다시 걸었다. 9시 20분까지 걷다가 좀 더 걸리려나 싶어서 산 숭턱의 길을 따라 걷다가 많이 쉬었다. 쉬었다가 일어나서 몇 걸음 걷자 바로 여기가 립시바라는 표지판이 나와서 헛헛해서 그냥 웃었다.

우리 가이드는 무디 이후로의 길은 하나도 모르는 게 분명했다. 다만 산을 많이 타봐서 길을 가는 건데, 그 정도는 나도 잘 할 수 있는 정도였다. 그러나 포터들이 많고 그들을 통솔해야 하고, 기본적인 일을 가이드가 해줘야 해서 별 말을 안 하는 거지만 길을 모르면 모른다고 하고, 길을 좀 공부해서 가면 좋을 텐데 그런 노력은 없고, 포터 업계의 백전노장이자 이 길을 여러 번 지나가서 잘 아는 상갈 포터에게만 기대고 있고 나이도 어리니 가이드의 권위가 설 수 없었다.

립시바는 기본적으로 아무것도 없는 무너진 오두막만 몇 개 있는 퇴락한 화전민 촌이다. 길 가운데로 작은 개울이 흐르고 민들레가 많고 산딸기

어쨌든 호텔이다.

가 많이 보였다. 립시바에서 길을 따라 좀 더 걸으면 길가에 작은 움막이 있다. 여기가 버이시 카르카, 즉 버펄로를 키우는 목장이다. 11시에 도착했다. 그 움막에 사람이 사는 것 같은데, 주인을 찾지도 않고 그냥 문을 열고 들어가서 그 집의 화덕에서 스텝들이 음식을 만들었다.

남의 집에서 점심 하지 말자고 해도 그냥 한다. 지난번에 그렇게 주인에게 눈치 보고 싫은 소리 듣고도 돈까지 냈는데 남의 집에 또 막 들어가니 민망한 일이었다. 주인 없는 오두막에, 시냇물도 흐르는 편평한 곳도 많은데 구태여 남의 집을 쓰는 이유는 잘 모르겠다.

점심을 먹고 결국 그렇게 하고도 점심 키친 피를 줘야 한다고 우겨서 이것은 달라는 대로 자꾸 주니 더 그러는 것 같아서 통제를 해야 할 필요를 느꼈다. 앞에 팀은 500루피 넣어줬다고 500루피 넣어줘야 한다고 말하길래 우리는 그들이 아니니 300루피만 넣어주라고 했다. 돈을 아직 밥이 많이 남아 있는 압력솥에 그냥 넣길래 당황했다.

버이시(Bhaisy) 카르카 — 도반(Dovan 2,520m)

점심을 마치고 오늘의 목적지인 도반까지 2시간 걸린다는 이정표를 보고 길을 나섰다. 빗방울이 약간씩 떨어지고, 검은 구름이 몰려오길래 오늘도 피해 가지 않는구나 싶어서 기분이 우울해졌다.

그러나 가이드의 나물 채집 활동은 활발해졌다. 비닐 봉투를 하나 달라고 하더니 손님은 길을 가고, 가이드는 이 언덕 저 언덕을 다니면서 나물 캐는 소년이 되었다. 중간에 꽃과 고사리 군락을 만나 이걸로 저녁 반찬 해준다며 우리가 준 비닐이 터지도록 나물을 캤다.

도반 도착을 1시간 남기고 굵은 비가 내리기 시작했다. 고어텍스 재킷을 입고 걸었지만, 안나푸르나와는 상대가 안 되게 비비탄을 수천 명이 쏘는 강도로 우박과 비가 엄청나게 쏟아졌다. 이걸 맞으니 정말 차갑기도 하

고 아프기도 했다.

　내리막실을 가나가 임청나게 물이 붙어난 작은 개울을 건너야 하는데 답이 없었다. 우리의 나물 캐는 소년이 본업인 가이드로 복귀하여 그 개울을 건너는데 그냥 첨벙하고 허벅지까지 빠지는 물을 건너갔다. 우리가 다 건넌 뒤 몸통만 한 바위가 휙 하고 물살을 타고 지나갔다. 저거 맞았으면 남는 뼈가 없었을 것이다.

　내리는 비를 맞으며 오르막을 올랐다. 우박도 맞고 비도 맞으며 오르막을 오르고 내려갔다가 다시 열심히 올라가니 도반이다. 도착 시간은 3시 10분이었다. 비가 오니 야영은 안 되고 오늘은 로지다. 로지는 대지가 아주 넓은 평평한 곳이다. 가끔 물건을 나르는 당나귀들이 여기서 쉬다가 가는 곳으로 몇 집이 있지만, 단단해 보이는 아주머니가 운영하는 로지 한 곳만 영업을 한다.

　여기도 로지를 만드는 중으로, 전나무, 소나무를 켜서 많이 쌓아놓고 2층으로 짓는 중이다. 역시 특이하게도 천정 옆은 뻥 뚫어둬서 바람이 거세게 들어온다. 잠시 비는 멈췄지만 소강상태 정도였다. 비는 아마 더 올 것이다. 방값 내야 하고 부엌 사용료도 내야 했다. 나무로 로지를 새로 만드는 중이라 나무 냄새가 좋다. 그러나 나무 냄새는 좋았지만 옷이 다 젖어서 갈아입을 옷이 없어 큰일이었다. 짐을 열어보니 침낭도 젖어 있고, 옷도 젖고 젖은 게 많다.

막내 포터가 자기만 비를 피하고 짐은 비를 맞게 해서 옷과 침낭이 다 젖었다. 여기저기에 옷을 널었다. 개울에 푹 담근 등산화는 참 암담했다. 안 읽거나 덜 중요한 자료를 찢어서 등산화 안에 넣어 습기를 좀 흡수하게 했다. 어이가 없었지만 내가 짐을 방수 천이나 비닐로 한번 싸서 넣지 않은 잘못으로 여기고 말은 하지 않았다.

방에 생쥐가 많다. 이 녀석들이 얌전히 있지 않을 것 같아 걱정했다. 자는 동안 머리 위를 지나다니고 아주 큰 쥐가 묵직하게 천장에서 쿵 하고 떨어지길래 발로 걷어차니 찍 하며 날아갔다.

다른 녀석은 침낭 위로 올라타길래 잠결에 자다가 붙들어서 멀리 집어 던졌는데 굉장히 컸는지 묵직하기도 하고, 문짝에 부딪치는 소리가 무슨 돌멩이 던진 소리 같았다.

도반의 로지

어제 계획한 대로 오늘은 일찍 시작했다. 차 한 잔 마시고 포터들이 먼저 길을 나섰다. 우리는 30분쯤 지나서 출발했다. 오늘 하루 종일 오르막과 내리막의 연속이라고 했다. 역시 내려가나 싶더니 오르막이다. 그래도 이 정도 난이도는 귀엽게 봐줄 수 있다. 풍경 좋고 길도 좋고 날씨도 좋다.

중간 지점인 립시바에 도착했는데 한 시간은 더 가야 점심 먹는 장소가 나온다고 한다. 1시간쯤 더 가면 된다고 그래서 열심히 가다 잠시 쉬어가기로 하고 한참을 쉬면서 가이드한테 얼마나 더 가야 하냐고 물었는데 대답이 없다. 모르는 거다.

다시 출발! 헉, 근데 5분도 안 되서 도착했다. 기가 막혀서 모두가 웃었다(사실 웃을 일은 아니었다. 가이드가 길을 잘 모른다는 이야기가 되니까.).

도착하자마자 뜨거운 차를 주고 곧 밥과 함께 라면을 내온다. 포터들은 이미 다 먹었나보다. 다 먹고 치우고 포터들이 먼저 출발한다. 모든 과정이 1시간 안에 끝이 났다. 원래는 이게 정상이다. 슬슬 출발 준비하는데 하늘이 심상지가 않다. 비가 오겠거니 생각했다. 산에 와서 비를 맞지 않은 날이 하루라도 있었던가? 이제 그냥 그러려니 한다. 빗방울이 제법 굵직하게 떨어지다 만다. 다행이다.

1시간쯤 지났을까, 본격적인 비가 내린다. 어, 그런데 비가 아니라 우박이다. 그런데 이거 장난이 아니다. 안나푸르나에서 그렇게 비를 맞았어도 젖지 않던 신발이 젖어든다. 바지를 타고 양말을 타고 흘러내리는 빗물에 신발이 젖어간다. 이럼 곤란한데, 걱정이 된다.

비는 더 세차게 오고 어디 잠시 피해 있고 싶은데 마땅치가 않다. 그냥 비를 맞으며 걸었다. 길은 이미 물이 콸콸 흘러내리는 작은 개울이 되었다. 근데 길이 끊겼다. 헉, 분명 작은 개울이었을 텐데 강이 되어있다. 설마 저길 건너나? 아니면 기다리나? 생각할 틈도 없이 가이드가 철퍽 들어가서 손을 내민다.

물에 휩쓸리면 이승이랑은 바이바이다. 물살이 보통 거센 게 아니다. 신발이고 뭐고 살아야 한다는 생각뿐이다. 이빨 꽉 깨물고 다리에 힘 빡 주고 가이드 손잡고 나는 일단 성공. 뒤따라오는 남편을 조마조마한 마음으로 바라봤다. 덩치가 큰 남편은 물에 저항도 더 받는 듯하다. 나보다 시간도 더 걸리고 물이 남편의 가슴팍까지 때리고 지나간다.

다행히 남편도 가이드도 모두 나왔다. 안도의 한숨을 쉬는 찰나, 커다란 바위가 방금 남편이 지나온 자리로 물살을 타고 쏜살같이 굴러간다. 심장이 멈추는 줄 알았다. '10초 아니 5초만 늦었다면……' 이라는 생각만으로도 소름이 끼치고 간이 바짝 오그라든다. 그다음은 그 생각에 힘든지 추운지 아무 생각이 없고 무사한 것에 대한 감사와 끔찍한 일이 일어나지 않은 것에 대한 생각에 사로잡혀 한참을 걸었다. 우박은 하도 크고 세게 내려서 손등도 아프고 가끔 등도 아팠다.

이게 마지막 오르막이려니 하고 30분쯤 올라갔더니 오던 우박과 비도 잦아들고 오늘의 목적지 도반에 도착했다. 도착하자마자 짐을 확인했는데 내 침낭이 홀딱 젖었다. 이걸 어찌해야 하나…….

신발 벗으니 물이 한 바가지는 쏟아진다. 젖은 옷을 빨랫줄에 널다 보니 내 겉옷은 다 젖었다. 오리털 파카, 플리스 재킷 등. 짐을 쌀 때, 비닐로 한번 감싸지 않고 넣은 우리 잘못이라 생각해야 속 편해서 그렇게 마음을 달랜다.

잠깐이라도 해님이 나오길 바랐지만 비만 더 온다. 그나마 다행인 건 일찍 도착했다는 거다. 내일은 어찌해야 하나. 걱정이 앞선다. 가이드는 오늘처럼 일찍 출발해서 일찍 끝내야 한단다. 똑같이 비가 올 거라고 한다.

그럼 저 쩌걱거리는 등산화를 신고 새벽부터 나가야 한다는 건데……. 할 수 없지. 안 갈 수는 없으니까. 저녁으로 사슴고기 커리가 나왔다. 헐, 사슴고기를 다 먹어보다니! 입맛에 맞지는 않았지만 그래도 다 먹었다. 고기니까!

나마스테(내 안의 신이 그대 안의 신에게 인사합니다.)!

🧭 다울라기리 5일 차

살라가리
(Sallaghari 3,445m)

도반
(Dovan 2,520m)

　새벽 2시, 3시, 4시, 대여섯 번은 깼다. 웅성거리고 시끄럽더니 차를 가지고 온다. 하루가 시작된 줄은 알았으나 쉽지 않았다. 옷이 고어텍스나 쿨맥스 계열인 경우는 그래도 조금 말랐지만 높은 고도에서 덜 마른 옷을 입으려고 하니 죽을 맛이다.

　신발도 침낭도, 여전히 다 젖어 있어서 걱정이었다. 이 상태가 이탈리안 베이스캠프 전까지도 해결이 안 되면 아주 고생하게 되는 것이다. 바세린 듬뿍 바르고 몸을 비비 꼬면서 차갑게 젖은 신발을 신고 축축한 채로 출발하려니 저절로 신음 소리가 났다.

　오늘이야말로 일정이 길지 않다. 지도상의 탈리트레(talitre)에서 조금 올라간 곳이 살라가리인데, 지도에는 이런 지명이 없다. 탈리트레는 '대나무 집'이라는 뜻으로 2m 정도 높이의 대나무들이 군락을 이룬 곳이고, 거기를 지나면 본격적인 전나무 숲이 시작된다. 최근에 돈을 벌기 위해 본격적인 벌목이 시작되

어서 삼림의 훼손이 있지만 그래도 여전히 몇 아름이 되는 큰 전나무들이 가득한 곳이다.

지명인 살라가리는 '전나무, 소나무'를 뜻하는 살라(Salla)와, '담장'을 뜻하는 가리(ghari)가 합쳐진 말로, '전나무에 가로막혀 있는 곳'이라는 뜻이다. 실제로 살라가리 이후로는 간단한 이끼류와 야생화 약간을 제외하고는 나무가 자라지 못한다. 살라가리 이후로는 그냥 엄청난 돌들과 눈과 얼음이 있을 뿐이다. 그래서 본격적인 산행은 이탈리안 베이스캠프 이후라고 보면 된다.

7시에 도반에서 나오자마자 내리막으로 조금 내려선 후 산사태로 박살난 철다리 대신 임시로 가설된 나무다리들을 건넜다. 내내 오르막을 은근하게 오르면서 평지와 오르막과 산사태 지역과 너덜 지역을 여러 번 반복하다 보면 전나무 군락지와 대나무들이 공존하는 지역으로 들어서게 된다.

빙하 물에 젖지 않고 건너게 해주는 나무다리

여기가 탈리트레인데 어제 젖은 옷이 많아서 그 앞을 흐르는 강가의 돌에 옷과 침낭을 널어놓고 이른 점심 준비를 했다. 그러나 정확히 15분 만에 하늘이 먹구름으로 가득 차더니 비가 오기 시작했고 옷 말리는 일도, 점심 식사도 그걸로 끝이었다. 계곡에

서 숲으로 들어서면 탈리트레라는 이정표가 나오고 다 무너진 오두막이 하나 나온다. 전나무 숲이 너무나 좋다. 여러 아름이 되는 나무들이 여기저기 쓰러져 있고 그 안에 짐승들이 살거나 큰 버섯들이 자라서 신기하게 쳐다봤다.

살라가리까지 1시간 20분 걸린다는 이정표 표식이 나왔으나 진창길에 약 1시간 30분 걸려 12시 반에 도착했다. 살라가리 옆으로 선 설산에서는 눈 녹은 물이 수천 미터의 폭포가 되어 흘러내렸다. 오두막 앞 개울에는 이 세 비 내신 눈이 가득했고 하늘에서는 눈과 비가 섞여서 내렸다.

살라가리는 오직 오두막이 한 채 있을 뿐이고, 이제 막 전나무로 산장을 만들기 시작하는 중이었다. 오늘도 비를 많이 맞고 온 데다가 고도가 많이 높아지니 그 자체로 추웠는데 가이드와 포터들이 도착하자마자 모두 몹시 추워하며 불이 있는 곳으로 가버리고 우리만 덩그러니 남았다.

침대도 하나 없고, 겨우 이제 짜는 중이고, 천장도 아직 없고 오늘을 지내기에는 부적합했다. 한 1~2년 뒤에는 좋은 전나무 산장이 될 것 같다. 일찍 도착하여 잘 곳도 정해지지 않았는데 다들 모닥불 피워놓고 몸을 녹이고 있길래 그 사이를 비집고 들어가서 가이드를 불러 우리 잘 곳을 정해달라고 하고 모닥불 앞에 앉아 뜨거운 차를 마시며 신발을 말렸다.

주인아저씨는 방값이나 부엌 사용료나 뭐든지 다 너무 비싸게 불러서 값을 다 반만 주겠다고 협상을 했고 그렇게 하기로 합의가 됐다. 이런 산중에서 만난 사람치고는 의외로 해외에서 일한 경력이 많고 그래서 영어로 의사소통이 되는 분이었다. 딸이 한국에 가 있다고 그런다. 요새는 도처에 이렇다.

잘 곳은 주인아저씨 방을 우리가 쓰기로 하고, 주인은 포터들과 함께 자기로 했다. 덕분에 잠자리가 좀 나을 걸로 생각을 했다. 주인이 자던 방이라 모닥불이 있고, 마른 전나무가 많아서 좋았다. 주인아저씨는 종종 사냥도 하는지 총이 있고, 칼도 많다. 여기는 사향노루나 멧돼지, 곰이 종종 나온다고 한다.

비가 많이 와서 걱정하니 주인아저씨는 지금 시즌에는 이탈리안 베이스캠프 이후로는 눈이 오고, 그 이후 눈은 무릎 정도이니 걱정하지 말라고 한다. 눈 폭풍 앞에 장사 없는데 상황을 너무나 낙관적으로 보는 것 같다고 생각했다. 내일 이탈리안 베이스캠프에서 캠핑하고, 재패니즈 베이스캠프부터는 본격적인 텐트 생활에 접어든다. 아무것도 없고 그냥 돌과 얼음뿐이다.

가이드가 일찍 가서 텐트 치고 다 같이 부르르 떨면 된단다. 그리고 그 다음 날은 다울라기리 베이스캠프에 죽어라 간 뒤에 다시 텐트 치고 단체로 부르르 떨면 된다고 말했다. 그 이후로 프렌치 패스 넘어서 히든 밸리로 가서 다시 단체로 부르르 떨어야 하니 3일간 단체로 부르르 떨게 된다.

말은 아주 간단했다. 히든 밸리 이후로는 툭체 패스를 넘어 야크 카르카에 가서 야영하고 점심 전에 마르파에서 베니를 거쳐 포카라로 가면 된다.

아내가 눈 폭풍 앞에 잘 견뎌주었으면 하고, 마나슬루는 여기보다는 쉬운 편이라 덜 걱정하지만 지금 당장의 일에 집중을 해야지 거기까지 생각할 필요는 없었다. 불가에 앉아

어쩌면 이 책의 독자가 찾아갈 때쯤이면 완성될지도……

있어도 확실히 춥기는 춥고, 게스트 하우스의 매트리스 정도의 시설조차
도 전혀 없지만 그래도 내내 더운 물 마시고 차 마시고 마른 장작을 귀한
줄 모르고 부지런히 떼면서 앉아 있으니 다행이었다. 포터 일행들은 밥도
안 먹고 단체로 모여 앉아 카드놀이 중이란다.

어쩐지 주인장에게 돈 바꿔달라고 하더니 결국 그것이었다. 조금 있다가
주인장도 구미가 당기는지 포터들의 카드놀이판에 끼어서 돌아오지 않고
우리 둘만 불가에 남았다.

밖에 잠시 나기보니 날이 개이고, 산이 아주 잘 보였다. 안나푸르나 이
래 단 하루도 비가 오지 않는 날이 없는데, 이런데도 난 왜 산에 오르는가?

아내의 생각

어제 일을 교훈삼아 오늘도 일찍 출발하기로 했다. 오후에는 비가
오니 최대한 빠른 속도로 목적지에 도착하는 것이 목표다. 오늘은 7시
간 정도 소요된다고 했다.

어제 모두들 흠뻑 젖어서 서두른다고 했는데 7시가 되어서 출발하
게 됐다. 등산화랑 바지가 척척하다. 신발에 물이 찌걱찌걱. 어차피 또
비는 올 거고 다시 젖을 거라고 스스로를 위안한다.

오늘은 무조건 오르막이라고 한다. 차라리 잘되었다. 춥지는 않겠다
(산행을 하면 할수록 긍정적인 마인드가 되어간다.). 3시간쯤 가서 점심
을 먹고 다시 2시간 30분쯤 가면 될 거란다.

시작은 내리막이다. 철제다리가 부서져 있어서 오래된 나무다리를
건넜다. 무너질 것 같아서 얼른 건넜다. 그 이후로는 정말 너덜 지대다.
도대체 길이 있는 건지. 길이라는 말이 도무지 어울리지 않는다. 가야
하니 밟고 걸을 수 있는 곳을 잘 찾아야 한다. 가이드는 요리조리 잘도

간다. 나도 그 뒤를 죽어라고 쫓아간다.

어제처럼 비가 오면 도저히 갈 수 없는 구간들이 여럿 나온다. 어제의 기억이 다시 살아나면서 나도 모르게 머리를 좌우로 흔든다. 전나무 숲을 지나는데 뱀이 나올까 싶어서 자꾸 바닥에 눈이 가고 무섭다. 나무 뿌리에도 놀란다.

그렇게 바닥만 보며 2시간 30분을 쉬지도 않고 갔더니 벌써 점심 먹기로 한 장소에 도착했다. 포터가 이미 어제 젖은 우리 침낭이랑 옷가지들을 바위에 널어놓았다. 술만 안 마시면 정말 좋은데, 그게 참 어렵다.

생각보다 우리가 일찍 도착하자 포터들의 움직임이 분주하다. 앉아서 느긋하게 즐기려 하는데, 먹구름이 밀려온다. 제발 밥은 먹고 와라, 시간도 이른데. 그러나 빗방울이 떨어진다.

아직 10시 30분인데, 벌써 비가 오는 건 너무하다고 생각할 틈도 없이 다시 빨래 넣고 가방을 정리하는 사이 감자볶음이 나왔다. 이게 오늘 점심이다. 비를 피할 곳도 없고 온몸으로 접시를 끌어 안고 밥을 먹었다. 참 히말라야에 와서 별거 다 한다. 분명 감자볶음은 반찬이었을 텐데 비가 오는 바람에 밥은 못한 모양이다.

서둘러 길을 떠난다. 제발 어제 같은 일이 일어나지 않길 간절히 기도하며. 빗방울은 잦아드는 듯하다 다시 우박이 되어 내린다. 어제와 비슷하다. 길은 진흙이라 발은 푹푹 빠지는데 그런 걸 신경쓸 겨를이 없다. 근데 이 와중에 오지게 오르막이다. 2시간을 정말 쉬지도 않고 갔다. 천둥소릴 채찍 삼아. 그리고 아, 드디어 도착.

오늘의 목적지 살라가리다. 그런데 로지가 있다고 했는데, 움막만 몇 채 있다. 주인이 들어오라고 해서 들어갔는데 완전 너구리 굴이다. 움막 안에 불을 피워 연기 때문에 숨을 쉴 수도 눈을 뜰 수도 없다.

총알같이 튀어나왔다. 짐은 대충 던져놓고 스태프들이 불 피워둔 움막에 갔다. 여기는 그래도 터진 공간이라 좀 낫다. 불 앞에 앉으니 이렇게 행복할 수가. 이곳으로 오늘 잠자리를 정했다. 짚도 깔려 있고 일단 불 앞이라 생각할 것도 없다. 불 앞에서 젖은 양말, 장갑, 신발 등을 말리면서 뜨거운 차를 아마 한 주전자는 마신 것 같다.

움막 주인아저씨와 우리 신랑은 이야기꽃이 피어났고 피곤한 사람은 일어나고 아닌 사람들은 같이 우리 빨래를 말려줬다. 주인장이 우리가 가는 길에 눈은 조금 있겠지만 별문제 없을 거라고 한다. 이유는 5월이기 때문에. 올해는 안 올라가봤지만, 경험상 그렇다고 한다.

불가에 앉아 꾸벅꾸벅 존다. 나무 엄청 썼는데 내일 나무 값을 얼마나 받을까 뭐 이런 생각을 하면서…….

내일은 드디어 이탈리안 베이스캠프다. 내일도 오전 일찍 시작해서 12시 안에 도착하는 것이 목표다. 이젠 겨울옷으로 바꿔 입을 때다.

그리운 숲

🧭 다울라기리 6일 차

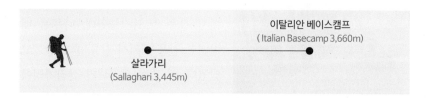

살라가리
(Sallaghari 3,445m)

이탈리안 베이스캠프
(Italian Basecamp 3,660m)

　아침에 일어나니 어젯밤에는 내내 보이지도 않던 가이드가 상갈 포터가 그런다고 연료가 다 떨어졌다고 5천 루피를 빌려달라고 하고 위로 가면 더 비싸다고 해서 왜 네가 아니고 상갈이냐고는 했으나 상갈을 믿고 빌려줬다. 그러나 아마 노름 빚이었을 거다. 그리고 밤새 불 피우고 요리해서 먹고 했으니 연료가 없겠지 싶었다.

　전나무 숲이 우거진 살라가리를 떠나 서서히 너덜 지대를 오르내리며, 벼락에 맞거나 산사태로 넘어진 전나무 숲의 거의 마지막을 조망했고, 새벽부터 다울라기리 산군이 마주 선 것을 보면서 걸었다. 다울라기리는 1봉이 홀로 서 있고 나머지 봉우리들은 반대편에 서 있어서 그 사이로 트레킹을 하게 된다. 안나푸르나를 거쳐 솟아오르는 해를 다울라기리 1봉 뒷편으로 해서 일출을 다 볼 수 있었다. 먼 봉우리부터 산이 하얗게 비춰서 반사가 되더니 뜨거운 백금 같은 형체로 산이 익을 듯이 타오르다가 드디어 태양이 하얗게 떠오르며 주변을 햇볕으로 물들였다.

다울라기리 옆의 마나파티(manapathi) 봉을 같이 보며 우측으로 해서 강을 끼고 위로 올라가 상류에서 강을 건너 대나무 숲을 내내 걸어간다는 것인데, 중간에 막내 포터 안 와서 30분을 기다렸다. 밤새 술 마시고 도박하다가 퍼져서 심도 못 시고 출빌도 못한 것이다. 참, 답이 없다.

위에서 아무리 소리쳐도 안 와서 가이드가 데리러 갔는데 역시나 아무리 기다려도 답이 없었다. 그새 우리는 길이 어디냐며 한참을 길을 찾아보다가 강 건너 조망되는 넓은 길을 보고 내가 먼저 길을 보고 온다고 강을

길을 내는 사림들의 숙소

건너 넓은 길로 들어섰다. 네팔 관광청에서 길을 만드는 중인데, 나무를 베어내고 길을 메워서 길을 좋게 만들고 있었다. 이 길이 완성되면 살라가리에서 2시간 안에 이탈리안 베이스캠프에 도달할 수 있을 것 같은데 영 뭔가 느낌이 이상해서 길 입구에 서서 바라보고 있었다. 나중에 가이드가 오고 막

내 포터도 늦게 나타났는데 아침의 중요한 시간에 기운을 빼고 오래 기다렸으니 아내가 화가 많이 났다.

우리 가이드는 밤새 노름만 하지 말고 길도 좀 배워두지 바로 강을 건너와서 나 있는 대로 오더니 앞장서서 길을 가길래 뭔가 길을 좀 배웠나 보다 싶어 뒤를 따라갔다. 그런데 그 길이 미완성이었다. 그래 길을 모르는, 길을 잃은 가이드가 산길을 내던 일꾼 1명을 앞에 세우고 원래 길을 찾아갔다.

미로 같은 정글 길과 가파르고 거친 진탕 절벽 길을 기어올라 겨우 원래의 평탄한 길과 만났는데, 원래 길은 아주 그냥 평탄한 산길이었다.

지도에 나오는 차우라완(Chaurawan) 호수 앞에 도착하니 작은 연못이 있고 여기서 이탈리안 베이스캠프까지 30분 걸린다고 안내가 되어 있었다. 포터들은 우리가 워낙 안 오니 다 나와 기다리고 있었는데, 막내 포터의 오늘의 사고에 놀라더니 짐 한 덩이를 다른 포터가 가져간다.

이탈리안 베이스캠프 이정표는 바람에 날아갔고 스위스와 재패니즈 베이스캠프에는 아무 표시도 없다. 그나마 스위스 베이스캠프는 거기가 스위스 베이스캠프인 줄 아는 사람들도 드물었다. 이탈리안 베이스캠프는 다울라기리의 연봉들에 의해 빙 둘러 싸인 평지에 자리 잡고 있다. 오늘은 점심때가 되었는데도 산의 모습들을 잘 보여주었다. 이탈리안 베이스캠프는 야영비는 싸게 받는 대신 부엌 사용료를 비싸게 받는 방식을 택하고 있었고, 모자라는 부분은 화장실 사용료를 받아

서 채우고 있었다. 화장실 물 떠오기 힘들어서 사용료를 받는다더니 호스로 물만 콸콸 잘 쏟아져 나왔다. 경쟁자가 없는 장사인데, 이 정도인 게 다행이긴 하다.

성수기에 얼마나 많은 사람들이 오는지 야영지는 엄청나게 넓다. 방은 딱 하나가 있는데, 그 방은 위로 올라가는 유럽의 트레커가 잡고 있었다. 날씨가 좋아 젖은 옷 다 말렸고, 포터들도 추우니 블랙티 대신에 생강을 썰어 넣은 생강차를 만들어 가져다주었다.

산은 오전에는 모습을 보여주는 데 후하더니 점심 이후로는 역시 모습을 잘 보여주지 않았다. 날이 좋아서 조금 씻어본다고 몸을 이리저리 살펴

이탈리안 베이스캠프

보니 잘 씻지를 못해서 피부가 엉망이 되었고, 첫날 다르방에서 빈대들에게 물린 허벅지 모습이 좋지 않았다. 물린 데 바를 약도 마땅치 않아서 간단하게 소독만 하고 말았다. 빈대란 녀석은 피를 빨면 마치 기관총 쏜 것처럼 한 부위를 집중적으로 빨고 신속하게 이동하므로 잡기도 어려운 참 지독한 녀석인데, 오래간만이라 감을 잃었는지 대비를 잘하지 못했다.

오늘도 포터들은 다른 팀 포터들과 합쳐 술 추렴과 도박질을 내내 하려나 싶었다. 해가 지고 밤이 되어도 호탕하게 웃는 소리와 환한 불빛은 그들이 내일 아침에 할 말을 예감하게 했고 우리는 많이 자고 쉬며 내일부터 있을 단체로 덜덜덜 떨어줄 준비를 했다.

밤에 멀리서 천둥소리가 자주 들렸고, 그동안은 좋았던 것이고, 본격적인 게임은 이제부터 시작이라고 생각했다. 밤 동안에는 날이 다시 좋아져서 달이 밝고 별도 많고 달에 비친 산군들이 오묘하게 빛나는데 한편으로는 두렵기도 했다.

무언가 내 침낭 속으로 뛰어들었다. 본능적으로 쳐냈다. 분명 쥐다. 너무 놀란 가슴을 진정시키고 조심스레 헤드랜턴을 비춰봤다. 생쥐다. 이럴 줄 알았다. 할 수 없지. 침낭 속으로 못 들어오게 꽁꽁 싸매고 누웠다. 무지 답답하다. 겨우 공기가 들어올 수 있는 공간만 열어두었다. 그때부터 생쥐는 발밑에서 머리맡에서 뛰어놀았다. 도저히 잠을 잘 수가 없다. 다다다다~~~ 부시럭부시럭. 침낭 위로 종횡무진 이리저리 뛰어다닌다.

신경이 곤두서고 짜증이 난다. 차라리 텐트에서 잘걸. 어느 사이에 조용해져서 살짝 잠이 들었나 보다. 그런데 이번엔 침낭 위로 무언가 어마어마한 것이 아주 느릿한 걸음으로 내 가슴을 꾸욱꾸욱 누르면서 지나간다. 머리가 쭈뼛 솟는다. 묵직함으로 봐서 크기는 커다란 고양이만 한 것 같은데 도저히 볼 엄두가 나질 않는다. 족제비인가? 아니면 여우? 새끼 호랑이는 아니겠지? 어느새 쥐도 조용하다. 그 조용함이 더 큰 두려움을 만든다.

남편을 깨울까 하다가 모르는 게 약이다 싶어 관두었다. 그렇게 한참을 지나니 다시 생쥐가 돌아다닌다. 이제 생쥐 따위는 두렵지 않다. 발밑에서 왔다갔다하는 생쥐를 걷어차버렸다. 그리곤 다시 잠이 들었다.

아침에 일어나서 남편에게 이야기하니 그건 커다란 쥐였단다. 남편은 모든 걸 알고 있었다. 남편도 자꾸 돌아다니는 쥐 때문에 잠을 설친 거다. 내가 본 건 생쥐인데 남편은 아주 커다란 쥐도 봤단다. 아마 나를 밟고 간 것이 그 녀석일 거라고 했다. 하지만 나는 그게 쥐라고 생각하지 않는다. 분명 더 큰 무언가였다. 어쩌면 남편은 그 녀석의 정체를 알면서도 내가 집에 간다고 할까 봐 쥐라고 하는 건지도 모르겠다. 나는 나를 꾸~욱꾸~욱 밟고 가던 그 녀석의 무게감을 잊을 수가 없다.

다행히 어제 말린 신발은 제법 뽀송뽀송했고 양말과 모든 옷에서는 전나무 탄 냄새가 배어 있다. 어떤 향수보다 마음에 든다. 마음이 편안해지는 냄새다.

이탈리안 베이스캠프로 출발!! 길은 가파르긴 했지만 무난했다. 그런데, 길이 또 끊겼다. 단순히 나무를 베고 있는 줄 알았는데. 다른 포터들은 안 보이고 막내 포터만 있다. 포터와 가이드가 말을 주고받더

니 일히던 한 사람을 앞장세워 길을 간다. 따라가는데 이건 아무리 봐도 아니다. 길이 없는데 산으로 끌고 간다. 이런 길을 포터들이 갔을 리가 없다. 게다가 발자국도 하나도 없다.

어라, 이제 절벽으로 올라가네. 두 손, 두 발을 다 써서 겨우겨우 기어서 올라갔다. 한참을 그렇게 올라가니 하늘이 터진다. 한숨을 쉬며 다행이다 싶다.

정신 차린 뒤에 이게 길이 맞느냐고 물었더니 나무 자르는 사람들이 이 길을 새로 내고 있다고 이 길이 짧고 쉽다고 했단다. 가이드가 자기도 안 가본 길로 안내하는 게 말이 되느냐고, 이렇게 위험한 곳으로 안내하면 어쩌느냐고 화를 냈더니 옛날 길을 못 찾겠다고 한다. 다행히 새 길과 옛길이 만나는 지점에 도착했고 어찌 되었든 지름길은 맞는 것 같았다.

정말 일찍 이탈리안 베이스캠프에 도착했다. 날씨도 좋고 텐트 자리도 잘 정돈된 캠핑하기엔 너무 좋은 곳이다. 물론 가격은 만만치 않다. 특이하게 화장실 사용료까지 받는다. 어쩌겠는가, 내라면 내야지.

일찍 도착한 우리 팀 포터들은 다른 팀 포터들과 노름 삼매경에 빠졌고 우리도 오랜만에 책도 보고 뒹굴거리는 호사를 누렸다.

다울라기리 7일 차

재패니즈 베이스캠프
(Japanese Basecamp 3,890m)

이탈리안 베이스캠프
(Italian Basecamp 3,660m)

아침 해가 떠오르면서 산들도 서서히 새파랗고 선명한 모습으로 빛을 발하다가 은색의 찬란한 모습으로 옷을 갈아입었다. 가이드와 포터들은 어제 저녁에도 밤새워 격돌하더니 가이드가 상갈이 연료가 없다고 그런다고 다시 5,000루피를 빌려 갔다. 에이전시 사장과 연락이 안 되어 말은 못했지만 앞으로 정말로 연료를 구할 곳이 없어서 그냥 빌려줬다. 포터들을 먼저 보내고 아내와 7시 45분에 출발했다.

아침에 이탈리안 베이스캠프의 평탄한 지점을 벗어나면 풀밭이 약간 지속이 된다. 이 평화로운 풀밭에 다울라기리에서 유명을 달리한 이들을 기리는 비들이 여기저기 서 있다. 나보다 늦게 태어났는데, 나보다 먼저 간 이들도 많고, 뭔가 절절하기도 하고 간단한 몇 마디만 있는 경우도 있는데, 여러 나라의 산악인들에 대한 추모비가 그들의 언어로 쓰여 있어서 한참을 서서 읽어 보았다.

에베레스트에서 50기 이상의 추모비들을 보고 온 뒤로 이상하게도 묘비명에 대한 관심을 가지게 되었다. 어떤 사람들은 죽음을 앞두고 길고 긴 말을 남기고 어떤 이들은 간단한 말을 남기고 어떤 이들은 끝까지 아무런 반성 없이 자신과 남들을 속였다.

이 높고 황량한 산에 그러나 아름다운 고산의 야생화들에 둘러싸여 있는 추모비 속의 주인공들은 모두 자신들이 추구하는 바에 따라 최선을 다하고 사랑하는 가족들과 원래에 살던 곳으로 돌아오고 싶었을 테지만, 그러지 못했다.

중국 정부의 불허 방침에 따라 등정이 불허된 시샤팡마를 제외하면, 다울라기리는 히말라야 14좌 중 가장 마지막에 정상 등정(1960년)이 이루어진 곳이다. 그 과정에서 수많은 등산가들의 희생이 있었다. 스위스와 여러 나라의 가장 뛰어난 등산가들의 노력과 당시 국가의 국력을 총동원했다는 수준의 엄청난 물량 공급에 힘입어서 겨우 초등을 할 수 있었다.

지금도 세계적으로 가장 등반이 어려운 산으로 악명을 떨치고 있고 일반적인 트레킹은 거의 이뤄지지 않는 이 산에 우리 부부는 무슨 인연으로 들어오게 된 것인가! 5분도 안 됐는데, 가파른 내리막이 나오고, 우측으로 다울라기리에서 흘러내리는 빙하가 녹은 물과 눈이 잔돌과 흙에 가려져서 잘못 밟으면 어딘가로 흘러갈 위험한 지대가 약 30분 정도 펼쳐졌다. 내리막과 높은 오르막을 거쳐 오르내림을 반복하고 모레인 지역이 다시 숨어 있다가 비교적 평탄한 능선 길로 스위스 베이스캠프까지는 천천히 2시간 정도 걸린다. 아침 해는 아직도 떠오르는 중이었다. 길을 가다가 이탈리안 베이스캠프를 돌아보니 황량하지만 참으로 아름답다. 그러나 어떻게 저 길을 왔나 싶은 생각이 들었다. 평탄한 길로 접어들어 조금 여유가 생겼다. 바로 앞의 작은 언덕을 넘으면 스위스 베이스캠프이다.

찬연히 떠오른 해. 아름답지만 현실적으로는 눈사태와 산사태가 시작되는 것을 알리는 신호탄이기도 하다. 모레인 지역을 조심스럽게 지나 한동안 다울라기리 3봉 쪽으로 붙어 가자 다 무너져가는 집이 발견되었다. 나중에 확인해보니 10월 성수기에는 종종 찻집으로 활용되기도 하는 스위스 베이스캠프가 맞는데, 이게 스위스 베이스캠프 아니냐고 묻자, 가이드와 지나가던 포터들 모두가 아니라고 한다.

길은 절벽을 타고 일자로 선 상황에서 여기가 아니라면 우리는 얼마나 느리기에 도착을 하지 못한다는 것인가, 아니 그럼 우리는 얼마나 거북이란 말인가? 우리 가이드가 저 멀리 다울라기리 1봉 뒤를 돌아가야 스위스 베이스캠프이며, 재패니즈 베이스캠프 이후 스위스 베이스캠프라고 하여, 너는 오늘 어떻게 어디로 가는지도 모르냐 하는 소리가 나왔다. 그랬더니 지도를 보고 다시 여기저기를 보며 머리를 갸웃거린다. 길을 모르면 찾아가는 노력과 실수하지 않으려는 노력이라도 해야 하는데…….

스위스 베이스캠프 이후로는 모레인과 너덜 지대의 연속이라 평탄하기도 하고 피곤하기도 한 길이 지속이 되는데, 우리는 눈이 많이 녹은 뒤에 산행을 진행 중이어서 수월했다. 1주일 전에 올랐던 팀들은 이탈리안 베이스캠프 이후로 진행을 하지 못하고 모두 하산해야 했다. 강을 따라 내내 걷다 다시 눈길을 건너 다울라기리 1봉 쪽 평지로 가다, 다시 길을 건너 다울라기리 3봉 쪽으로 건너온다. 이유인즉 다울라기리 1봉 쪽에서 수많은 산

사태와 눈사태가 나서 돌들이 강까지 수도 없이 굴러오므로 그 구간에서 사고를 당하기 쉬워서이다.

실제로 다섯 번 이상의 산사태를 봤다. 총 혹은 대포 소리가 난 후 와장창 굴러 내려온다. 길은 평탄하게 쭉 뻗어 있지만 절대로 중간 구간에서는 다울라기리 1봉 측으로 붙으면 안 된다. 그 길을 쭉 가다 눈 언덕이 길을 가로막으면 강을 건너 드디어 절벽 길이 시작되고 재패니즈 베이스캠프로 올라가는 마지막 오르막이다. 이 오르막이 다울라기리 1봉 쪽으로 붙어 오르는 오르막인데 오르막 후 좌측 너덜 지대로 직진해서 가야 하고, 표식은 없다. 그냥 돌들이 많을 뿐이다. 우측으로 가면 길이 넓어 걷기에 좋아 보이시만,

다울라기리 125

산사태가 끝없이 나므로 그 길은 피하는 것이 좋다.

그런데 어제에 이어 오늘도 가이드의 잘못된 길 안내가 다시 시작되었다. 웬일로 포터들 특히 막내 포터가 먼저 가길래 다행으로 알았더니 가이드가 남들 다 지나가는 다울라기리 1봉의 평탄하고 선명한 길은 가지 않고, 다울라기리 3봉의 너덜 지대의 오르막 내리막으로 직진해서 그 엄청난 돌들 사이로 지나가느라 아내는 몹시도 허리가 아프다 했다. 결국 그러다 보니 다울라기리 1과 3의 길이 다시 만나는 지점에서 오르막을 타지 못했다. 그렇다면 히류로 다시 가서 길을 올라야 했는데 그는 그럴 생각이 없었고 내내 너덜 지대로 끌고 가더니 결국 그 차가운 빙하를 맨발로 건너게 했다.

칼로 긋는 것 같던 빙하 물

아주 오래간만에 건너는 빙하는 차가운 정도가 아니라 발을 칼로 그어 대는 듯하고 살이 으스러지는 듯한 고통을 선사했다. 나도 그럴 지경인데 아내는 더했을 것이다. 그렇게 빙하를 건너 발을 닦고 한 번 더 하류로 내려가 오르막을 평탄하게 탈 기회가 있었는데도 그는 그 길을 택하지 않았다. 어제처럼 없는 길 만들어 급경사 절벽 지대로 기어 올라가게 했는데 위에서 까마귀가 파닥거리면 돌이 굴러올 정도의 급경사였다. 그렇게 한참 가다 보니 우리는 급경사로에 있고, 무거운 짐을 지고 오던 나이 많은 포터 아저씨는 순탄한 언덕길에 있는 상태로 서로를 마주 보게 되었다. 포터 아저씨도 급경사로에 있는 우리를 보고 무척 놀란 얼굴을 하였다. 우리는 화가 났다. 어제도 오늘도 대체 왜 이러는 것이냐며 아내가 분개하여 따지니 가이드는 이게 지름길이었다고 한다. 정말 가이드 복도 지지리 없다.

길 안내를 이렇게 하는 사람을 돈 주고 길잡이로 쓰다니 내가 한심했다. 좀 더 짜증이 났고, 아내는 우리 팀 가이드를 따라가지 않고 다른 팀 포터 아저씨를 따라가기 시작했다. 포터가 쉬면 쉬고 가면 가는데, 나이가 들었고 짐이 너무 많아서 연세가 많은 아저씨는 매우 자주 쉬었다. 그래서 그 속도를 따르려니 힘이 들었다. 그 팀의 나이 어린 포터가 내려와 나이 든 포터의 짐을 받아 들고 그들은 번개 같이 사라지고, 삐친 우리 가이드는 자기 혼자 가버렸다.

아내는 먼저 가서 앉아서 쉬고 있고 나는 아주 천천히 따라갔다. 여기 지형을 보니 좌측이 폭포이고 우측이 빙하에 낙석 지역이라서 식수를 구하고 바람을 피하기 위해 저 능선 아래 잘 안 보이는 곳에 텐트가 숨어 있을 거라고 아내에게 말했는데 실제로 그랬다. 그런 이야기를 하면서 앉아 있는데, 먼저 간 가이드가 찻주전자와 컵 2개를 가지고 왔다. 차 한잔 마시고 내려가니 텐트가 쳐져 있고, 라면과 구릉 빵을 튀겨준다.

위에 큰 텐트는 간밤 이탈리안 베이스캠프의 그 일행들이다. 어제의 멤버들이 다시 만났으니 한판이 없을 수 없다. 밤새워 붙는 듯했다. 밤을 새워 노느라고 정신들이 없다.

재패니즈 베이스캠프는 오직 돌과 눈과 얼음뿐이다. 냉랭한 돌과 눈 위에 있어도, 그래도 사고 없이 잘 도착했고, 내일 있을 다울라기리 베이스캠프에 대한 기대로 긍정적인 생각을 하게 되었다. 밤에 달이 참 좋아서 산군에 비치니 마치 낮에 산을 보는 것 같다.

아내의 생각

다행히 밤새 비가 아주 조금 오고 바람도 그다지 세지 않았다. 별로 춥다는 느낌 없이 잘 잤다. 남편도 코를 골며 잘 잔 것 같다. 아침 먹고 출발했는데 6시간쯤 걸릴 거라고 했다.

안내판엔 스위스 베이스캠프 1시간 30분, 재패니즈 베이스캠프 4시간이라고 써 있다. 우린 거북이 걸음이라 6시간 정도 걸릴 거라고 한다. 출발해서 도대체 길이라고는 보이지 않는 절벽을 돌들과 함께 내려간다. 미끄러지면 큰일이다. 참, 이걸 길이라고 사람 보고 가라는 건가 싶은데 발자국들은 나 있다. 포터들은 짐을 지고 정녕 이 길을 갔다는 건가? 참 상상이 안 간다.

이젠 또 반대로 그런 길을 올라간다. 정말 무릎이 코에 닿을 지경이다. 그래도 앞선 사람들의 발자국을 보면서 잘 따라간다. 아무리 가도 끝이 없다. 스위스 베이스캠프에 도착하면 거기서 좀 쉬어 가야지 생각했는데 아무리 가도 스위스 베이스캠프는 안 보인다.

가이드한테 스위스 베이스캠프를 물으니 저기 산자락 아래쯤을 가리킨다. 이해가 안 간다. 그럼 재패니즈 베이스캠프는 어디냐니까 말을 하지 못한다. 아까 다 무너진 움막이 있었는데 거기가 스위스 베이스캠프가 아닌가 싶은데 아니란다. 시간도 거의 딱 맞았는데. 저 너머가 스위스 베이스캠프면 우린 언제 재패니즈 베이스캠프까지 가지? 아무튼 점점 더 가이드에 대한 믿음이 사라진다. 이제는 아예 지도를 펴고 길을 살펴본다. 경험이 있기는 하나?

딱 봐도 길이 아닌 가파른 곳으로 우리를 안내한다. 허리를 들어 개울 건너를 보니 헉, 맞은편에 길이 아주 선명하게 나 있다. 손짓으로 가리키니 그냥 오라고 한다. 아무리 생각해도 저기 같은데, 남편도 나도 다소 황당해하면서도 그냥 따라간다. 어쨌든 가이드니까.

변명인즉 저 길로 가면 신발 벗고 개울을 건너야 해서 그렇다고 한다. 그런가 보다 하며 가는데 징검다리가 나온다. 정말 내가 아는 육두문자가 다 스멀스멀 올라온다. 무릎이 다 비틀고 틀어져서 통증이 많이 올라온다. 저렇게 평탄하고 잘 닦인 길을 두고 이게 무슨 짓인지. 가이드는 한참을 두리번거리다 다른 팀 포터를 만나고는 길을 물어보느라 정신이 없다. 정녕 돈을 주고 고용한 전문 가이드가 맞는 건지.

드디어 빙하가 나오고 그 위를 걸어간다. 아무리 생각해도 저 산 너머가 재패니즈 베이스캠프인 것 같다. 묻지 말자. 그냥 가자. 가다 보니 이번엔 정말 큰 개울을 건너야 한다고 한다. 설마 징검다리가 없을까 싶어 상류로 올라갔지만 정말 없다. 저 빙하 물을 정녕 건너야 하는 것인가! 한참을 망설이다 신발 벗고 바지 벗고 쫄바지 걷어 올리고 건너는데 물이 생각한 것보다 100배 아니 10,000배는 더 차다. 아니 찬 것이 아니라 아프다. 차다는 표현은 이런 때 쓰는 게 아니다. 물살도 세고 생각보다 깊어 쫄바지가 많이 젖었다. 빙하가 녹아서 만들어진 물에 발을 담그는 건 정말 해서는 안 되는 일인 거다.

너무 아파서 울고 말았다. 바위에 앉아 발을 만지고 대충 물기 털고 양말 신으니 좀 살 것 같다. 쫄바지는 젖어서 말릴 겸 그냥 입고 걷기로 했다. 가이드는 또 길이 아닌 듯한 곳으로 우리를 안내한다. 분명 저기 밑에 길이 있는데, 그의 눈에는 그게 길로 보이지 않나 보다.

정말 지쳐 있었다.

하는 수 없이 따라가는데, 또 절벽이다. 무릎이 코에 닿을 지경이고 지반이 약해 자꾸 길이 무너진다. 물이 흐르는 것으로 봐서 산에서 내려오는 물길이지 싶다. 옆을 보니 다른 포터가 내가 생각했던 길로 나름 여유있게 걸어오다 우릴 발견하고 놀란 듯 멈춰섰다.

가이드한테 저게 길이잖아 했더니 돌아가기 싫어서 그랬단다. 아우 확!!!

정말 내가 무슨 원더우먼인 줄 아나 멀쩡한 길 놔두고 계속 절벽을 선호한다. 남편도 저 건너편 길의 포터를 발견하고 불같이 화를 낸다. 이런 때는 화를 내는게 당연하다. 힘든 게 문제가 아니라, 위험하다는 것이 문제다. 전문 등반대도 아니고, 일반 트레커를 이렇게 위험한 길로 안내한다는 것이 이해가 가지 않는다.

이젠 더 이상 믿을 수가 없다. 지나가는 포터를 붙잡고 이것저것 물어보고 그 뒤를 따라가기로 했다. 근데 이 포터 나이도 많은데 짐이 너무 무거워 보인다. 그에 비해 우리 포터들 짐은 아이들 배낭 수준이다. 이 포터 아저씨는 짐이 무거워서인지 자꾸만 자주 쉰다. 내가 앞장을 섰다. 비교적 길이 선명하게 잘 보인다. 가이드 무시하고 가니까 맘이 상하였는지 그냥 먼저 가버린다. 나도 마음이 상해서 자리 잡고 앉아서 뒤에 오는 남편을 기다린다.

남편도 기분 상하고 그래서 발걸음이 가볍지가 않았단다. 둘이 아주 퍼져 앉았다. 눈앞에 빤히 보이는데 둘 다 갈 생각이 없다. 그렇게 이야기 삼매경에 빠졌는데 저기서 가이드가 주전자와 컵을 들고 온다.

이건 뭐지? 아마 우리가 힘들어서 못 간다고 생각했나 보다. 마음이 주저앉은건데. 가져온 생강차 대충 마시고 일어난다. 5분도 안 되서 우리 텐트 친 곳에 도착했다.

텐트는 안정적인 곳에 잘 쳤고 여기는 화장실이라든가 기타 시설은 전무하다. 말만 들었는데, 이런 거구나. 바람은 차고 주변은 황량하다. 40년을 살아오면서 이렇게 황량한 곳은 처음이다. 아니 이렇게 문명과 단절된 곳은 처음이다. 모든 게 불편할 만도 한데 이상하게 마음이 편안하다.

다울라기리에 들어와서는 내내 마음이 편안하다. 하루 종일 걸어도 우리 일행 말고는 현지 주민 몇 명뿐이고 그것도 열 손가락 안에 꼽을 만큼의 사람이다.

이곳도 우리 말고 오직 한 팀만이 더 있다. 어제 살라가리의 로지 주인아저씨가 오늘이 며칠이냐고 물어본 것처럼, 시간이 멈춘 것처럼 느껴진다. 아주 사소한 것에 감사하게 되고 도시에서 나름 검소하게 산다고 살았는데도 여기에 와서 보니 그동안 너무나 많은 것을 소비하며 살았던 것이다. 살아가는 데 정말 필요한 것은 그다지 많지 않다는 생각이 든다. 아무튼 오늘도 난 밖보다 따듯한 텐트에 감사하며 행복하다.

정말 텐트가 너무 고맙다.

 다울라기리 8일 차

다울라기리 베이스캠프
(Dhaullagiri Basecamp 4,748m)

재패니즈 베이스캠프
(Japanese Basecamp 3,890m)

저녁에 머리가 약간 아팠으나 진통제 한 알을 먹고 편안하게 잤다. 고산에서는 진통제를 적절하게 잘 복용해야 한다. 미련하게 버티면 더 엄청난 통증으로 다가온다.

오늘 갈 길이 멀지는 않지만 고도가 높은 지역이므로 몸이 그렇게 말을 잘 듣지는 않을 것이니 주의해야 하고 오르막이 상당한 걸로 들었다. 역시 끊임없는 오르막과 내리막이 우리를 기다리고 있었다.

모레인 지역으로 다행히 눈이 많이 녹아서 스패츠를 할 일이 없었다. 다울라기리 1봉을 끼고 내내 돌면서 끊임없는 낙석과 산사태를 보았다. 요란한 총소리나 대포 소리 같은 소리가 나면 그 높은 산에서 등산로 근처까지 돌이나 눈 덩어리가 굴러 내려왔다.

가이드는 길도 모르고 뭘 할 줄 아는 게 없으니 포터인 상갈이 아내의 짐을 들어주고 우리 걸음의 페이스도 맞춰주었다. 가이드가 길도 몰라 웅얼거리며 혼자 헛소리나 하고 골골거리고 참 문제다. 그냥 가서 짐이나 지라고 말해주고 싶었지만 그냥 놔두었는데 큰 실수였다.

포터 상갈이 우리 텐트 치고 포터들 관리하느라 먼저 가버리자 가이드는 그냥 식물이 되었다. 눈이 많이 녹아서 다행히도 앞서간 이들의 발자국을 따라서 잘 갔는데, 멀리서 보니 막판엔 원정대 텐트가 너무 많고 넓으며 중간 중간에 빙하가 여러 곳에 흐르고 있고 길이 잘 안 보여서 베이스캠프의 어느 부분에 우리 텐트를 쳤는지 보고 오라니 돌아오지 않았다.

우리는 언제 오나 내내 30분 이상 가이드를 기다렸다. 그런데 아무리 기다려도 오지 않아서 이 가이드가 말을 제대로 못 알아듣고 멋대로 해석해

끝없는 너덜지대

서 그냥 가서 텐트에 가서 쉬는가 보다 생각하고 길을 떠났다. 다울라기리 베이스캠프는 결국 산 쪽, 위로 한참 올라가서 눈밭과 눈 녹은 개울과 모레 인 지역을 20분 정도 더 걸어가야 했다.

1시 30분에 다울라기리 베이스캠프에 도착했다. 빙하 사이의 길이 명확하지 않아 헤매다가 어렵게 거의 도박하는 심정으로 여기저기를 시험해보고 길을 건너갔더니, 가이드는 옷을 갈아입고 너무나 편안하게 쉬면서 있다. 아내가 뭐라고 몇 마디 하자 다시 구질구질한 변명을 늘어놓는데 정말 참을 수가 없다.

화가 나서 아무 돌멩이나 잡아서 엉뚱한데 집어 던지고, 아주 큰 돌멩이 들어 역도 놀이에 원반던지기를 하는데, 그 깨진 돌에 맞아 텐트 찢어지고 손가락도 심하게 까졌다. 이리저리 나만 손해인 것이다.

외국인 손님이 자기 혼자 화가 나서 돌멩이 던지고 있으니 동네 포터들 구경났고, 많이들 몰려와서 구경하고 가서 온 동네에 소문을 퍼뜨렸다. 가이드와 포터들 나름대로 기분이 언짢았는지 잘못에 대해 사과하는 사람은 없고, 자기들끼리 텐트 문을 닫고 수근거리는데 출발지인 다르방에 가네 마네 말이 많았다.

베이스캠프엔 일 잘하는 포터들이 우글거렸고, 이 정도로 속이 터지니 가거나 말거나 신경 안 쓰기로 했다. 다만 가겠으면 어서 짐 싸서 가줬으면 했다. 포터들 중 일부가 펴 놨던 침낭을 말아 넣고 하길래 다 가지는 않으려나 보다 하고 앉아서 쉬었다.

잠시 쉬었다가 아래로 조금 내려가 원정대 사이에 있는 다울라기리 베이스캠프의 돌탑에 가서 아내와 기념 촬영을 했다. 원정대원 한 명이 우리 사진을 잘 찍어주었다.

텐트에 오니 갑자기 일 잘하는 포터 한 명이 라면과 생강차를 가져왔는데, 화가 나서 아무것도 먹지 않았다. 이건 뭘까 하며 생각해보니 그냥 내

려가자는 일파와, 고생했는데 무일푼으로 갈 수는 없다는 일파의 입장의 결론이 난 것 같았다.

아무튼 가이드와 포터들이 내일 우리를 두고 내려가면 우리는 프렌치 패스를 넘기 어려울 것이고, 그대로 하행선 타야 한다. 내려가는 것도 싫고, 그 코스가 상당히 괴롭다는 것은 우리도 잘 알고 있었다. 일을 제대로 하지 못하는 것은 이해할 수 있지만, 거짓말에 태도 불량에 무책임은 참 참기 어려웠다.

그렇게 사과도 없고, 시원하게 결판을 내는 것도 아닌 어정쩡한 상태로 감정만 날카롭게 서 있는 상태로 시간은 지났다. 명확한 결론을 내렸어야 했는데, 이러지도 저러지도 못하고 내버려둔 일이 우리 인생의 역대급 사건의 전초전이 될 줄은 정말 몰랐다.

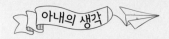

오늘은 우리의 목적지인 다울라기리 베이스캠프에 가는 날이다. 7시 45분 출발. 지금까지와는 차원이 다른 길을 지났다. 그냥 커다란 돌들이 가득한 곳, 끝임없는 돌길이다. 오늘도 가이드는 길을 찾아 매우 바쁘다. 예전의 어떤 광고처럼 꼭대기까지 올라가더니 여기가 아니네 한다. 웃어야 할지 울어야 할지, 덕분에 가뜩이나 힘들고 지치는데 체력은 급속하게 떨어진다.

감사하게도 날씨는 매우 좋았다. 인적은 없고 말 그대로 자연을 온몸으로 품었다. 아니 자연이 우리를 품어주었다. 따뜻한 햇볕과 적당한 바람으로. 가는 내내 한 번씩 산사태 나는 소리에 발걸음을 멈추었고 적막함은 그 소리를 더 크고 을씨년스럽게 만들었다. 이젠 아무 생각 없이 걷는 것에 익숙해졌다. 그저 한 걸음 한 걸음 옮길 뿐이다. 가끔 뒤를 돌아다보고 스스로를 대견하게 여기면서 그것을 위안 삼아

앞으로 다시 나아갔다. 다울라기리 베이스캠프가 보이고 몸은 많이 지쳐 있다. 가이드일까 포터일까? 굉장히 빠른 걸음으로 다울라기리 베이스캠프로 향하는 몇 명의 사람들이 있었다. 마치 날아가는 듯했다.

정말 저것이 사람의 발걸음이 맞을까? 그들의 정체는 다울라기리 텐트촌을 보고서야 짐작이 갔다. 원정대의 심부름이나 필요한 물건을 가지고 오는 사람들일 것이다. 이들은 이틀이면 산 아래로 내려갔다 올라온다고 했다. 진정 사람의 걸

음 속도인가 싶다. 텐트촌에 가까이 왔는데 몸은 지치고 우리 텐트도 저 많은 텐트 중에 하나일 텐데 찾을 수가 없었다. 그래서 가이드 보고 우리 텐트 좀 찾아보라고 했다.

시간이 지나도 오지 않아 남편에게 농담으로 텐트 좀 찾아보랬다고 정말 텐트만 찾고 우리 데리러 오지 않는 건 아니겠지 했는데, 시간이 지날수록 불안하다. 가만히 있으니 체온은 떨어지고 도저히 안 될 것 같아 일어서서 텐트를 찾으며 올라갔다.

여전히 길이라고 표현할 만한 길은 없고 사방이 얼음밭인데 햇빛에 녹아 개울이 되어 있는 길을 헤매고 있었다. 그때 저기서 포터 하나가 주전자와 컵을 들고 나타났다. 도저히 찾을 수 없는 언덕 너머에 텐트가 쳐져 있었고 정말 거기까지 가는 것이 여기 온 이후로 가장 힘들고 길게 느껴졌다. 가이드는 이미 도착해서 옷 갈아입고 차를 마시고 있었고 나를 보더니 고개를 돌린다.

완전 인내심 부족한 내가 이번엔 포기한 건지 그냥 속으로 삭인다. 그런데 이번엔 남편이 제대로 터졌다. 말릴 수도 없다. 아니 말리고 싶지 않았다. 결국 남편만 손가락 부상을 당했다. 피가 철철 난다. 내가 가이드에게 넌 가이드 자격이 없다고 했다. 이 나라 특성상 이런 경우 집단파업을 선언하기도 한다고 한다. 잠시 뒤 차와 라면을 끓여왔다. 분위기로 봐서는 당장 짐 싸고 내려갈 것 같았는데, 자기들끼리도 내려가네 마네 의견이 분분한 듯했다. 양심상 밥은 주나 보다 싶어 남편을 달래서 밥을 먹었다. 밥을 먹고 일단 우리의 할 일인 베이스캠프 인증샷을 찍으러 갔다. 사진 찍고 돌아오면서 가이드와 포터들이 돌아갈 경우를 생각했다. 다행히 원정대들이 많으니 사람을 부탁해서 내려가면 될 거 같고 프렌치 패스를 넘을 수 없다면 왔던 길을 돌아가는 것도 생각해야 한다고 했다. 마음이 편할 수가 없다.

포터 중 한 사람을 불러 내일의 스케줄을 물어봤다. 히든 밸리까지 가는 거고 내일은 점심 먹을 곳이 없다고 한다. 다행히 짐 싸들고 내려가지는 않는 것 같다. 그래도 내일 아침에 무슨 일이 있어도 당황하지 말자고 다짐하고 잠자리에 들었다.

저기 어딘가에 우리 텐트도 있을 거야.

🧭 다울라기리 9일 차

프렌치 패스
(French Pass 5,360m)

다울라기리 베이스캠프
(Dhaullagiri Basecamp 4,748m)

히든 밸리
(Hidden Valley 5,140m)

산에서는 어버이날인 줄도 몰랐다. 신경은 날카롭고 생각은 복잡하고 고도는 높았다. 오늘은 다울라기리 서킷 코스에서 가장 난코스 중 하나인 프렌치 패스를 넘는 날이다. 오후 1시에서 2시 사이에 반드시 눈 폭풍이 치므로 그 안에 프렌치 패스를 넘어야 하고, 안전하게 히든 밸리로 들어서서 캠프에 도달해야 하는데 영 마음이 편하지 않았다.

중요하고도 긴 날인데, 길을 잘 모른다는 점을 감안하고 생각해도 전날 가이드의 태도와 길 안내 방식은 매우 불안했다. 가이드와 포터들이 모두 안 간다고 하면 우리도 다울라기리 베이스캠프로 만족하고 그들을 다 해고하고 대체 인력을 구해서 하산하기로 했다. 그들이 간다면 일단은 그냥 트레킹 스태프를 유지하기로 했다. 그런데 포터들이 이것저것 음식을 만들어 오길래, 그럼 길을 가는구나 하였다.

7시 반에 다울라기리 뒤로 서서히 떠오르는 해를 느끼면서 길을 떠났다. 역시 이곳에도 이곳에서 영면한 이들을 위령하는 추모비가 있었다. 다울라기리 베이스캠프를 정말 아쉽게 떠나 언덕을 오르는데, 정찰을 나갔다 오는 일본 원정대 대원을 만났다. 6일 전에는 눈이 많이 와서 전혀 움직일 수도, 패스를 넘을 수도 없었다며 운이 좋으니 얼른 넘으라고 말해주었다. 다행이라고 생각하고 스패츠도 별로 필요 없을 정도로 눈이 많이 녹은 절벽의 험악한 오르막의 너덜 지대와 능선 길을 타기 시작했다. 조금 올랐다 싶어 뒤를 돌아봐도 산은 여전히 거기에 있었다.

가이드의 능력을 걱정했는지 길을 잘 아는 포터 상갈이 짐을 지고 가다가 일부러 기다려 아내의 짐을 다시 덜어주는 것도 좋았고, 천천히 가이드

대프렌치 패스를 오르며

와 우리 부부를 리딩해주어 안심이 되었다. 그런데 문제는 나에게 생겼다. 이런저런 이유로 먹는 걸 등한시했더니 강력한 프렌치 패스를 만나 마의 오르막에, 무릎이 빠지는 눈에, 급 체력 고갈로 걷는데 무척이나 애를 먹게 된 것이다. 속도가 전혀 나지 않고 꾸준히 가는 것도 어려워서 아주 천천히 쉬엄쉬엄 올라가게 되었다.

프렌치 패스

상갈도 아내의 배낭을 내내 메고 가다가 힘이 드는지, 아내가 자기 배낭을 메고 갔다. 특이하게도 눈 폭풍은 프렌치 패스 쪽이 아닌 다울라기리 1봉 쪽과 3봉 쪽에서 다가왔다. 다울라기리 BC에서 프렌치 패스를 넘어가던 도중에 뒤를 바라보니 우리가 걸어온 발자국이 안개와 눈에 서서히 지워지면서 저 멀리 손에 잡힐 것처럼 보이지만 아직 도달하지 못한 프렌치 패스 아래에서 마음이 급해졌다.

상갈은 우리를 걱정하듯이 바라보다가 12시경 혼자 프렌치 패스를 좌측으로 넘어갔고 우리는 그가 간 길을 잘 기억해두었다. 이 지역은 지도에도 표기되어 있을 정도로 오후 1시 이후로는 반드시 눈 폭풍이 치는 지역으로 유명했다. 서서히 안개가 덮이면서 청명했던 날씨는 아무것도 보이지 않는 가운데 눈 폭풍이 쳤고 사람도 날아갈 듯한 매서운 바람과 눈보라가 몰아치기 시작했다.

오후 2시에 눈 폭풍 부는 가운데 프렌치 패스에 도착했다. 그 눈 폭풍 속에서 프렌치 패스의 초르텐(불탑) 앞에서 사진을 찍었다. 그런데 상갈은 분명히 좌측으로 길을 잡아 갔는데, 가이드는 특이하게도 좌측 길 대신에 우측 산 측을 고집하여 우리는 허리까지 빠지는 눈 속에서 체력을 더 많이 소진하였다. 상갈도 좌측 능선을 타고 내려갔으니 그럼 강 쪽일 텐데 강으로 정확하게 보이는 건 없고 산 쪽에 붙어 있으니 이 산을 끼고 도는 것인지 잘 알지 못했다. 상갈이 가이드에게 길을 가르쳐 주고 갔을 것으로 생각하고 조심해서 눈 속에서 발을 빼면서 깊고 긴 눈길을 내려갔다. 눈폭풍 때문에 길은 아무것도 보이지 않았다.

한참 가다 보니 우리 텐트와 다른 팀 텐트가 멀리 눈이 없는 강가에 자리 잡았고 가는 길에 눈이 그리 없었다. 산 쪽에서 바라다보면 강이 흐르고, 그쪽으로는 검은 흙이 보이고 길이 평탄해서 만약 누군가가 길을 간다면 강을 따라갔을 것으로 생각했다. 저 길치를 따라가면 더 고생할 것 같아서 어찌 가나 보려고 가이드 먼저 가라 했더니 잘됐다는 듯이 산허리를 따라 우측으로 휙 가다가 텐트를 보면서 좌로 꺾어 내려가려는 것으로 보였다. 좀 기다렸다가 그가 눈앞에서 사라지자마자 그대로 좌측으로 길을 내려서자 눈이 많이 줄어들더니 강가 근방에 가자 눈이 거의 없었다. 곧 눈이 없는 강가를 따라 텐트에 도착할 수 있었다. 오후 다섯 시에 히든 밸리에 도착하였다.

가이드는 어디에 있는지 보이지도 않고, 도착해도 오늘은 차를 가지고 오지 않길래 왜 그런가 물어봤더니 부엌 조리 기구가 고장이 났다고 한다. 가이드와 포터들은 그동안 노름 친구가 된 옆 캠프에 가서 얻어먹고 그러고 있다는 말만 듣고, 추위와 배고픔에 지쳐서인지 그냥 잠들어버렸다. 내가 쓰러져서 자는 사이 아내가 가스가 조금씩 새는 거 같은 라이터로 가스스토브 불을 피워서 햇반과 가루 된장국 하나를 타서 주길래 억지로 먹고 약 먹고 다시 잠이 들어버렸다. 내가 잠이 든 사이, 자기들은 옆 팀에서 밥을 다 얻어먹으며 아내에게는 아무것도 주지 않았다고 한다.

싫어도 억지로라도 많이 먹
어둬야 한다는 것을 잊고, 내
스스로 체력 관리를 못하고,
화난다고 안 먹고, 초반에 싹
이 노란 녀석을 자르지 못해
일어난 일이었다. 내가 대처를
제대로 하지 못해서 일어난 일
이었다.

히든 밸리에서 프렌치 패스를 바라보며

새벽에 나가서 바라본 이곳은 정말 뭐라고 말로 표현할 수가 없다.
내가 지금껏 살아온 곳과는 너무 다른 느낌이다. 정말 나는 한 폭의 그
림 속에 들어가 있는 느낌이다. 쿠루루릉하며 나는 산사태 소리는 잊
을 만하면 은은하게 들리고, 하늘은 손에 잡힐 듯 가까이 보이고 구름
한 점 없는 하늘엔 달이 낮처럼 밝게 내가 있는 곳을 비추고 있다. 달
이 밝으면 별이 잘 안 보인다고 했던가? 다울라기리 트레킹 내내 낮에
는 비가 왔지만 밤에는 대체로 맑은 편이었다. 하지만 오늘은 정말 평
생에 기억에 남을 멋진 풍경을 선물하고 있다. 남편을 깨울까 하다 혼
자만 즐기는 것도 나쁘지 않을 것 같아 한참을 서 있었다. 추위에 이가
덜덜 부딪치는 것을 느끼고서야 다시 텐트 속으로 들어갔다.

아침에 눈을 뜨니 간단한 아침이 오고 포터들이 텐트를 걷고 떠날
준비를 한다. 방향을 보니 다행히 아래가 아니라 위를 향한다. 오늘이
제일 힘든 코스라고 했다. 프렌치 패스를 넘어야 한다. 예상은 했었지
만 역시 난이도 최상급이다. 평지에서도 이 정도 가파르면 헉헉댈 텐

데, 고도가 높은 곳이어서 그런지 정말 힘들다. 길은 맞는 건지 정말 의심스러울 때, 믿음직한 포터 상갈이 우리를 기다리고 있다. 눈물이 났다. 고맙기도 하고 이 길이 맞구나 싶어서. 내 가방까지 대신 메고 앞장을 선다. 마음이 든든해서인지 주변도 보이고 덜 피곤하게 느껴진다. 근데 오늘 남편이 걷는 게 뭔가 이상하다. 잘 걷지를 못한다. 밥을 잘 못 먹고 정상적인 길이 아닌 험한 길로만 다녀서 체력이 많이 떨어진 것 같다. 나는 포터들이 해주는 밥을 다 비우고 남편이 남긴 몫까지 다 먹었는데 남편은 도저히 입맛에 맞지 않는다고 계속 먹는 둥 마는 둥 했었다.

내 배낭 대신 남편 배낭을 포터한테 부탁하자니까 싫다고 한다. 내가 남편 배낭을 멘다고 해도 싫단다. 그러면서 잘 걷지를 못한다. 큰일이다. 어디까지 가야 할지도 모르는데 남편이 걷다가 자꾸만 선다. 시간이 너무 지체되자 포터가 내 배낭을 돌려주고 먼저 갔다. 우리 텐트를 가지고 있으니 먼저 가서 쳐야 하기 때문이기도 하고 1시에서 2시 사이에 항상 눈 폭풍이 오는 구간이라 자기가 가진 장비로는 힘들다고 생각한 게 아닌가 싶다. 결국 시간을 지체해서 프렌치 패스에서 눈 폭풍을 만났다. 한 치 앞도 안 보이고 눈보라가 얼마나 센지 앞길이 보이지 않는다. 혹시나 가이드가 도망가지 않을까 걱정했는데 길을 엉뚱한 곳으로 인도를 할지언정 눈앞에서 멀어지지는 않았다.

분명히 포터는 저 위로 간 거 같은데 가이드는 아래로 안내한다. 결국 또 다시 길이 아닌 곳을 걷게 되었다. 다행히 프렌치 패스를 넘어가니 바람이 누그러지고 안정이 되어가는 것 같았다. 프렌치 패스만 넘으면 내리막길이라고 쉽다고 했는데, 자꾸 오르막으로 이끈다. 여전히 저 아래쪽으로 넓고 평평한 길이 보이는데도 말이다.

가이드가 이유가 있어서 저곳으로 길을 잡지 않았을 거라고 믿었다.

아니 믿어야만 했다. 남편은 정말 쓰러지기 일보 직전처럼 위태로워 보였다. 이젠 추위도 타는 것 같다. 다른 건 몰라도 추위를 타면 안 되는데 정말 이러다 해가 질 것 같다. 오르락내리락하며 정말 이 길이 맞는지 답답해 죽을 것 같을 즈음에 우리가 저 길이 아닐까 싶었던 넓고 평평한 쪽에 우리 텐트가 보인다. 결국 또 눈밭을 가로질러 가야 한다. 진짜 내가 아는 모든 종류의 육두문자들이 속에서 올라온다. 어두워지기 직전에 겨우 도착했다.

남편은 춥다고 몸을 떨고, 난 남편을 침낭 속에 들여놓고 그 위에 내 침낭을 덮어줬다. 시간이 지나도 당연히 주는 뜨거운 차가 오지 않는다. 가져온 석유 스토브가 고장이 나서 따뜻한 물도 없고 저녁도 어렵다고 한다. 남편을 바라보는데 남편은 이미 잠들었다. 우리가 가져온 스토브를 꺼내어 조립하고 불을 붙이려는데 우리 라이터가 가스가 샜다. 정말 미치겠다. 가이드가 말도 없이 텐트를 열더니 내가 스토브를 켜려는 것을 보고 몹시 당황한 눈치다. 라이터를 가이드한테 빌려서 불을 붙이는데 잘 되지 않는다. 정말 눈물이 났다. 남편은 덜덜 떨고 있고 내 손은 얼어서 자꾸 둔해지고……. 기도하는 마음으로 불을 당겼는데 불이 붙었다. 겨우 스토브에 불을 붙이고 물을 끓였다. 그사이 가이드가 옆 일행에게 부탁해서 스토브 빌린다고 좀 늦게 저녁을 먹어야 할 것 같다고 해서 알았다고 했다. 가져온 한방차를 뜨겁게 타서 남편을 줬는데 한 모금 마시고는 못 먹겠단다. 배고프다고 그래서 가루 된장국과 햇반을 끓여서 주었는데 먹지를 못한다. 춥다고 하는 남편에게 손을 침낭에 넣으라고 하고 사정사정해서 겨우겨우 다 먹이고 뉘였다. 큰일이다. 내일 남편이 일어날 수 있을까? 그런데 못 일어나면 스토브도 없는데 버틸 수가 없다. 우리 작은 스토브로는 겨우 물이나 끓일 수 있을 뿐이다.

그러는 사이 8시가 넘어갔고 나는 가이드를 불러서 저녁 안 주냐고 했더니 스토브 안 빌려준다고 했다고 네가 알아서 너희 스토브로 해먹으라고 하고 가버린다. 어이가 없다. 그런데 너무 지쳐서 대거리할 힘도 없고 지금은 남편밖에 안 보인다.

　　이제 좀 덜 추워하는 것 같아서 물어보니 춥지는 않단다. 조심스레 내 침낭을 가져왔는데 춥다고 하지 않고 계속 잔다. 이제 내가 춥고 배고프다. 하지만 다시 스토브를 켜서 무언가를 할 자신이 없다. 그대로 침낭 속으로 들어갔다. 땅바닥에서 올라오는 추위 때문에 견디기가 힘들다. 일어나서 아까 남편이 마시지 않았던 한방차를 마시고 나니 몸이 조금 따뜻해지는 듯 했다.

　　몸도 정신력도 한계에 부딪혔다.

다울라기리를 등 뒤에 두고

🧭 다울라기리 10일 차

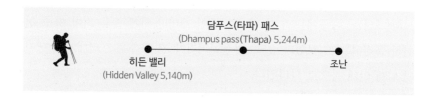

담푸스(타파) 패스
(Dhampus pass(Thapa) 5,244m)

히든 밸리
(Hidden Valley 5,140m)

조난

　새벽에 포터들이 부산하게 움직이는 소리를 한참 들은 뒤에 일어났다. 가이드는 어디로 가고, 포터가 와서 오늘도 스토브가 없어 음식을 할 수 없는데 길이 머니 자기들도 굶고 점심도 거르고, 담푸스 패스와 윈드 밸리를 넘어서 마르파 가는 쪽으로 길을 잡아 야크 카르카에 가서 먼저 캠프를 치겠다는 말을 한다.

　그때 아내도 별 말을 안 하고 어제저녁부터 굶었다는 말만 들었다. 여전히 굶주려서 뭔가 먹어야 하고, 그래야 길을 갈 수 있다는 것 외에는 상황 파악이 안 되었다. 가스 스토브를 몇 번을 시도해서 불을 피워 라면 하나와 햇반 한 개를 말아서 아내와 나누어 먹었다.

입에서는 거부했지만 억지로 우겨 넣었다. 그러면서도 같이 먼 길을 가야 하고, 무거운 짐도 진 포터들이 밥도 못 먹고 더운 물 한잔 못 마시고 눈밭으로 나서야 한다는 것이 마음에 걸렸다. 물을 끓여서 차라도 마시라고 포터들에게 한 냄비를 줬는데 반응이 그냥 미적지근했다. 대충 티백 하나 넣어서 휘휘 저어 마시고는 돌려주는데, 밤새 추위에 시달리고 아침도 못 먹은 사람이 뜨거운 물을 받았을 때의 행동이 아니었다. 나중에 알았는데, 가이드와 포터들은 옆 텐트에 가서 밥을 얻어먹었고, 그래서 그들의 짐을 일부 짊어져주기로 했다는 것이다. 그래서 고용주인 우리를 두고 옆 텐트 포터들을 따라서 길을 갔던 것이다. 아직 굶주림과 피로에서 덜 회복된 나와 어제부터 굶고 피곤해진 아내의 일정은 시작부터 그렇게 험악했다.

7시 반에 가이드 뒤를 따라 히든 밸리를 출발했다. 골골거리며 히든 밸리의 작은 언덕을 먼저 넘었고, 멀리 큼직한 언덕에 옆 팀 트레커들과 가이드와 포터들, 나중에는 우리 팀 포터들이 개미만 하게 줄을 지어 아주 천천히 움직이는 게 보였다. 간혹 다울라기리가 그 모습을 드러내기도 했지만 금세 안개 속으로 사라졌다.

5월에 날씨 운이 좋아 이 코스를 성공하긴 했지만, 조망까지 좋기를 바라는 것은 무리였다. 아주 잠깐 다울라기리가 얼굴을 다시 보여줬는데, 이 산이 우리가 다울라기리 베이스캠프에서 본 그 산인가 싶을 정도로 다른 쪽에서 보는 모습은 많이 달랐다. 담푸스 패스를 지나 잠시 광활한 대설원에서 앉아 쉬었다.

담푸스 패스를 지나니 마르파에서 다울라기리 베이스캠프로 물품을 잔뜩 지고 올라오는 포터들을 몇 명 만날 수 있었는데, 야크 카르카까지는 아주 오래 걸린다고만 했다. 하루 종일 걸릴 거라는 사람도 있어서 한숨이 나왔다. 가이드가 혹시 상갈에게 길을 좀 배웠을까 싶어 어디로 길을 잡아 가는지 물었지만 그는 모른다고 했다. 내내 굶은 아내는 잘 걸어주었다.

　여기가 어디쯤인지, 어디로 가는지도 모르는 가운데 그냥 능선 옆길을 타고 내내 길을 걸었다. 우리 가이드가 주변 사람들에게 이곳에 와 봤다 한 것은 거짓말이었다. 그저 포터 상갈을 믿고 우리 일을 맡은 다울라기리 저지대 출신, 아무것도 모르는 먹통 가이드였다. 그러니 물어봐도 어디인지도 모르고 얼마나 가야 하는지도 모르며 어떻게 해야 하는지 아무 감이 없었다.

　나름대로는 자기 혼자 지도도 열심히 보고, 사람들에게 묻기도 많이 묻는데 쓸데없는 것만 묻는지 영 뭔가 안 되는 상황이었다. 그러나 이때만 해도 앞이 잘 보이고 담푸스 패스는 넘었으며 가이드가 앞에 보이는 저 윈드 밸리의 언덕 4개만 넘으면 바로 윈드 밸리가 끝이 나고 고소 캠프를 지나 야크 카르카라고 하여 여전히 무릎까지 눈에 팍팍 빠졌지만 마음 편하게 갈 수 있었다. 그런데 담푸스 패스는 연습이고 본 게임은 윈드 밸리였다.

　역시나 오후 2시가 되자 안개가 많이 끼어서 몇 미터 앞이 안 보이고, 바람이 부는 가운데 무릎까지 팍팍 빠지는 눈길이 계속이었고 내리막이 지속이 되자 가이드는 이제 그냥 평탄한 길이고 더 내려가면 야크 카르카라고 했다. 가다가 길가에서 마르파에서 올라오다가 캠핑 중인 텐트를 하나 만났는데, 뭘 좀 물어보려고 해도 그냥 텐트 밖으로 손만 흔들었고, 우리도 거의 다 왔다는데 꼭 필요한 것 같지 않아서 길을 더 이상 묻지 않았는데 그게 나의 실수였다.

내내 안개가 낀 가운데 길은 오르막이었고, 눈은 쌓여 있고, 잠시 보였던 길은 아주 많이 남아 있었다. 아내는 자신도 피곤하고 남편의 상태도 안 좋으니 길에서 밤을 맞이할 수 있다며 잘못하면 오늘 캠프에 못 간다고 뒤에서 한 번에 20 발자국 이상 걷고 한 번 쉴 것을 주문했다. 그래서 50 걸음, 100 걸음을 걸으면 뒤에서 조용하고, 발이 빠져서 몇 걸음 못 걷고 쉬게 되면 뒤에서 더 걸으라는 재촉을 하였다.

드디어 오후 6시 윈드 밸리를 넘어 눈이 없는 지역으로 들어섰다. 고소

캠프이며 투쿠체와 마르파의 갈림길이었다. 아직 날은 그리 어둡지 않았고, 눈이 없어서 아이젠을 끼고 걸을 수는 없으니 아이젠을 빼고 주변을 둘러보니 눈이 올 때를 대비한 높은 장대가 내내 설치되어 있었고, 여러 군데에 집중되어 있었는데 길을 모르는 가이드는 어디로 가야 할지 몰랐다. 좀 더 어두워지자 겨우 한다는 소리가 장대가 서 있는 한 바위를 가리키면서 저게 야크 카르카이니 오늘은 저기서 그냥 자자고 했다.

가이드는 침낭도 있지만 우리는 그렇지 못하고, 많이 굶어서 밤을 지새우기 어렵고, 여기서 캠프까지 얼마 안 남은 것 같으니 길을 좀 더 찾아보라고 했다. 그는 무작정 길을 내려갔고, 장대들이 없어지고 비록 어둡지만 큰 돌탑이 나타났는데 잘 판단이 서지 않았다.

나는 안 내려가고 주변을 좀 더 살펴봤으면 좋겠는데, 가이드는 "상갈엉클~"을 수십 번 애타게 외치면서 밑으로만 내내 내려가더니 자기만 살펴보고 오지 억지로 아내를 불러서 끌고 갔다. 아내는 또 나를 불러서 할수없이 같이 내려가야 했다. 가이드가 길을 모르는 사람이라는 것을 잠시 간과했다.

길 찾는다며 내려가면 벼랑이나 빙하가 나오고, 그러면 다시 올라가 보고 하면서 눈보라 치는 고도 5,100미터의 언덕을 여러 번 오르내렸다. 나는 이게 무슨 짓인가 싶어서 더 힘 빠지기 전에 마지막으로 원래 길로 다시 돌아 올라가 마지막 봤던 장대 혹은 아까 본 야크 카르카에서부터 길을 다시 찾자고 했다. 그게 싫으면 길을 찾아보고 사람을 데리고 오라고 했는데 그는 말이 없었다. 그런데 정작 문제는 이제는 가고 싶어도 위로 다시 돌아가는 길을 찾을 수 없다는 것이 가이드와 우리의 문제였다.

가이드도 올라가는 길을 모르겠다고 했다. 생각하다 못해 포카라의 에이전시 사장이 뭘 어떻게 해줄 수는 없지만 어디에 있는지, 우리를 찾고는 있는지도 알 수 없는 포터들의 도움을 받을 수 있을 것 같아 전화를 꺼내서 여기저기 찾아보니 시그널이 딱 한 군데서 잡히길래 어렵게 에이전시 사장과 가이드를 통화시켜줬는데 정확한 정황은 이야기 안 하고 사설만 길었다.

추운 곳에서는 배터리가 빨리 방전되니 요점만 간단히 정확하게 하고 끊으라고 해도 뭔가 변명이 길었다. 분개한 아내가 전화를 뺏어서 "사장님 우리 다 얼어 죽게 생겼어요!!!" 라고 비명 같은 한마디를 했지만, 이런 상황에서 저쪽에서 해줄 수 있는 것은 없었다.

어디냐고 물어왔지만 우리도 모르고 가이드도 모르고 아무도 위치를 모르는 가운데, 먼 곳의 불빛조차 보이지 않고 때로 어둠 속에서 칼날 같은 얼음과 눈들만 반사되어 보였다. 결국 전화의 배터리는 실제보다 빨리 방전되었다. 뭐라 할 말이 없었다.

"상갈 엉클~"이라는 애절한 가이드의 외침과 우리의 헤드랜턴 2개와 손전등 1개의 불빛은 아무에게도 보이지 않았다. 우리는 이제 완벽하게 깊은 협곡에 갇힌 것이다. 처음 생각으로는 나름 중무장한 가이드의 침낭 등을 뒤집어쓰고 셋이서 체온으로 버티는 것이었으나 그는 그럴 생각이 전혀 없었다. 침낭 안 쓰면 우리가 좀 쓰고 있게 빌려달라고 하니 말이 없었다. 지친 우리가 이것저것 꺼내서 보온을 하고 잠시 앉아 있는 동안 가이드는 우리 등 뒤 5미터 정도 위에서 침낭 속에 들어가 몰래 비박하다가 안 되겠다며 다시 위로 올라가 길을 찾자고 했다.

우리도 앉아 있다가 일어나 보니 이미 다리가 얼어 있었다. 앉아 있는 것은 죽음 혹은 죽음보다 더한 부상을 부를 뿐이라서 같이 위로 올라갔다가 아래로 내려가며 길을 찾아 몇 번 더 왕복을 했다. 그러다가 그는 우리 랜턴을 들고 어디론가 아래로 사라져버렸다. 누군가를 데리러 간 것도 아니었다.

배낭 속에 있는 모든 것을 꺼내 여기저기를 두르고 막아봐도 5,100미터의 고도에서 오는 추위와 기압, 굶주림과 피로와 공포 앞에서 큰 도움이 되지 못했다. 뼈를 에는 듯한 추위와 고통이 시작되었고, 다시 한 번 위로 아래로 옆으로 가봐도 그냥 절벽과 뭘로 덮였는지 모르는 눈밭이어서 전진이 불가능했다. 여러 번 조금 안전한 곳으로 돌아왔다. 처음 잘못된 지점으로 돌아가 위치를 파악하려 했으나 이미 지치고 짙은 안개로 그곳을 찾아 오를 수가 없었고, 안전을 확신할 수 없었다.

아내에게 아무래도 앉아 있으면 결코 버틸 수 없을 것이니 밤새 서서 몸을 움직여야 한다고 했다. 아내는 "우리 죽지는 않겠지?"라고 물어오는데 솔직하게 대답했다.

"꼭 살아남을 수 있다고 보기 어려울 것 같아⋯⋯."

그러면서 한편 속으로 생각했다. 만약 살아남는다고 해도 손가락 혹은 발가락이나 코나 귀를 조금씩은 잘라내야 할 수도 있겠지. 나야 몇 개 혹은 다 잘라내도 그럭저럭 살아가겠지만, 여자이고 음악가인 아내의 손가락을 잃는다면 어떻게 해야 할지 마음이 착잡했다.

추위를 막아줄 아무것도 없는 5,100m에서의 비박이 시작되었다. 등판이 추울 것이니 일부러 배낭을 메고, 마지막 남은 몇 개의 핫팩을 등판에 나눠 붙이고, 오만 가지를 다 뒤집어썼다. 스틱을 눈밭에 꽂고 등으로 바람을 받으며 처음에는 노젓기처럼 상체만 많이 움직이다가 시린 손가락과 발가락을 그냥 둘 수 없어 다 같이 꼼지락거리고 온몸을 흔들면서 밤새워 고도 5,000m 이상에서 이를 악물고 하는 비박 펭귄 댄스가 시작되었다.

우리가 헤르만 불●도 아닌데 폭삭 늙어서라도 내려갈 수 있을지 알 수

● 헤르만 불(Hermann Buhl, 1924.9.21~1957.6.27) : 낭가파르바트와 브로드피크를 초등한 오스트리아의 산악인이다. 헤르만 불이 단독, 무산소로 낭가파르바트를 초등하고 내려오다가 해는 지고, 아이젠도 잃어버리고, 8,000미터가 넘는 곳의 벼랑에서 스틱으로 버티면서 하룻밤을 지새고 다음날 내려왔는데, 29세의 청년이었던 그의 머리가 하얗게 세어 있고 얼굴이 노인의 얼굴처럼 늙어있었다고 한다.

없었으나 아내와 한 팀이 되어 울트라 마라톤 뛸 때처럼, 부지런히 제자리에서 달리거나 노를 젓거나 검을 휘두르거나 가라오케 댄스를 하거나 하면서 절벽의 벽을 바라보며 벽 댄스를 밤새 추어야 했다.

조난

밤 11시 반이 지났다. 30초가 몇 달 같고, 1분이 1년 같았다. 아무리 노 젓기를 하고 펭귄 댄스를 하고 난리를 친 후 시계를 봐도 지난 시간은 고작 30초 그리고 1분. 또 죽어라 약수터 댄스를 하고 봐도 1분. 잠깐 졸았나 싶어 놀라 다시 움직이며 시계를 봐도 1분, 시계를 안 보고 죽어라 1,000번 정도 몸을 젓고 보면 8분······.

그런 시간들이 쌓여갔다. 전전날부터 못 먹고 그 몸으로 눈밭을 헤치고 어렵게 언덕을 넘었는데, 이미 컨디션은 완전히 바닥인지라 버티기 어려울 것 같았다. 아내도 내내 굶은지라 엉망이긴 마찬가지이나 남편의 상태가 별로 안 좋았던 걸 잘 아는지라 버티지 못하고 그냥 잠들어 버릴까봐 두려워하며 울부짖는 목소리로 자기를 두고 제발 잠들지 말라고 부탁을 해왔다. 둘이 버티다 하나가 이상이 생기면 나머지도 버티기가 더 힘들어지는 것이라서 내 몸을 내가 지켜야 아내도 지킬 수 있어서, 이 상황을 별것 아닌 상황이라고 생각하고 그냥 울트라 마라톤이나 산악 마라톤 100km 뛸 적의 그런 상황으로 생각하자, 딴 생각을 하면서 버티자, 그렇게 마인드를 세팅했다.

아내와 남편이 돌아가면서 시간 알려주고 1분 지났는데 3분 지났다 거짓말도 하고, "여보 추워요." 하면 기합을 헛 하고 외치며 넣어줬다. "여보 나 못 버틸지도 몰라." 해도 헛 하고 기합을 넣고, 졸다가 깨서도 기합을 넣어주고 서로 정신 차리라고 격려해주며 버텼다.

그래도 이상하게 그 순간 가장 간절한 것은 사무실에서 늘 마시던 블랙

커피 한 잔이었다. 다른 건 별로 생각나지 않았다. 아내에게 말은 가이드가 사람들을 데리고 오지 않을 것이라며 기다리지 말라고 했지만 우리가 8,000m 벽에 선 것은 아니니 기운을 조금 차리면 사람을 데리고 올 것이라고 인간을 조금은 믿고 기다리는 마음도 있었다.

그래서 조금만 버티면 사람들이 구하러 와서 뜨거운 블랙티 한 잔은 곧 먹을 수 있을 것이고, 이 위기에서 살아날 수 있을 것이라고 생각했다.

새벽 1시가 넘어서자 바람과 눈, 우박은 더 강해지고 시간은 훨씬 더디 가는 것 같았다. 배낭의 사탕이나 먹을 것을 꺼내기 위해 장갑을 다시 끼고 벗는 것도 손이 시렵고 거센 바람에 장갑을 잃을까봐 두려웠다.

다울라기리 트레킹 기간 동안 매일 낮과 저녁에 비가 왔지만, 자정을 지나 새벽에는 달이 밝길래 날이 밝아지면 움직이려고 했으나 밤 동안 오직 깊은 안개만 자욱했고 보이지도 않는데 눈은 우박과 함께 내렸다. 사탕을 하나 빨아 먹으며 시간을 보내고, 누룽지 한 조각을 물고 우물우물 씹으며 영영 안 지나갈 것 같은 시간을 견뎌나갔다.

3시 정도에는 잠시 졸다가 두세 걸음 뒤로 밀려 벼랑의 거의 가장자리까지 갔다가 와서 많이 놀랐다. 아내가 정신 차리라며 울부짖었고, 아내의 고어텍스 방한모와 모자 밖으로 드러난 머리와 어깨에는 수북하게 눈과 얼음이 쌓여 있었다.

추위를 많이 타는 아내의 방한복에 신경을 많이 써서 플리스 바지와 방한 기능이 있는 오버 바지를 사고, 고어텍스 고소모를 준비한 것이 이 날의 길고 지독한 추위를 방어하는 데 조금 도움이 되기는 했다. 아내에게는 그렇게 해줬지만 나는 바보처럼 고어텍스 오버 바지는 짐에 넣어 포터 편에 보내고, 그냥 겨울 바지와 등산 내의에 스패츠만 하고 와서 하체가 얼어 힘들었다. 쿨맥스 한 겹인 발이 내내 시렸지만 그나마 신발이 고어텍스인 것이 다행이었다.

　그런데 정작 정신은 아내가 분리 중으로, 무슨 물고기가 발밑에서 헤엄을 치고 지나가고, 난쟁이들이 와서 재롱을 부린다고 했다.

　그래서 조용히 "여보, 그런 게 나오면 안 되는 거예요. 다른 데 가라고 보내요."라고 말했다.

　그래 "저리 가~." 라고 말하니 다른 데로 가버렸다고 했다. 그 와중에도 몸은 계속 움직여야했다.

　밤에 사람이 가장 위험한 순간은 새벽 1시에서 3시 사이이고, 심신이 가장 피로하여 위험한 시간은 새벽 5시 전후하여 해가 뜨기 시작하는 시점이다. 움직이며 시계를 보니 3시 45분이었고 아내와 나 둘 다 별 이상 없이 잘 버티고 있는 중이었다. 새벽 3시가 넘어 4시가 다가왔는데 아직 손발이 잘 움직이는 중이었다. 다행이었다.

　이젠 살아 나갈 수 있겠다는 자신감이 생겼다. 새벽 4시가 넘으면 승부를 바로 걸어보겠다고 마음의 준비를 했다.

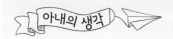

새벽에 텐트 밖으로 나왔는데 풍경은 정말 말로 표현할 수 없을 만큼 매력적이다. 이 순간만큼은 이곳에 온 내가 자랑스럽다.

아침에 남편은 생각보다 괜찮아 보였다. 어제는 정말 걱정이 많이 됐다. 남편은 스토브를 켜서 뜨거운 물을 만들고 라면과 밥을 말아 아침을 만들어줬다. 나는 어제저녁을 못 먹은 탓에 무조건 꾸역꾸역 밀어넣었고 남편은 조금 먹다 버려버렸다.

그 와중에 물을 끓여 포터들에게 주었는데, 눈치가 어제저녁도 오늘 아침도 옆 팀 일행들에게 얻어먹은 듯하다. 서로 짐을 안 지겠다고 싸우던 포터들이 옆 팀의 짐을 져주고 있다. 그냥 모른 척했다. 그래도 많이 서운하다, 자기들끼리만 밥 먹고.

오늘은 7시쯤 출발해서 담푸스 패스를 넘는 것이 최대의 과제다. 담푸스 패스만 넘으면 계속 내리막이란다. 어제 프렌치 패스도 넘었으니 뭐 잘할 수 있겠지. 짐을 싸는데 최대한 배낭의 무게를 줄여야 하는데도 자꾸 핫팩에 눈길이 간다. 다 쓰고 4개 남았다. 오늘 밤 잘 때 쓰면 된다. 굳이 지금 내가 메는 배낭에 저걸 넣어 무게를 늘릴 필요는 없다. 근데 자꾸 눈에 밟힌다. 종이 한 장도 내 배낭에 넣고 싶지 않은데 한참을 고민하다가 그냥 내 배낭으로 넣었다.

남편에게도 옷을 하나 더 입혔다. 남편이 살짝 답답하다고 하면서도 내 뜻에 따라준다. 여자의 촉은 정말 무섭다. 오늘 밤 벌어질 일을 꿈에도 생각하지 못한 채 난 우리가 살길을 마련하고 있었다.

출발해서 얼마 되지 않아 남편의 발걸음이 점점 느려진다. 이러면 곤란한데 말이다. 담푸스 패스가 눈에 보이는데 갑자기 답답함이 밀려온다. 저기를 어떻게 넘어가나! 우리 가이드는 무엇을 물어도 모른다.

남편은 한 번에 다섯 걸음 이상 떼질 못한다. 남편을 뒤에서 밀고 가는 나도 너무 처지는 걸음에 자꾸만 지쳐간다. 그래도 한 걸음씩 옮긴 덕분에 겨우 담푸스 패스를 넘었다.

가이드 말로는 내내 내리막이라더니 오르락내리락 장난이 아니다. 하얀 눈밭을 원없이 걸어본다. 아무도 밟지 않은 눈에 무릎도 빠지고 허벅지도 빠지고, 그런데 이곳에 정말 어울리지 않게 하얀 나비 한 마리가 계속 주위를 맴돈다. 이게 무슨 일이지? 이런 곳을 처음 와봤으니 이게 가능하고 흔한 일인지는 모르겠지만 이런 곳에서 나비를 보니 정말 비현실적이었다. 순간 내가 죽었나 싶었다. 아니면 환상을 보는 걸까? 그 뒤로도 나비는 한참을 우리를 따라왔다.

아무래도 가이드는 얼마를 더 가야 하는지 여기가 어딘지 알고 있는 것 같지 않고 다만 먼저 갔던 사람들의 발자국을 따라가는 것 같았다. 나 역시 사람들의 발자국을 따라가는 것이지 가이드를 믿고 따라가는 것은 아니다. 이러다가는 도착 시간을 가늠할 수 없을 것 같아 남편을 몰아세우기 시작했다. 남편은 나보고 먼저 가라고 했지만 절대 그럴 수는 없었다. 그럼 남편을 놓치게 될 것 같았다.

열 걸음, 열다섯 걸음을 간신히 걷고 쉬며 걸었다. 남편이 그 이하로 걸으면 조금 더 가라고 채근했고 남편도 내 마음을 알았는지 내가 이야기한 걸음보다 더 가려고 애를 썼다. 담푸스 패스만 넘으면 바로라더니 도대체 얼마를 더 온 건지, 그리고 얼마를 더 가야 하는 건지, 아무것도 알 수가 없었다.

어제 지도를 봤어야 했다는 뒤늦은 후회가 밀려왔다. 길을 반대로 올라오는 포터 두 명을 만났는데 가이드가 얼마나 남았냐고 물어보니 아직도 많이 남았다고 하루 종일 가야 할 거라고 한다. 가이드는 그들에게 물어봤는지 윈드 밸리를 넘어야 한다고 했다. 담푸스 패스만 넘으면 되는 것이 아니었던 거다.

남편이 너무 힘들어해서 배낭을 가이드에게 줬다. 남편에게 스무 걸음을 외치며 어느 틈에 그 말을 나 스스로에게 하고 있음을 깨달았다. 윈드 밸리를 지날 때 쯤 안개가 끼기 시작했다. 겨우겨우 윈드 밸리를 빠져나오고 나니 내리막이라고 하는 길이 이 길이구나 알 것 같은 넓은 내리막이 나왔다. 이제 고생 끝이구나, 푹푹 빠지던 눈밭도 끝났고 이렇게 넓은 길로 우리 팀이 있는 곳까지 조금만 더 가면 되는구나 했다. 늦어져 해가 떨어져도 랜턴도 있고 그냥 쭉 내리막이라고 했으니 말이다.

남편도 내리막을 만나니 편해졌는지 발걸음이 조금 빨라졌다. 빠르게 내려가는데 해가 져가고 다시 안개가 꼈다. 근데 가이드가 손전등이 없단다.

랜턴 하나 빌려주니 빛의 속도로 사라진다. 가이드가 오라는 쪽으로 한참을 내려갔는데 사방이 한 치 앞도 보이지 않을 정도로 짙은 안개가 낀다. 불안해지기 시작했다. 가이드에게 정신없이 이리저리 끌려다니길 2시간쯤 했을까, 자기는 길을 모르겠다고 한다. 이제 어떻게 해야 하나? 우리 핸드폰을 빌려서 사장한테 전화한다. 이곳이 어디인지를 알아야 설명을 할 텐데 말만 길어진다. 기온은 떨어지고 바람은 칼바람이다.

한 치 앞도 안 보이고, 난감한데 추운 건 못 견디겠어서 일단 바람을 피할 곳을 찾았지만 고도 5,000m 허허벌판에 그런 곳이 있을 리가 없다. 하도 이리저리 끌려다녀서 어디가 어딘지 분간도 안 된다. 결국 바람이 조금 덜 부는 곳에 자릴 잡고 버텨보기로 했다. 누군가가 오겠지, 포터들이 찾으러 오겠지 하면서 말이다. 가이드 보고 가서 사람 좀 데려오라니까 싫다고 한다.

핸드폰은 서비스 지역이 아니고 그나마 배터리도 1%밖에 남지 않았다. 이제 외부로의 연락은 포기해야 한다. 그나마 바람이 덜 불고 평지인 이곳에서 밤을 새워야 한다고 생각했고, 단단히 마음을 먹었다. 남편과 나는 배낭에서 모든 옷과 장비를 꺼내 착용하고 밤을 새울 준비를 했다. 그리고 아침에 고민하다가 가져온 핫팩 4개를 두 개씩 나눠서 붙였다.

오늘 아침 내 눈이 핫팩에서 떨어지지 않게 하신 하나님께 감사드리며, 누군가 우리를 찾으러 오게 해달라고 간절히 기도했다. 이 밤을 무사히 보내고 내일 눈부신 해를 볼 수 있게 해달라고도 기도했다. 가이드는 도저히 안 되겠는지 다시 자기를 따라서 내려오란다. 우리도 너무 춥고 움직여야 할 것 같아 따라나섰다.

밤 11시 30분쯤 됐을까! 길도 보이지 않고 정상적인 길도 아니라서 천천히 한 걸음씩 조심스럽게 가는데 가이드가 점점 시야에서 사라져 갔다. 그러다가 가이드의 손전등 불빛이 완전히 사라졌다. 더 가다간 사고가 나겠다 싶어 가이드를 기다리기로 했다 그러나 우리가 멈추어 선 곳이 너무 급경사여서 다시 원래 자리로 되돌아가려고 했으나 실패했다. 도저히 어디가 어딘지 분간이 가지 않았다. 남편과 다섯 걸음만 떨어져도 시야에서 사라지는 안개 속이라 필사적으로 남편 뒤에 딱 붙어 있었다. 급경사 중 그나마 45도 정도의 각도를 유지한 곳을 찾아 등산용 스틱으로 버티기 자세를 잡았다. 가이드의 이름을 아무리 외쳐도 대답이 없다. 사람들을 만나서 찾으러 오겠지. 올까?

앉을 곳도 없고 앉아서도 안 된단다. 자면 죽는다. 12시가 넘어가고 바람은 더 거세게 불고 눈도 내린다. 이런 것이 조난이구나, 내가 다울라기리에서 조난이란 걸 당했구나. 남편 컨디션도 좋지 않은데, 옆에서 보니 자꾸 존다. 자면 안 된다고 했는데, 일부러 자꾸 가이드의 이

름을 불렀다. 누군가 오지 않는다면 이곳에서 새벽이 오기까지 최
소한 5시간을 버텨야 한다. 죽을 수도 있단 생각에 별의별 생각이 다
들었다.

　남편에게 우리가 살아돌아갈 수 있을까 하고 물었더니 "글쎄." 라고
한다. 그래도 남편에게 살아 돌아가면 우리 삼겹살이랑 김치찌개를 먹
자고 했다. 그리고 더 많이 사랑하자고 했다. 왜 죽을 수 있다고 생각
하는 순간에야 더 많이 사랑했어야 했다는 생각이 드는 것인지…….

　내일모레가 엄마 생신인데, 생신에 딸이랑 사위가 잘못됐다는 소식
을 듣게 불효하면 정말 안 되는데 하면서 마음을 다 잡기도 했지만, 불
안함은 더 커졌다. 우리를 걱정하고 계시는 분들이 있는데, 우리가 잘
못되면 마음 아파들 하실 텐데 어쩌나 싶기도 했다. 그래도 희망을 놓
지 않았다. 지금까지의 경험에 의하면 새벽에는 항상 날씨가 맑아져서
주위가 환했으니까 오늘도 좀 있으면 달이 뜨고 안개가 사라지면 남편
은 길을 찾을 수 있을 거란 확신이 있었다.

　그러나 지금 당장은 이 높은 고도에서의 추위가 문제였다. 움직여야
하는데 급경사라 여의치가 않았다. 헤드랜턴을 끼고 스틱에 의지해 바
닥을 보니 작은 꽃들과 돌멩이들이 눈과 어우러져 묘한 분위기를 만들
어내고 있었다. 물고기 모양도 되었다가 난쟁이 마을이 되었다가 초코
바 봉지로도 보였다. 점점 정신줄을 놓아가나 보다.

　남편이랑 추워서 서로 소리도 질러보고 일부러 쓸데없는 소리도 해
보고 그랬다. 어느 순간 눈물이 났다. 울면 더 추운데 말이다. 그 순간
나는 하나님께 나의 생과 사를 의지하고 맡기는 수밖에 없음을 깨닫
고 어떻게 결론이 나더라도 운명으로 받아들이기로 생각했다. 그렇게
생각하니 마음이 편해졌다.

　그리고 남편이 그토록 좋아하는 산에서 같이 하늘나라로 가는 것도

꼭 나쁘지만은 않다고 생각했다. 그러나 만약에라도 나 혼자 남겨지는 불행만은 없기를 바라고 또 기도했다.

시간이 지날수록 오히려 안개는 더 짙어지는 것 같았고 길을 찾을 수 있다는 희망도 희미해져갔다. 시간은 점점 더 더디 갔고 이제는 남편에게 시간을 묻지 않기로 했다. 자꾸 시간을 묻다 보면 희망의 끈만 점점 놓게 될 것 같았기 때문이다.

소리도 질러보고 노래도 해보고 몸도 흔들어보고 별짓을 해도 추위는 가시지 않고 마음은 야해져갔다. 만약 남편이 옆에서 함께 그 시간을 견뎌주지 않았다면, 나 혼자였다면 어쩌면 진작 생을 포기했을지도 모른다. 함께였기에 견딜 수 있었다.

남편도 며칠째 밥도 거의 못 먹어서 추위와 배고픔에 엄청 힘들어하는 것 같은데 내 앞에서는 티를 내지 않으려고 애썼다. 눈은 점점 굵어지고 많이 내렸다. 대신에 바람이 사라지니 버티기에는 훨씬 더 수월해졌다.

결국 끝내 가이드는 돌아오지 않았고 아무도 우릴 찾으러 오지 않았다.

우리의 운명도 흐렸다.

🧭 다울라기리 11일 차

새벽 4시 반이 되는 걸 보면서 이제 승부 지점에 도달했다고 느꼈다. 굳은 몸을 풀며 서서히 움직이자고 했다. 처음 잘못된 지점인 장대가 있는 곳으로 가자고 아내에게 말하고 천천히 오르막을 따라 움직였다. 어제저녁에 우리가 움직인 발자국들이 어지러워서 길을 찾는 것은 어려웠다. 오른쪽에 탑으로 생각되는 거대한 돌멩이들이 보였지만 헤드랜턴으로는 확인하기가 어려웠다. 조금 넓고 평평한 곳이 있어서 거기에서 몸을 춤추듯 가볍게 움직이며 날이 밝기를 기다렸다. 5시가 넘자 주변이 서서히 조금씩 보이기 시작했다.

우리가 있는 곳이 어디인지 알게 되었고, 위로 더 거슬러 올라가서 길이

잘못된 시작점을 어렵게 찾았다. 마지막 장대를 찾았고, 아까 본 것은 거대한 돌멩이가 아니라 아주 큰 3개의 돌탑이었다.

틸리초가 어스름한 새벽빛을 빛내면서 구름 속에서 거대한 모습들을 드러냈고 멀리 안나푸르나와 닐기리의 연봉들도 모습을 보였다. 그리고 뒤쪽으로 다울라기리 산군들도 은빛으로 빛나는 환한 모습을 드러내기 시작했다. 밤새 몸을 움직여 피곤하고, 허기에 지치고 잠을 자지 못하고 공포에 질렸던 우리 얼굴도 서로 볼 수 있었다. 아내는 털썩 주저앉았다.

나는 장엄한 산군들을 바라보았다. 밤이 그토록 길더니 내 생애에 다시 보기 어려울 이런 장엄한 모습을 보는 것으로 그 보상이 오는가 싶었다. 17년 전에는 혼자서 안나푸르나 라운딩을 하다가 동네에서 찾은 미숙한 가이드와 메소칸토 라를 넘다가 비박을 한 적이 있다. 밤새 폭풍우 맞으며 비박을 하다 다음 날 아침에 다울라기리 연봉을 맞으며 살았구나 했는데, 이번엔 다울라기리에서 아침에 틸리초와 안나푸르나 산군을 바라보면서 살았구나 하는구나 하면서 쓰게 웃었다. 살아서 보는 햇빛과 다울라기리는 장엄했다.

밤새 추위로 방전된 전화기가 햇볕을 약간 받더니 배터리가 돌아오고,

전화의 신호도 조금 잡혔다. 밤 사이에 연락이 안 되어 답답해하는 등산 에이전시 사장의 문자가 들어오기 시작했고 그에 겨우 답하자 바로 구조 헬기를 보낸다. 포터들을 보내겠다 라는 등의 문자들이 들어오기 시작했다.

위치를 묻는 질문에는 어제 가이드가 잘못 보고 한 말 그대로 윈드 밸리에서 내려와 처음 만나는 장대와 야크 카르카 아래의 초르텐 근방이라고만 했다. 헬리콥터를 타고 하산해야 하는 상황에 우울했다. 너무나 장엄한 산군들이 더욱 명확하게 보이고 뒤로 햇볕들이 쏟아졌다. 아내는 겨우 날 밝아지고 햇볕도 들자 살았다는 안도감으로 앉은 자리에서 소리 없이 눈물을 내내 흘렸다.

나는 이미 새벽 3시 45분부터 정신적으로는 평정을 유지하는 상태였다. 다만 장엄한 광경들을 내 재주로는 실제 이상으로 담아낼 수 없음을 아쉬워하며 사진을 찍고 있었는데 어디선가 사람 소리가 들리는 것도 같았다. 잠시 다시 전화기의 신호가 다시 잡히면서 전화는 안 되지만 에이전시 사장의 문자가 들어왔다. 포터들을 보냈으니 기다리라는 것이었다.

멀리서 포터들이 향나무 다발과 주전자를 들고 오는 게 보였고, 이것저것 따질 것 없이 낯이 익은 사람들을 만나게 된 것이 기뻤다. 이제는 살았다. 포터들이 급하게 향나무에 석유를 부어 불을 때서 차를 끓여주고 연속으로 차 석 잔을 마시자 얼었던 입이 겨우 풀렸다. 포터들은 나쁜 가이드를 만나 고생했다고 위로를 했지만 나에게는 큰 위로가 되지 않았다. 밤새 그들을 만나지 못했고, 다만 그들이 주는 뜨거운 차가 가장 고마웠다. 입이 풀리고 해도 뜨자, 기다렸다는 듯이 전화 신호도 잘 터지기 시작해서 등산 에이전시 사장에게 전화가 왔다.

우리가 비싸게 주고 가입한 월드 노매드 보험은 6,000m이하의 산행 중 조난 시 헬리콥터 구조가 가능해서 든 보험인데, 그 복사본을 미리 에이전시에 넘겨주고 산행을 시작했었다. 보험 회사 담당자와 바로 연락이 안

불을 피우고 차를 끓이는 포터들

되고 있어서 우리에게 헬리콥터 비용을 선 지급하고, 나중에 보험금을 환급받는 것으로 서류 처리를 한다고 하고, 헬기를 보내야 해서 일단 우리가 돈을 지불해야 한다는 말로 먼저 통화가 시작되었다.

밤새 생사의 기로에서 간신히 살아난 사람들에게 위로의 말과 사죄의 말로 시작은 못 할망정, 전화가 시작되자마자 돈 이야기부터 하니 이게 무슨 경우인가 싶어서 잠시 전화를 들고 그의 말을 듣고만 있었다. 그리고 조용히 아내에게 전화를 넘겨주었다. 그때까지도 조용히 내내 울고 있던 아내는 역시 돈 이야기로 먼저 시작하는 에이전시 사장의 태도에 놀랐다. 일단 카드 결제해주면 결제 내역이 한국의 전화기에 찍혀서 이 일이 알려지면 장모님 미리 기절하신다는 현실적인 이유로 헬기를 타는 것은 취소되었다.

아내가 "저기 우리 그냥 걸어 내려갈게요." 그렇게 말했다. 우리는 헬기를 거절하고 그냥 걸어서 하산하기로 했다. 나는 사실 아내가 헬기를 타고 가기를 바랐는데 거절하길래 많이 놀랐다. 에이전시 사장도 밤새 조난당한 사람들이 걸어 내려간다는 말에 너무 놀라서 말을 더듬거렸다.

내려가서 한번 보자 하며 마음속으로 각오를 다지며, 전화상으로는 일단 내려가서 자세한 이야기 하자며 마무리를 하려는데 가이드를 바꿔달라고 했다. 가이드는 없다고 했더니 어제 통화 했는데 왜 없냐고 해서 어제 통화 후 바로 도망가서 어제저녁 내내 우리 둘이 여기 있었다라고 하니 사장도 한참이나 말을 잇지 못했다.

월드 노매드 보험의 경우는 지금 누구의 말이 옳은지 알 수 없으니 내려가서 보자고 생각했다. 나중에 보험 회사에서 받은 메일에는 헬기 회사에서 보낸 연락을 받았는데 내가 헬기를 거절하고 걸어서 하산하고 있다는 연락을 받아서 기쁘게 생각했다는 내용이었다. 보험 회사가 제대로 일을 해서 에이전시 측의 긴급 구조 요청을 받아서, 바로 구조 헬기를 출동시켰으면 그 힘든 와중에 걸어서 하산하는 결정을 내리지는 않았을 것이고, 이후로 이어지는 감정 폭발의 순간이 연속적으로 오지도 않았을 것이다.

에이전시 사장의 말이 맞는지, 보험 회사의 말이 맞는지 알 수 없는 상태에서 보험 회사는 불성실한 답변만을 남긴 채 이후로도 별 답이 없다. 그럼 유사시에 어떻게 당신들의 긴급 구조를 받을 수 있느냐는 질문에도 거의 뜬구름 잡는 소리를 하는 것 같았다. 먼저 보험 회사의 담당자와 통화를 해야 한다는데, 네팔 같은 나라에서 전화가 잘 되지도 않지만, 헬기로 구조를 요청할 정도면 거의 죽음의 경계선에 선 상태인데 어떻게 담당자와 통화를 하겠나 라고도 생각했다.

다만 한 가지 분명한 건 대개의 여행자 보험처럼, 선 지불하고 후 보상받는 방식으로 진행하는 게 가장 평범한 방법이나, 나중에 지불을 거절하거나 내내 지연하는 경우 뾰족한 해결책이 없다는 게 문제다. 고산 등반 중 조난에 대해 구조 비용을 지불해주겠다는 여행자 보험은 한국에 없으니 다음에도 다른 선택지는 없겠다는 생각을 했다.

오전 7시 30분 – 하산

어제의 조난은 결국 미숙하고 경험 없는 가이드의 인재였다. 해가 뜨고 주변이 환해졌다. 길에서 무슨 일이 있었는지 알 수 있었다. 내려오다가 갈림길에서 하이캠프를 돌아보며 저 언덕 사이에 끼어 우리가 생사를 다퉜구나 하는 생각을 했다.

윈드 밸리 넘어 장대가 나오고 바로 우측으로 가면 투쿠체이고 좌측으로 가면 마르파로 가는 길이다. 장대는 그냥 장대들이 아니라 이정표도 겸한 것이었는데 하필 갈림길에서 가장 먼저 만나는 이정표의 표지가 부러져서 장대만 서 있던 것이었다. 마르파로 가는 길을 잡아 내려가면 일반적인 돌담장만 있는 야크 카르카가 3개, 지붕도 있는 야크 카르카가 2개 정도 있고, 캠프로 많이 쓰는 폐교까지는 약 1시간 정도면 가는데 밤에 봤으니 그냥 장대였다. 길은 내내 평탄하고 선명한 하산 길이었다.

길이 갈리는 곳에 있는 1번 이정표가 하필 바람에 망가졌고 이미 정상적인 길에 접어든 상태에서 만나게 되는 2번, 3번 이정표는 멀쩡했다. 어두운 밤에 길을 모르는 가이드와 그 가이드를 따르는 손님 2명과, 손님이 안 오는데도 갈림길에 나와 보지도 않는 포터들의 조합이 참 기가 막히게 잘 맞아 떨어졌다. 가이드는 어둠 속에서 투쿠체도, 마르파도 아닌 그냥 가운데로 직진을 해버렸고, 길이 없는 혹은 보이지 않는 직진은 어젯밤 우리의 운명을 갈랐다.

1번 장대 이정표는 파손되어 장대만 남아 있다.　2번 장대 이정표. 눈이 많이 오므로 높은 장대로 길을 표시한다.

여기에 처음 와보는 그 가이드는 길을 모른다는 사실을 감춘 채 우리를 아무런 길도 없는 협곡 가운데로 데리고 가서 우리를 그곳에 버리고 도망간 것이었다. 많은 돈을 받고 길을 가르쳐주는 일을 맡은 사람이 그 높고 추운데 손님들만 내버려두고 가다니, 이 가이드는 도대체 직업 윤리가 없었다. 하필 그가 우리를 버려두고 간 곳은 깊은 협곡이라 양측에서 아무리 불을 비추며 찾아도 찾을 수 없는 그런 곳이었다.

텐트로 향하는 길에는 작은 키의 향나무들이 군락을 이루고 있었고 길가에까지 그 향이 퍼져서 그렇게 좋을 수가 없었다. 거의 다 죽다가 살아나서 차도 마시고 살아서 걸어가며 향나무 냄새도 맡으니 세상이 달라 보였다. 짐 지키는 포터로 선정된 가장 어린 막내 포터 1명 외에 전원 구조 팀으로 출동한 가운데, 어디에 있는지 모르는 가이드를 구조하기 위해, 가이드가 전날 밤 그렇게나 애타게 찾던 상갈 포터가 투쿠체 쪽으로 나는 듯이 떠나갔다. 세상에 포터를 구조하는 가이드는 많이 봤지만, 가이드를 구조하는 포터는 처음 본다.

길도 모르는 가이드라니, 도대체 우린 무슨 도깨비에 홀린 것이었을까? 길에서 아내와 잠시 쉬다가 안심하는 마음에 피로가 몰려와서 잠시 기절하듯이 자다가 텐트로 가게 되었다.

그런데 먼저 도착한 아내가 내게 뭐라고 소리를 크게 질렀다. 야크 카르카에 설치된 캠프 안에는 어떻게 알고 잘 찾아온 가이드가 짐을 지키고 있던 막내 포터와 신나게 떠들고 있었던 것이고, 그놈 목소리에 아내가 분개한 것이다. 우리에게 차를 끓여주고 바로 가이드를 구조하러 간 상갈 포터는 허탕을 치고 왔고, 가이드가 와 있는 것에 굉장히 분개했다. 어제 빌려준 랜턴을 당장 회수했다. 아내에게는 이런 경우 프리 샷이니 저 녀석을 신나게 패도 되니 하고 싶은 대로 하라고 했다.

포터들을 다 불러서 저런 녀석은 우리 팀에 둘 수 없으니, 가이드 녀석은 팀을 떠나 혼자 하산하도록 하라고 말했다. 그런데 최소한의 양심이나 명예도 모르는 가이드가 안 떠나고 버텼다. 그럴 줄은 알았다. 아내가 분개하여 소리를 지르니 그제서야 가이드를 떠났다. 그렇게라도 가이드가 떠나서 다행이었다. 안 그랬으면 사태가 더 험악해졌을 것이다. 내가 녀석을 붙들었으면 그것만으로 그 녀석은 자신의 잘못과 내 행동을 맞바꾸려고 하던가, 물고 늘어졌을 테니 말이다. 아내가 한 분노의 신발짝 던지기와 등짝 후려치기 정도로 가이드 녀석의 죄는 잠시 탕감되었으니 몹시 싸게 넘어간 것이다. 내게는 사과나 뭣도 없이 그냥 지나가길래 웃었다. 너무 많이 화나면 호탕하게 웃는 이상한 버릇은 언제부터 생긴 것인지 나도 모른다.

어젯밤 우리를 내내 기다렸을 텐트에 들어가 한숨 푹 자고 싶었으나 가능하면 마르파로 내려가 아내를 포카라까지 데려가서 차라리 제대로 쉬게 해주고 싶었다. 좀 더 쉬고 자도 한 진 더 미시고 짐을 쌀 것도 없으니 약간만 정리하면 되는 일이었다.

야크 카르카 근방으로 키가 작은 그러나 무척이나 굵은 향나무 군락이 내내 펼쳐졌다. 이런 군락은 라다크—잔스카르 밸리를 혼자 종주할 때 잠시 보고 그 외의 지역에서는 본 적이 없었다. 향나무의 잎을 하나 따서 냄새를 맡아봤다. 아주 진한 향나무의 향기가 온몸에 퍼졌다. 향나무 이후로

는 주목 군락이 마르파로 갈 때까지 내내 펼쳐졌다.

새벽에 그토록 장엄하게 하늘에 뜬 거대한 보석 같았던 산은 틸리초다. 예전 안나푸르나 트레킹 때와는 다른 곳에서 이번에는 그때보다 더 높은 지역에서 보는 틸리초는 가슴에 와서 박히는 것 같았다. 마르파로 가는 내내 틸리초가 우리와 함께했다.

짐을 다 싸서 우리는 아주 천천히 걸어서 하산을 시작했다. 좌측으로 저

멀리 묵티나트와 좀솜이 잘 보이고 예전에는 내내 걸어서 다니던 길이 보였다. 그전에는 반대로 묵티나트에서 이곳을 바라보면서 '저기도 참 살벌하네!' 하면서 바라보았는데, 사람은 앞일을 몰라 내가 여기에 와서 묵티나트를 바라보게 되는 날이 왔다. 하산 길이지만 밤새 발이 얼어 있어서 그런지 우리 둘 다 빨리 걸을 수는 없었다. 자주 쉬어야 했다. 멀리 바라보면서 저기가 묵티나트이고 저기가 좀솜, 저기가 공항이라고 하니, 공항이라는 말에 아내는 저기 그럼 비행기가 날아오냐고 묻는다. 달랑 20분이면 포카라에 도착하는데…….

한참을 내려가자 멀리서 사람들이 마르파의 티베트 불교 사원으로 몰려가는 것이 보이고, 맞은편의 산들도 다소간 친근감 있는 풍경으로 바뀌었다. 상황이 상황이니만큼 곰파를 구경하러 갈 수는 없었다.

마르파(Marpha) 마을

지명인 마르파(Marpha 1,012~1,109)는 티베트 불교의 대 선지식인이며 카규파의 시조인 마르파의 이름이기도 하다. 마르파는 21년간 인도에 머무르며 나로파의 제자가 되어 깊은 깨달음을 얻어 티베트에 돌아와 카규파를 열었다.

마르파는 사과로 유명한 지역으로 안나푸르나 측의 칼리간다키 강의 지류를 따라 과수원이 많이 자리잡고 있다. 마을 입구에 들어서는데 길이 굉장히 험해졌다. 잘 보니 산사태로 물이 크게 나서 기존의 수로가 다 무너져서 새로 하긴 했는데 아직도 덜 복구되어서 그렇다. 지역의 특색을 잘 살려 돌로 지은 집에 하얗게 칠한 벽과 마을 지붕 위에 오색으로 물들인 룽다가 휘날리며 각 집의 지붕에는 아름드리 주목 장작들이 가득 쌓여 있고 골목에는 버드나무가 개울을 따라 심어져 있는 모습이 하나도 변하지 않아서 정겨웠다.

골목을 지나며 마르파에서 시작되는 표지판을 봤다. — 다울라기리 베이스캠프.

마르파는 히말라야를 횡단하는 코스인 GHT(Great Himalaya Trail)의 루트 중 한 곳이다. 날씨가 좋고 눈이 없다면 마르파에서 야크 카르카와 프렌치 패스로 치고 올라가는 8일간의 코스가 어쩌면 나을 것도 같다.

막상 산을 치고 올라가자면 정말 숨이 헐떡헐떡 넘어가는 코스이고 대부분 날씨가 궂어 넘어갈 수 없는 강력한 코스 중 하나다. 150일이 걸리는 장쾌한 네팔 히말라야 횡단 코스 중에 가장 힘든 난코스가 이어지는 곳이 다울라기리 코스가 아닌가 싶다.

마르파는 사과로 만든 사과 브랜디로도 유명한데, 개량을 하지 않은 아주 작은 토종 사과로 만든 브랜디도 아주 맛이 좋지만, 사과 자체도 맛이 좋은 고장이다. 그리 크지 않은 사과 과수원들이 마르파 마을의 반대측 강가와 산에 인접해서 만들어져 있는데, 메소칸토 라 아래쪽으로 더 많은 편이다. 지금은 철이 아니라서 사과 맛을 볼 수는 없었고, 사과 브랜디는 지금이 판국에 먹자고 할 때는 아니었다. 거기에 마르파는 동네의 전통술인 럭시도 일품인데 굉장히 아쉬운 일이었다.

밤새 우리를 기다린 텐트

1인당 1,000루피씩 6명 해서 마르파에서 포카라로 직행버스 표를 끊고 야크 스테이크와 밤새 마시고 싶었던 블랙커피를 마셨다. 처음에는 우리를 찾기는 했는지 의심했지만, 우리를 밤늦게까지 그리고 새벽 일출 전부터 찾아 헤맨 것이 분명한 포터들에게 고마운 마음이 있었다. 그동안 돌아가면서 어지간히도 속을 태웠지만 그래도 그들의 구조가 아니었으면 더 힘들었을 것이다.

아침에 뜨거운 차에 설탕을 듬뿍 넣은 것을 연거푸 석 잔을 마시자 드디어 기력을 회복하기 시작하고, 비인간적인 행태를 보이는 가이드 녀석에 대한 우리의 입장에 대해 무언의 지지를 보여준 것도 고마웠다. 스테이크를 기다리면서 포터들을 불러 몇 가지 피자와 음료수를 주문해 주었다.

어떻게 시간이 흘렀는지 어느새 4시. 여전히 한 치 앞도 안 보였지만 움직이자고 했다. 얼어 죽을 거 같았고 가이드가 돌아오지 않을 것은 확실했다. 조심조심 가파른 길을 지나고 천천히 움직여서 위로위로 올라갔다. 평평한 곳을 찾아 올라와 움직이기가 수월한 곳을 택해 날이 밝아질 때까지 기다리기로 했다. 한 20분쯤 지나니 사방이 보이기 시작했다.

도대체 어디서부터 잘못된 걸까? 태어날 때부터 머릿속에 나침판을 가지고 있었을 것 같은 남편이 뛰어난 방향 감각과 기억력으로 더듬더듬 올라가기 시작했다.

우리가 내려온 발자국도 발견하고 모퉁이도 기억이 났다. 이렇게 많이 내려왔단 말인가 하며 생각한 지점으로 오르니 낭떠러지다. 살짝 방향을 틀어 가장 높은 곳으로 올라간다. 두 발자국도 떼기 힘들다.

멀리서 동이 트는데 산 아래로 보이는 풍경은 이 광경을 보려고 밤을 새웠나 하는 생각이 들 정도로 압도적이었다. 아니 이 광경을 보기 위해 밤을 새워야 한다면 기꺼이 밤을 새울 수 있을 것도 같다. 단, 텐트 안 안전하고 따뜻한 곳에서.

다울라기리, 안나푸르나, 닐기리 그리고 그 밑에 구름 위로 솟은 작은(?) 봉우리들. 너무 멋지다. 사진을 찍으려다 그만두었다. 일단 살고 봐야 해서 눈에만 담아두었다.

남편을 따라 올라가니, 지나온 기억이 난다. 그런데 그 다음은 기억이 나지 않는다. 전화는 신호가 들어왔다 나갔다 한다.

밤새 에이전시 사장이 문자를 몇 개 보냈었나 보다. 신호가 잡히는 곳을 찾아 통화를 겨우하고 사람들이 올 때까지 기다리기로 했다. 갑자기 눈물이 터졌다. 정말 살았구나 싶었다. 평소에는 우는 걸 지독히도 싫어하는 남편이 옆에 와서 토닥토닥해주고 사진 찍으러 간다.

진정 프로 정신이다. 이 판국에 사진이라니……

20분도 안 되었는데 우리 포터들이 주전자와 컵, 석유, 나뭇가지들을 들고 나타났다. 어디서 오길래 저렇게 빨리오지? 오자마자 불 피우고 물 끓여서 차를 준다. 뜨거운 차를 마시니 살겠구나 싶은데도 눈물이 멈추질 않는다. 그때 에이전시 사장에게 전화가 와서 헬리콥터를 보낼 테니 먼저 결제하고 나중에 보험 회사에서 받아 주겠다고 한다. 바로 이성이 돌아오면서 걸어 내려가겠다고 했다.

첫째 이유는 카드를 쓰면 엄마 핸드폰으로 내용이 뜨는데, 헬리콥터 뜬 걸 아는 순간 나이 많은 우리 엄마 심장마비로 쓰러지겠다 싶어서였고, 둘째는 이 상황에 괜찮은지 다친 데는 없는지 안부를 묻는 것이 아니라 돈 이야기부터 꺼내는 사장의 태도가 화가 나서였다.

불을 쬐고 차 마시고 텐트 있는 곳으로 출발하는데, 우리가 어제 내려간 방향의 딱 반대편 길로 간다. 그럼 어제 가이드가 갈림길에서 완전히 엉뚱한 곳으로 간 거다. 어젯밤에 안개가 끼지 않고 날씨가 맑았다면 우리는 엉뚱한 곳에서 길 찾겠다고 헤매다 아까 본 낭떠러지에서 떨어졌거나 우리의 체력이 버티지 못했거나 했을 수도 있는 거였다. 순간 어제 낀 안개가 얼마나 감사한지. 어제는 그 안개가 걷혀주기를 간절히 기도했는데 지금은 그 안개 덕분에 살았다 싶다. 또 한 번 가슴을 쓸어내렸다. 우리가 저쪽으로 갔었다니까 포터들이 더 황당해한다. 사장의 명령으로 포터가 가이드를 찾으러 가는 황당한 일이 생겼다. 야크 카르카로 가는 길은 우리가 헤매던 곳에서 보면 보이지 않는 뒤쪽에 있었다. 길은 안 보이지만 일단 들어서니 길 안내가 아주 잘 되어 있다.

그리고 어제 우리는 돌길에서 헤맸는데, 이곳은 흙길에 작은 나무들이 있는 부드러운 길이다. 도저히 헷갈릴 수 없는 길이다. 아무래도 계속 의심한 것처럼 가이드는 산 아랫쪽은 알지만 위쪽을 와보지 않은 것 같다.

한참을 내려가 텐트 근처에 도착하니 가이드 목소리가 들린다. 먼저 와 있었다. 목소리도 얼굴도 보기 싫었다. 포터한테 가이드 얼굴 보고 싶지 않으니 먼저 내려보내라고 했다. 정말 이성을 잃지 싶어서. 어떻게 이곳에 온 것일까? 포터들도 와 있는 걸 몰랐던 것 보면 해가 뜬 이후에 찾아온 것 같다. 일단 텐트에 들어가서 누우니 정말 만화에서처럼 모든 관절에서 소리가 났다.

차를 마시고 밥을 먹고 내려가려고 텐트 밖으로 나왔는데 가이드가 같이 가려고 기다리고 있다. 밥도 먹었겠다 정신도 어느 정도 돌아왔겠다 폭발했다. 가서 등짝을 때리면서 가라고 소리 질렀다. 가이드는 빌어도 시원찮은데 너무하다는 표정이다. 분이 안 풀려 씩씩댔다. 뻔뻔해도 분수가 있지. 자기 혼자 살겠다고 도망가놓고 여기는 어떻게 온 것인지, 양심은 있는 것인지.

내려오는 길은 내 기분과 상관없이 풍경은 정말 장관이다. 가파른 내리막으로 무릎이 다 부서지는 것 같았고 어젯밤 잠을 못 자 피곤한 탓에 빨리 내려오느라 사진 한 장 못 찍은 것이 안타깝다. 정말 아깝다. 천천히 즐기며 내려왔어야 하는 건데…….

살아서 보는 마르파 마을은 사랑스럽기 그지없다.

　　정말 내 상황과는 안 어울리게 어쩌나 아름답던지. 이런 걸 보고 눈
물 나게 예쁘다고 하는 걸까?

　　에잇. 더 화가 난다.

　　서로 아직은 정신이 온전치 않음을 알기에 싱글 침대 두 개가 놓여
있는 방에서 하나의 침대를 선택해 꼭 붙여서 잤다. 이제 신혼도 아닌
데 말이다.

🧭 다울라기리 12일 차

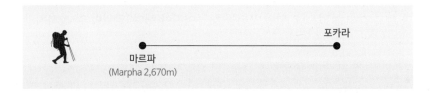

마르파
(Marpha 2,670m)

포카라

오랫동안 아침 일찍 일어나는 게 버릇이 되어서인지 일찌감치 눈이 떠졌다. 자고 있는 아내의 시꺼먼 얼굴을 보고 웃었다. 속없게도 아내와 히히거리며 셀카를 찍었는데 남들은 심각한데, 우리가 보기에는 굉장히 웃겼다.

그리고 그걸 페이스북에 올렸더니 조회 수가 팍팍 올라가고 우리를 위해 기도하겠다는 분들이 늘어났다.

어제도 가이드 녀석은 기운이 충만했는지 온 동네를 누비며 떠들어 온 동네 사람들에게 우리를 악당으로 만들어놓아서 버스 앞에서 기다리는데 잘 모르는 동네 사람들이 우리를 보면서 이글이글 타는 혐오의 눈으로 우리를 바라봤다.

아침에 포터 상갈이 우리에게 4,000루피를 빌려달라고 해서 이제는 그린 요구를 전혀 들어줄 필요가 없었는데, 떠나야 하는데 포터들이 호텔에서 떠나지를 못하고 붙들려 있었다. 이유인즉, 가이드가 마르파에서 신나게 써대는 동안 포터들이 보증을 서주거나, 돈을 빌려주기도 했단다. 그래서 호텔에도 돈을 주어 체크아웃을 하고, 서로간의 채무 관계를 해결 하려면 4,000루피가 필요하단다. 일단 포카라에는 가야 하는데 저 짐을 내가 다 들고 갈수는 없으니, 일단 포터들을 풀어줘야 했다. 말없이 일 잘하지만

영어는 한마디도 안 되는 포터에게 조용히 4,000루피를 주었더니 가서 잡혀 있던 포터들을 데려왔다.

버스는 결국 이리저리 많은 소동을 부리다가 8시경에나 떠나게 되었다. 포카라 직행 좌석은 한정되어 있는데, 더블로 부킹되고, 오버 부킹되어 표를 미리 끊어서 가지고 있지 않고 전화로 예약하거나 다른 사람에게 시키거나 호텔 등에서 구입한 사람들은 다른 좌석으로 밀리거나 버스 천장으로 올라가야 했다. 우리가 출발했던 베니를 지나 6시간 동안 흔들리는 차에 시달리며 포카라로 갔다.

포카라에서는 늘 머물던 아이스 랜드 호텔에 가서 다시 할인가로 방을 잡았다. 호텔 직원들에게 짐을 방으로 나르라고 주고, 포터들을 불러서 모두에게 공평하게 팁을 줬다. 아내가 나중에 그 일을 겪고도 왜 포터들에게 팁을 줬냐고 해서 아침에 먹은 찻값이라고 했다. 그 차를 마시자 몸이 말을 듣기 시작했으니 그 정도 줄 만했다.

아내가 호텔 직원들에게 있었던 일을 이야기하자 그들은 몹시 격분하면서 팁은 왜 주냐고 했다. 포터들이 매를 맞을 뻔했다. 이야기를 듣던 호텔 직원 한 명이 씩씩거리더니 TIMS 카드를 보자고 하더니 어딘가로 전화를 했다. 그는 에이전시 사장을 소환했다고 했다. 그가 오는 동안 호텔 직원과 호텔 부설 여행사 사장과 충분히 대화했고, 그들은 에이전시 사장과 가이드를 경찰서에 보내서 구속을 시키거나, 환불과 보상을 요구할 수도 있다고 했다.

그러나 우리는 그 밤에 비이성적인 상태에서 그와 별로 이야기하고 싶지 않았다. 일단 온다니 호텔 직원과 그 여행사 사장에게 이야기를 좀 나눠보라고 하고 맛있는 저녁을 먹고 싶었다. 호텔에는 내일 이야기하겠다고 하고, 아내는 침대에서, 나는 그냥 바닥과 침대에 다리 하나씩을 걸쳐놓고 기절하듯 잠이 들어 밤 12시에 깼다. 밤새 비가 많이 왔고, 저 비를 산에서

■ 반갑다 도시여, 포카라.

맞았으면 우리는 죽었겠네 하는 생각이 들었다.

산에서 새벽 2~3시 사이에는 정말 죽을 수도 있겠다 생각했고, 비와 바람이 강했으면 도저히 견디지 못했을 건데, 아내의 핫팩과 한마디씩 건네는 말과 서로의 기합으로 버텼다. 그리고 산에서 살아서 내려왔고, 얼굴이 많이 타고 발이 좀 저린 것 외에는 큰 이상은 없었다.

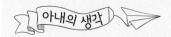

밤새 끙끙 앓는 소리를 번갈아 내며 죽은 것처럼 잤다. 6시가 조금 넘은 시간, 포카라에 가려면 지금은 일어나야 한다. 어제는 긴장이 안 풀려서 몰랐는데 몸이 천근만근이다. 다리를 손으로 들어서 옮겨야 할 정도다.

겨우겨우 짐 정리하고 나갔는데 착한 포터 한 명이 4,000루피를 빌려달라고 한다. 이유는 가이드가 돈이 없어서란다. 우린 5,000m가 넘는 곳에서 죽을 뻔했는데 자기는 따뜻하게 먹고 자고 그 돈을 내게 빌려달라고? 정말 화가 났지만 중간에서 어쩔 줄 몰라 하는 포터 때문에 그냥 빌려줬다.

포카라행은 8시에 왔고 더블 부킹이 되어서 한참을 실랑이를 했다. 더 잘 만도 한데 눈이 감기지를 않는다. 흔들흔들 쿵쾅쿵쾅 비포장도로를 달려 포카라에 도착했다. 솔직히 사장이 정류장에 나와 있겠지

했지만, 그는 없었다. 호텔에 도착해서 남편은 포터들 팁을 챙겨주고 나는 호텔에 우리가 트레킹 도중 겪은 사연을 이야기하고 어떻게 해야 하는지 물었다.

호텔 사람들은 엄청나게 놀라며 자기들이 처리해준다고 들어가서 쉬란다. 우리 같은 케이스를 들어봤냐고 물으니 처음이란다. 다른 사람들 같았으면 때리고 싸우고 난리 났을 거란다.

아, 그렇구나!

씻고 짐 정리 대충하고 밥 먹으러 나가는데 담당자인 듯한 사람을 소개해준다. 사정은 들어서 다 알고 있고 어떻게 하기를 원하느냐고 묻는다. 그가 제시하는 해결책은 먼저 합의를 해보고 안 되면 경찰에 신고하란다.

그래도 합의 쪽으로 주선한다. 하지만 우리가 원하는 쪽으로 무조건 도와준다고 한다. 오늘 밤 생각해보고 이야기하기로 했다. 환불은 가능하겠지만 보상금은 없을 거라고 한다. 감옥에 보내는 것도 가능하다고 한다. 처음이라 잘 모르겠는데 엄청난 잘못인가 보다. 일단 배도 고프고 오늘은 쉬고 싶다고 하고 저녁 먹으러 나가는데 에이전시 사장이 왔다. 내일 보자고 하고 나왔다.

페와 호수

　전날 밤 지나간 날들의 일에 대해 생각을 하다 잠이 들었다. 산에서는 그렇게 강했던 아내가 쇠약해져 잘 걷지 못하고 나도 컨디션이 잘 돌아오지 않았다.

　새벽에 잘못된 시작점으로 찾아 올라가, 곧 온몸으로 햇볕을 받으며 살아난 것을 기뻐했다. 기왕의 지나간 일이고 살아난 것만으로도 기쁘고 감사할 일이지만 그렇게 좋게 좋게만 해결할 일은 아니었다.

　아침 8시에 밥 먹고, 전날 밤 에이전시 사장과 잠시 이야기했던 호텔의 여행사 사장과 만나 무슨 이야기를 했냐고 물으니 헬기 서비스를 우리가 거부했다는 이야기만 했다고 한다.

　여행사 사장에게 에이전시 사장을 다시 불러달라고 했다. 곧 호텔로 찾아왔길래, 로비에서 만나 이야기를 시작했다. 헬기 이야기만 하길래 사정을 봐줄 필요를 전혀 못 느꼈다. 겨우 1선 후퇴가 우리에게 받은 돈 환불이란다. 그것으로는 부족하고, 일정 부분의 보상금을 지불하라고 했다. 돈의 신봉자들에겐 돈으로 손해를 보게 하는 것이 적당한 대우라고 생각했다. 호텔 여행사 사장이 우리를 대리했고, 에이전시 사장도 말 잘하는 친구로 유럽인을 전문으로 한다는 여행사 사장을 불러 4자 회담이 격렬했다.

　그의 친구인 유럽팀 전문 사장은 자기들은 이런 경우, 반드시 계약서와 요구 조항을 쓴다고 했고 그에 맞춰서 한다고 했다. 그에게 이런 경우가 발생했으면 당신 에이전시는 그 계약서에 맞추어 그들에게 어떤 보상을 해줘야 하는지 묻고, 이런 경우에는 보통 그들 나라의 대사관 직원과 관광 경찰이 찾아와서 당신을 체포해놓고 합의를 시작하는 게 보통인데 내가 지금 너무 많이 접어주는 것을 알고는 있냐고 물었더니 아무 말도 하지 못했다.

　보상금을 물어주고 싶어도 지금 돈이 없다고 하며 말을 하길래, 그럼 경찰서로 가서 형사 고발해서 구속시키고 그다음에 새로 이야기 하자해서 또 이야기가 길어졌다. 그러자 호텔 여행사 사장도 자기 일을 해야 하니 별 실익이 없는 일에 복잡해지기 싫어했고, 에이전시 사장의 친구도 아무리 해도 빠져나갈 길이 없으니 자신의 친구에게 포기하라고 말하는 것 같았다.

결국 그의 친구도 발을 빼고, 우리 측 대리인도 발을 뺀다고 하니 에이전시 사장은 당황했고, 나는 보상금, 환불 필요 없으니 경찰서로 가자고 말했다. 그랬더니 원래 요구한 보상금보다는 너무나도 적은, 그러나 그에게는 큰 액수였을 금액으로 합의를 요청해왔는데 나는 전혀 그러고 싶지 않다. 아내는 경찰서 오가고 그러는 거 싫다고 하고, 피곤하고 힘들다는 감정적인 이유를 내세워 많이 화가 났지만 아내의 입장을 무시할 수도 없었다.

처음부터 돈은 중요한 부분이 아니었으므로, 내일까지 그들이 최대한 준비할 수 있다는 액수의 보상금과 환불금을 가져온다고 하길래 오늘 오후 4시까지로 마무리 짓자고 했다.

프론트에서 에이전시 사장이 왔다고 해서 내려가 보니 급하게 돈을 가지고 와서 합의서에 서명을 부탁했다. 읽어보니 참 한심하고 답답하고 안타깝기도 했다. 합의한 대로 가이드의 라이선스를 박탈하고 업계에서 축출하는 것으로 했으나, 그건 그가 어차피 해야 될 일이고, 나와는 아무 상관이 없었다. 평판이 생명인 관광업의 세계에서 그가 걸어온 길에 대한 반증이 그 가이드였다고 생각한다.

처음에 산에서 내려올 때는 악질적인 가이드에 대한 가이드 비용 정도만 제외하고 말려고 했으나, 사장의 터무니없는 행동과 가이드의 모욕적인 행동에 대한 징벌적인 부분이 반드시 있어야 했다.

· MANASLU ·

3. 마나슬루

마나슬루 서킷 트레킹 소개

▪ **마나슬루(Manaslu 8,163m)**

네팔 중서부 포카라에서 약 50km지점인 마나슬루 자연보호구역 내에 위치한 고산으로 안나푸르나 국립공원과 맞닿아 있고, 네팔 히말라야 산군의 중간에 위치해 랑탕, 안나푸르나, 마칼루 및 포카라 시내와 카트만두 등 여러 곳에서 볼 수 있다.

세계 8위봉으로 8,163m이다. 주변 트레킹 루트가 안나푸르나 국립공원을 포함하여, 총연장 170km가 넘는 긴 코스였으나 최근 안나푸르나와 마나슬루의 산악 도로 발달로 많이 단축되었다. 그러나 고도 500m부터 시작해서 약 5,100m까지 4,600m의 고도차를 극복해야 하고 저지대가 길어서 체력 안배를 잘해야 한다.

산스크리트 어인 마나슬루(Manaslu)는 '영혼'이라는 뜻의 마나사(Manasa)와 '토지'라는 뜻의 룽(Lung)이 합쳐져 이루어진 말로 '영혼의 땅', 혹은 '영혼의 산'이라는 뜻이다. 티베트 어로는 '간푼겐'이라고 부르며, '눈(雪)'의 어깨'라는 뜻이다. 그러나 '악마의 이빨' 혹은 '악마의 뿔' 이라는 별칭도 가지고 있다.

일본 등산가 이마니시 토시오(今西壽雄)와 네팔인 걀젠 노르부(Gyalzen Norbu)가 1956년 최초로 정상 등정에 성공하였다. 8,000m급 14좌 중 일본 국적의 원정대가 여러 해에 걸쳐 끈질기게 도전하여 세계 초등을 이룩한 유일한 산으로, 일본 원정대의 마나슬루 초등은 좌절감에 빠져 있던 일본 국민들에게 희망을 안겨주는 계기가 되었다.

한국은 1971년부터 여러 번 끈질긴 도전을 했으나, 많은 희생자를 내고 뜻을 이루지 못했다. 1980년 동국대 산악부 서동환이 정상에 오르면서 한국 최초 초등이 이루어졌다.

일반적인 트레킹으로는 1956년 티베트 문화종교학자인 데이비드 스넬그로브(David L. Snellgrove)가 빔탕—라르케 패스를 지나 부리간다키 강을 따라 걸은 것이 서양인으로는 최초였다. 그는 『히말라야 순례(Himalaya Pilgrimage)』라는 책을 내서 당시의 마나슬루에 대해 무섭고 위험한 공포의 길로 묘사하고 있다.

서양의 대표적인 가이드북인 『론리 플래닛(Lonely Planet)』에서는 마나슬루를 히말라야에서 가장 험한 코스로 소개하고 있다. 그러나 최근 100% 로지 산행이 가능해지고, 수많은 강에 교량이 새롭게 설치되고 많은 트레킹 코스가 확장 작업에 들어가고 산악 도로로 버스들이 다니면서 코스가 굉장히 짧아졌다.

네팔 정부는 1998년 마나슬루를 마나슬루보호지역(Manaslu Conservation Area Project, MCAP)으로 지정해 출입 제한 구역으로 보존하고 있다. 현재 트레킹을 하려면 2인 이상으로 입산 허가를 받고 고가의 입장료를 내야 하고 강제 가이드 고용 규정도 지켜야 한다. 핵심적인 지역에 상주하는 경찰 초소와 체크 포인트에서 트레커들의 출입을 체크하고 감시한다.

성수기는 9월 중순~11월 중순이며, 5월도 방문에 좋다.

우리 부부의 트레킹 전략
우리 부부는 마나슬루 트레킹을 위해서 포카라의 상당히 많은 에이전시를 방문했다. 최신 코스를 인지하고 있는지, 비용은 정확하게 청구되는지를 잘 파악하여 에이전시를 선정했다. 2017년 혹은 2016년 말경에 마나슬루를 등반한 여러 사람의 산행기를 읽고, 현지 전문 등산 에이전시에 여러 번 방문하여 대화한 것이 선정에 큰 도움이 되었다. 특히 입산하는 과정과 산행의 마무리를 하는 과정에서 많은 도움이 되었다. 많은 트레커들이 생략하는 마나슬루 베이스캠프의 방문에 있어서는 해당 코스를 방문한 이들의 묘사가 큰 도움이 되었다.

포카라에서 버스를 이용하는 방법은 서양의 트레커들과 등산 에이전시의 의견을 참조하여 가이드의 도움을 받아 진행했고, 일정 역시 직접 지도를 보고 현지의 사정을 고려하여 느린 걸음으로 걸었고, 비용도 아낄 곳과 그러지 않을 곳을 잘 고려하여 아껴서 썼다.

처음부터 '안나푸르나—다울라기리—마나슬루'의 순으로 산행 순서를 짠 것은 연속으로 트레킹을 할 때 고산에 대한 적응 일정이 15% 이상을 차지하므로 시간의 절약과 체력 안배를 고려한 것이다. 부득이한 경우에는 빔탕 익스프레스 혹은 헬기 등을 이용한 조속한 산행의 마무리 혹은 편안한 마무리도 고려했으나, 그런 일은 다행히 일어나지 않았다. 도로가 발달하여 빔탕에 도착하면 1~2일 안으로 포카라 혹은 카트만두로 귀환할 수 있다. 인건비와 체력적인 부담 등을 고려하여 빠른 귀환을 하도록 산행 일정을 계획했다.

우리는 유동식이나 비상용 조리 기구 등을 충분히 준비하지 못했는데, 이것은 마나슬루 트레킹에서의 전략상 실수였다. 육포나 햄 등 육류는 준비했다. 마나슬루를 트레킹할 사람들은 유동식이나 비상용 조리 기구 등을 준비하는 것이 좋다.

•마나슬루 트레킹 비용 정리

1. 가이드, 포터 등 인건비 : 가이드 1일당 25~35불. 포터 1일당 15~18불

2. 마나슬루, 안나푸르나 입산료 : 2,000루피 + 2,000루피/1인

3. TIMS 카드 : 2,000루피 + 2,000루피/1인

4. 마나슬루 특별 퍼밋 : 최소 2인일 것. 가이드를 반드시 고용해야 한다.

　성수기 : 9월~11월. 1주일 70달러, 추가 1일당 10달러

　비수기 : 12월~8월. 1주일 50달러, 추가 1일당 7달러

　특별 퍼밋 구간 : 자갓 체크 포인트-빔탕 체크 포인트

•에이전시 Tax. 수수료 능이 없는 곳을 선택하여 많은 비용을 절감했다.

•다라파니-포카라 지프차 170달러

•빔탕-사마가온 : 말 대여. 빔탕 익스프레스 140불/말 1마리.(선택하지 않음)

마나슬루 서킷 트레킹 (2017. 5. 16 ~ 2017. 5. 27)	
1일	포카라-고르카-아루갓 바자르-아르켓 바자르(Arkhet Bazar 620m)
2일	아르켓 바자르-마차 콜라(Machha Khola 930m)
3일	마차 콜라-타토파니(Tatopani 1,190m)-도반(Dobhan 1,070m)
4일	도반-자갓(Jagat 1,410m)-필림(Philim 1,590m)
5일	필림-뎅(댱)(Deng(Dyang) 1,800m)
6일	뎅(댱)-갑(Ghap 2,160m)
7일	갑-남룽(Namrung 2,660m)-리가온(ligaon 2,910)-쇼가온(Syogaon 2,950m)
8일	쇼가온-로가온(Lhogaon 3,180m)-샬라(Syala 3,520m) -사마가온(Samagaon 3,530m)
9일	사마가온-마나슬루 BC(Manaslu BC 4,400m)-사마가온
10일	사마가온-삼도(Samdo 3,690m)-라르케 바자르(Larke Bazar 4,090m) -다람살라(Dharamshala 4,470m)
11일	다람살라-라르케 패스(Larke Pass 5,160m)-빔탕(Bimtang 3,720m)
12일	빔탕-야크 카르카(Yak Kharka 2,940m)-고(Gho 2,560m)-틸체(Tilche 2,300m) -다라파니(Dharapani 1,860m)-베시 사하르(Besi Shahar)-포카라(Pokara)

Tip 우리 부부는 5,000m 이상에 내내 머물러 있어 고산 적응이 완료된 상태였고, 포카라에서 바로 출발했으므로 12일 일정으로 가능했다. 포카라 혹은 카트만두에서 바로 출발하는 경우 고산 적응 기간을 감안하여 14~15일 일정으로 잡는 것이 안전하다.

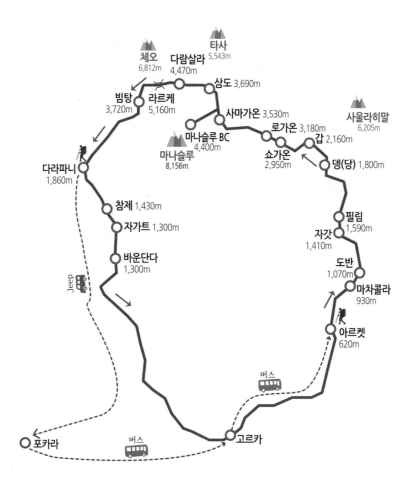

마나슬루 트레킹 지도

체오 6,812m
다람살라 4,470m
타사 5,543m
빔탕 3,720m
라르케 5,160m
삼도 3,690m
사마가온 3,530m
사울라히말 6,205m
마나슬루 BC 4,400m
로가온 3,180m
마나슬루 8,156m
갑 2,160m
쇼가온 2,950m
뎅(당) 1,800m
다라파니 1,860m
필림 1,590m
참제 1,430m
자갓 1,410m
자가트 1,300m
도반 1,070m
바운단다 1,300m
마차콜라 930m
Jeep
아르켓 620m
버스
버스
포카라
고르카

산행시작 :
포카라 – 고르카 – 아르켓 바자르(버스) – 라르케 패스 – 빔탕 – 다라빠니 – 포카라 (지프)

고르카 버스터미널

🧭 마나슬루 1일 차

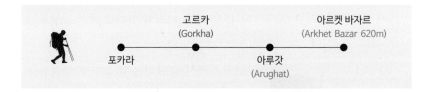

아르켓 바자르
(Arkhet Bazar 620m)

고르카
(Gorkha)

포카라

아루갓
(Arughat)

　전날 짐을 상당히 정리해두었다 싶었는데 밤까지 굉장히 바빴다. 마나슬루는 아직도 그리 많은 이들이 찾는 편은 아니라서 머릿속에 해당 코스가 그려지지 않으니 준비는 여전히 덜 된 것 같았다.

　마나슬루로 가는 버스는 고르카까지 간 뒤, 거기에서 버스를 갈아타고 아루갓 바자르를 지나 아르켓 바자르로 가는데, 그곳으로 가는 차는 아침에 한두 편 밖에 없어서 마음이 더 바빴다.

　다울라기리 조난 이후로는 짐 정리도 잘 안 되고, 뭔가 머릿속에 생각이 여전히 많았다. 양쪽 엄지발가락과 발바닥도 다울라기리 조난의 후유증으로 제법 얼얼했는데, 곧 풀릴 줄 알았더니 상당히 오래 후유증이 남았다.

마나슬루 195

가이드는 7시에 호텔로 찾아왔고, 택시는 가이드가 따로 불러서 고르카 행 버스 터미널로 향했다. 바바트니 백화점으로 가는 꺾어지는 그 길에서 30미터만 직진하면 룸비니와 고르카로 가는 버스들이 길에 서 있는데, 그 곳을 그냥 '고르카 버스 터미널'이라고 불렀다. 고르카 행 버스는 우리 부부와 가이드 1명, 포터 1명 합 4명과 짐값을 냈다. 고르카까지 4시간 걸린 단다. 예전에는 마나슬루를 가려면 고르카에서 내린 뒤 능선을 타고 내내 걸어갔어야 했는데, 이제는 여기도 산간 도로가 열려서 비록 비포장이고 험악한 낭떠러지 길이라도 버스가 다니게 되었다.

오늘 가능하면 고르카에 일찍 도착해서, 오후 1시경에 아르켓 바자르 가는 차를 타고 가서 오후 5시경 도착하면 다시 소티 콜라에 가는 마지막 버스를 타서 가능한 한 도로가 끝나는 곳까지 밀어붙이고 싶었다. 상당히 번잡한 고르카 터미널에서 버스를 타려고 하니 이미 12시 30분 버스가 만석이라서 안 된다고 하고, 오후 1시 45분 차는 자리가 있다고 해서 그걸로 표를 끊었다. 4명인데, 짐값은 안 받는 것 같았다.

고르카 버스 터미널

고르카에서 출발하는 버스가 아루갓을 지나 아르켓 바자르까지 가는 데 걸리는 시간이 4시간이니 오늘 6시에나 도착할 예정이었다. 버스가 출발하였는데, 이것이 길인가 싶을 정도로 엄청났다. 절벽을 잘라내고 산허리 사이로 낸 도로는 꺄악하는 비명 소리조차도 못 낼 정도로 화끈하였다.

오후 5시 경. 예전에는 길이 아루갓 바자르에서 끝이 났지만 현재는 최소 아르켓 바자르까지 전진이 가능했다. 버스를 바꿔 타라고 해서 아루갓 바자르에서 버스를 갈아타고 40분을 열심히 가니 오늘의 종착지 아르켓 바자르이었다. 그러나 맨 마지막 코스는 버스 기사가 죽기를 각오하고 강에

뛰어드는 것처럼 길을 가로지르는 깊고 거칠어 보이는 강물로 텀벙 들어서
더니 용감하게 길을 건너는 통에 굉장히 긴장했다.

소티 콜라 가는 길로 조금 더 차를 타고 갈지 걸어서 갈지 생각하다가,
그냥 오늘은 하루 종일 차 타느라 힘들었으니 여기까지만 진행하기로 했는
데 좋은 결정이 아니었다. 가이드인 카르나가 정한 숙소는 호텔 마운틴이
다. 말은 호텔이라고 하지만, 호텔이라 하기에는 민망한 방이다. 강가의 버
스 정류장 옆 가게에 딸린 방인데 다울라기리 코스의 마지막에 머물렀던
방에 조금도 뒤지지 않는 가슴 무너지는 정도의 시설이었다.

화장실이 딸린 방이 있다고 해서 그걸로 하자고 했는데, 화장실에 들어
서니 하늘에서 내리는 비가 그대로 화장실
을 씻어주었고, 큰 일을 보려는 이들에게
촉촉히 비를 내려서 우산 쓰고 일을 봐야
하는 그런 구조였다. 방에 대한 묘사는 이
정도만 하자.

두 시간 기다려서 저녁을 먹고 잠시 식당

아르켓 바자르

테이블에 앉아서 블랙커피 한잔 하면서 '여
긴 저지대가 기니 한참 고생하겠네.' 라는 생각을 하고 있었다.

그런데 가이드와 포터가 테이블로 오더니, 가이드가 약간 이죽거리면서
내 이름이 뭐냐고 물었다. 호의적인 물음도 아닌 것 같고, 질문의 저의가
뭘까 싶었다. 아무 말도 안 하고 쳐다봤더니 "너는 이름이 없냐?"라고 말하
며 저희들끼리 킬킬거리고 박장대소 하면서 좋아했다. 오래 같이 길을 가
려면 이렇게 손님을 대하는 가이드나 포터들은 기를 좀 눌러봐야 한다. 너
무 편하게만 대하면 좀 피곤하다.

문제는 이런 가이드나 포터들은 할 말만 외어서 하는 정도의 짧은 영어
라서 예상 문답에서 어긋나면 알아듣지를 못한다. 어떻게 이야기를 해줘

야 간단할까 생각하고 있는데, 아내가 왔다. 사정을 들은 아내가 "너희들이 나이도 어리니 일반적인 손님들한테 하듯이 '서(Sir)'라고 하거나 '보스(Boss)'라고 부르면 된다."라고 했다. 가이드와 포터가 아내의 말에 굉장히 떫어하면서 알았다고는 했다.

아침에 호텔로 오자마자 우리 신발을 보더니 "신발이 좋아서 안 죽고 살았네", "좋은 신발이네."라는 말을 가이드가 반복했다. 출신 고향이 어디냐고 물으니 다울라기리 저지대 마을이라고 한다. "또?" 한숨이 저절로 나왔다. 다울라기리 저지대 출신 가이드들은 다 이 모양인가?

그럼 같은 고향 마을 사람에, 포카라 가이드 업계는 좁으니 다울라기리에서 사고 친 가이드에 포터 4명에 기타 등등 여러 사람들이 오만 소리를 떠들어댔을 테니 무슨 말을 들었는지는 모르지만 좋을 리는 없겠다 싶었다. 다울라기리하고는 참 악연이다.

서, 보스 같은 소리는 한다고는 했지만 할 리는 없고, 여전히 떨떠름한 가이드에게 내일은 아침에 소티 콜라까지 버스 타고 가서 거기서 걸어서 마차 콜라까지만 가자고 했다. 그리고 가이드에게 사장이 팀스(TIMS) 카드와 특수 지역 입산 허가증 줬을 텐데 그거 잘 가지고 왔냐고 물었다. 잘 가지고 있고 확인도 했다고 하길래, 거기에 우리 이름이 여러 번 나올 텐데 우리 이름이 왜 그렇게 궁금했느냐고 물으니 말을 하지 못한다.

방으로 들어와서 몸이 좋지 않은 아내를 꼭 안고 잠들었는데, 양철 지붕에 비가 구멍 낼 듯이 쏟아지고 천장이 없는 방 부설 화장실로 물이 들이쳐 자연 청소 되는 소리를 들으니 그 소리가 참으로 장관이었다.

자는 동안 마나슬루 군단 소속 빈대들이 나타나 꼭 안고 자는 우리 부부의 온몸을 빙 둘러가며 재봉질하듯이 피를 빨고 가버렸다. 자다가 긁적긁적 아야야 하면서도 피곤해서 깊이 잠들었다.

7시에 가이드와 포터가 호텔로 오기로 했는데 우리가 늦었다. 어제 짐을 다 싸놓은 줄 알았는데 막상 아침이 되니 바쁘다. 짐이 카고 백 하나에 안 들어가서 결국 쿡 세트를 뺐다.(이로 인한 엄청난 지출이 있을 거라는 걸 정녕 몰랐다)

날씨도 흐리고 내 몸도 흐리다. 다울라기리에서 얼었던 왼쪽 허벅지 감각은 여전히 둔하고 남의 다리 같다. 로컬 버스를 타고 4시간, 버스 갈아타고 다시 4시간. 오늘은 차만 8시간 타는 일정이다.

그런데 길이 너무 안 좋아서 속이 다 뒤집어질 지경이다. 눈을 뜨면 보이는 건 절벽뿐이고, 차는 자꾸 끼익끼익 좋지 않은 소리를 내고 오만 망상이 든다. 차라리 눈을 감자. 지금 죽어도 살아도 내가 할 수 있는 것은 아무것도 없으니까. 보지 않는 게 정신 건강에 더 이로운 길이다.

어쨌든 6시에 도착해서 로지를 잡았는데, 아니 정확히 하나밖에 없다. 상태는 어메이징, 판타스틱 그 자체다. 가격도 싸지 않다. 오 마이 갓이지만 선택의 여지가 없다. 산행 처음부터 이렇게 입맛 없기는 처음이다. 진짜 컨디션이 너무 엉망이다.

아르켓 바자르 버스터미널의 아이스크림 장사

남편 컨디션도 별로인 걸 알 수 있다. 목소리가 벌써 살짝 변했다. 큰일이다. 아직 시작도 안 했는데. 다울라기리 조난 사건이 컸다. 그 고생을 했으면 헬기 타고 병원에 가든가 지금쯤 뒤도 안 돌아보고 카트만두로 갔어야 정상인데, 굳이 마나슬루로 다시 기어 들어왔으니 둘 다 정상은 아니다.

⊙ 마나슬루 2일 차

마차 콜라
(Machha Khola 930m)

아르켓 바자르
(Arkhet Bazar 620m)

　어제 소티 콜라까지 가려고 했는데 고르카에서 차를 늦게 타 방법이 없었다. 그나마 아루갓에서 버스를 바꿔서 40분 걸려 아르켓에 도착했다. 소티 콜라는 걸어서 1시간 반 정도의 거리이다. 버스 타고는 한 20분 걸리는데 아침 차가 7시 반에 온다 하여 아침 먹고 그걸 타고 가기로 했다.

　새벽 내내 비가 엄청나게 내렸는데 막상 아침에는 날씨가 적당했다. 8시에 온 버스를 타고 가는데, 소티 콜라 마을 앞의 도로를 덮친 거대한 산사태로 차가 멈췄다. 네팔 군에서 우측으로 우회로를 안내하는 표지판을 붙여놨는데, 말 잘 안 듣는 동네 사람들은 그냥도 걸어서 가는 경우도 있었지만, 대개의 경우는 우측으로 돌아 엄청나게 큰 구름다리를 건너 산을 올라,

산허리를 타고 꾸준히 걸어서 라푸베시 맞은편까지 진행한 뒤 다시 거대한 구름다리를 건너 라푸베시로 언덕길을 다시 기어 올라가게 되는 코스로 진행이 되었다.

그런데 어쩔 수 없이 걷게 되는 우회 도로의 마을이 참 아름다웠다. 언제쯤에나 산 사태로 길을 덮은 흙과 돌들을 다 치우고 도로를 개통하게 될지는 모르겠다. 3시간 정도 걸려서 산길을 통과하고, 산을 내려서서 다시 한참을 언덕을 내려가서 강을 바라보는 지점에 도착했다. 잠시 찻집에 앉아 차와 간식을 먹으며 쉬었다.

가이드는 시간이 많이 가는데도 찻집에 들어서서는 차를 마시자는 것도 아니고, 밥을 먹자는 것도 아닌 것이 아무 말도 없이 그냥 거기 사람들과 떠들면서 이야기만 나누고 있어서 그냥 길을 나섰다. 한참 걷는데 그가 왔다. 라푸베시로 다시 건너가는 거대한 구름다리는 하류의 강폭이 워낙 넓은 곳을 지나다 보니 길 수밖에 없는데, 다리가 기우뚱하고 기울어져 있어서 아주 가슴이 조마조마했다.

강을 건너 조금 가니 찻집이 하나 나오길래 여기서 다시 차를 한잔 마시며 조금 쉬었다. 가이드는 이번에도 찻집 여자와 재미난 이야기를 하면서 30분 이상을 지체했다. 점심도 못 먹고 있어 어디에 가서 점심을 먹어야 하나 생각을 하고 있는데 시간을 너무 지체해서 마음이 편하지는 않았다.

아침에 만났던 서양 트레커들의 가이드에게 길이 어디냐 물으니 제법 높은 언덕을 올라 결국 산사태로 무너진 원래의 평탄한 산악 도로와 연결해서 마을 길로 가는 길을 말한다. 소와 말이 많이 다닌 길이라 길이 어지러워서 복잡했다.

이제 그만 출발하자 했더니 가이드는 우리더러 먼저 가라고 한다. 올라

가다가 중간에 길을 잃고 길을 이리저리 살펴서 한참 만에 길을 찾아 제 길에 올라섰다. 아래를 보니 그제야 가이드가 저 아래 강에서 올라오기 시작했는데, 무척이나 오기 싫은 눈치다. 강에서 길로 올라서서 5분 정도 가면 평탄한 길과 잘 정돈된 마을 길이 있는 마을이 나온다. 여기가 라푸베시다. 표지판의 시간이 그리 잘 맞는 편은 아니었다.

소티 콜라를 지나, 버스가 라푸베시 직전까지 들어오면서 사람들이 여기의 괜찮은 숙소들을 지나쳐 가면서 머물지 않게 되었다. 라푸베시는 작고 아름다운 마을인데, 굉장히 아쉬운 일이었다. 숙소들은 퇴락했지만, 마을은 윤택하고 전기도 충분해 보이고, 학교도 잘 정돈되어 있었다. 도로는 곧 라푸베시 혹은 마차 콜라 직전까지 들어올 것 같은데, 안나푸르나 코스처럼 마나슬루도 시작과 끝 부분이 모두 도로로 인해 낮고 짧으며 작은 산으로 변할 것이니 사람의 삶은 편하겠고, 좋은 것도 있겠지만 산이라는 것으로만 봤을 때는 잃는 것도 많을 것이다.

만약, 돈을 좀 써서 일본 사람들이나 일부 유럽인들처럼 포카라 혹은 카트만두에서 지프를 타고 바로 다라파니로 하루 안에 간 뒤에, 1~2일 트레킹을 한 뒤에 바로 말을 타고 빔탕에서 엄청난 언덕인 라르케 패스를 손쉽게 통과하여 다람살라를 지나 삼도까지 간 후에, 걸어서 사마가온을 통과하여 내내 하산 루트를 이용하는 마나슬루 익스프레스를 이용한다면 1주일이면 마나슬루 종주가 가능할 판이다. 마나슬루도 안나푸르나 ABC의 뒤를 밟게 될 것으로 보인다. 아쉬운 일이다. 특별 입산 허가가 필요한 정도의 메이저급 산이 이제는 그냥 평범한 트레킹 코스 될 것이라고 생각하니 아쉬웠다.

　코스도 길고 더운데 목도 마르고 배도 고픈 저지대의 산행이 계속되었다. 라푸베시에서 나우리 콜라는 약 30분 정도 가면 나오는데 여전히 우측으로 강을 끼고 순탄하게 걷는 산길을 걸었다. 카니 베시(Khanibesi) 역시 나우리 콜라에서 30분 정도 가면 나오는 동네로 그냥 시골 마을을 순탄하게 걸을 수 있어서 좋다고 생각했지만, 산길이 순탄하기만 하면 사실 재미가 없다. 마차 콜라라는 지명은 '물고기가 많은 강'이라는 뜻인데, 산길을 가다가, 우기가 아닌 현재와 같은 건기에는 강바닥을 따라 옆 마을로 가게 되고, 우기가 되거나 겨울이 되면 산허리로 높이 붙어 절벽 길로 진행하여 불어난 강물을 피해 산행을 진행하게 된다.

　마차 콜라로 가면서 초반에는 강을 따라 징검다리도 건너고 다리 밑으로도 건너면서 가다가, 아직 물이 많은 곳은 위로 올라갔다가 다시 강으로 내려서서 걸어야 했다. 길에도 우기와 건기에 따른 길 표시가 따로 되어 있었다.

　그런데, 길을 잘 모르는 포터가 먼저 우기에 사용하는 절벽 길로 가버렸고, 가이드는 그를 챙기기 위해 손님인 우리도 절벽 길로 데려갔다. 중간에 한 번 더 강가로 내려서 순탄하게 갈 수 있는 길이 있어 말들도 그리로 가길래 그

곳을 가리키며 평탄한 길로 가자고 하는데도 가이드는 계속 절벽 길로 안내를 한다. 그냥 높기만 했으면 절벽 길도 좋았겠지만 폭은 30~40cm 정도에 불과하고 강으로부터 높이가 100m 정도 되고 중간중간 길이 무너져서 옆으로 바싹 붙어서 기듯이 걸어야 했다. 이 시기에 우리를 이렇게 높고 힘

들며 위험한 길을 가게 한 가이드에게 화가 났다.

마차 콜라 마을 입구에 도착하니 강가를 따라 마을로 진입하는 길과, 그 길로 진행하는 다른 트레킹 팀을 만나게 되었고, 거기에서 한 번 더 열을 받았다. 가이드가 안하무인이라, 왜 이런 길을 선택했느냐는 아내의 항의에 들은 척도 안 하고 사과도 없이 마을로 걸어 들어갔다.

마차 콜라 마을에는 거의 6시가 되어 도착하게 되었다. 마차 콜라에는 여러 개의 질 지은 로지가 있지만, 예전부터 『론리 플래닛(Lonely Planet)』에서 소개하고 서양 트레커들이 내내 이용해 온 로지인 호텔 춤 밸리 1개만 손님이 있고 나머지는 아무도 가지 않으니 파리 날리는 중이었다. 가이드가 길가의 로지 식당으로 들어가더니 오늘은 여기서 자자고 하더니 가방을 내려놓고 앉으라고 하더니, 호텔 메뉴판을 들고 와서 휙 던져주며 방을 선택하고 저녁 메뉴 선택하라고 거만한 태도로 말했다. 절벽 길로 안내해서 화가 나 있는데, 여전히 거만하고 손님에게 예의가 없는 태도도 기분이 나쁜데, 숙소도 제멋대로 정하니 시정을 해야겠다는 생각이 들었다. 처음에 불량한 태도를 봤을 때 어떻게든 손을 써서 해결을 하고 출발했어야 했는데, 그렇게 하지 않은 것이 내 실수였다. 방값이나 음식값은 안나푸르나에서보다 20%~30% 정도 더 비쌌다.

메뉴판을 보다가 가이드 녀석을 보니 제법 다리를 흔들며 거만을 떨면서 이죽거리는 것에 짜증이 더 솟았다. 메뉴판을 보고 있자니 한심했고, 이번 산행에는 만나는 가이드들마다 다 다울라기리 동네의 건달 같은 녀석들이 산행을 다 망쳐놓는구나 싶고, 손님들 골탕 먹이는 것도 참 불량하다 싶으니 메뉴판을 더 보기도 싫었다.

아무 말 없이 메뉴판을 옆 테이블로 던져놓고, 한숨을 푹 쉬었다. 다리를 흔들던 가이드가 메뉴판을 옆으로 던져놓는 것을 보더니, 그 메뉴판을 들고 와서 왜 메뉴판을 던지냐며, 물건을 던지는 건 엄청난 문화적인 실수라며 소리를 고래고래 지르며 시비를 걸어왔다.

그리고는 로지 근처의 네팔 사람들과 로지 직원들에게 여기 이 외국인이 네팔 사람들을 무시한다며 한참을 떠들며 세력을 규합하고 있었다. 그러자 동네 사람들 수십 명이 구경꾼으로 모여들어 도끼눈을 뜨고 몹시 나쁜 놈들인 우리 부부를 노려보고 있었다. 수십 명이 아니라 온 마을 사람이 다 덤벼도 그 정도는 다 눕혀 놓고 지나갈 수 있지만, 동네 깨기를 하러 온 것도 아니고 여행을 와서 내내 다울라기리 출신 사람들에게 돌아가면서 이런 행패를 당하니 기분이 좋지 않았다. 동네 사람들이 거의 대개 외국인들에게 특히 한국인 등에게 쌓인 울화가 많은지 도처에서 한쪽 말만 듣고 바로 죽일 놈을 만드니 답이 없었다.

더 조용히 있을 필요도 없고 해서 시끄럽게 떠드는 가이드를 불러서, 만약에 내가 메뉴판을 던져서 부수든가 뭘 해도 시비를 걸 사람은 네가 아니라 이 호텔 주인이라고 했지만 다시 외국인인 주제에 뭘 던지면서 행패를 부리냐며 계속 내내 나를 죽일 놈을 만들었다. 다시 불러다가, 지금 나는 손님이고, 넌 내가 고용한 직원인데 지금 뭘 착각하는 거 아니냐고 했더니 웃기지 말라며 기세등등하게 이 땅은 네팔 땅이라고 큰 소리를 지른다. 그러면서 외국인인 주제에 여기에서 네가 뭘 할 수 있느냐, 까불지 말라며 네팔 말과 영어로 별별 욕을 다 해와서 어안이 벙벙했다.

주변에 네팔 사람들이 구름같이 몰려와 고개를 끄덕거리며 역시 외국인들은 건방지고 불량하다며 가이드 편을 들었고, 다들 불량 외국인으로 몰아 뱁새눈을 뜨고 쳐다봤다. 이번 여행은 도대체 왜 이런지 모르겠다 싶었다.

한국 사람이 참 만만한가 싶었다. 도저히 안 되겠다 싶어서, 너는 해고됐으니까 집에 가라고 했다. 이때 호텔 주인아저씨가 왔다. 이 주인아저씨는 앞뒤 정황을 모르는지 엉뚱한 소리를 한다. 비싸면 깎아달라고 사정을 할 것이지, 메뉴판은 왜 던지냐며 어느 나라 사람이냐고 묻는다. 가이드가 옆에서 코리안이라고 하니 자기네 집에 코리안 손님 많이 온다며 이상한 방향으로 이야기를 한다. 아저씨는 무슨 일인지 모르면서 말하는 거 아니냐고 하니 알고 모르고를 떠나 화내고 싸우는 것은 해결책이 아니라고 한다.

언이어 호텔 주인아저씨가 말하기를 지금 여기서 가이드를 해고하면, 저 위의 자갓 체크 포인트에서 경찰이 안 보내줄 거니 트레킹은 망하는 거라는 현실적인 이유를 들고 나오기도 했다. 그 말이 맞기는 하다. 그게 약점이니 가이드가 저리 큰 소리치고 손님을 흔들고 있는 것이다. 우리 전화기가 이곳에서 터지지를 않아 다른 팀 가이드의 조언과 도움을 받아 호텔의 전화기를 빌려서 포카라 에이전시 사장에게 전화를 걸었다. 아내가 사장에게 가이드가 한 일을 전화로 다 이야기했다. 그러고 앉아서 생수 하나를 달라고 하고, 방을 빌리려고 하니 호텔 사장이 방값을 500루피로 깎아준다고 한다. 그리고 포카라의 에이전시 사장이 다시 전화가 와서 아침에 새 가이드가 올 것이라며 문제를 해결해줬다. 가이드는 내려보내라고 했다.

가이드와 포터가 문제가 될 것 같으면 초반에 해결을 하는 것이 좋다. 가이드나 포터를 해고하고 새로운 가이드와 포터를 고용하면 된다. 산에서 고용하는 경우 비용이 더 들기는 하지만, 그게 문제 많은 가이드와 포터를 데리고 가서 고생하는 것보다 훨씬 나은 선택이다.

다울라기리의 학교

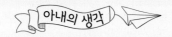

　새벽에 하늘에 구멍이 난 것처럼 비가 퍼부었고 난 아마 화장실을 20번쯤 다녀온 듯하다. 어제 내내 차에 시달려서 속이 다 뒤집어진 데다 저녁도 억지로 먹었더니 결국 탈이 났다. 기운이 하나도 없다.

　여기 로지 위생 상태는 정말 없던 병도 만들지 싶다. 빨리 이곳을 떠나고 싶지만 위로 갈수록 상태는 험해지지 않을까? 신나는 것까지는 아니어도 이런 기분이면 안 되는데, 자꾸 빨리 돌아가고 싶다.

　7시 30분에 온다던 버스가 8시 15분이 되어서야 왔다. 9시쯤 소티 콜라에 도착하고 본격적인 트레킹 준비를 한다. 그런데 가이드가 영 건들건들하다. 분위기가 만만치 않다. 첫인상도 별로였는데. 포터는 힘을 쓸 것 같지가 않다. 지난번 상갈 포터가 그리워진다. 트레킹에는 믿음직한 가이드와 포터가 꼭 필요한데……

　원래는 걷기에 좋은 길인데 산사태로 갈 수가 없다고 한다. 그래서 앞산으로 가서 그 산을 넘어 다시 원래의 길을 타야 한다. 몸 상태가 정말 별로인가 보다. 땀을 원래 잘 안 흘리는데 땀은 비 오듯 쏟아지고 걷기가 힘들다. 지사제 덕분에 잘 버티고는 있는데, 오늘 목표로 한 지점까지 갈 수 있을지 모르겠다. 길도 나쁘지 않고 날씨도 괜찮다. 간간이 비가 좀 뿌리지만 시원하고 좋다. 오르고 오르고 또 오르고 또 올라서 3시간 걸린다는 구간을 5시간은 걸려 온 듯하다.

　길이 무너진 곳을 보니 아찔하다. 앞에 출렁다리다. 한국에서 대둔산에 갔을 때 출렁다리를 보고 하얗게 질렸던 적이 있다. 이곳은 그런 튼튼하고 안전해 보이는 그런 출렁다리가 아니다. 길이부터가 다르다. 어정쩡한 포즈로 하늘을 보고 덜덜거리며 건넌다. 이런 아슬아슬한 철교를 도대체 몇 개를 건넜는지 모르겠다. 그런데 앞으로도 엄청 많이 나올 거라고 가이드가 미리부터 겁을 준다. 마나슬루가 끝날 때쯤에는 나도 동네 사람들처럼 여유 있게 건널 수 있게 되려나?

마나슬루는 옛날부터 티베트와의 교역로라고 한다. 그래서 말이 엄청나게 다닌다. 말들이 신기하게 출렁다리도 잘 건너고 일렬로 잘 줄지어 다닌다. 말은 예쁘고 다 좋은데 말들이 쏟아내는 배설물은 내 속을 더욱더 뒤집어놓는다. 정말코를 틀어막고 싶다. 시각적 차단을 위해 선글라스를 벗지 않았다.

말들이 보이면 우리는 일단 정지하고 말들을 보내고 걷는다. 그게 서로를 위해 좋다. 산을 다 지나 다시 강을 건너 원래 다리로 건너가서 강가로 걸었다. 어제 내린 비로 개울이 넘쳤나 보다. 물이 불어서 징검다리가 물에 잠겼다.

가이드는 자기 혼자 건너가고 그냥 오라고 한다. 보통은 가이드들이 신발 벗고 손님 물에 안 젖게 잘 안내해주는데 이 가이드는 돌을 던져 물이 내 얼굴에 튀는데도 자기가 던진 돌 근처로 오면 된다고 한다. 스틱으로 중심 잡아가며 겨우 건넜다.

두 번째 개울에서도 또 똑같이 한다. 가이드가 신발을 벗길래 손을 잡아주나 보다 했는데, 포터만 잡아준다. 내가 완전히 튼튼하게 생겼나 보다. 6시간 걸린다고 했는데 시간은 이미 넘은지 오래고 지쳐서 쓰러질 즈음 우리의 목적지 마차 콜라가 보인다.

그런데 안내를 이상하게 한다. 강을 따라 길이 선명하게 나 있는데도 산으로 절벽으로 기어오른다. 음, 이상하다. 가이드가 안내하는 대로 따라갔다가 염라대왕 만나러 갈 뻔했다. 길이 무너지고 끊겨서 아찔하다. 가이드가 불러도 포터가 그냥 가니까 어쩔 수 없이 모두가 이 말도 안 되는 길을 지나온 거다. 저 아래쪽 길이 맞는 거 아니냐고 남편이랑 내가 이야기하니 눈치가 빠른 가이드가 인상을 쓴다. 미안하다는 말을 할 줄을 모르나? 포터는 무슨 상황인지 알고 눈치 보는 듯하고. 아마도 우리를 일부러 이 길로 안내하는 것 같다. 무슨 심보인지.

아무튼 드디어 마차 콜라에 도착했는데, 얼굴에 불만이 가득한 가이드가 메뉴판을 휙 집어 던진다. 그리고 남편이 메뉴판을 옆 테이블에 놨는데 메뉴판이 바닥으로 떨어지고 시비가 붙었다.

가이드는 정말 영화처럼 주먹을 쥐고 남편에게 대든다. 정말 이러다 큰일 나겠다 싶어서 내가 주먹을 쥐고 덤비는 시늉을 했다. 역시 남편이 말린다. 가이드가 비웃는다. 그래 내가 생각해도 우습긴 하지.

열심히 길을 보수하고 있다.

그러나 남편이 나서는 순간 대형 사고가 아니라 대형 참사다. 가이드는 정말 싸움을 못하나 보다. 우리 신랑 보면서 자기가 주먹을 쥐어야 하는지 말아야 하는지 본능적으로 느껴지는 감이 없나 보다.

상황이 해결이 안되어 포카라 에이전시 사장하고 연락을 해보기로 했다. 다행히 로지에 전화가 있어서 사장과 통화가 되었고 상황을 설명하고 해결해달라고 요청했다. 사장은 다시 연락을 준다고 하고 그 약속을 지켰다. 내일 아침에 새 가이드와 포터를 아침에 숙소로 보내주기로 했다.

내일은 모든 일정을 취소하고 쉴지 아니면 그냥 일정대로 갈지 생각 중이다.

🧭 마나슬루 3일 차

어제 그 난리로 에이전시 사장이 가이드와 포터를 보내준다니 가긴 가는 것 같은데, 가이드와 포터가 도착을 안 해서 다른 팀들은 다 갔는데 우리만 호텔에 남았다. 잘 자고 일어나 여기저기를 살피니 벌레에 물린 곳이 많았다. 이건 다 첫날 버스 정거장 옆에서 잔 날 달려든 빈대들에게 물린 자국이다.

우리는 새 가이드가 언제 올지 모르니 그냥 아침을 주문해놓고 새 가이드를 기다리고 있었다. 드디어 오전 9시쯤 마나슬루 위편 고지대에서 새가이드가 황소같이 힘이 좋아 보이는 포터 한 명을 데리고 내려왔다.

마침 지도를 펴고 보고 있던 중이라 '볼'이라고 불러달라는 새 가이드에게 오늘의 일정을 상의하려고 하였다. 동네 사람들이 다 몰려와서 우리 계획을 듣는다. 오늘은 그냥 도반까지만 가자고 하니까, 아니 도반이라니 하며 다들 어이없다는 표정을 짓는다. 가는 일정이 너무 짧아서 짓는 표정들이다. 트레킹이 끝나고 포카라에서 정산할 때 에이전시 사장은 나중에 온 가이드와 포터에게 우리에 대한 이야기를 듣고 처음에 온 가이드와 포터의 일한 임금을 제외하고 정산하자고 제안을 해와서 동의해 줬다.

새 가이드는 그냥 수더분했다. 포터도 아주 힘이 좋아보여서 만족스러웠다. 오전 10시 마차 콜라를 출발해서 1시간 정도 강가를 걸어 윗마을에 도착했다. 동네 이름이 우악이다. 우악에서 아내와 차를 마시면서 수더분한 새 스태프들을 보며 이제야 좀 정상적인 트레킹으로 가나 싶다고 했다. 사람이 속 썩여 아주 골치 아팠던 산행의 연속이었다. 30분 정도 차를 마시면서 조금 마음을 달랬다. 우악에서 차를 마시고 20분 정도 걸으니 코를라베시 마을인데, 몇 집 되지 않

는 작은 마을이었다. 순탄한 오르막과 내리막으로 길을 따라 절벽 길을 걸었다. 높든 낮든 떨어지면 다칠 만한 곳이어서 조심스럽게 걸었다.

아직도 여러 마을이 지진의 후유증으로 힘들어하고 있다. 아름다운 돌집들이 모두 무너지고, 티베트와의 오랜 교역로로 이용되면서 만들어졌던 오래된 문화를 간직한 많은 것들이 순식간에 사라졌다. 돌집들이 무너지면서 많은 사람들이 돌에 깔려 죽거나 크게 다쳤고, 그래서 이제 많은 사람들이 돌집을 지으려고 하지 않았다. 조금이라도 여유가 있는 집들은 시멘트를 들여다가 아주 단단한 통 블록을 만들어서 많이 쌓아놓고 집을 다시 지을 준비를 하고 있었다. 아름답고 웅장한 돌집에 살던 많은 이들이 아직도 양철집이나 천막집에도 살고 있었다.

타토파니(온천)

그냥 가면 서운하니 나름 긴 출렁다리는 마나슬루 여행의 조미료다. 이런 다리들이 다 나무였거나, 듬성듬성 이가 빠지고 난간이 없던 그런 시절에는 그 많은 트레커들의 마음이 얼마나 조마조마했을는지…….

네팔 산에 들면 타토파니라는 지명과 많이 만나게 되는데, 그런 지명은 다 어딘가에 온천이 있는 곳들이다. 타토파니는 네팔말로 '따뜻한 물'이라는 뜻이다. 콜라베시에서 아주 오래 쉬었다가 아주 천천히 타토파니에 도착해서 점심을 먹었다.

마을 공동 수도처럼 마을 입구에 관을 만들어놓고 거기에서 온천수가 나오는데, 아직 여행 초입이라 특별히 뭘 씻고 그러고 싶은 생각은 없었다. 여기서 쉬었다가 1시간 거리의 도반까지 가면 오늘 일정의 종료다. 어제 보던 서양 트레커를 만났는데, 우리 가이드와 포터가 달라졌다며 의아해했다. 하도 건방져서 해고했다고 하니 자기들도 손님이 가는데도 가이드가 안 움직이는 것을 보고 이상하게 생각했다고 한다. 그들도 우리만큼이나 걸음이 느려서 빨리 못 간다고 하고 오늘은 도반에서 잔다니 가서 보자고 했다.

요새는 산동네도 취사 속도가 빨라져서 1시 30분에 점심을 주문해서 2시 30분에 식사 후 떠났으니 이 정도면 괜찮은 속도이다. 새 가이드인 볼

은 해고된 가이드 카르나에게 우리의 험담을 많이 듣고, 주의 사항도 많이 들었는지, 나름대로 우리 눈치를 많이 보며 조심스러웠고, 우리가 어떤 사람들인지 나름의 방법으로 테스트를 하는 것 같았다.

겨우 눈치를 보며 하는 말이 길에서 오

랜만에 만난 마을 친구들과 10분 정도 이야기하면 안 되냐는 것과, 동네를 다니며 마을 사람들을 진료해주는 간호사인 여동생과 같이 만나 우리가 갈 마을까지 같이 길을 좀 걸으면 안 되냐는 것이었다. 그러라고 했다.

조금 걷다가, 언덕을 맞아 힘겨워하는 아내의 걸음에 맞추어 걷는데, 우리 걸음이 너무 느려서 그거 맞추느라 힘들다고, 굉장히 느려서 힘들어요라고 말했단다. 산에서는 늦게 걷는 사람에게 속도를 맞추는 것이 제일 힘드니 힘들 것이다. 가이드는 타토파니에서 도반까지 한 시간 거리라고 했으나 우리 걸음으로는 한 시간 반은 걸릴 것이다. 일단 오르막이 나오면 속도가 현저히 느려지는 것이 우리 부부의 특징이다.

출렁다리를 건너 오르막을 오르니 평지가 나왔다. 많은 이들이 몹시도 사랑해 마지않는 마리화나 군락이 펼쳐져 있었다.

한참을 걷다가 쉬면서 보니 여자 한 명이 산모퉁이에 수줍게 서 있었다. 가이드의 여

이제는 수명을 다한 다리와, 튼튼한 새 다리

동생이었다. 가이드 오누이는 이야기하면서 천천히 가고 있었고, 아내는 웃으며 이야기하는 오누이의 뒤를 죽어라 따라갔으며, 그 뒤를 사진 찍으며 구경하는 듯 보이지만 사실은 역시 죽어라 뒤를 따르는 한 남자가 있었다.

우리의 야생마 같은 포터는 가이드의 친한 친구라고 하고, 그 짐을 들고 굉장히 빨리 가버려서 어디로 갔는지 보이지도 않았다.

동네 사람들이 열심히 돌을 깨서 길을 만드는 곳을 지나, 옥수수밭을 지나 좌우로 비현실적인 경치와 아름다움을 가진 동네

길을 만드는 사람들

인 도반에 도착했다. 잘 만들어진 로지 3개를 지나 아침부터 오르내리기 싫어서 마을 맨 끝의 로지로 숙소를 정했다.

뒷동산 앞동산 옆동산이 엄청나게 하늘로 솟아 있었다. 까마득하게 높은 봉우리들은 마치 만화 『드레곤 볼』에서 무천 도사가 손오공을 훈련시키던 엄청나게 높은 곳에 위치한 훈련장 같다. 만화의 그 풍경이 이곳의 실제 모습과 거의 같으니 웃음이 날 뿐이었다.

방은 최근에 잡았던 방 중에 가장 가격이 저렴했는데, 방값이 싼 이유는 곧 알게 되었다. 4시에 도착하여 쉬고 있으니 오랜만에 한가해서 좋았다. 가난해도 인심 좋고 수줍던 사람들은 10년 전의 일이고, 2년 전 지진 이후로 많은 사람들이 죽고 다치고 모든 것을 잃어버린 뒤에 정신적으로 풍족하게 살던 순후한 사람들은 필요한 것이 너무나 많은 세상 앞에서 현실적이 되었다. 아직도 그때 받은 텐트에서 사는 사람들이 있고, 집을 못 지은 사람들이 많다.

방 앞에 빨래를 줄에 걸어 놓고, 신발을 내놓고 말리면서, 책도 읽고 지도도 보고 지나가는 말도 구경하고 사람들도 보고 있는데, 가이드가 넌지시 밤에는 방에 들여놓지 않으면 사람들이 옷이나 신발을 들고 갈 수 있으니 모두 들여놓으라고 한다.

방은 이것이 사람이 자는 방인가 싶을 정도로 초라한데 다만 주변이 너무 조용한 것이 마음에 들었다. 방값이 싼 대가로 전기 시설도 전혀 없어서 밥 먹고는 일찍 강제로 잠자리에 들어야 했다.

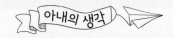

어제 육체적으로, 정신적으로 한참을 시달렸던 여파인지 아침에 일어나기가 힘들었다. 8시쯤 남편의 말에 겨우 눈을 떴다. 아직 새로운 가이드와 포터는 오지 않은 모양이다. 기다리고 있으니 새로운 가이드와 포터가 도착했다. 가이드 인상이 서글서글한 것이 마음에 든다.

새로운 가이드, 포터와 함께 길을 나선다. 햇볕은 강하지만 바람이 불어 그런대로 갈 만하다. 길도 수월하고 오늘은 얼마 안 갈 거라 부담도 없다. 한 시간쯤 걸어가다 만난 찻집에서 차 한잔 마시며 여유를 부린다.

다시 타토파니로 출발했다. 도착해서 보니 따뜻한 물이 우리를 먼저 반긴다. 물을 만져보니 제법 뜨겁다. 좀 씻고 놀고 싶은데 빗방울이 떨어진다. 이곳에서 점심을 먹고 다시 도반으로 가기로 했다.

그런데 가이드와 포터는 어디서 왔길래 에이전시 사장이 전화한 다음 날 아침에 마차 콜라에 나타난 걸까? 나중에 물어봐야겠다. 일단은 도반까지 가는 것이 오늘의 우리 목표다. 원래는 도반보다 한 코스 더 가야 하는데 가이드와 포터 때문에 늦게 출발해서 일정이 꼬였다. 가이드가 배낭도 없이 나타나 이상했는데 이 산에 살고 있다고 했다.

어제저녁에 집에 있다가 에이전시 사장의 전화를 받고 오늘 아침 집에서 출발해서 마차 콜라에 온 거란다. 자기 집은 해발 3,500m쯤에 있다고 한다. 결국 다 동네 사람들이라서 만나는 사람마다 인사를 한다. 성격이 좋은가 보다. 친구들이 많다. 잠깐만 친구들과 이야기하고 가도 되냐고 정중히 물어본다.

당연히 되지. 길은 빤하고 우리 걸음은 느리니까. 우리 뒤에서 사람들과 이야기를 나누던 가이드는 어느 사이에 다시 우리를 따라잡고 없던 배낭도 메고 있다. 가이드가 저 앞에서 먼저 가고 있는 여자를 목이 터지게 부른다. 여자가 뒤를 돌아보더니 발걸음을 멈추고 기다린다. 둘이 다정하게 좁은 길을 나란히 걸어간다. 친구냐고 물어보니 친누이라고 한다.

둘이 도란도란 이야기를 하며 우리 발걸음에 맞춰 걸어가는데 어찌나 다정해 보이는지 내 마음이 다 따뜻하고 뿌듯하다. 누이는 간호사란다. 그래서 이곳 마을을 돌아다니며 사람들을 돌본다고 했다. 참 오누이가 인상처럼 착하게 산다. 다정한 그들을 보며 시간 가는 줄 모르고 따라갔다.

다음 생에는 조금 편안한 일을 하기를……

가는 길 곳곳이 공사 중이었는데 사람들이 오누이에게는 하던 일을 멈추고 길을 내어주었다. 덕분에 우리도 돌아가지 않고 편하게 갈 수 있었다. 도반에서는 새로운 로지들이 트레커들을 기다리고 있었지만 우리는 조금이라도 내려가기 싫어서 길가에 있는 이제는 아무도 사용하지 않는 듯한 오래된 로지를 택했다. 가이드가 자기 누이를 윗마을까지 데려다 주고 와도 괜찮냐고 물어서 다녀오라고 했다.

남편과 나는 빨래를 말리고 의자에 앉아 책을 보면서 휴식을 취했다. 저지대라 갈증이 많이 났는데 물값이 정말 환상적으로 비싸다. 아직 저지대인데도 이렇게 비싼데 저 위로 올라가면 어떨지 상상불가다. 포카라에 놓고 온 쿡 세트가 아쉽다. 물을 끓여 먹으면 살 필요가 없는데 말이다.

가이드의 말처럼 굉장히 바쁜 길이다. 많은 사람과 말들이 다닌다. 길이 막혀 기다려야 할 지경이다. 아직은 트레커들이 많이 찾고 있지 않지만 몇 년 안에 안나푸르나처럼 트레커들로 붐비게 되지 않을까 하는 생각이 든다.

하룻밤이니까 뭐!

도반

🧭 마나슬루 4일 차

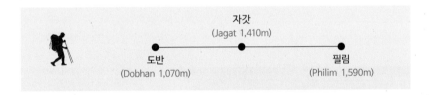

자갓
(Jagat 1,410m)

도반
(Dobhan 1,070m)

필림
(Philim 1,590m)

오랜만에 밤새 마음 편안히 잘 잤다. 아침에 일어나기가 싫을 정도로 모든 것이 조용했다. 오늘은 공식적인 마나슬루 트랙의 체크 포인트인 자갓을 지나간다. 마나슬루는 7일간의 산행 시간을 주는데 자갓부터 날짜를 세게 되고 7일 이상을 경과하면 다라파니 등의 체크 포인트에서 초과한 날수만큼 벌금을 내게 된다. 일정상 7일 안에 통과하려면 말을 타는 것 외에는 방법이 없어서, 이해가 잘 안 되는 부분이지만 그런 것을 고려해서 자갓부터 신중하게 일정을 운영해야 한다.

8시 정도에서 도반에서 출발했다. 도반은 마을을 나서자마자 출렁다리를 건너서 가야 했다. 약간 감기 기운이 돌아서 아내가 어제 강제로 약을 하나 먹었는데, 오르고 내리는 가운데 아내가 준 약의 약효가 발동되었다. 졸립기도 하고 너무 더워서 땀을 많이 흘렸더니 걷는 속도가 너무 나지 않았다. 가이드가 힘들어서 그런 줄 알고 내 배낭을 매고 가버렸다. 마나슬루의 굴욕이었다.

다리를 건너서 낙석 지대를 지나 10시에 율루 콜라(Yulu Khola, 1,330m)에 도착했다. 이곳은 기본적으로 강 마을인데, 무척이나 센 강바람을 맞으며 가게들이 몇 개 서 있었다. 찻집에 앉아 차를 마시고 약 기운이 여전히 돌아서 조금 더 졸았다.

낙석지대

조금 졸린 것이 풀려서 이리 저리 살펴보니, 티베트 불교의 영향력이 강력한 이곳에 의외로 예수상이 걸려 있고 호산나 식당이라든가 하는 기독교를 믿는 사람들이 여러 명이 모여 있다. 약 10년 전부터 그랬다는데, 누군가가 열심히 선교를 한 모양이다. 이곳 몇 곳만 그렇고 다른 마을들은 기독교를 믿는 곳은 단 한 곳도 없다.

율루 콜라의 입구를 나가자마자, 출렁다리가 있고 독특하게도 우기에는 마을이 고립되었다. 산도 아닌 거대한 바위 벽이어서 절벽에 파일을 박아

율루 콜라 다리의 시작

자갓 체크 포스트

철교를 가설하여 길을 만들어 한참 동안 가게 했다.

다리를 건너가면 마나슬루의 체크 포인트인 자갓(Jagat, 1,410m)이다. 로어 자갓과 어퍼 자갓이 있는데, 가이드 강제 고용 규정이 있는 특수 지역이라서 트레커가 입산 신고를 할 수 없다. 가이드가 입산 신고를 하는데, 체크 포인트가 아주 작은 곳이라서 눈을 크게 뜨고 봐야 보인다. 여기도 숙소는 몇 개 있는데, 아름다운 마을은 지진으로 다 파손되어 다시 재건 중이다.

네팔 정부에서 기초적인 주택의 설계 도면을 권장하며 여러 동네에 무료로 보급해서, 새로 지은 집들은 모양이 비슷한 경우가 많다. 사람들이 지진 이후로는 원래 건축 재료로 쓰던 편마암보다는 시멘트 벽돌로 만들거나 콘크리트 골조로 짓는 곳이 많았다.

높은 폭포가 있어 수력 발전소가 있고, 발전으로 전기도 풍부하다. 마을을 나서면 아주아주 긴 출렁다리를 건너 2개의 멋진 폭포가 있으나, 바람이 아주 강하고 다리도 아주 길고 높으니 그 폭포가 눈에 잘 보이지는 않는다. 다리 건너고 절벽 길을 건너 옆 동네가 살레리(salleri, 1,440m)다. 율루 콜라나 자갓에서 점심을 먹었으면 좋았을텐데 그냥 지나와서 살레리에서 늦은 점심을 먹게 된 것은

수력 발전소

내가 약 기운에 취해서 잘 걷지 못했고 율루 콜라에서 잠시 잠이 들어서 그랬던 것 같다.

1시 45분에 점심을 시키는 것도 걱정스런 일인데, 점심을 주문하니 그제야 밥하고 요리를 시작하니 오늘 일이 어찌 되려는지 알 수가 없었다. 그러나 최근에 정부에서 삼림을 보호하고 자연재해를 막기 위해 나무의 사용을 규제하고 등산객들이 드나드는 곳에서는 가스로 하도록 강제적으로 권장하는지라 가스로 밥을 하니 취사 속도가 빠르다. 수많은 말들이 힘겹

게 저지대에서 수십 개의 가스통을 날라 여기까지 가져온 노고가 빛을 발한다. 시간이 많이 걸릴 것 같아 4명이 모두 적당한 자리에 누워 눈을 감고 있었다. 우리 부부도 식탁 옆 긴 의자에 잠시 누워 눈을 감고만 있었다.

살레리에서 2시 반에 출발하여 마나슬루와 가네시 히말(Ganesh Himal)을 가로질러 흐르는 부디 간다키 강을 끼고 내내 걷는데, 고도가 1,400m 정도 되는데도 고도가 오르내리기만 할뿐 더 올라가지도 않고 내내 그 정도이다. 고도가 2,000m는 넘어가야 좀 시원할 텐데, 한낮의 열기는 사람을 몹시 지치게 했다. 아내도 많이 지쳐서 오늘은 필림(Philim, 1,590m)까지 못 갈 것 같다고 하고 중간쯤에서 그만 쉬자고 하는데, 일단 5시까지만 걸어보자고 하고 했다.

오후 4시에 도착한 설디바스(Sirdibas, 1,430m) 마을에서 그만 가자고하고 숙소를 찾았는데 손님도 없는 철이고 때는 바야흐로 야찔굼바(동충하초) 채취의 철이니 온 마을 사람들이 모두 문을 잠그고 산으로 떠나서 주인이 있

는 집이 없었다. 결국 필림으로 가야 했다.

마을을 지나 강을 쳐다보니 길이 다시 강 우측으로 건너가는데 멀리서 봐도 상태가 한심한 지경의 다리가 강을 길게 가로지르고 있었다. 긴 출렁 다리에 말이 많이 다니고 소들이 건너다니니 정상일 리가 없어서 여기저 기 다리 옆 철조망에 구멍이 나고 어떤 곳은 통째로 2~3미터 구간에 난 간이 없었다.

거기에 3분의 1지점부터 다리가 기우뚱하게 기울어 있어서 다리가 뒤집 히며 꼬일 수도 있어 보였다. 다리를 건너는데 마음이 정말 조마조마했다. 다리를 건넌 뒤에 놀란 가슴을 진정하고 있는 아내를 보는데, 동네 사람 한 명과 애를 업고 여러 가지를 손에 든 아기 엄마도 한숨을 돌리고 있다. 이 다리가 외지인만 힘든 코스는 아닌 모양이다.

그런데 필림 마을은 갑자기 고도가 150m 정도 오르는 오르막 끝에 있 다. 30분 정도 오르막을 오르니 좌우로 '우리 호텔이 이 동네에서 가장 좋 아요.' 푯말에 와이파이(Wi-Fi)와 핫 샤워가 된다는 푯말이 여기저기에서 우리를 유혹했다. 핫 샤워든 콜드 샤워든 아직 이런 저지대이니 가능하다. 하루 종일 땀에 절어 있으니 짭짤할 지경이고, 빈대에 물린 여기저기가 제 법 간질간질해서 핫 샤워가 그리웠던 판이었다. 여기가 핫 샤워가 되니 다 른 곳도 되겠지 하고 내일의 일정을 위해 좀 더 올라갔다.

마을 거의 끝에 쯤에 호텔 필림 로지(Hotel Philm Lodge)가 방갈로 스타일 에 정원이 있고 와이파이가 준비되어 있고 텔레비전도 식당에 잘 나오고 있어서 얼른 방을 잡았다. 오랜만에 핫 샤워를 하는데 더운 물이 펑펑 나 와서 너무 행복했다. 대신에 방값은 한 푼도 안 깍아준다.

거대한 태양열 솔라판넬이 제대로 장착되어 있었는데, 저 큰 걸 어떻게 여기까지 가지고 왔지 하는 생각이 들었지만, 거리와 무게로 돈을 받는 설 산의 짐꾼들에겐 불가능이 없는 것 같다. 예전에 혼자 에베레스트가 있는

쿰부히말 트레킹을 할 때 작은 체구의 짐꾼 아저씨가 지고 가는 냉장고를 보고 엄청 놀랐었다. 냉장고 무게가 114kg이었다. 사람은 그래도 좀 업거나 드는 게 쉬워도 물건은 많이 어려운 법인데 말이다.

아내의 생각

우리가 선택한 로지만 전기가 없었다. 새로 생긴 로지들은 불을 환하게 켜고 있는데 우리가 묵은 로지는 해가 지면서 모든 것이 정지되었다. 덕분에 잠은 오랜만에 푹 잘 잤다.

아침에 눈이 가뿐히 떠진다. 오늘은 컨디션이 좀 나아지려나! 자갓까지 12시에 도착하면 성공인데, 12시 30분이 넘어서 도착했다. 살레리에는 겨우 1시 20분에 도착했다. 점심을 시키니 그제야 밥을 하는데 가스불이라 빠를 것 같다. 여기는 오르가닉 달걀이라고 해서 삶은 달걀을 시켜 먹었는데, 비싸긴 해도 확실히 맛이 다르다. 양계장 달걀이랑 이렇게 다른 거구나.

가이드에게 필림까지 못 가고 설디바스까지만 가자고 하니까 필림까지 얼마 안 멀다고 가자고 한다. 이 가이드는 뭘까 하는 생각이 들었다. 보통은 시간을 늘려야 돈을 많이 벌기 때문에 일정을 잡아 늘리는 게 가이드에게 유리한 건데…… 인상이 좋고 참 착해 보이더니 실제로 착하다. 친구인 포터도 정말 순하고 착하다.

가이드는 평소에는 동네에서 소와 말을 키우다가 트레킹 성수기에는 연락이 오면 가이드하러 내려오고 포터는 그의 동네 친구로 처음 포터 일을 하는 거라고 했다. 그래서 그런지 정말 순수 그 자체다. 정말 뭐라도 하나 더 챙겨주고 싶게 만드는 사람들이다.

일단 설디바스까지 가보고 얘기하자 했다. 남편은 영 헤롱헤롱하다. 가방은 가이드한테 주고 천천히 사진 찍으면서 오는데 영 힘들어 보인다. 가이드도 자꾸 뒤를 돌아보길래 다울라기리 이야길 해줬다. 잊어버려 달란다. 네팔에 관한 안 좋은 기억은 지워달라고 한다. 이 가이드는 뭔가 많이 디르다. 이런저런 이야기를 하면서 설디바스에 도착했는데 로지가 문을 연 곳이 없다.

정말 질질 끌려서 필림까지 왔다. 엄청나게 길고 기울어진 출렁다리를 건너서 계단을 오르고 오르고 또 올라서 정말 억지로 왔다. 가이드에게 물었다. "내일은 어디까지 가나요?"

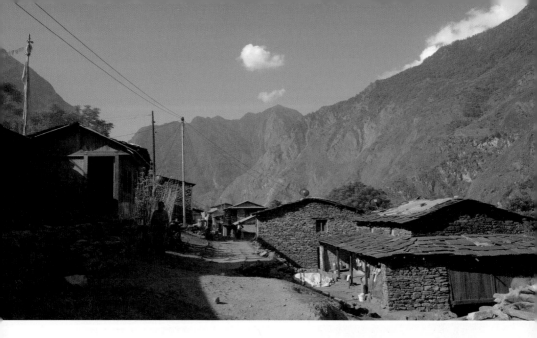

🧭 마나슬루 5일차

뎅(댱)Deng
(Deng(Dyang) 1,800m)

필림
(Philim 1,590m)

아침에는 일어나기 싫었는데 옆방에서 우당탕하는 소리가 나는 바람에 일어났다. 서양 트레킹 팀이 일찍 나가려고 준비하는 소리가 요란했다. 너무 게으름을 피우는 것 같아서 억지로 일어나서 옷을 입었다. 미네랄 워터가 도시에서는 같은 브랜드가 1리터에 15∼20루피인데 여기서는 250루피이다. 마나슬루 코스에서 최고가 기록을 갱신했다.

대충 식사를 마치고 8시에 필림 마을을 떠났다. 그다음 마을인 에클레 바티(Ekle Bhatti 1,600m)도 지진에 마을이 다 무너지기도 하고, 안나푸르나처럼 돈 많이 버는 마을이 되고 싶은지 사람들이 모두 로지 짓는 일에 전력투구를 하고 있었다. 협곡의 중간 지역에 있는 마을이라서 흐르는 강물을 바라보면서 조금 앉아 있다가 길을 다시 떠났다. 마을 사람들이 야쩔굼 바를 캐러 모두 산으로 가서 마을이 적막하다.

에클레 바티에서 냑(Nyak 2,340m)까지는 지도상으로 고도를 740m를 올려야 하니 드디어 좀 시원해지는 2,000m를 돌파하는 순간이기는 하지만,

매우 심한 오르막이 기다리겠구나 하고 생각했다.

산이 높으니 골이 깊어서 산과 계곡 사이에 절벽이 많았고, 그 절벽에 손가락만 한 크기의 야생 벌들이 커다란 집을 짓고 살고 있었다. 마나슬루도 다른 지역 부럽지 않게 벌집이 많았다. 그런 커다란 벌집이 먼 곳에 있는 경우나 나무 위에 있는 경우면 아주 살금살금 걸어서 얼른 통과했는데 그럴 수 없는 경우가 생겼다. 하필 등산로에 30리터 배낭 크기만 한 벌집이 있었고 많은 벌들이 날아다니고 있었다. 유명한 왕벌들이다. 가이드가 앞에서 굉장히 놀라면서 뒤로 가라고 손짓을 해서 모두 뒤로 도망쳐서 당나귀 군단들이 단체로 몰려 와서 벌집 근처를 지나가면 그 공격성을 알 수 있을테니 좀 기다려보자고 했는데, 아무리 기다려도 그 흔한 당나귀나 말들이 오지 않았다.

기다리다 속 터질 지경이 되었지만, 쏘이면 죽는 경우가 더 많아서 쉽게 지나갈 엄두를 못 내고 있었는데, 멀리서 닭 장수들이 큰 닭장을 지고 오고 있었고, 그들이 다 지나갈 때까지 기다려보자고 했다. 우리 포터가 닭 장수 뒤를 따라 천진난만하게 아무 일 없이 유유히 지나가고, 우리도 숨죽여 한 명씩 벌집 옆을 쳐다보지도 않고 살금살금 지났다.

언덕이 상당히 가파르지만, 굵은 소나무들과 가늘고 긴 20cm는 되는 아주 큰 솔방울들과 솔잎이 좋았다. 솔잎 냄새 맡으며 힘든 줄 모르고 천

천히 길을 올랐다.

냑 마을에 가기 전에 우측으로 갈라서서 더 높은 계곡 길로 해서 내내 우측으로 가는 길들은 가네시 히말로 가는 길이다. 특별 허가를 다시 받아 쏨 밸리 트렉(Tsum Valley Trek)을 걸으러 유럽인들이 많이 가는 곳이다.

마나슬루도 특별 허가를 받아야 하고 많은 비용을 내야 하므로 우리에게는 여기도 특별한 곳이지만, 쏨 밸리는 얼마나 더 특별할까 하는 궁금증이 생겼다. 강을 따라 우측 길로 아주 가파

감풀. 여기서 쏨 밸리 트랙 코스와 갈리게 된다.

르고 높이 가는 산길을 보면서 산이 높으니 골이 깊고 아름다겠구나 하는 생각을 했다. 저기로 조금만 가면 곧 티베트인데 동네 사람들은 마음대로 국경을 넘어 다닌다고 하지만 외국인인 우리가 흉내 낼 일은 아니다.

아직은 저지대로 한낮에는 무척이나 덥다. 오늘 일정대로면 뎅(댱)(Deng(Dyang) 1,800m)에 도착해서 다음 날부터는 좌측으로 길을 꺾으며 좀 선선한 곳에 갈 테니 다행이라 생각했다. 냑은 마을이라고 하기에는 작고 내내 오르막인 길 중간에 작은 찻집이 하나 있을 뿐이다. 잠깐 차 한잔 마시며 쉬다가 페와(Pewa)를 향해 출발했다.

페와에서 뎅으로 가는 길은 고도가 서서히 내려가는 수월한 길이다. 죽자고 올라와서 다시 내려갔다가 내일은 다시 올라가야 하니 한편으로는 마음이 답답했지만 그래도 내리막은 언제나 즐겁다. 페와에서 오늘 묵을 예정지인 뎅까지는

45분 정도 순탄하게 걸으면 된다고 해서 마음도 여유로웠다. 이 코스에서는 뎅 위의 마을인 갑까지 가는 사람도 많은데, 우리는 아침에 늦게 출발했고 중간에 시간도 많이 지체했고, 아내도 오늘은 그만하고 뎅에서 쉬자고 하여 그러기로 했다.

4시에 뎅 마을에 도착했다. 로지가 2개 있는데, 그중 하나가 나무로 만

들어져 좋다. 로지 이름이 '샹그릴라 로지'란다. 히말라야 사람들은 '샹그릴라'를 참 좋아한다. 티베트 문화권으로 접어들기 시작하니 사람들 생김도 비슷하고 여러 가지로 우리와 비슷한 것도 많다. 밤새 비가 조금씩 오는 소리로 시끄러웠고, 아직 고도가 1,800m

라 새벽녘이 되니 침낭 안이 더워 땀이 났다.

정말 아침에 일어나기 싫었다. 왜 내가 이 무모한 여행에 동반을 하기로 했을까? 그냥 하루 종일 잠만 잤으면 좋겠다. 겨우 눈뜨고 밖으로 나오니 날씨가 이제 제법 쌀쌀하다.

오늘도 하루를 꽉 채워 걷겠지? 미네랄 워터 가격이 엄청나다. 그래도 여기 물을 마실 수는 없다. 마시면 아마 화장실 가느라고 걸을 수가 없을 거라고 한다.

길은 우리나라 여름 산을 타는 것 같았다. 소나무 숲길도 지나고 계곡의 물소리도 끊임없이 나고 무더웠지만 시원한 바람에 행복하고 감사한 그런 길을 걷고 또 걸었다. 앞서가던 가이드가 갑자기 돌아서 뛰어온다. 위에서 돌이 하나 굴러 떨어졌다. 낙석 지대는 아니었는데, 자잘한 돌들이 떨어지는 곳인가 보다.

5시간 만에 페와에 도착했다. 3~4시간 걸린다고 했는데 중간에 차 마시고 벌 때문에 한참을 있었던 것을 생각하면 적당한 시간에 도착했다. 도착해서 점심 먹으려고 보니 주인이 없다. 한 10분 지나니 나무를 해서 왔다.

주문하니 이제 밥을 하기 시작한다. 가스가 아닌데 언제쯤 밥이 되려나. 주문한 음식은 역시 한참을 기다려야 했고 우리는 식사 후 뎅으로 출발했다.

마나슬루는 온 산 전체가 관광객을 맞을 준비를 하는 곳 같다. 너무 심한 바가지 요금과 위생 문제를 해결하면 안나푸르나처럼 많은 관광객이 찾는 것도 가능하지 않을까 하는 생각이 들었다. 다만 그러려면 도로를 더 닦아서 차가 더 깊이 산속으로 들어와야 한다. 저지대가 긴 트레킹은 참 힘들다.

입맛이 너무 안 돌아와서 뜨거운 물에 가지고 간 밀크티를 탔는데, 파리가 빠졌다. 잠깐 고민하다가 그냥 건져내고 마셨다. 산에 오래 있다 보니 이런 것 정도는 이제 큰 문제도 아니다. 나름 한 깔끔하는 도시녀였는데, 완전 원주민이 되어가는 느낌이다. 그래도 이 집 음식은 입에 맞는다.

오늘은 일정이 4시에 끝나서 정말 기분이 좋다. 내일도 아마 오늘과 비슷한 일정일 것 같다. 다행이다. 솔직히 트레킹 기간이 좀 오래 걸리더라도 짧게짧게 걷고 싶다.

하루 종일 무리해서 걷는 건 너무 힘들다. 어쨌든 오늘도 계획한 만큼 무사히 걸었다.

🧭 마나슬루 6일 차

아침을 먹고 언제나처럼 느지막이 일정을 시작했다. 일정이 짧은 날이지만 500m 정도 다시 올려야 하는 날이다. 오늘은 저지대를 통과하느라 덥기도 하고, 험한 산길에 긴장도 많이 하고, 땀도 많이 흘리겠지만 마침내 지도상 길을 좌측으로 꺾어 2,000m 고지에 접어드는 지점이라서 고생이 앞으로는 조금 덜 하겠구나 라고 생각했다.

오늘은 어느 마을을 막론하고 마을 입구에 마니석이 있고, 룽다와 타르초가 휘날렸다. 오늘 코스의 중간에는 사람들이 별로 안 사는 곳이라서 뎅에서 라나(Rana)까지는 특이할 것이 없었다. 내내 강을 끼고 오르고 내리고 다시 오르면서 길을 갔다.

뭘 먹고 있니?

계곡을 지나기더기 동네 사람이 흐르는 폭포 물을 이용해서 물레방아를 돌려서 곡식을 빻아 가루로 만드는 것이 신기해서 내내 서서 구경했다. 동네마다 자세히 살펴보면 여러 종류의 수력 물레방아가 있었다. 비히(Bihi 2,130m)에서 갑(Ghap 2,160m)까지는 2시간이 걸린다고 해서 더 여유를 잡

았다. 차 마시자고 앉았다가 그냥 이른 점심을 먹었다.

비히에서 갑까지는 가까운 듯 하면서도 멀었다. 2시간이 걸린 다는 갑까지의 길도 만만치는 않았고 느릿느릿 가는 중이니 우리 는 3시간 이상 걸릴 것 같았다. 다리들을 여러 번 건너야 했고 내내 오르막을 오르고 산사태 지역도 조심해서 여러 군데를 건넜다. 갑 직전의 프록(Prok 2,380m) 마을에는 찻집이 있다. 프록 마을에서 갑까지 걸어서 30분 만에 도착하게 되었다.

오후 2시에 갑 마을에 도착했다. 갑 마을 역시 지진에 많은 피해가 있었는지, 모든 것이 다 새것이다. 오래간만의 이른 도착이니 시간이 많아서 저녁 식사 후에도 내내 식당에 앉아 책을 읽었다. 내일은 이 지겨울 정도로 긴 저지대에서 제대로 벗어나 2,500m 이상의 지대로 돌입한다. 가이드 볼은

내일은 고도도 1,000m 정도 올리게 되고 길도 길어서 힘들 거라고 한다.

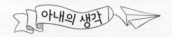

　오늘은 갈 거리가 짧다고 한다. 점심 때쯤이면 도착할 거라고 하는
데, 글쎄다. 오늘의 목적지는 갑이다. 여기 물가가 너무 비싸기도 하지
만 너무 돈을 함부로 쓴 듯하여 오늘부터는 조금 아끼기로 했다.

　마나슬루 길은 아직까지는 지겨울 만큼 비슷하다. 다만 자연이 아니
라 사람이 만들어놓은 마을 입구에 있는 불교적인 그림이나 조각, 탑
들은 특이했다. 오늘 소나무 지대를 지나왔다. 날씨는 건조하고 덥다.
가이드가 출렁다리를 건너는데 묻지도 않고 내 사진을 찍는다. 왜 찍
었냐고 하니까 내가 다리 건널 때마다 무서워하는 걸 가족들에게 보여
주고 싶단다. 그 사진 보면서 가족들끼리 마구 웃겠지?

　갑에 2시에 도착해서 씻고 늦은 점심을 먹었다. 입맛이 없는 것인지
음식이 정말 맛이 없는 것인지 통 못 먹겠다. 빨래하고 좀 쌀쌀했지만

땀을 많이 흘려 찬물로 샤워하고 잠깐 누웠다. 나는 왠지 이곳 분위기가 마음에 든다. 그냥 평온한 곳이다. 그리고 전기도 들어온다.

저녁은 뭔가 다른 것을 먹고 싶어서 스파게티와 마늘 수프를 시켰다. 그냥 먹을 만했다. 차라도 많이 마시는 게 좋을 것 같아 뜨거운 물을 제일 큰 1.8리터 시켜서 둘이 계속 마셔댔다. 고도가 올라갈수록 물을 많이 마셔야 고산병도 안 걸리고 좋다.

내일은 많이 힘들다는 가이드의 조언이 있었다. 많이 가파른 길인가 보나. 시도상에는 집에서 남룽까지 1시간 30분 걸린다고 했는데 4시간 걸릴 거라고 한다. 우리한테는 그게 맞겠지!

둘 다 너무 더위에 시달린 탓인지 컨디션이 별로다. 이제부턴 더위가 좀 덜한 지역으로 들어가니까 괜찮아지지 않을까 생각했다. 남편도 10년 전에 왔을 때와는 체력이 많이 달라서 적잖이 당황하는 눈치다. 가는 세월을 어쩌겠는가, 성질도 좀 죽였으면 하는 바람이다.

저녁을 먹고 네팔 가이드북을 봤다. 카트만두에 가서 관광도 하고 싶다고 했는데, 안 될 거라고 한다. 우리의 일정이 별로 여유가 없다. 이제 우리도 일상으로 돌아갈 날이 얼마 남지 않았다.

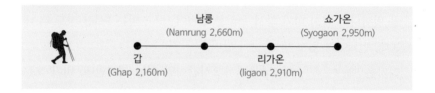 마나슬루 7일 차

남룽
(Namrung 2,660m)

쇼가온
(Syogaon 2,950m)

갑
(Ghap 2,160m)

리가온
(ligaon 2,910m)

8시에 출발했다. 남룽에서 점심을 먹고 로에 가는 게 오늘의 여정인데 어쩐지 지겹게 느껴졌다. 거의 고도를 1,000m 올려야 하고, 평탄한 길로 가는 듯하다가 오르막이 시작되고 막판에 오르막이 심하다고 하니 매우 걱정이 되었지만, 가다 보면 가는 것이지 피할 방법은 없었다. 피할 수 없으면 즐기라고 하지만, 즐기기에는 힘든 일정이다.

동네 이름이 온통 가온(gaon)으로 끝나는데 가온은 '마을'이라는 뜻이다. 그래서 동네를 부를 적에 쇼가온은 쇼, 로가온은 로로 부르면 된다. 오늘은 갈 길이 멀어서 중간에 차 마시는 시간 없이 남룽(Namrung 2,660m)까지 가게 되었다. 갑에서 40분 정도 떨어진 갑샤(Gapsya)에 와이파이가 된다는 광고를 크게 내건 좋은 숙소가 있었다. 정말 좋아 보였다. 안테나와 태양열 집열판 등이 거대했다. 숙소 앞으로 예전의 나무다리들이 새 다리들과 같이 있었는데 예전 나무다리들을 건너던 트레커들의 비명이 들리는 듯했다.

원래의 길은 산사태로 다 무너져 그 위로 길을 새로 다시 넓게 냈다. 소나무, 전나무 숲 사이로 천천히 500미터를 올라 크게 힘들지 않고 2,660m의 남룽에 오전 11시 30분경 도착했다.

남룽에 도착해서 김자와 볶음밥을 먹고 따뜻한 물을 마셨다. 점심을 잘 먹고 나가려는데 비가 많이 와서 조금 기다렸다. 오랜만에 차디찬 비라서 그런지 좀 자신이 없어서 기다려보고 있었다. 그전에는 저 비를 어떻게 하루 종일 맞으면서 보름 동안 산을 다니고 그랬는지 모르겠다. 비가 조금 멎은 듯하여 오후 1시 20분에 길을 떠났다. 경찰서에 입산 신고하고 남룽 마을을 벗어나자 다시 비가 와서 우비를 입어야 했다. 비는 1시간 정도 더 내렸는데, 언덕이라 덥고 땀이 많이 났다.

리가온(ligaon 2,910m)은 남룽에서 2시간이면 되는 거리인데, 비가 오는 데다 언덕을 올라가야 해서 상당히 느려졌다. 이젠 완연한 티베트 문화권

지역이라 도처에 불교 사원이다. 동네에서 가장 높은 곳을 바라보면서 언덕길을 올랐다. 사람들이 높은 언덕에서 뭔가를 하고 있고, 언덕에서 좌측으로 가니 동네 길이다.

사원이 있고 마을이 있는데, 이곳도 지진의 상처가 가시지 않았다. 마나슬루에서 처음 보는, 파손되지 않은 오래된 불탑이 있었다. 지나가며 탑 안을 보니 오래전에 그린 탱화들이 그대로 다 있어서 파손되지 않은 것에 마음

이 안도되었다. 이 마을도 사원도 무너지고 많은 건물들이 다시 재건 중이라 오랜 시간이 걸려야 제 모습을 찾을 것 같았다.

오늘은 로 마을까지 가능하면 가기로 했지만, 내일 일정이 어차피 사마가온까지 가는 거라서 그리 긴 일정이 아니었다. 슬슬 도전적인 코스들이 기다리는 만큼 체력을 비축하면서 선선한 공기를 몸으로 느끼면서 천천히 가기로 했다.

시간상 대충 쇼가온에 가면 될 것 같아 내리막을 걸어 깊은 언덕으로 들어갔다. 좌측으로 반나절 정도 오르면 마나슬루에서도 가장 큰 불교 사원이 있다고는 하는데 밑에서는 아무리 봐도 보이지 않았다. 이 사원을 지나내내 올라가면 히말 출리(Himal Chuli 7,540m) 산의 베이스캠프가 있는 곳이다. 베이스캠프는 4,020m인데 찾는 사람은 많지 않다고 했다.

새로 만든 다리를 건너 언덕을 올라서 마을로 가다가 탑이 서 있는 곳에서 이제 마을에 다 왔을 거라고 생각하고 아내와 이런저런 이야기를 하면서 잠시 쉰다고 앉아 있던 시간이 굉장히 길어졌다. 사진 찍고 구경하고, 마을에 가득한 보리밭에 감탄하고, 반대편 절벽 능선의 산양들의 숫자를 세고 그러며 여유를 잡았다.

그런데 쇼가온(Syogaon 2,950m) 마을은 입구의 탑과 초르텐은 화려한데, 거기서부터 20분은 들어가야 마을이 나오는 긴 동네였다. 숙소로 잘 만들어놓은 곳들이 아직 준비가 안 되어 있다 하고, 홈스테이(민박)라고 방 3개 정도 있는 곳을 제외하고 쇼 마을에서 문을 연 숙소는 없었다. 쇼 마을에서 20분 정도 가면 로(Lho) 마을로 가는 중간에 숙소가 있다고 해서 길을 떠났다. 동네 사람을 중간에 만나서 물었더니, 모두 야쩔굼바 캐러 가서 산

에 가는 통에 다 문을 닫아 그 숙소에 아무도 없다고 한다.

　로 마을로 가려면 고도 200미터 이상을 험하게 올려야 하고 이미 시간이 5시가 되었다. 억지로 가면 가겠지만 1시간 반 정도 오르막을 오르기가 싫었고, 내일 갈 길이 다 합해도 5시간이 안 되어 그만 가기로 하고 홈스테이 집으로 다시 돌아왔다. 홈스테이이니 식당도 없고 샤워 시설도 없고, 2층에 방 3개, 솔라 등 1개밖에 없었다.

　로 마을에 갔으면 조망도 훌륭하며, 와이파이에 오만 가지가 다 되는 좋은 시설이 즐비하다고 하는데, 비도 오고 내일 길이 짧다고 너무 여유를 부리다 여기에서 자야 하는 것이다.

　밤새 비가 내렸다. 마을의 입구에 있는 사원은 입구는 작지만 산으로 올라가며 굉장히 커지는 티베트 불교 사원이었는데, 밤부터 날이 밝을 때까지 범패 치는 소리와 웅~ 하는 갖가지 악기를 웅장하게 연주하여서 뭔가 큰 행사가 있는 듯싶었다.

　동네 조망을 생각하고 편리를 생각하면 로에 가는 것이 맞았지만 어설픈 홈스테이가 차라리 그동안 머문 숙소 중에서 가장 편안한 밤을 지내게 해줬다.

오늘은 남룽을 거쳐 최대한 가보는 것으로 합의를 봤다. 뜨거운 물과 정말 맛없는 밥을 먹고 7시 50분에 출발했다. 상당히 길이 가파를 거라 예상했는데 역시 남룽 쪽으로 갈수록 오르막이 심해진다.

오늘은 남편을 앞에 세우고 이런저런 이야기를 하면서 갔더니 지겹지도 않고 남편도 별로 힘들어하지 않고 잘 걸었다. 길은 우리나라 어느 여름 산을 타고 있는 것 같은 분위기였고 길은 새로 잘 만들어놓았다. 가파르고 힘든 길이지만 정겨운 길이다.

생각보다 남룽에 일찍 도착했다. 또다시 빗방울이 떨어지고 어제 너무 늦은 점심을 먹은 탓에 일찍 점심을 먹자고 했다. 점심 먹고 출발하려고 하는데, 비가 후드득하더니 하늘이 뚫린 것처럼 쏟아져 내린다. 가이드와 포터는 아예 의자에 드러누워버렸다. 비가 오니 순식간에 쌀쌀해진다. 재킷을 꺼내서 입었다. 이 비를 맞고 움직일 자신이 없다. 오늘 많이 가야 내일 일정이 조금 편안할 텐데 하며 조금 더 기다렸다.

비가 약간 소강 상태에 들어가길래 출발했다. 가이드도 포터도 어제 술을 마셨는지 영 기운들이 없다. 우리도 가기 싫은 걸음을 억지로 뗀다. 다시 비가 오고, 고어텍스 재킷을 입고 가는데도 한기가 느껴진다. 다행히 그다지 많은 비가 내리지는 않았다. 오르막이랄 것도 없는 오르막이 계속되고 마을과 마을이 이어지면서 보리밭이 계속 나온다. 보리밥을 먹을 수 있을까 잠시 생각해본다. 말도 안 되는 거겠지?

도저히 로까지는 무리일 듯해서 그 아래 마을 쇼에서 묵기로 했다. 1시간 걸린다고 해서 아주 천천히 왔는데 생각보다 멀다. 마을을 통과하는데 로지가 문을 닫았다고 한다. 홈스테이를 하든가 로까지 가야 한다. 이미 5시가 넘었고 비가 다시 부슬부슬 와서 로까지 가는 건

무리라고 판단하고 홈스테이를 하기로 했다.

방을 보는데 나쁘지 않다. 태양열 충전지를 아예 방에 넣어주니 오히려 좋다. 방도 넓고 싸다. 돈을 좀 아끼자 했더니 희한한 방법으로 아껴진다. 음식을 주문하는데 심지어 음식도 조금씩 싸다. 집 안 텃밭에는 된장 넣고 끓이면 맛있을 만한 야채들이 많이 있다. 된장 가져올 걸 아쉽다. 저녁 준비가 궁금하다고 남편이 부엌으로 갔다. 여기는 로지가 아니니까.

부엌에 들어가니 다들 이궁이 앞에 모여 기름 두른 후라이팬만 쳐다보고 있다. 요리할 줄 아는 사람이 없다고 한다. 보다 못한 남편이 결국 팔을 걷어붙이고 볶음밥과 스파게티를 했다. 덕분에 음식은 아주 맛있었고 양도 푸짐했다. 정말 오랜만에 마나슬루 들어와서 처음으로 맛있게 배부르게 먹었다. 처음에 로지가 아니라 걱정했는데 방도 음식도 로지보다 훨씬 훌륭하다. 심지어 전기 인심까지 후해서 남편은 핸드폰으로 만화도 본다. 마나슬루 트레킹 중 제일 마음에 드는 숙소다.

비가 내린다. 정말 억수같이 온다. 다행히 천장도 뚫려 있지 않고 벽도 꼼꼼히 나무를 겹으로 대어 지어서 춥지도 않고 비가 샐까 걱정되지도 않는다. 다만 방문은 잠기지를 않는다.

어차피 손님이라곤 우리밖에 없다. 오랜만에 호사를 누리고 있다.

🧭 마나슬루 8일 차

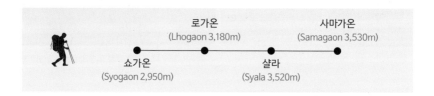

로가온
(Lhogaon 3,180m)

사마가온
(Samagaon 3,530m)

쇼가온
(Syogaon 2,950m)

샬라
(Syala 3,520m)

　새벽 6시경에 비가 멈추었고 아침 풍광도 굉장히 좋았다. 설산들도 보이고 날이 좋을 것 같았다. 그러나 가이드와 포터는 잠이 깊이 들어서 아직 부엌에 나오지 않았다. 아침으로 구릉 브레드를 주문했는데, 요리를 하지 못하는 분들이니 크게 기대는 안 했는데 상상하지 않은 일이 일어났다. 주문과는 상관없이 볶음밥이 나왔다. 어쩌겠는가 그냥 먹어야지.

　어스름한 아침 빛 속에서 화덕에 물을 끓여 차를 마시고, 우리에게 주고 남은 밥으로 애들을 먹이고, 애들에게 끊임없이 뭔가 먹을 것을 챙겨주는 모습이 보기 좋았다. 자식을 잘 먹이고 싶고 사랑하는 것은 가난하든 부자든, 서양이든 동양이든 모두 똑같지 않은가.

오늘도 길이 길지는 않다. 그러나 아침에 고도를 200m 정도 올려야 해서 밤새 잘 자고 기분 좋게 잘 먹은 힘으로 웃으면서 쇼 마을을 떠나서 마나슬루를 바라보면서, 언덕을 올라 로 마을로 갔다. 로 마을은 조망이 좋고, 크고 좋은 숙소가 많았다. 마치 동네가 유럽의 어떤 마을을 연상시킬 정도로 로지들이 잘 꾸며져 있었다. 로 마을의 학교와 사원의 입구 뒤로 보이는 마나슬루가 그렇게 아름답다고 하는데 구름 때문에 보이지 않았다. 동네에 큰 사원이 있고, 탑들과 경전을 쌓은 벽들과 룽다, 쵸르텐들과 보리밭이 인상적이었다.

로 마을의 로지들과 보리밭

로 마을 입구에서 급한 내리막을 10분 정도 내려간 후에 2시간 내내 오르막이었다. 언덕이 지겹지만, 마음이 그렇게 급하지는 않아서 내내 그냥 그러려니 하면서 천천히 갔다. 샬라(Syala 3,520m)까지 고도를 300m 정도 올리는데 내내 소나무 숲과 맑은 개울들을 지나는 기분 좋은 길이었다.

샬라에 도착하자 산이 비로소 크게 보이기 시작했다. 로에서 보이던 모

습과도 많이 다르다. 다울라기리가 옆으로 돌아앉아서 다른 모습으로 우리를 맞이했다. 샬라는 온 동네가 로지 공사 중이다. 동네에 오랜만에 구멍가게도 보이고, 기념품 가

게도 보인다.

여기는 안나푸르나나 중국에서 물건을 가져오는 경우가 많은데, 빔탕이나 삼도를 통해 들여온다고 한다. 중국 술, 중국 음식 등도 보이고 동네가 완전히 티베트 풍이다. 광주리 처녀 부대가 항상 대여섯 명

사마가온에서 다시 만난 광주리 처녀들,
모두 복이 있으시라.

이 짝을 지어 광주리에 물건을 담아 티베트에 가거나, 국경에 가서 팔고 다른 물건으로 바꿔다 팔거나 가게 주인들에게 주문을 받아 배달을 하기도 한다. 짐을 많이 싣는 광주리라서, 광주리 자체가 단단하고 길이 잘 들어 있다. 그야말로 프로페셔널 광주리다.

이 무리의 광주리 처녀들은 주로 옷을 많이 취급하는 것 같았다. 무게 50kg 이상이 되는 무거운 광주리를 이마에 메고 쉬지 않고 산길을 주파하는데 배달 속도가 굉장히 빠르다. 학교 다닐 어린 나이인 한 열너덧 살이면 이 일을 시작하기도 한다니 참 고생스러울 것이다. 나중에 귀여운 광주리 처녀들과 사마가온 가는 넓은 들판에서 다시 만났다. 포터와 웃고 이야기하며 다들 좋아했다.

가이드 볼은 산골에서 고등학교를 마쳤는데, 품성이 좋아서 그랬는지 누군가가 학비를 도와주어 카트만두에 가서 사립 대학교 중의 한 곳에서 학업을 마쳤다고 한다. 그러다가 고향인 이곳 마나슬루의 마을로 돌아왔다는데, 예전에 마오이스트로 활동하지 않았을까 하는 생각도 했다. 지금 31살인데, 마나슬루를 다니는 내내 동네 사람들의 이야기를 경청하고, 그들의 의견을 듣고 의견을 나누고 그러면서 지역 사람들의 발전을 위해 생각이 많은 것 같았다. 다음번에 마나슬루에 가게 되면 그 동네의 이장님이나 지역의 국회의원쯤 되어 있지는 않을까 싶다.

점심을 먹고 2시에 샬라 마을을 출발했다. 샬라 마을에서 나가자마자 다시 길은 내리막이었다. 그리고 다시 15분 정도 오르막길을 오른 뒤 다리를 2개 건너 내내 평탄한 길을 걸어갔다. 대평원과 아름다운 고산 야생화 밭이다! 학교가 있고, 아이들이 풀밭에서 축구를 하고 있었다. 배트로 홈런을 아무리 멀리 쳐도 아무런 문제가 없는 천연 잔디 구장을 가진 학교를 지나 거대한 불탑을 지나면 사마가온이다.

사마가온에 4시에 도착했다. 동네는 정적만이 가득하다. 문 닫은 로지들이 많다. 주인을 비롯한 모든 동네 사람들이 산으로 야쩔굼바를 캐러 갔단다. 어쩐지 지나오는 길에 있던 대부분의 마을에서 사람들이 새벽부터 잘 안 보이더라 싶었다.

괜찮은 숙소를 골라 들어갔더니 서양인 트레커들이 많았다. 서양인 트레커들 중 고소 적응이 필요한 이들은 1시간 정도 거리의 비렌드라 호수를 다녀오거나 근처의 곰파를 다녀오면서 소일한다고 하는데, 우리는 내일 마나슬루 베이스캠프를 다녀온 뒤 바로 삼도로 갈 생각이었다. 그러나 주변의 어느 팀도 우리처럼 마나슬루 베이스캠프를 간다는 사람은 없었다.

여기 와서 속에 옷을 하나만 입었더니 벌써 춥다. 이제 긴 저지대 트레킹이 완전히 종료되고 제대로 산을 타야 하며 옷도 겹으로 입어야 하는 때가 온 것이다. 그리고 보니 여기도 3,500미터가 넘으므로 마차푸차레 베이스캠프(MBC)에 육박하는 수준인데 오래 저지대를 지나오느라 잊고 있었다. 아무리 고소에 적응이 되어 있다고 하나 여러 가지로 주의해야 하는데 대평원의 부드러운 분위기 속에서 긴장감이 생기지 않았다.

내일 새벽 5시 반에 식사하고 6시에 마나슬루 베이스캠프로 떠나기로 했다. 아내 말로는 가이드가 자기들은 원래 산사람이니 괜찮지만 10시간은 걸어야 하는데 괜찮겠느냐고 물어왔다고 한다. 아내의 생각으로는 뭐 이런 말은 우리를 걱정해서 하는 말이 아니라, 가이드 자기 때문에 하는 말인 것 같다고 했다. 특이하게도 가이드도 베이스캠프는 가본 적이 없는 데다 시간도 많이 걸리니 걱정이 되나 보다 그렇게 생각했다.

마나슬루 베이스캠프는 높지는 않지만 고도를 3,500m에서 4,400m로 급격하게 올려야 하고 멀리 보이는 마나슬루 정상과 그 산 언저리가 여기서도 보이는데, 눈으로 덮여 있다. 매우 추울 것이고 바람도 심할 것이다. 우리

대평원 사마가온

는 다울라기리 조난 이후로 체력이 많이 손상된 상태라 상당히 골골거리면서 여기까지 왔다. 그래서 약하긴 한데 그렇다고 해도 베이스캠프를 포기할 정도로 약하지는 않다.

우리 가이드는 내내 든든했는데, 중요한 지점에서 약간 불안했다. 동네 가이드들에게 길을 좀 잘 물어보라고 하고, 우리도 마나슬루 베이스캠프를 올라갔던 이들의 글을 읽어봤다. 공룡 능선과 평탄한 길의 사이. 베이스캠프에 초르텐과 룽다가 5개 있다. 그게 우리가 아는 마나슬루 베이스캠프에 대한 전부였다.

밤새 비가 많이 왔다. 새벽 산행이 걱정이었다.

아내의 생각

밤새 구름이 모두 비로 내렸는지 날씨가 맑다. 어제 잘 먹고 잘 잔 덕분인지 컨디션이 좋다. 밥을 든든하게 먹고 따뜻한 물도 충분히 얻었다. 역시 로지보다 인심이 좋다. 7시 50분 출발한다. 오늘은 그렇게 많이 가는 일정이 아니라 마음이 여유롭다.

로까지는 그냥 편안한 길이었고 보리밭이 인상적이었다. 로를 지나

니 쑥 내려가고 그다음은 계속 오르막이다. 소나무 숲 사이로 지나가는 이 길이 나는 너무 마음에 든다. 마나슬루에 온 보람이 있다. 저 멀리 사슴도 보이고 소들은 덩치가 어마어마하게 크다. 옆에 흐르는 계곡물은 바로 마셔도 좋을 만큼 깨끗해 보인다. 천천히 쉬어가며 걸으니 갈 만하다.

샬라에 도착하고 마을 입구 문을 지나자마자 보이는 것은 마나슬루다. 장관이다. 날씨가 흐려서 선명하게 보이지는 않지만 역시 14좌 중 하나다운 면모다. 날씨가 갑자기 추워지고 고산 지역에 들어섰음을 확연히 느낄 수 있다.

샬라에 도착해서 점심을 먹는데 테이블 위에 우리나라의 무말랭이 같은 것이 통째로 있다. 밥 시키고 한 움쿰 덜었더니 주인아줌마가 들어와 통을 가지고 나가신다. 아마 식구들끼리 먹고 들여놓는 것을 잊으셨나 보다. 어쨌든 덕택에 점심 반찬을 잘 먹었다.

비가 올 듯한 날씨였는데 다시 걷기 시작하니 해가 난다. 엄청나게 긴 출렁다리를 건너는데 이제 별 느낌이 없다. 이젠 출렁다리 중간에

서서 포즈도 취한다. 출렁다리에 대한 내성이 생겼나 보다. 적응이 되기는 되는구나. 이제부터는 사마가온까지 완전 평지다. 이렇게 높은 고도에 이렇게 넓은 평지가 있다니 놀라웠다. 아이들의 학교 운동장은 넓은 초지이다. 아이들은 축구를 하고 있고 마을도 제법 크다. 그런데 마을의 로지들은 대부분 문을 닫은 상태였고 사방이 너무 조용하다.

다들 야쩔굼바를 캐러 갔단다. 말로만 듣던 상황이다. 문을 연 로지에 도착했는데 주인이 없어서 방 열쇠가 없다. 주인을 데리러 가이드와 포터가 다녀왔고 가장 넓은 방을 작은 방과 같은 가격에 얻었다.

저녁을 먹고 내일 가게 될 마나슬루 베이스캠프에 대해 이야기했다. 그런데 정보가 별로 없다. 이 로지에 묵는 다른 트레커들은 모두 베이스캠프에 가지 않는다고 했다. 베이스캠프 왕복에 9시간 정도 걸린다고 하는데 우리 같은 느림보들은 얼마나 걸릴는지.

🧭 마나슬루 9일 차

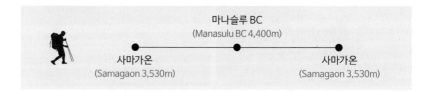

오늘은 고도를 900m 올린다. 그리고 우리 가이드도 마나슬루 베이스캠프엔 가본 적이 없었다. 새벽 내내 비가 와서 걱정했다. 자다가 깨고, 자다가 깨다가 새벽 5시에 일어나 어제저녁에 주문한 음식의 준비 상태를 확인해봤는데, 이제야 불을 피우는 중이었다.

아침으로 볶음밥을 먹었는데 이 산에서는 내내 볶음밥이다. 포터에게 짐 가지고 가서 일찍 삼도에 가서 쉬라고 했더니 자기도 같이 가고 싶다고 한다. 짐은 여기에 맡겨뒀다가 하산하면 바로 찾아서 따라올 수 있다고 해서 그러자고 했다.

오늘은 좀 긴 하루다. 마나슬루 베이스캠프까지 가는 데 5시간, 내려오는데 4시간, 삼도에 가는데 3시간이라고 했다. 그래도 제일 힘든 일정은 역시 올라가는 코스이다. 새벽에 일어나니 산이 정확하게 모습을 드러내고 있었다. '악마의 이빨'이라고도 하는 2개의 뿔이 마주한 모습은 로에서는 잘 보였는데 여기만 들어와도 방향이 틀어져서 그렇게 잘 보이지는 않았다. 아내는 아침에 코피가 터져서 코를 휴지로 막고 아침을 먹었다.

6시 50분경에 주문한 점심을 갖고 출발했다. 여기에도 티베트 고승 밀라레파의 수행 토굴이 있는 곳으로, 삼도 가는 길과 밀라레파 동굴 및 마나슬루 베이스캠프 표지판이 서 있다. 사마에서 갈림길까지 30분 만에 지나서 마나슬루 베이스캠프로 향했다. 가는 길은 개울이 많았고 붓꽃이 예뻤다.

베이스캠프까지의 시간은 나와 있지 않다.

왼쪽으로 비렌드라 호수인데, 호수에는 들르지 않고 바로 베이스캠프로 향했다. 주변에서 베이스캠프 갔다 오는데 왕복 8시간 이상을 이야기하길래, 점심 먹고 삼도로 가려면 시간이 부족할 듯해서 무척이나 서둘렀다.

고도를 조금 올리자 털이 복슬복슬한 소들이 많이 방목되고 있었다. 소들이 방목되는 큰 방목지에 목동들의 집이 몇 채 있었고 마멋들이 굴을 파놓고 오가고 있었다. 동네 사람들 중에는 이 녀석들을 붙잡아 먹는 사람도 있다고 한다. 나도 어려서 혼자 사막을 횡단하며 마멋 수백 마리가 서서 소리를 지르고 있는 걸 보고, '먹을 게 없으면 저 녀석들을…….' 이라고 생각한 적이 있었다.

가이드와 포터 둘이서 마멋을 잡는다고 마멋 굴을 한참을 여기저기 뒤졌는데 잡지는 못했다. 향나무들이 많고 전나무들이 뒤섞인 숲은 곧 이끼류들이 가득해지고 히말 식물도감에서 보던 꽃들이 많았다. 밀라레파 동굴까지 45분이라고 쓰인 표지판에 베이스캠프까지 얼마나 걸리는지 언급이 없었다.

우리는 가긴 가는데 베이스캠프에 가면 언덕 위에 초르텐과 룽다가 휘날리는 사실과 그 부근 사진만 보고 잘 찾을 수 있을 거라고 생각하고 길을 나선 것이다. 멀리 빙하가 보이고, 검은 산이 맞닿은 그 뒤가 베이스캠프라고 써 있었다. 잘 나 있는 길로 가다가 눈사태 난 덩어리들 사이를 지나

눈 녹은 차가운 물을 지나 급격한 오르막길을 올랐다. 길은 사람들이 많이 다니기도 하고, 가다듬기도 해서 좋았는데 기본적으로 어려운 길이었다. 얼마나 더 가야 하는지 우리 일행 중에 아는 사람이 없어서 더 어려웠다. 그저 오를 뿐이다.

밑에 보이는 호수가 비렌드라 호수이다.

만년설이 녹으면서 공처럼 구르는데, 공처럼 눈이 녹은 곳 아래로는 빙하가 흐르므로 조심해야 한다. 갑자기 사슴 한 마리가 길로 굴러 떨어지길래 저녁 메뉴가 사슴 고기가 되는 줄 알았더니 사슴은 다시 냉큼 일어나 바위를 타고 산으로 올라갔다. 길가의 야생화들이 무척이나 아름다웠다. 이 높이에, 그리고 황량해 보이는 산 아래라서 그런지 더 아름답게 보였다.

눈사태로 무너지는 산들과 눈이 녹아 흐르는 맑은 물은 아름답지만 위

험하다. 다만 빙하가 내려앉는 종류의 사고만 아니면 죽지는 않겠구나 하고 생각했다.

오르막은 끝이 없고, 멀리서 보던 빙하와 검은 산이 만나는 지점은 의외로 겹쳐져서 연이어 오르막이 계속되었다. 멀리 산꼭대기에 룽다가 날리고 있어서 힘들지만 저기인가 하고 열심히 올랐으나 지쳐갔다. 그냥 룽다일 뿐이었다. 아무것도 없었다. 길은 더 가혹해져갔다. 좌측 능선은 길이 평탄하고 은은하고, 우측 능선은 칼날 능선으로 위험하지만 빨랐다. 우리 부부와 가이드는 좌측으로 길을 잡았는데 힘이 좋은 포터는 자기 혼자 공룡 능선을 달려서 올라갔다.

길이 눈에 묻혀 사라지고, 엄청난 양의 쓰레기가 보여 여기가 베이스캠프인가 하는 생각도 들었다. 원래 베이스캠프라는 것이 사람들이 많이 머물 테니 쓰레기가 많을 것이기는 할 것이다. 이 정도면 도착한 것이 아닐까, 타협할까 하는 생각도 들고 많이 힘들었다. 그러나 정상 원정팀은 5,980m의 하이캠프에서 주로 머무를 테니 여기에 이렇게 오래 있지는 않았을 거란 생각을 했다. 주변은 전부 너덜 지대이고 눈이 쌓여 아무것도 보이지 않았고, 길이라는 아무 표식도 없었다. 눈을 헤치며 가이드가 너덜지대를 걸어 우측 언덕으로 가고 우리도 힘들지만 전진했다. 좌측엔 결국 아무것도 없고, 우측 칼날 능선 측을 가만히 보니 사람의 발길이 닿은 흔적이 있었다.

그리로 가이드에게 가보라고 하고, 조금 기다렸다 가보니 가이드가 쉬고 있는 절벽을 약간 거슬러 올라가 사람이 만든 길의 흔적이 있고, 원래의 베이스캠프로 가는 길과 만난 것 같았다.

능선에 올라는 섰는데 사방이 눈이고, 다만 저기 멀리 우리가 올라선 언덕이 길임을 알리는 돌탑 3개가 있었다. 무릎까지 눈에 퍽퍽 빠지며 그 길로 갔으나 아무것도 없었고, 다시 언덕이 나왔다. 발자국 하나가 눈 위로 향하다 없어진 흔적이 있었다. 지친 아내는 저기 한 번만 더 가보고 아니면 포기한다며 선언을 하고, 우리가 너무 많이 더 올라온 것은 아니냐고 했다. 아무도 포기라는 말을 먼저 꺼내지는 않았지만 다들 그만 멈추고 싶어했다. 가이드도 퍼지고 포터도 힘들고 모두 힘들어했다.

모두 간절한 마음으로 내 입만 바라보고 있었다. 저 골골대는 사람이 어지간하면 포기하지 싶은데 포기를 안 하니 더 답답해하는 듯 했다. 조금만 더 가보자고 하고 사라진 발자국을 찾아 다시 언덕으로 향했다. 언덕에 붙어 다시 오르며 먼 산을 보니 장대가 하나 보였다. 다 온 것일까? 언덕을 오르니 쵸르텐 4개와 룽다 4개가 눈 속에 묻혀 휘날리고 있었다. 마나슬루 베이스캠프에 도착한 것이다. 하루 종일 산에 올라 장님 코끼리 만지듯하며 겨우 올랐는데 무사히 잘 도착했으니 감격스러웠다.

우리가 현수막을 들고 사진을 찍으니 그게 뭔지도 모르면서 가이드와 포터도 현수막을 달라고 하더니 그걸 들고 사진을 찍는다. 우리보다 이 동네 사람들인 가이드와 포터가 더 좋아한다. 결국 우리 돈 주며 이 사람들을 훈련시킨 것이다. 이제 가이드는 베이스캠프에 와본 사람이 되고, 훨씬 더 자신 있게 트레커들을 안내할 수 있을 것이다.

상행 5시간이라는데 우리 부부는 7시간 30분 만에 마나슬루 베이스캠프에 도착했다. 시간은 오후 2시 30분이었다.

마나슬루 베이스캠프 4,400m — 사마가온 3,530m

이 시간에 하산을 시작해서 삼도는 갈 수가 없을 것 같고 사마가온으로 되돌아가기로 했다. 평탄한 길이 길어서 하산 시간을 줄이기가 힘들었다. 길은 날카로운 공룡 능선으로 우리가 초고속 하산을 한다고 하는데도 말이다. 4시간 걸려서 오후 6시 반에 숙소로 돌아올 수 있었다. 내일은 산행 시간이 7시간이고, 막판 4시간은 내리막이라고 했다.

가이드는 우리더러 머리가 안 아프냐고 여러 번 물어봤다. 우리는 안나푸르나와 다울라기리를 다녀온 지 얼마 되지 않아 고도에 적응이 되어 있고, 약 3주간은 그 효과가 지속되므로 괜찮다고 말을 해도 잘 이해하지 못했다.

물론 아무리 적응이 되어 있어도 고도가 높아지면 어느 정도 두통이 오는 것은 사실이다. 이럴 때는 진통제를 잘 써야 하고, 5,000m 가까이 진입하면 자정 지나서 폐 경맥이 움직이는 시간으로 많은 이들이 숨 쉬는 걸 힘들어한다. 모두가 잠든 시간에 일어나 숨을 몰아쉬면서 벽에 기대어 밤을 새우기도 하고 끊임없는 두통에 눈물을 흘리기도 하는 것은 고산 등반 중에 자주 있는 일이다.

아픈 것을 아무에게도 말하지 않고 숨기거나, 너무 참는 일은 모두에게 이로운 일이 아니다. 아프면 약을 먹고 잘 쉬고, 하루 이틀 더 쉬거나, 하산 했다 오르는 방식으로 트레킹을 진행해야 한다. 높은 고도에서 욕심을 부리거나 무리한 산행은 위험을 부른다. 그래서 히말라야 트레킹은 일정이 결정되어 있는 여행사에서 가는 것보다는 돈이 조금 더 들더라도 개인으로 하는 것이 성공 확률이 더 높다.

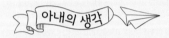

마나슬루 베이스캠프를 가는 날이다. 베이스캠프 찍고 삼도로 가기로 했다. 오늘은 일찍 가려고 5시 30분에 식사를 할 수 있게 해달라고 주문했는데 준비가 되어 있지 않았다. 그러려니 해야 한다. 이런 일에 신경질을 내는 건 히말라야에서 적합하지 않다.

아침을 먹고 도시락 챙겨서 서둘러 6시 45분쯤 길을 나선다. 원래 포터는 삼도로 먼저 가 있기로 했었는데 우리를 따라온다. 우리랑 같이 갔다가 다시 여기로 와서 짐을 가져가겠다고 한다. 고생을 사서 하겠다니 정말 특이한 포터이다. 베이스캠프에 가보고 싶은가 보다. 아무튼 우리는 더 좋다.

남편의 배낭을 포터에게 맡기고 걷기 시작한다. 남편의 걸음이 오랜만에 빠르다. 빠르게 진행해서 삼도와 베이스캠프 갈림길까지 30분 만에 도착했다. 시간이 없다고 생각해서 긴장했나 보다. 시작이 좋다.

조그만 개울들이 흐르고 길이 참 좋다. 베이스캠프까지 5시간 정도 걸린다고 한다. 가이드도 베이스캠프는 처음 가보는 거라고 한다. 그런데 길이 너무 잘 나 있어서 헷갈릴 게 없다. 평평한 초지에 마멋 구멍이 여럿 나 있다. 개인적으로 마멋이 너무 보고 싶었는데 아직 보질 못했다. 우리가 쉬는 사이 가이드와 포터가 마멋을 찾겠다고 이 구멍 저 구멍을 들여다보며 자기들끼리 신이 났다. 역시 어렸을 적 친구는 좋은거다. 그러나 결국 마멋은 보지 못했다.

초지를 지나 숲을 걸었다. 뒤를 돌아다보니 멀리서 곰이 보인다. "곰이다!" 했더니 남편이 뒤를 보고 "야크야."라고 한다. 곰이라고 해서 깜짝 놀랐단다. 마나슬루는 정말 곰이 있다고 한다. 진짜 곰이라면 무조건 도망가야 한단디.

가파른 길을 오르고 또 오른다. 길가에는 너무 예쁜 꽃들이 피어 있고 여러 종류의 새들이 노래한다. 정말 여기가 고산은 맞는 걸까 하는 의문이 든다. 헨젤과 그레텔의 숲속이 이랬을까? 사람이 없는 이 아름다운 숲을 꿈꾸고 있는 것은 아닐까 생각했다. 어느새 숲이 끝나고 하늘이 트였다. 가파른 오르막이 꼬불꼬불 계속된다. 속도도 제법 나는 것 같고 곧 도착할 거란 생각에 마음도 가볍다. 멀리 보이는 호수는 그 안에 커다란 요괴가 살 것만 같다. 정말 물결도 이는 것이 무언가 살고 있는 건 아닐까 눈이 빠져라 쳐다봤다.

빙하 지대가 눈앞에 멋지다기보다 무섭게 펼쳐져 있고 그 사이 계속해서 눈사태가 난다. 저 너머 어딘가가 베이스캠프일 텐데 어떤 곳일지 궁금해진다. 갑자기 가이드가 발걸음을 멈추고 손가락으로 무언가를 가리킨다. 와, 사슴 무리들이다! 너무 신기하다. 순간 동물의 왕국 주제곡이 귓가를 맴돈다. 말릴 틈도 없이 우리 포터가 사슴 무리 쪽으로 다가간다. 조심조심 다가가는데도 사슴들이 눈치를 채고 도망간다. 포터가 쫓아간다. 기운이 남아돈다. 사슴들이 멀리 가지 않고 조금 가다 뒤돌아보고 또 조금 가고 뒤돌아보며 포터랑 숨바꼭질을 하는 것 같다.

가이드와 포터는 서로 사진을 찍으며 즐거워한다. 누가 트레커인지

256

모르겠다. 어쨌든 모두들 즐겁게 웃으면서 잘 닦여진 길을 갔다. 그런데 시간이 지날수록 도대체 베이스캠프는 어디에 있는 것인가 하면서 초조해지고 표지판도 하나 없는 이 길에 대한 아쉬움이 한숨이 되어서 나왔다. 예상 시간이 다 되어갈 때쯤 삼색 깃발이 보였다. 저곳이겠지? 하늘도 트인 것이 딱 저기가 베이스캠프인 것 같았다.

30분이면 갈 수 있을까? 역시 굉장히 가팔라 보이는 길이다. 가이드는 아마도 1시간 이상 걸릴 거라고 했다. 가까워 보이는데도 그렇다. 남편과 나는 그 깃발을 향해 최대한 빠르게 전진했다. 그러나 마침내 도착한 그곳이 베이스캠프는 아니었다. 갑자기 기운이 확 빠졌다. 도대체 어디까지 가야 하는 걸까? 그러나 길이 너무도 선명해서 가지 않을 수도 없다. 다시 올라가기 시작했다. 가이드도 베이스캠프의 위치를 정확히 모르는 상황이 답답하다.

우리는 이미 예상 도착 시간을 훌쩍 넘겼다. '그럼 그렇지. 우리 걸음으로는 그 시간 안에 힘들지'라며 위안 아닌 위안을 삼았다. 얼마를 더 가야 하는지 모르는 상태에서 계속 걸어가니 더 지쳐갔다. 저기만 넘으면 베이스캠프일 거라 생각한 곳이 벌써 몇 번째인지 모르겠다. 설마 베이스캠프를 지나서 캠프1로 가고 있는 것은 아닐까 하는 생각도 했다. 드디어 하얀 눈이 보인다. 베이스캠프에 눈이 없을 것이라고 생각했는데, 텐트를 쳤던 흔적들은 있고 길은 없다. 여기가 베이스캠프인가 하는데 베이스캠프라는 표시가 없다. 가이드도 지쳐서 길에 주저앉아서 그만 갔으면 하는 표정이 역력하다. 남편도 나도 지쳤다. 이 정도 했으면 된 것 같은데 하는 마음으로 남편을 보니, 남편은 손으로 위를 가리키며 저기가 사람 손이 닿은 것 같다며 위로 올라가면서 길을 찾기 시작했다. 결국 가이드도 일어나 길을 찾기 시작했다. 눈에 덮여 있어서 길이 끊긴 줄 알았는데 올라가보니 다시 길이 연결이 되었다. 저 언덕 너머가 베이스캠프 일거라 생각하고 저기도 아니면 그냥 돌아가기로 했다. 시간상으로도 그렇게 해야 한다. 위로 또 위로 다시 올라갔더니 눈밭이다. 사람이 걸어간 발자국이 딱 하나 있다. 가이드에게 저만큼까지만 더 가보자고 했다.

이미 지나간 사람의 발자국을 밟으며 조금씩 앞으로 나아갔고 드디어 베이스캠프에 도착했다. 우리 모두 너무 기뻤고 신났지만 눈이 너무 많이 쌓여 있어서 처음 깃발 앞에서 겨우 기념사진을 찍을 수 있었나. 가이드와 포터는 우리보다 더 많은 사진을 찍으며 좋아했고 점퍼를 벗고 반팔 차림의 기념사진을 찍기도 했다. 덕분에 피곤도 잊고 웃을 수 있었다.

나 이런 여자라구!

🧭 마나슬루 10일 차

삼도
(Samdo 3,690m)

다람살라
(Dharmashala 4,470m)

사마가온
(Samagaon 3,530m)

라르케 바자르
(Larke Bazar 4,090m)

아침의 마나슬루는 아름다웠다. 양 뿔처럼 생긴 하얀 머리 두 개가 장쾌하게 서 있었다. 오늘은 출발을 늦춰 8시에 출발하기로 했다. 오늘은 삼도까지 3시간 정도 걸리고, 삼도에서 점심 후 다람살라까지 4시간 정도를 내내 올라가야 하므로 하루 일정이 아주 빡빡하다. 삼도~다람살라 구간은 약 800미터의 고도를 올리는 구간이므로 힘들다고 한다.

8시 20분경 출발했다. 어제 베이스캠프로 가던 길을 다시 지나게 되었고, 마을의 로지를 짓는 사람들은 여전히 돌을 깨고 있었다. 사마 마을을 지

야쩔굼바(동충하초)

나 삼도로 가는 길은 평탄한 길을 따라 편안하게 걸을 수 있는 길이었다.

삼도로 가는 길 중간에 많은 사람들이 천막을 치고 있었다. 지진의 난민들인가 싶었는데, 그게 아니라 그동안 동네를 비우고 산으로 야쩰굼바를 채취하러 온 사람들의 천막이었다. 수십 개의 큰 텐트가 쳐져 있었고 수백 명의 사람들이 산으로 올라가 야쩰굼바를 채취하고 있었다. 동네 사람들에게 구경 좀 하자고 하니 칫솔로 흙을 털고 광을 내던 야쩰굼바와 시즌 내내 캔 야쩰굼바를 모아놓은 주머니를 통째로 건네주었다. 야쩰굼바는 상당히 찾아내기가 어렵다. 우리 포터도 어제 하루 종일 산을 뒤졌지만 단 하나의 야쩰굼바도 캐지 못했다. 야쩰굼바는 금색으로 빛이 났고 시장에서 만날 수 있는 제품들보다 품질이 매우 좋았다.

삼도는 멀리서는 평평하게 보인다. 흐르는 강물을 건너, 좌측과 우측으로 길이 나뉘면서 우측의 급격한 오르막을 20분 정도 올라가면 바로 삼도 마을이다. 삼도에서 우측으로 해서 설산들이 보이는 높은 언덕을 넘어가면

바로 국경이 나오고, 국경을 넘으면 티베트의 라이융 반장(laiyung Bhanjang 5,098m)이다. 예전에는 많은 상인들이 저 산을 넘어 티베트와 마나슬루 지역을 오가면서 거래를 했다고 한다.

삼도(Samdo 3,690m)에는 로지가 3개 정도 있다. 불탑을 지나면 조금 좋은 숙소들이 있는데, 우리는 그중 처음 만나는 식당에서 점심 식사를 했다. 서양 트레커들은 모두 오늘은 여기까지 진행하고 여기서 잔다고 조금 좋은 숙소들이 있는 곳을 찾아 불탑 밑을 지나갔다. 라르케 바자르

는 멀리로 빤히 보이지만, 다람살라는 우측으로 꺾여 올라가서 삼도에서
는 보이지도 않는다.

4시간 정도 걸린다고 하는데, 오르막이 내내 있어서 느릴 것이고, 차 마
시고 점심 먹고 부지런히 가야 한다. 고도가 높아지니 밥값이든 물값이든,
숙소값이든 뭐든지 높아만 지는데 이제 조금만 있으면 내려가니 곧 가격
들이 괜찮아질 거다.

점심을 먹고 내내 한가하게 있다가 바람이 울어대는 소리를 들으면서
삼도를 출발했다. 바깥에는 바람이 거세고 거친 모래들이 얼굴에 날아왔
다. 삼도에 서 있는 안내판은 여기에서 다람살라까지 3시간 반이라고 하
는데 이 동네도 안내판의 시간 안내가 잘 맞지 않는 편이었고, 우리 걸음
이 표지판의 속도보다 현저하게 늦어서 평지가 아닌 경우는 1.5배를 곱해
서 생각했다.

삼도에서 불탑을 지나니 비교적 좋은 시설의 숙소들이 있고, 거기를 지
나면 바로 내리막이다. 동네 학생들인 듯싶은 학생들이 학교를 짓는 것인
지, 수십 명의 학생들이 네모나게 잘 자른 돌
멩이를 한 덩이씩 들고 삼도 마을로 향하고
있었다.

비교적 견딜 만한 오르막을 오르면 별 특
징은 없지만 돌로 만든 담장이 죽 있고 그곳
이 라르케 바자르(Larke Bazar 4,090m) 이었음
을 알리는 이정표가 있다. 티베트에서 삼도를 지나 물이 있는 지역에 위치
한 라르케 바자르는, 수많은 상인들이 윗마을과 아랫마을에서 야크와 말
위에 물건을 가득 싣고 올라와 붐비던 곳이었다. 지금은 퇴락하여 야크들
만 좀 방목되고 있을 뿐이다. 소형 수력 발전소 앞에 세워진 이정표에는 여
기에서부터 다람살라 4시간이라고 나와서 앞에 본 이정표와 운행 시간에

모순이 있었다. 이런 일은 자주 있는 일이니 그러려니 해야 한다. 동네 할머니들이 수력 발전소 건너 초르텐과 룽다 아래에 모여 옴마니 반메훔을 열심히 외우고 계셨다.

걷다가 문득 생각해보니 어제 갔던, 마나슬루 베이스캠프 올라가는 길이나 오늘 가는 길이나 별 다를 게 없었다. 계속 들어가고 튀어나온 산자락을 굽이굽이 돌아가므로 멀리에 여러 개의 장대들만 보일 뿐, 내내 우측으로 돌고 돌아도 우측으로 확 돌아서 직진으로 오르막을 오르는 그런 길은 쉽게 나와주지 않았다.

이제는 언덕이 가팔라지고, 눈이 많이 오는 때를 대비해서 언덕마다 5m 정도의 장대가 서 있었다. 올라가면 저 멀리 장대가 또 나오고 저 멀리 저 높은 곳에 장대들이 서 있었다. 가이드가 이제 장대 2개만 돌면 다람살라가 보인다고 해서 엄청 높은 언덕을 열심히 올랐다. 장대 한 개를 돌아도 상행 직진 길은 안 보이고 내내 산모퉁이만 보였다. 두 번째 장대 뒤로도 장대는 여전히 많이 나왔다. 가이드도 너무 오랜만에 이 길을 온 것일까? 길에 대한 예상이 빗나가자 가이드가 민망해했다. 가이드는 헛기침을 하며 우리 앞으로 빨리 치고 나갔다.

해가 떠 있는데 비가 오니 발 아래 절벽으로 무지개가 아주 선명하게 떴는데 그것도 아주 큰 쌍무지개였다. 아내와 둘이 앉아서 무지개 구경을 오랫동안 했다. 그리고 아주 짙은 안개가 끼면서 앞이 잘 안 보이기 시작했다. 절벽을 우측에 끼고 길은 계속 돌아서 가는데, 길이 무너져서 폭이 20센티미터도 안 되는 구간도 있었다. 아래로는 몇백미터의 절벽이어서 아내에게 길을 조심하라고 했다. 드디어 절벽이 사라지고 우측의 산 능선과 좌측 능선이 만나 길이 합쳐지고 직선으로 오르막을 걷게 되었다.

멀리 집이 서너 채 보이고 텐트도 보이는데 짙은 안개 때문에 좌측 산과 능선은 전혀 보이지 않았다. 내일 갈 길이 그 위로 펼쳐져 있을 텐데 전혀 보

이지 않았다. 오르막을 내내 오르고 우측에서 내려오는 개울을 건너면 여기가 다람 살라 하이캠프(Dharmashala 4,470m)다. 여기서 새벽 3~4시경에 출발해 라르케 패스를 통과하기로 했는데, 안나푸르나의 토롱 라보다는 쉽게 통과할 것이라고 예상했다.

숙소값은 방으로 받지 않고 사람 수에 따라서 받았는데, 높이치고는 가격이 그리 비싼 편이 아니었다. 그러나 시설은 네팔에서 만날 수 있는 최악의 숙소 3위 안에 들어갈 듯하다. 방값과 달리 음식이나 차의 가격은 고도가 고도이니만큼 매우 높았다. 마나슬루 코스에서 가장 높은 곳의 숙소인만큼 가격도 가장 높지만, 불만을 가질 수는 없다. 여기 이 바람이라도 막아주는 시설이 없다면 우리는 내일 라르케 패스를 넘는 게 참 힘들 것이다. 가격이 높은 것이 좀 미안한지 받는 돈의 30%는 삼도의 학교에 기증한다고 되어 있었다. 식당에는 우리를 빼고는 모두 유럽 사람들이었다.

저녁을 먹고 양치질을 한 뒤에 창고처럼 생겼지만 방으로 불리는 곳으로 가서 침낭 속으로 들어가 잠을 청했다. 밤 동안 빗소리가 꽤나 시끄럽게 양철 지붕을 때렸다.

어제 무리해서 오늘 못 일어날 줄 알았는데 일찍 눈이 떠졌다. 침낭속에서 버티다가 일어나서 나오니 제법 쌀쌀하다. 마나슬루는 선명하게 잘 보인다.

일단 삼도까지 3시간 걸리고 삼도에서 다람살라까지 4시간 정도 걸릴 거라고 한다. 삼도까지는 평탄한 길이다. 야크와 소의 교배종인 조가 많이 보인다. 동네 청년들은 말을 타고 신나게 달려 어디론가 가는 바쁜 아침의 일상이다. 산마을 같지 않게 평지가 이어지고 소와 말 들이 풀을 뜯고 있다.

삼도 근처에 가까이 오니 많은 사람들이 한군데 모여 마을을 이루고 있다. 난민촌처럼 생겼는데, 야찔굼바를 캐기 위해 모인 마을 사람들의 천막이었다. 그들의 야찔굼바를 한참 구경하다가 다시 길을 나섰다. 저 높이 보이는 곳이 삼도라고 한다.

길이 계속 평지로 가다가 급격한 경사길을 올라간다. 다행히 급경사길은 짧다. 급경사 길을 거의 다 올라와서 우리의 걸음이 많이 느려진다. 힘들고 바람도 몹시 분다. 주위 소리가 요란하다.

가이드의 설명대로라면 다람살라는 굉장히 멀다. 4시간 안에 가기가 버거워 보인다. 점심을 먹고 서둘러 다시 출발했다. 마을 입구 표지판에 다람살라 3시간 30분이라고 쓰여 있다. 그런데 한 20분쯤 가니까 다람살라 4시간이라고 쓰여 있다. 이건 뭘까? 가이드도 외국인에게 머쓱한지 웃는다. 계속되는 오르막에 고도까지 높으니 숨이 차고 속도가 느려서 진도가 엄청 늦다. 3시간쯤 지났을 때 가이드가 저 코너만 돌면 다람살라가 보일 것이라고 했다. 흠, 우리가 굉장히 빨리 왔나보다. 그렇지만 그 코너를 돌았어도 다람살라는 보이지 않았다. 한 번 더 돌면 나올까? 사실은 가이드가 착각한 것이다. 웃으면서 미안하다며 정말로 저 코너만 돌면 확실히 다람살라가 보인다고 했다. 하지만 여전히 다람살라는 보이지 않았고 가이드는 말이 없다.

다시 비가 보슬보슬 내리기 시작했다. 잠시 앉아서 쉬다가 눈을 들었을 때 난 입을 벌리고 우와 하면서 감탄사를 연발할 수밖에 없었다. 무지개, 무지개가 내가 있는 곳 바로 아래에 떴다. 무지개를 위로 올려다보는 것이 아니라 아래로 내려다보는 것이다. 평소에 무지개를 볼 때마다 무지개의 시작 지점과 끝 지점은 어디일까 늘 궁금했는데 내 발 밑 계곡에서 시작한 무지개가 저 너머 계곡 끝 쪽에서 끝났다. 언제인가는 무지개의 시작 지점을 보고 싶다는 나의 소원이 이루어지는 순간이었다. 황홀해서 넋을 잃고 보는데, 아주 잠시 쌍무지개가 나타난다. 가이드도 이런 것은 처음이라고 한다. 이 경험 하나만으로도 나는 마나슬루가 너무나 좋아졌다.

비는 그쳤지만 안개가 끼고 날이 저물 것 같은 분위기다. 다울라기리에서 조난당했을 때의 생각이 났다. 하지만 가이드가 다울라기리 가이드와 달리 믿을 만하고 포터도 바로 옆에 있어서 걱정이 없다. 든든하다. 역시 이렇게 힘든 길을 갈 때는 믿을 만한 든든한 스태프가 필수이다. 다행히 저 멀리로 다람살라가 보인다. 다람살라 숙소가 열악하다는 소리는 많이 들었지만 실제로 방을 보고 웃음을 터뜨렸다. 참 심난하다. 몇 시간만 자면 된다고 밖에서 자는 것에 비하면 훨씬 낫다며 스스로에게 최면을 걸었다. 내려가면 꼭 좋은 숙소에서 자야지.

라르케 패스
(Larke pass 5,160m)

다람살라
(Dharamshala 4,470m)

빔탕
(Bimtang 3,720m)

새벽 내내 탕탕거리는 빗소리에 잠을 잘 자지 못했다. 자주 깨서 시간을 확인하다가 그냥 잠들어 버릴까봐 새벽 2시 15분에 일어났다. 어제 주문한 아침을 받고, 차를 마시고, 차가운 바람이 세차게 부는 길을 나섰다.

비가 오다가 개는 중으로 산쪽으로는 별이 많은데 반대쪽으로는 안개가 가득해서 아무것도 보이지 않는다. 다들 라르케 패스는 완만하게 언덕을 올라 부드럽게 넘는다고는 했지만, 고도가 있어서 힘도 들고 작은 언덕도 부담이 되는데, 일단 고도를 640m 정도는 올려야 해서 각오를 다졌다.

노익장을 자랑하는 노인들은 아직 주무시는 중이고, 우리 옆방의 혼자 온 사진작가가 먼저 출발했다. 새벽의 칠흑 같은 어둠 속으로 불빛 두 개가 나란히 번쩍거리다가 언덕을 올라 우측 능선으로 금세 사라졌다. 우리도 그들을 따라 어제 본 대로 곧바로 언덕으로 올라 내내 오르게 되었는데, 별다른 표지판이 없는 대신 눈이 많이 올 때 적설량을 알리는 긴 장대가 길을 알리는 역할을 했다. 헤드랜턴을 켜고 새벽길을 가는데 고도로 인해 속도가 잘 나지 않고 몸이 무거웠다. 조금 일찍 간 사람은 보이지도 않고, 우리는 기는 건지 가는 건지 1시간 잘 걷고는 그 이후 헉헉거리기 시작했다. 오늘은 아내도 힘들다고 한다. 밤새 헐떡거리며 잘 자지 못했다고 한다. 높은 곳에서 잠을 자는 것은 역시 힘들다.

빙하 옆으로 끊임없는 너덜 지대를 걸어갔다. 높은 봉우리 하나를 휙 넘는 게 아니라 약 10개 정도의 봉우리를 오르락내리락하는데, 아주 죽을 맛이었다. 누가 여기를 그냥 완만하게 오른다고, 힘들지 않다고 했는지 모르겠다. 둘이 그 사람들은 우리 달팽이 부부의 적이라고 생각했다. 헉헉거리면서 제법 많은 장대를 통과하다보니 날이 밝아졌고, 주변의 산들이 조금씩 보였다.

빔탕 익스프레스

이제는 길은 잘 보이지만 길은 더 힘들다. 헉헉거리면서 뒤를 보니, 뒤에서 노익장을 과시하는 서양 노인 트레커들이 멀리서 가이드와 포터들과 함께 올라오고 계셨다. 팍 퍼져서 쉬고 있으니 저 멀리서 오는데도 초고속으로 늠름하게 오시는 영감님이 계셨다. 저건 슈퍼 노인이 아닌가 생각했는데 다시 보니 말을 타고 온다. 드디어 빔탕 익스프레스를 이용하는 사람을 보게 된 것이다. 컨디션이 좋지 않다면 말을 타고 라르케 패스를 통과하는 것도 좋은 선택인 듯하다. 빠르게 올라오더니 우리를 지나쳐 그냥 저 멀리 언덕으로 간다. 아내는 말 타는 것도 좋아하는데 엄청 부러워한다. 여전히 조금 가다가 또 퍼져 있으니 어제 노인 트레커들 중 빠른 분들이 우리를 추월해서 휙 지나갔다. 어떤 할머니 한 분은 'How are you doing?'이라고까지 물어 오셨다. 결국 새벽에 가장 먼저 출발하여 가장 뒤에 가게 되었다. 아내와 둘이서 우리 하는 일이 노상 그렇더니 이제는 노인들에게도 추월을 당하네 하며 우리들의 느려터짐을 한탄했다. 그러면서도 한편으로는, 저분들은 아마도 히말라야의 초고수들인데 정상 등반을 주로 하다가 아마 60세나 70세에 계 모임을 해서 산에 돌아온 유명한 분들일 것이라고 무조건 우기기로 했다.

멀리 보이는 장대도 거리가 까마득해 보이는데, 거기가 끝이 아니고 그걸 지나 또 돌아야 한다고 한다. 이런 높은 고도에서는 보인다고 하더라도 그렇게 가까운 거리가 아니다. 거대한 돌멩이들 사이로 조심스럽게 내리막을 걸어 얕은 물의, 그러나 빠지면 충분히 무릎까지는 젖을, 살얼음이 낀 호수 옆으로 내려섰다. 깨지지 않을 만한 얼음길을 각 팀의 가이드들을 다 내보내서 찾다가 겨우 가이드들이 먼저 건넜다. 트레커들도 한 명 한 명 조심스럽게 건넜다. 호수를 지나고 나니 다시 오르막이다. 멀리 보이는 장대 3개 정도를 더 가면 되는 것 같았다.

저 멀리서 노인 트레커들이 여기저기 몰려다니며 사진을 찍는 것이 보였다. 초르텐 옆으로 건물도 한 채 있는 것 같았다. 드디어 라르케 패스

(Larke pass 5,160m)에 다 오른 것 같았다. 초르텐과 룽다가 여러 개 있었다. 그러나 이 동네 전통상 막바로 이러는 경우가 없으므로 흥분을 가라앉히고 조금 더 올라갔다. 조금 더 올라가니 초르텐과 룽다가 4개씩 있고, 그중 하나에 라르케 패스에 온 것을 환영한다는 문

구가 있었다.

기념 촬영을 하고 가져온 과자를 한 봉지 먹고, 아침은 조금 밑에 내려가서 하자고 했다. 라르케 패스는 성수기에는 돌로 만든 오두막에서 찻집을 한다고 하는데 지금은 아무도 없고 지붕도 많이 무너져 있었다.

오두막 뒤의 절벽에서는 병든 말 한 마리가 주인에게 버림을 받고 죽어가고 있다고 가이드가 말했다. 이 산을 타면서 가이드는 네 마리의 말이 죽은 것을 봤다고 했다. 말이 아파서 짐을 못 나르게 되면 그냥 묵었던 곳이나 짐을 싣는 곳에 버려두고 간다. 다음에 돌아왔을 때도 말이 기운을 못 차리면 여전히 그냥 두는 것이고, 그렇게 몇 번 반복하면 쇠약해져서 죽는 것이다. 말은 영리해서 자신이 버림받았다는 것을 알면 풀이 죽기도 하고 아프기도 해서 그렇게 있다가 쓸쓸하게 죽게 되는 것이 고산을 다니는 짐 싣는 말의 생애다.

그렇게 죽어가는 말도 어려서 망아지 때부터 엄마 뒤를 따라다니면서 산을 익히고, 어느 날 주인에게 멋진 옷을 선사받고, 엄마와 아저씨들처럼 짐을 메고 한몫을 하면서 힘센 말로 등극하여 제법 맛있

라르케 패스의 트레커들

는 것을 얻어먹으면서 높고 험한 산을 넘고, 대평원에서 좋은 풀을 먹고 사랑하는 말을 만나 망아지도 낳고 행복한 순간도 있었을 텐데 마지막은 혼자 그렇게 쓸쓸하게 가게 된다. 죽어가는 말을 구태여 보러 가지 않았다. 곧 얼고 햇볕에 마르면서 고도의 영향으로 썩지도 않은 채 말은 그냥 거기에 있게 될 것이다.

비록 2등으로 시작해서 꼴찌로 올랐으나, 이제 내리막이라 다소 마음의 여유가 생겼다.

라르케 패스 5,160m — 빔탕 Bimtang 3,720m

이 고개는 특이하게도 5,100m가 넘는데도 하산하는 길에도 다시 고도를 올리는 길이 이어졌다. 갑자기 다들 지쳤다. 아마도 가이드와 포터는 우리가 너무나 늦게 올라오는 바람에 장갑도 없고 옷도 시원치 않아서 우리를 기다리다 얼어서 지쳤을 것이다. 가이드 볼은 장갑이 없어서 연신 "내 내츄럴 글러브가 작동이 안 돼요."라고 중얼거리며 팔짱을 끼고 산을 탔다. 이대로는 안 되겠다 싶었다. 가파른 내리막이 예상되는 지점의 직전에 앉아 아침 겸 점심을 먹었다.

새벽 3시에 출발했는데 라르케 패스에서 점심을 먹게 되다니 우리도 참 어지간하다 싶었다. 고도는 약간 오르고 내리다가 드디어 하강을 시작했다. 소문대로 좌측은 깎아지른 절벽이고 우측의 산 쪽은 하산 길 전체가 엄청난 돌무더기가 언제든지 쏟아질 준비가 되어 있었다. 소리 한 번 내지

않고 고양이처럼 아주 살살 한 발 옮기고 산 한 번, 절벽 한 번 보고 아주 살살 조용히 움직이다가 2번이나 넘어졌다. 넘어지는 소리에 돌 굴러올까 산을 쳐다보면서 아주 살살 그러나 번개 같은 동작으로 일어나면서 산사태를 조심했다. 여기는 실제로 심심치 않게 돌멩이에 맞아 저세상으로 가는 사람들이 있는 곳이라 조심해야 한다.

세워져 있는 장대를 따라 내내 내려가는데 마부 아저씨가 아까 그 영감님을 빔탕까지 태워다 주고, 말 등에 뭘 싣고 만족스럽게 웃으며 오고 계셨다. 마나슬루에서 빔탕—라르케—삼도 간을 말을 타고 운행하는 것을 '빔탕 익스프레스'라고 하고, 담합 가격으로 모든 마부들이 140달러 정도를 요구한다. 이 빔탕 익스프레스 덕택에 안나푸르나 라운딩 코스의 다

라파니에서 빔탕으로 진입한 후, 라르케 패스로 향하는 절벽을 말을 타고 올라 라르케 패스로 바로 진입하고, 그대로 하산해서 다람살라를 지나 삼도로 해서 사마까지 가게 된다.

여기에서 마나슬루 베이스캠프로 가거나 내리막으로 해서 마나슬루 종주를 쉽게 마칠 수 있어서 주로 일본의 노인들과 유럽의 노인들이 10월 지나면 같이 말 타고 이 지역을 트레킹하는 것을 선호하기도 한다. 다만 이 코스가 본래 최초로 마나슬루를 탐사할 때에 탐험자가 죽음을 각오했다는 구절이 나올 정도로 험악하다는 것이 문제다. 길 폭이 20cm도 안 되는 구간이 있어서 말들도 사고로 많이 죽는다. 그러나 최근에는 길이 많이 나아지고 있으므로 빔탕에서 빔탕 익스프레스를 이용하여 넘거나 걸어서 넘는 것도 좋다고 본다. 혹은 역시 일본인들이나 서양인들이 그러는 것처럼 빔탕 익스프레스로 넘은 뒤 사마가온이나 그 아래 마을에서 전세 헬기 불러서 단체로 하산해도 좋을 것 같다. 그것이 가능한 헬기 회사는 4~5개 된다. 대신 돈이 많이 든다.

우리 부부는 라르케 패스에서 2시간 동안 하산을 했다. 급격한 내리막은 이제 끝이고 좀 안전한 완만한 내리막이 있는 풀밭에서 잠시 쉬다가 단체로 누워서 20분 정도 낮잠을 잤다. 땡볕에 등판을 다리미질하는 듯했지만 피로한 몸에는 잠시 자는 것이 보약이었다. 그렇게 좀 자고 일어나 하산하다 바로 아래에서 문을 연 찻집 하나를 발견했다. 그냥 여기까지 와서 여기서 밥을 좀 제대로 먹을 걸 하는 후회가 들었다.

어쨌든 하산 길은 즐겁다.

가이드 볼은 여기서 뭘 좀 먹겠다고 해서 그러라고 했다. 메뉴는 없고 그냥 되는 대로 먹는 것이 메뉴란다. 기분이 좋았는지 가이드가 우리에게 커피를 샀다. 식사들 하고 천천히 갈 테니 천천히 오라고 하고 초고속으로 하산했다. 1시간 정도 간 다음 좀 앉아서 기다리자 뒤늦게 나는 듯이 달려서 우리를 찾아온 가이드와 포터에게 얼마나 가면 되냐 물었다. 너무나 고속 산행을 했더니 이제 30분만 가면 마을이라고 한다.

그래 그들을 앞세우고 부지런히 30분 정도 하산을 했더니 대평원이 나오고 마을 가운데로 개울이 흐르고 풀밭이 너무나 아름다운 동네인 빔탕에 도착했다. 숙소를 잡고 숙소 뒤로 가보니 개울이 잔잔하게 흐르고 무지개 다리가 있고 그걸 건너 풀밭을 넘어가면 말들이 짐을 다 나르고 나서 하루를 쉬는 방목장이 있다.

호텔 방 안에는 있는 게 오직 침대뿐이고 역시 여기도 밤새 비가 내렸다. 가이드에게 내일 다라파니까지 가보자고 했는데, 그렇게는 안 될 것 같다고 하며 고개를 저었다. 불가능하다고 했다.

안나푸르나 때처럼 12시에 눈이 번쩍 떠졌다. 증세도 비슷하다. 이번에는 그러려니 하고 옷을 가볍게 입고 비스듬히 누워서 호흡 조절을 했다. 하도 가슴이 답답해서 차라리 일어나서 출발했으면 좋겠다는 생각을 하면서 잠깐 잠이 들었다.

새벽 2시 30분에 일어나서 초코파이 하나에 차 한 잔을 마시고 출발했다. 우리보다 조금 먼저 한 팀이 떠났고 그다음이 우리다. 생각보다 날씨가 춥지는 않았고 오히려 오르막에서는 살짝 땀이 났다. 그러나 최대한 열심히 가는데 진도가 잘 나가지 않았다. 이 고도에 몸이 적응이 되었다고 하더라도 힘든 건 힘든 거다. 5시쯤 되니 날이 밝아오고 새들이 울어댄다. 사방이 돌무더기이지만 길은 아주 잘 나 있다.

말로만 듣던 말을 타고 넘는 사람도 있다. 7시가 지나자 모든 팀들이 우릴 앞서간다. 심지어 나이가 지긋하신 노부부도 우리보다 먼저 간다. 우리가 느리긴 진짜 느리다. 오늘 안에 가기는 하겠지. 계속되는 오르막에 지친다.

출발한 지 6시간 30분 만에 라르케 패스에 도착했다. 가이드가 3시간 걸린다고 했는데 2배가 넘는 시간이 걸렸다. 간단하게 삶은 감자와 계란을 먹고 하산을 하는데, 눈은 내리고 길은 정말 환상적으로 위험하다. 여기로 말들이 지나다니는 것은 불가능할 것 같다. 나중에 가이드가 이 길에서 4마리의 말이 낭떠러지로 떨어져 죽었거나 다쳐서 움직이지 못하는 걸 보았다고 한다. 난 왜 보지 못했을까? 아마 길이 험해 내가 가야 하는 길만 보고 주위를 살펴볼 여유가 없어서 그랬을 것이다.

거의 2시간을 험한 길을 내려오니 초지다. 가이드가 초지에 누워버린다. 나도 남편도 다 같이 누웠다. 다들 잠시 눈을 감고 꿀맛 같은 잠을 잤다. 햇볕은 따뜻했고 초지의 풀은 푹신했다.

빔탕, 젖과 꿀이 흐를 것 같았다.

🧭 마나슬루 12일 차

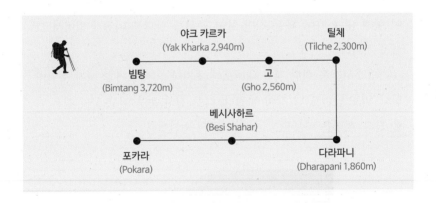

야크 카르카
(Yak Kharka 2,940m)

틸체
(Tilche 2,300m)

빔탕
(Bimtang 3,720m)

고
(Gho 2,560m)

베시사하르
(Besi Shahar)

포카라
(Pokara)

다라파니
(Dharapani 1,860m)

오늘은 최대한 내리막에서 밀어보는 날이다. 다라파니까지 밀어 지프를 타고 포카라로 가보겠다고 했지만 사실 틸체 정도 가고 그 다음날 다라파니에서 아침 차를 타는 것 정도나 가능하지 않을까 생각했다. 최근 트렌드가 다라파니까지 밀어서 지프를 타고 카트만두 혹은 포카라로 바로 가는 것이 가능해졌다고 해서 어떻게 그게 가능한지 알고는 싶었지만 그 부분에 대해 언급해놓은 정보는 찾을 수 없었다.

새벽에도 내내 비가 왔고 양철 지붕이라 소리가 더 요란했다. 가이드는 산행 후반 체력 고갈로 피곤해서 상당히 헤매는 듯했다. 아침이 되어도 일어나지 못했다. 새벽에 식당에 나가 아침을 기다리면서 차를 마시며 가이드에게 다시 오늘 최대한 다라파니까지 가자고 하니 가이드가 여전히 다라파니 행은 오늘 안에 100% 불가능하다고 했다. 빔탕에서 다라파니까지 어느 정도의 시간이 걸리는지 알 수가 없다. 다만 안나푸르나 라운딩과 밀접한 지역의 차도와 가까이 간다고 생각하고 최대한 가보자고 했다.

7시에 빔탕에서 떠나는데 비는 여전히 내렸고, 어제저녁에 잠시 보이던 설산들은 모두 안개와 구름 사이로 모습을 감췄다. 빔탕 마을에서 우측으로 빔탕 빙하를 건너 오르막을 올랐다. 마을에서 나가자마자 여기서부터는 안나푸르나 지역이라는 표지판이  서 있었다. 그러면 여기서 마나슬루 체크아웃을 해줘야 하는데 국립공원 직원들이 어디에도 없었다. 주로 내리막이지만 종종 오르막도 있는 길이다. 전나무 숲에 가득한 다섯 아름은 넘을 큰 전나무들과 고사목들이 큰 강과 개울들 사이에 끝도 없이 펼쳐져 있었다. 하산길이어서 우리보다 먼저 출발했던 다른 팀들을 추월하며 아주 유쾌하게 하산길을 즐겼다.

빔탕에서 고(Gho 2,560m) 마을까지는 보통 5시간 이상이 걸린다고 하는데, 우리는 마치 산악 마라톤을 하는 사람들처럼 경치는 그냥 쳐다보고 마는 수준으로 보고, 고 마을에 빠르게 도착했다. 고 마을만 해도 이미 안나푸르나 라운딩에 근접해서 여러 가지로 풍족했다. 고 마을에서 점심을 먹자고 하고, 가이드에게 점심이 준비되는 동안 주인 자매에게 물어봐서 지프 좀 알아보라고 했더니 열심히 전화번호를 받아서 여기저기 전화를 했다. 그런데 성과가 없었다.

어떤 기사가 다라파니—포카라 구간 담합 가격인 170달러에 1,000루피를 더 달라고 한단다. 시간은 많고, 다라파니에는 그 정도 돈을 준다면 간다는 사람은 많을 것 같아서 그냥 놔두라고 했다.

본래 다라파니로 들어서서 안나푸르나 라운딩 코스로 진입하게 되면 베시 사하르로 일단 내려가서 거기서 카트만두나 포카라 양 갈래 길로 갈라진다. 둘 다 버스로 6시간이 소요되는데 외국인들에게는 엄청난 바가지 가격을 요구하는 걸로 유명해서 그냥 지프를 타고 포카라로 빨리 가고 싶었다.

그리고 마나슬루는 하루가 경과하면 매일로 계산해서 일정을 어긴 것에 대한 벌금을 더 내야 하고, 숙식비와 가이드와 포터의 일당도 더 줘야 했다. 대충 이렇게 계산하면 지프 가격이 담합으로 어이 없이 아주 비싼 가격으로 책정이 되어 있지만, 다라파니에서 밤에라도 지프를 타고 단번에 내려가는 것이 더 나은 선택이다.

점심을 다 먹고 아주 느긋하게 길을 떠났다. 고 마을 바로 밖에서부터 도로가 건설되어 다른 길로 가라고 안내가 되어 있었다. 가서 보니 강변을 따라가는 옛길이 없어지고 대신 버스가 들어올 만한 길이 거의 열려 있었다. 다라파니까지 거의 완성되었고, 길은 아주 넓고 평탄했다. 이제 다음에 산을 타게 되면 다라파니가 아닌 고에서 지프를 타거나 고에서 빔탕을 넘어가겠구나 하는 생각이 들었다.

조금 있으면 이제 틸체 마을로 접어드는데 1,000 루피 더 달라던 운전사에게 전화가 왔다. 운전사가 지금 어디냐고 해서 틸체라고 하고 약 1시간 후에 다라파니에 도착한다니 다급하게 그냥 170달라에 한다고 한다. 그래서 그렇게 하기로 했다. 지프는 베시 사하르에서 올라온다고 했다.

틸체 마을은 큰 마을이다. 마을 입구를 빙 돌아 밭들을 지나 다른 쪽 능선으로 해서 고 마을로 연결하기 위한 작업이 계속되고 있었다. 마을 입구 나무에는 작은 사과가 달려 있었다. 아직 사과가 익지 않은 철에 온 것이 아쉬웠다. 마을을 벗어나니 다시 출렁다리다. 비록 지겨운 다리이지만 이제 이것도 아쉽고 그리울 날이 다가올 것이다. 다리 아래로 강물이 세차게 흘렀다. 다리를 건너자 고 마을과 연결하기 위한 도로와 바로 만나게 되었다. 도로 건설이 늘 쉬운 것은 아니어서 하다가 좀 어려운 곳은 놔두고 쉬운 곳부터 건설하기도 하므로 사이사이 언덕과 짧은 절벽도 있었고 엄청난 커브도 있었지만 원래의 틸체 뒷마을로 연결되는 코스에 비하면 아주 넓고 평탄하며 쉬운 내리막길이었다.

큰 다리를 건너면 다라파니 마을이고 거기서 다시 긴 다리를 하나 건너면 베시 사하르—마낭 간에 연결되는 메인 산악 도로와 만나게 된다. 그런데 다리를 건너려는데 다리 한가운데에 소들이 있었고, 아저씨 한 명이 송아지 한 마리를 다리에 끼고 있었다. 이 송아지가 겁이 잔뜩 나서 다리의 3분의 1 지점에서 버티기 시작했다. 사람들이 뒤에서 때리고 앞에서 당기고 해도 요지부동이었다. 답답해 진 사람들이 걷어차도 죽은 척 안 움직이고 하다가 억지로 몇 걸음 더 걸어서 3분의 2 지점까지 와서는 이번에는 앞으로 엎드려서 버텼다. 우리 포터가 앞에서 당기고 6명의 사람들이 뒤에서 엉덩이를 미는데도 내내 버텼다.

한 30분 그 광경을 보다 답답해서 내가 가서 소 머리 위에 묶은 줄을 포터와 같이 잡고 끌었는데, 어느 순간부터 강아지처럼 소가 따라왔다. 다리 끝까지 끌고 와서 보니 송아지가 아니고 아주 큰 소였다. 그리고 다리 위를 돌아보니 사람들이 나와 소를 쳐다보면서 눈을 둥그렇게 뜨고 있었다. 더 이상 지체하고 싶지 않아서 더 이상 소를 보내지 말라고 소리치고 다리를 건넜다.

소가 발버둥 친 자리는 쇠가 휘어지고 나사가 튀어 나가 있었고 철조망에 구멍이 나 있었다. 엄청 길고 높아서 오랜만에 무서움을 탈 정도의 다리였는데 곧 건너서 마을로 진입한 다음 다시 다리를 하나 더 건너니 다라파니 메인 로드였다.

100% 미션 임파서블이라고 했는데 다라파니(Dharapani 1,860m)에 도착하니 오후 4시이다. 고도가 낮아지니 한국 사람들 산 타는 속도가 나온 것이다. 올라온 차는 우리가 아는 관광객용 그런 지프차가 아니었다. 그냥 물건을 싣고 올라오는 카트만두에서 배달 오는 픽업트럭이었다. 그러므로 우리는 내려가는 길에 싣고 가는 그냥 비싼 짐이었다.

베시 사하르로 가는 차도는 안나푸르나 라운딩이 시작되는 길이라 20대 시절에 혼자서 이 길을 따라, 강을 따라 다니던 생각이 났다. 그때 기억이 어제 같은데 40대가 되었고 히말라야와의 인연도 이제 20년이 되었다. 날이 완전히 어두워지고 길은 엄청난 비포장에 과격한 흔들림의 연속이었다.

우리를 포카라로 데려다줄 차

아내의 박치기에 유리창과 차 내부가 다 부서지지 않을까 싶었다. 중간에 잠깐씩 2번 쉬고, 거의 5시간이 걸려 안나푸르나의 시작점인 베시 사하르에 도착했고, 이후 운전기사를 교체한 후에 바로 포카라로 출발했다. 안전한 걸로 따지면 그냥 하루 자고 다음날 지프를 타고 가는 것이 훨씬 나을 것이다.

포카라에 도착해서 늘 머무는 아이스 랜드 호텔에 방을 잡았고, 가이드와 포터에게 팁을 주고, 가이드에게 선물로 고어텍스 오버 장갑을 줬다. 참 고마운 친구들이었다.

아내의 생각

오늘은 다라파니까지 가는 날이다. 가이드는 절대 불가능하다고 했지만 우리는 시도해보기로 했다. 지도상에는 8시간이면 갈 수 있는 것으로 나온다. 물론 우리 부부는 10시간 이상 걸릴 것이다. 가이드는 웃으며 100% 못 간다고 했다.

일단 시험 삼아 다라파니에서 표지판에 명시된 1시간 거리의 다음 마을까지 어느 정도 걸리는지 보고 포기를 하든 시도를 하든 결정하기로 했다. 우리는 히말라야에 들어온 후 가장 빠른 걸음으로 내려가기 시작했다. 그리고 믿을 수 없는 일이 벌어졌다. 우리가 딱 1시간 만에 도착한 것이다. 가능성이 보였다.

쉬지 않고 바로 출발했다. 길은 편안한 내리막으로 이어지면서 전나무 숲으로 이어지는 언젠가 영화에서 본 듯한 풍경이 끊임없이 펼쳐지고 있었다. 너무 빠르게 내려온 것 같아 잠시 쉬기로 하고 문 닫은 찻집 앞 풀밭에 털썩 앉았는데 남편이 왜 거기 앉았냐고 타박을 한다. 왜 또 시비를 거나 하는데 내 뒤에서 무언가를 주워서 내게 보여주었다. 염소 다리다.

헉, 나머지 부위는 어디 가고 털이 그대로 붙어 있는 다리만 있는 것일까? 아마 곰이 잡아먹고 다리만 남겨두고 간 것 같다고 한다. 그런데 그것보다 더 놀라운 것은 내가 소리를 지르거나 놀라지 않고 "염소

다리네." 하면서 말없이 배낭을 챙겨서 다른 곳으로 옮겨 앉았다는 거다. 이제 이런 것에 호들갑 떨지 않을 만큼 적응한 것이다. 스스로가 대견하다. 잠시 앉아 물을 마신 뒤 다시 출발해서 고까지 정확한 시간에 맞춰 내려왔다.

오다가 다리 위에서 소를 끌어내는 힘을 쓴 사건을 빼면 특별한 일 없이 다 내려왔다. 이제 정말 다 왔다. 마을을 지나 도로까지 가면 끝이다. 차가 오기로 한 곳까지 도착해서 차를 한잔 마시고 우리가 사용하고 남은 옷과 식료품 같은 물품들을 가이드와 포터에게 나눠줬다.

차는 생각보다 많이 늦게 도착했고 저녁으로 모모를 대충 먹고 출발해 차창 문에 머리를 쿵쾅거리며 거의 기절 수준의 잠을 자며 새벽 2시에 포카라 호텔에 도착했다.

안녕, 마나슬루!

·KANGCHENJUNGA·

4. 칸첸중가

칸첸중가 트레킹 소개

▪ 칸첸중가(Kangchenjunga 8,586m)

위치는 네팔과 인도 사이에 정확하게 걸쳐 있다. 칸첸중가는 다섯 개의 눈(雪)의 보고(寶庫)라는 뜻으로, 티베트 불교 문화와 관련된 이름을 가지고 있다. 다섯 개의 보물은 금, 은, 보석, 곡식, 경전을 말한다.

칸첸중가는 모두 8,000m가 넘는 주봉과 네 개의 위성봉으로 이루어져 있다. 칸첸중가의 주봉은 8,586m, 서봉인 얄룽캉은 8,505m, 남봉은 8,494m, 중봉은 8,482m이다. 서봉인 얄룽캉은 로체의 위성봉인 로체샤르와 함께 최근 8,000m급 이상의 단독봉으로 인정받고 있어서 14좌에 덧붙여져 14+2좌 혹은 16좌로 불리기도 한다. 주봉을 정점으로 이들 능선 사이로 제무 빙하, 얄룽 빙하, 탈룽 빙하, 칸첸중가 빙하 등 광대한 빙하가 흐른다.

칸첸중가 트레킹은 네팔의 남면과 북면, 2곳을 모두 같이 혹은 따로 하는 것이 가능한데, 칸첸중가의 다섯 봉우리는 오직 남면에서만 모두 볼 수 있고, 북면에서는 세 봉우리만 볼 수 있다. 인도 쪽에서의 칸첸중가 트레킹은 시킴의 칸첸중가 국립공원에 진입한 후 남쪽 면을 둘러보는 종그리 라(Dzongri La) 혹은 고차 라(Gochala La)를 넘어서 각각 베이스캠프에 진입하게 되지만, 인도 정부에서 종그리 라 이후 라통 빙하와 고차 라 이후의 산행을 자연 보호 및 국경의 보안 문제로 제한하고 있다. 그 외에 다르질 링 근방의 산닥푸에서도 칸첸중가 트레킹이 가능하나 베이스캠프까지 접근하지는 않는다.

칸첸중가는 2016년 인도 시킴 주의 칸첸중가 국립공원이 유네스코 세계 자연문화유산 중 복합유산으로 등재되어 국립공원 내의 거주가 제한되고 공원의 면적이 더욱 확대되고 내·외국인의 출입이 통제되어 자연이 잘 보존되고 있다.

칸첸중가는 1852년까지는 세계에서 가장 높은 산으로 여겨졌으나, 에베레스트 산이 발견된 뒤 순위가 밀려났다. 1899년에 첫 등반 시도가 있었던 뒤로 계속 여러 원정대가 도전했으나 내내 실패했다. 1955년 영국 조지 밴드(George Band)와 뉴질랜드의 조 브라운(Joe Brown)이 초등했다. 우리나라는 1999년 고 박영석 대장의 등정을 한국의 초등으로 인정하고 있다.

우리 부부의 트레킹 전략

통상적으로 칸첸중가 트레킹은 네팔에서 시작하는 것이 상식이고, 남측과 북측을 모두 방문하거나 남측 혹은 북측을 나눠서 방문하기도 한다. 최근에는 네팔 히말라야를 횡단하면서 칸첸중가 베이스캠프를 지나 마칼루로 연결하기도 한다. 인도로 접근하는 칸첸중가 트레킹 코스는 널리 알려져 있지는 않지만, 인도 시킴 주 입경 허가를 받은 후 다시 등반 허가를 받은 후 반드시 그룹으로 칸첸중가 국립공원에 진입하여 등반을 해야 한다. 네팔과는 달리 인도의 칸첸중가 국립공원은 유네스코 세계문화유산으로 지정되어 공원 내 거주를 금지하므로 모든 코스에서 캠핑을 원칙으로 한다. 칸첸중가는 네팔과 인도에 치우치지 않고 정확하게 가운데에 위치해 있어서 인도에서도 장엄한 칸첸중가 산군에 최대한 가까이 접근할 수 있다.

칸첸중가의 트레킹은 원래는 10월의 트레킹 일정에서 맨 마지막에 속해 있었으나, 먼저 진행하려던 쿰부히말의 성수기 일정을 맞출 수 없었다. 쿰부를 먼저 트레킹하면 칸첸중가와 마칼루를 11월 중순과 12월 초순의 매서운 추위를 견디며 트레킹을 해야 하는데, 그것은 성공 가능성이 너무 낮았다.

갑작스런 일정의 변화로 조기에 팀을 만들거나 참가하여 칸첸중가 등반 일정을 맞추거나 등반 루트에 대한 정보를 얻는 과정이 부실해서 결국 가장 간단하지만 선택하기는 싫은 고비용을 내는 길을 선택할 수밖에 없었다. 정보의 부족은 고비용은 물론, 진정 오랜만에 고산병을 부르는 혹독한 코스를 오르는 것으로 그 가치를 대변했다.

인도 측 칸첸중가의 올드 베이스캠프로도 부르는 종그리 라에서 라통 빙하를 건너 네팔 측 베이스캠프와 만나는 인도 측 베이스캠프로 진입하려는 시도나, 고차 라 바로 옆의 베이스캠프의 접근도 쉽지는 않았다. 그러나 20년간 마음에 품고 사모하고 그리워하던 내 히말라야의 시작인 칸첸중가를 이제는 아내와 같이 걷게 되었다는 데 큰 의의를 뒀다. 고난이도의 트레킹 코스이므로 무사히 트레킹에 성공하고 1년에 단 30일밖에 머무를 수 없는 시킴 주에 대한 좋은 추억을 갖고 싶었다.

칸첸중가 종그리 BC, 고차 라 BC 트레킹 일정표 (2017. 10. 26. ~ 2017. 11. 2.)	
1일	욕섬(Yuksam 1,780m) — 바킴(Bakkhim) — 초카(Tsokha 3,050m)
2일	초카 — 페당(Phedang 3,650m), 종그리(Dzongri 4,030m)
3일	종그리 — 종그리 라(Dzongri La 4,170m) — 종그리
4일	종그리 — 탄싱(Thangshing 3,930m)
5일	탄싱 — 라무네(Lamune 4,220m)
6일	라무네 — 고차 라(Goecha La 4,940m) — 칵출롱(Kockchorong 3,930m)
7일	칵출롱 — 페당(3,650m) — 초카(3,050m)
8일	초카 — 욕섬(1,780m) — 칸첸중가 트레킹 종료 / 갱톡으로 지프 이동

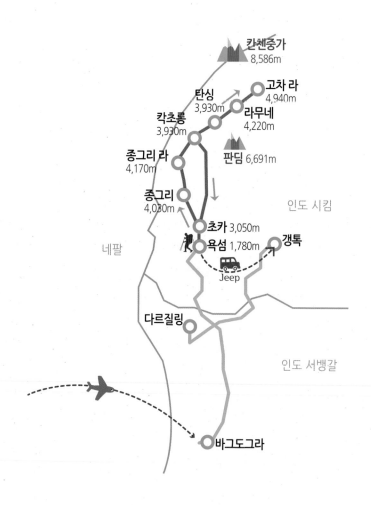

칸첸중가 트레킹 지도

칸첸중가
8,586m

탄싱
3,930m

고차 라
4,940m

칵초롱
3,930m

라무네
4,220m

종그리 라
4,170m

판딤 6,691m

종그리
4,030m

인도 시킴

초카 3,050m

욕섬 1,780m

갱톡

네팔

Jeep

다르질링

인도 서뱅갈

바그도그라

🧭 칸첸중가 1일 차

초카
(Tsokha 3,050m)

욕섬
(Yuksam 1,780m)

저녁에 비가 와서 걱정했다. 조금 늦게 잠이 들었지만 아침에 일찍 일어
난 소들의 방울 소리와 닭 소리에 아침 6시 반에 일어났다. 옥상에 올라
가서 보니 설산이 보였다. 여기에서 어제 만난 아가씨에게 물으니 칸첸중
가는 아니고 그 앞 열에 나와 있는 카담이라는 산이라고 한다. 칸첸중가는
저 뒤에 있다고 한다.

7시에 에이전시에 모여 떠나기로 했으니 이른 시간은 아니었다. 짐을 챙
기고 간단하게 차 마시고 호텔에 포터에게 부담을 줄 수 있는 책이나 매트
같은 것을 맡기고 출발했다. 날씨는 화창했다. 방값은 1,200루피였고, 식
사와 빨래 서비스 이용료 모두 합해서 1,900루피를 줬다.

저녁에는 몰랐는데 아침에 보니 호텔 앞이 욕섬의 보건소였다. 에이전시로 가는 길은 넓고 잘 포장이 되어 있었는데 지나가던 강아지가 아내에게 와서 아는 척을 했다. 강아지, 말, 고양이 등이 이상하게도 아내만 보면 와서 무척이나 잘 놀다 가고는 한다. 기본 품성이 착해서 그런가? 잔소리만 좀 안하면 더 좋은데…….

에이전시에는 밤새 많은 유럽인들이 도착해 있었다. 대개 인도 여행 중에 들른 사람들인데, 특이하게도 우크라이나와 러시아 사람들이 많았다. 등산 스틱, 침낭과 등산 제킷 등의 장비를 에이전시에서 무료로 빌려주는데, 자기 사이즈에 맞고 좀 좋은 장비를 가져가려는 사람들로 닭털, 오리털이 날리고 정신이 없었다.

오전 8시에 짐을 운반하는 야크들과 야크 몰이꾼들이 오고 대충 정리가 되어 길을 떠났다. 야크를 보니 사람이 아닌 소한테는 그리 미안하지 않아서 두고 온 책들과 자료가 많이 아쉬웠다. 어제 인도 첸나이에서 온 총각과 프랑스 여자 2명과 남자 1명 등 6명이 우리 팀이었다. 넓은 아스팔트 길을 피해 풀밭 길로 우회하는 빠른 길로 국립공원 사무소에 갔다.

칸첸중가 국립공원 사무소

국립공원 사무소는 포장된 도로 맨 마지막에 단독 건물로 자리 잡고 있었다. 입산 서류 처리를 하고 미비된 서류 보완하고 허가받고, 다시 경찰의 허가와 등록을 받고 출발했다.

산길은 약간의 내리막으로 시작되었다가 약간의 오르막으로 올라서 여러 개의 다리를 넘어서 평탄한 지역에서 점심을 먹게 되었다. 산길에는 누가 까먹고 지나간 밤송이들과 도토리들이 가득했다. 도토리는 우리가 아는 그런 도토리가 아니라 거의 밤알만 한 크기의 도토리들이 한 번에 10개 이상 같이 붙어서 통으로 나무에서 떨어져 내리곤 했다.

　산길로 떠날 때 에이전시에서 오늘 점
심이라고 도시락을 줬는데 사첸(Sachen
2,198m)에 도착해서 원두막에 앉아 도시
락을 열어보니 망고 주스, 초코 바, 달걀

이 들어 있었다. 30분 정도 점심 먹고 쉬었다가 출발하게 되었다. 오늘 목
적지인 초카 까지는 7km가 남아 있다고 했다.

　사첸에서 점심을 먹고 오후 1시 10분경 출발해서 평탄하게 가다가 아래
로 급하게 내려가서 4번째 다리를 건너게 되었다. 길을 내려가기 전에 맞은
편을 보니 다리를 건너 올라갈 길이 안나푸르나 ABC의 촘롱 가는 길보다
더 가파르고 끝이 안 보였다. 과연 다리를 건너 오르막을 올라보니 오늘 해
지기 전까지 오르막만 올라가야 하게 되었다.

　종종 초카 가기 전에 한참 아래인 바킴(Bakhim)에서 하루를 종료하고 고
도를 조금 천천히 오르기도 하던데 종그리에 가는 팀과 같이 하다 보니 과

격한 트레킹이 되었다. 너무 고도를 단번에 많이 올리게 되어 불안해서 가능한 천천히 오르기로 했다. 오르막을 죽어라 오르다 보면 갑자기 야채밭이 조금 나오고 티베트에서 피난 온 사람이 사는 집이 2채 정도 나오는데 거기가 바킴이다. 이 집 중 한 곳이 찻집을 운영한다. 밀크티 한 잔과 블랙티 한 잔을 마셨다. 바킴 도착은 오후 3시 반이었다.

예전에 바킴에서 하루를 쉴 수 있었던 이유는 좋은 산장이 있어서였는데 지진으로 다 무너져서 철거도 하지 못하고 쓸 수도 없는 애매한 상황이 되어 그냥 무리해서 위로 더 올라가게 되었다. 여기서부터 초카(Tschoka 3,050m)까지도 내내 오르막이다. 바킴에서 차 한잔을 마시고 다시 초카까지 남은 3km 구간을 지겹게 오르막을 올랐다. 수많은 이들이 다양한 방법으로 헉헉거리면서 오르거나 혹은 퍼져서 움직이지 않았다. 우리와 같이 가는 이들은 프랑스 남부 산골 출신이라는데 숨도 안 쉬고 죽어라 올라갔다. 절대로 중간에 쉬지 않는 무서운 사람들이었고, 그래서 굉장히 빨랐는데 그래도 느려터진 우리와 점심이나 저녁때에 만나거나 쉬는 곳에서는 늘 만나게 되었다. 이들은 그냥 종그리까지만 다녀온다고 했다.

같이 내내 고차 라까지 갈 인도 총각은 남부 첸나이 출신으로 산행이 처음인데 하필 메이저 급으로 골라 죽을 지경이었다. 프랑스 사람들을 따라 가다가 그 속도를 못 따라가더니 느려터진 우리 부부와 같이 길을 가게 되었다. 우리는 항상 사람들을 먼저 보내고 느리게 느리게 천천히 걸었다.

그렇게 오르는데 갑자기 텐트가 보이고 비교적 평평한 곳에 집이 서너 채 있고 산장이 두세 채 있는데 모두 마당에 텐트를 치거나 산장에 자리를 잡고 있었다. 다들 힘들게 올라 기쁨의 환호성을 질렀다. 캠핑을 한다고 해서 많은 돈을 지불했는데 얼결에 산장에 머물게 되니 뭔가 횡재를 한 기분이었다. 오후 4시 50분에 초카에 도착했다. 가이드가 남자는 남자끼리 여자는 여자끼리 자라고 해서 단호하게 거절했다. 작은 방 하나를 얻어서

자게 되었는데, 뒤이어 프랑스 부부도
우리와 같은 요구를 했는데 단칼에
거절당하고 그들은 상당히 마음이 상
했다. 가이드는 프랑스 사람들보다 우
리와 더 멀리, 더 오래 가야 하니 그런
게 아닐까 싶었다.

오후 5시가 되니 벌써 캄캄해서 아
무것도 안 보였다. 여기도 초반부터 상당히 추워서 더 높은 곳에서 쓰려고
준비한 오리털 파카를 꺼냈다. 칸첸중가가 확실히 에베레스트보다 더 추운
듯하다. 밖에 나가 밤하늘의 별을 봤다. 늘 그렇듯이 참 많았다. 히말라야
의 밤은 깊고 길다. 아주 긴 시간 동안 침낭에서 견뎌야 하는 밤은 참 길다.

정말 대박인 일정이었다. 아침 9시에 체크 포인트에서 떠나서 거의
쉬지 않고 걸었다. 정말 열심히. 우리와 한 팀이 된 프랑스 친구들은 내
가 프랑스에서 공부했다고 하자 급 친밀해졌는데 그들도 필리핀에 산
다고 해서 세상은 몹시 좁다며 신기해했다.

그들의 걸음은 몹시 빨랐고 우리 걸음은 여전히 느렸다. 숲은 울창
했고 길은 매우 좋았지만 심한 가파름의 연속이었다. 히말라야 산 중
에 첫날이 가장 힘든 코스였던 거 같다. 그룹 산행이 아니고 개인 산행
이었다면 분명 우리는 코스를 짧게 잡고 맘껏 풍경을 즐겼을 테지만
그러기에는 일정이 너무 빠듯했다.

세 번째 다리 건너서 점심을 먹고 네 번째 다리를 지나고는 정말 어
마어마하게 가파른 길이 계속 이어졌다. 가파른 길에 숨이 턱까지 차고

땀을 잘 안 흘리는 내가 땀을 흘릴 정도였다. 그런 와중에 앞에 걷던 커플이 남자가 여자에게 입맞춤을 하길래 나도 해달라니 남편이 "저 여잔 이쁘잖아!" 한다. 혼미했던 정신이 돌아오고 호흡이 가라앉았다. 기운만 좀 남아 있었어도…….

남편은 웃는데 난 토라졌다. 그 힘으로 오르고 또 올라서 겨우 바킴에 도착했다. 티 하우스에서 차를 한잔 마시고 잠시 쉬었다가 다시 초카로 간다. 가이드는 45분 걸릴 거라 했지만 우린 최대한 천천히 걸었다. 너무 고도를 빨리 높이는 것 같아 내심 걱정이었다. 오늘은 1,200m 이상 내일은 1,000m를 올려야 하는데 고산병에 걸리지 않을까 걱정이다. 1시간 10분 만에 캠프에 도착했고 오늘은 텐트가 아니라 산장이다.

여자 남자 따로 방을 쓰라기에 우리는 우리 둘이 방을 쓰는 것으로 해달라고 하니 잠겨 있던 방을 열어주었다. 정말이지 산에 뭔 사람이 이리도 많은 건지. 너무 많은 사람들 덕분에 길이 막힐 지경이었고 캠핑장에도 텐트로 자리가 없었다.

덕분에 우리는 늦은 저녁을 먹었지만 식사는 정말 훌륭하게 잘 나왔다. 차를 너무 많이 마셔서 제법 떨어진 화장실에 다녀오는 게 가장 불편하고 힘든 일이었다. 그나마 위안이 되는 건 오고 가면서 보는 별들이 정말 너무 아름다웠다. 오늘 산행 길은 너무 힘들었지만 비교적 아주 편안하게 휴식을 취할 수 있어서 감사한 하루였다.

🧭 칸첸중가 2일 차

페당
(Phedang 3,650m)

초카
(Tsokha 3,050m)

종그리
(Dzongri 4,030m)

밤새 자다 깨다 했는데, 오른쪽 다리가 아팠다. 습진 있는 엉덩이를 긁었다가 잠결에도 너무 아파서 후회했다. 아침에 나하고 마찬가지인 아내의 다리에 안티프라민을 발라 마사지해주고 내 다리도 마사지했다. 아침에 안개가 끼어서 설산은 보이지 않았다. 가이드가 뜨거운 차와 더운 세숫물을 방에 가져다줬다. 이게 웬 호강이냐 싶었다.

아침 식사를 마치고 짐 정리를 해서 카고 백을
밖에 내놓고 7시 45분에 길을 나섰다. 우리가 먼저 떠나면 야크에 짐을 싣고 천천히 오는데 야크가 천천히 걷지만 꾸준히 오기 때문에 어지간한 걸음으로는 오르막에서 야크보다 빨리 가기 힘들다. 왼쪽으로 곰파^(사원)가 있고 연못이 있고 그 주변에 많은 룽다가 휘날렸다. 어젯밤에도 그러더니 범패 두들기면서 열심히 제를 지내고 기도를 하는 것 같았다. 참 좋은 자리에 곰파가 자리를 잡았다.

주변 몇 군데의 티베트 난민들은 사는 것이 수월치 않아 보이는데 인도 정부에서 허가하지 않는지 찻집을 하거나 뭘 팔거나 하는 장사를 활발하게 하지는 않았다. 산장은 어떻게 된 건지 모르지만 기본적으로 인도의 국립공원에서는 네팔처럼 기주 및 장시를 허락하지는 않는 것 같았다. 길은 시작 지점부터 30분 이상 가파른 오르막이다가 겨우 올라가면 평탄한 길을 가다가 또다시 가파른 오르막이 이어지는 식이었다. 종그리의 고도는 4,030m이다. 고소 오기 딱 좋아서 많이 의심하고 주의했지만 나는 한 번도 이틀만에 4,000m까지 오른 적이 없어서 많이 후회했다. 머리가 좀 아파 진통제를 먹었다.

산행하는 동안 인도 총각에게 잘해주려고 했는데, 쉬는 시간에는 그냥도 힘든 판에 아내에게 노래를 불러보라고도 하고 나이도 어린데 딱 매 맞을 짓만 골라서 했다. 가만히 있으니 건방지기도 하고 끝없이 장난을 치려고 해서 간접적으로 주의를 줬는데도 내 장난이 심했다. 정작 분위기를 알아차린 건 가이드여서 산에서 매타작이라도 당할까 봐 그랬는지 얼른 데리고 먼저 올라갔다. 이후로는 냉랭하게 대했다.

인도 총각은 풀이 죽어서 자기 혼자 올라갔는데, 잘 먹지도 않으면서 올라가기는 잘 올라갔다. 20살짜리와 우리는 그렇게나 많이 몸 상태가 달랐던 것 같다. 그래서 나이 많이 먹기 전에 많이 돌아보고, 나이 들어서는 지갑

을 열어서 평탄한 여행을 주로 하자
고 했지만…….

진통제를 먹고 나니 가는 내내 졸
려서 길에서 졸았다. 컨디션이 안 좋
아지는데 대해 아내의 걱정이 많았
다. 페당(Phedang 3,650m)에 12시에 도착해 점심을 먹는데, 영 시원치 않은
점심이었다. 어려서는 초코 바만 먹고도 산에 잘 다녔는데, 어느 순간부터
밥을 먹지 않으면 영 먹은 게 없는 걸로 생각되고 내내 허기졌다. 칸첸중가
에서는 낮에는 늘 상당히 배가 고팠다.

오르막을 오르고 또 오르니 가이드가 다 왔다고 했다. 내리막이고 돌탑
에 룽다가 휘날리길래 여기서 옆으로 돌면 캠프인가 하고 옆으로 돌아보니
새로운 오르막의 시작이었다. 힘들어하면서 다시 언덕을 몇 개 더 오르고,
높은 오르막을 보면서 오목한 곳으로 들어서니 거기가 바로 종그리(Dzongri
4,030m)다. 오후 3시 20분에 도착했다. 산장이 2개 정도인데 주변으로 많
은 텐트와 사람들로 번잡했다. 산장 방 한 칸에 6명이 그냥 눕는 걸로 자
리를 잡았고, 우리도 침낭을 펴고 바로 자리에 누웠다. 그리고 가이드와 아
내 둘이서 골골하는 남편을 옆에 두고 대화 중이었다.

아내는 단독으로라도 종그리 라
를 넘어서 베이스캠프까지 24km 길
을 간다 하는데, 올드 베이스캠프인
종그리로 만족하고 그런 고된 일은
하지 않는 게 순리에 맞았다. 절대
안 된다고 가지 말라고 했다.

고소 적응을 하지 못하고 휴식도
없이 4,000m까지 바로 올린 게 가장 큰 실수였다. 어제 잠을 못 자고 내내

깨고 진통제까지 먹었더니 산길에서도 졸았다. 머리가 지끈거리고 열도 났다. 자다가 일어나 저녁 먹으라고 해서 입맛이 없으나 그냥 우물우물 먹기는 하는데 신 토마토 수프는 정말 싫었다. 그러나 못 먹으면 쓰러지고 상황은 더 악화된다. 먹을 수 있는 건 다 먹었다. 아내는 그 와중에 자기는 토마토 수프가 정말 좋다고 했다. 참 괴상한 입맛인데 산에서는 그런 괴상한 입맛이 좋은 점이 많다.

내일 새벽 4시 반에 날이 좋으면 전망대에 간다고 하는데 지금처럼 짙은 안개면 가지 않는다고 힌다. 잘 지고 잘 셔면 나을 것인데, 아무리 생각해도 이틀만에 4,000m는 미친 짓이다. 머리도 아프고, 거의 20분 간격으로 자다 깨다를 반복했다. 산행하면서 이렇게 못 자기는 처음이다.

아내의 생각

어제는 일정이 너무 힘들었지만 오늘은 얼마 안 된다고 했으나 방심할 수 없다. 게다가 하루에 1,000m를 올리면 고소 증상이 올 수 있다. 우리는 3시 전에 도착하지 않는 것으로 했다.

8시가 조금 안 되어서 출발했다. 안개가 끼어서 주변 조망은 보이는 것이 없었고 고도 3,000m치고는 너무 추웠다. 칸첸중가가 춥다고는 했지만 아직 10월인데 낮에도 우리나라 초겨울 날씨다. 아무리 천천히 걸었다고 해도 길은 너무 멀다. 9km가 이렇게 멀었던가? 어제는 17km를 걸었다. 그것도 가파른 산길로. 오늘은 날씨만 좋았으면 조망도 좋고 다 좋았을 것 같은데 보이는 것이 아무것도 없다.

국립공원이라 그런지 길은 정말 잘 정비되어 있었지만 오르막과 평탄한 길이 반복되었다. 남편은 조금 고소 증상을 보이면서 머리가 아프다고 했고 걸음이 느려지고 힘들어했다. 나는 어떻게 된 영문인지 내내 골골거리고 힘들다가 3,500m쯤을 통과하고 나니 컨디션이 다시 좋아졌다. 노래를 불러주면서 뒤에서 살살 따라갔다. 예전엔 강한 남편을 보다가 나이 들어 가는 것 같은 남편을 보니 마음이 짠하고 잘해줘야겠다는 생각을 했다. 세월에 장사 없다.

3시 30분쯤 종그리에 우리가 가장 마지막으로 도착했다. 역시 안개 때문에 아무것도 보이지 않았고 남편은 도착하자마자 깊은 잠에 빠졌다. 나도 옆에 누우니 몸이 으슬으슬 추웠고 나무 벽으로 바람이 들어왔다. 배낭으로라도 잘 막아야 하는데 꼼짝도 하기 싫었다.

비몽사몽간에 저녁 먹으라는 소리에 일어나 남편을 깨워 식당으로 갔는데 밥은 없고 피자에 스파게티다. 허걱, 밥을 달라고 하니 가이드가 어딘가에서 가져왔다. 우리만 밥이 필요했던 게 아니다. 우리 팀들은 다 밥을 선호했다.

가이드는 내일 우리가 베이스캠프에 가는 것을 말렸다. 남편도 컨디션이 안 좋고 왕복 24km인 베이스캠프를 하루에 다녀오기는 힘들 거라는 거다. 난 남편이 계속 안 좋으면 나만 가겠다고 했다. 남편이 말린다.

이런저런 논의 끝에 그냥 고차 라로 가는 것으로 했다. 내심 안도하며 겨우 이만 닦고 침낭 속으로 몸을 구겨 넣었다. 내일은 남편 컨디션이 좋아야 할텐데.

🧭 칸첸중가 3일 차

종그리 라
(Dzongri La 4,170m)

종그리
(Dzongri 4,030m)

종그리
(Dzongri 4,030m)

오늘은 새벽 일찍 종그리 라에 올라 칸첸중가, 카브루(Kabru), 판딤
(Pandim) 그리고 라통(Rathong) 등 칸첸중가 산봉우리들 사이로 떠오르는
아침 해를 보며 종그리 부근의 뷰 포인트를 도는 날이다. 머리도 아프고 해
서 새벽에 몇 번 나갔다 왔는데 안개가 끼고 날씨가 좋지 않았다. 머리가
내내 아팠다. 아프다고 신음하다가 진통제를 먹고 좀 나아졌는데, 가이드
가 새벽 4시 반 출발이라고 일행들을 깨웠다.

머리가 아픈 것도 좀 나아지고 해서 길을 나서려고 했더니 아내가 반대
했다. 열나고 안 좋으니 그냥 쉬란다. 왜 본인이 괜찮다는데 제3자가 안 된
다고 하냐며 각종 논리로 반항을 했으나 아내님 말씀은 언제나 옳으니 그

냥 자라고 해서 강제 휴식을 당하게 되
었다. 다치지 말고 잘 다녀와야 할 텐
데 하며 걱정했지만 어느 날부터인가
고산에서는 아내가 나보다 더 적응을
잘했다.

모두 떠나고 혼자 남아 있다가 밖에
나가보니 헤드랜턴 불빛이 줄을 지어
올라가고 있었다. 대충 실루엣을 보니 오늘은 다들 안개 속에 숨어 있던 산
들을 보게 될 것 같다. 그러자니 머리가 깨질지언정 올라가볼 일이지 여기
서 쉬어도 되나 싶었다. 지금이라도 올라갈까 하며 여러 번 고민하다가 조
금 나아졌다고 무리했다가 일을 완전히 망치느니 하루를 더 참아 완료를
짓는 게 낫겠지 싶었다. 이따가 산이 좋고 아침을 잘 먹을 수 있으면 종그
리 라에 혼자 다녀와야겠다는 생각을 했다.

인도 군인들이 온다고 해서 산장을 비워주고 텐트로 이동했다. 곧 우박이
많이 쏟아졌다. 새벽부터 움직여서 그런지 오후 같은데 달랑 오전 10시다.

나는 오늘 고산에서의 룰을 깼다. 3,500m 이하에서 반드시 고소 적응
2일을 하는데 그것을 지키지 못했고, 그래서 3,000m에서 4,000m까지 오
는 동안 내내 추위를 느꼈다. 특히 머리가 아프고 졸렸다.

가이드에게 욕섬에 도착하거든
잘하는 뚱바 집 소개해 달라고 하
니 좋아했다. 따뜻하고 싼 게스트
하우스도 소개해준다고 한다. 그
래 그러자고 하고 앞으로 식사는
빵보다는 밥으로 하자고 했다. 포
리지, 팬케이크 이런 거 매우 싫다

고 했다.

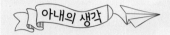

밤새 뒤척이다가 숨이 찼다. 어김없이 오는 고소 증상이다. 머리는 아프지 않았지만 다리 근육통으로 진통제를 먹어야 했다. 하지만 내 위장은 진통제가 싫었나 보다. 밤새 속이 아팠다.

남편은 어제저녁부터 미열이 나던 것이 점점 뜨거워지고 있었다. 밤새 계속 열이 났고 힘들어했다. 종그리 라 뷰 포인트는 혼자 가기로 했다. 4시가 안 되어서 일어나 준비하고 4시 45분에 출발했다. 우리 팀이 제일 먼저 출발했고 언제나 그렇듯 나는 다시 뒤처졌고 다른 팀과 뒤섞여 올라가고 있는데 가이드가 따라붙었다. 경사가 매우 가파른 길이었다. 날은 생각만큼 춥지 않았지만 계속 위가 콕콕 쑤셨다. 1시간쯤 헉헉대고 올라가니 주변이 훤해지면서 조망이 터졌다. 조급한 마음에 칸첸중가를 찾았지만 구름에 가려 보이지 않았다. 허무했다.

산에 왜 가냐고 물으면 "사랑하는 남편이 가니까요." 라고 대답하고는 했는데 오늘은 내 대답이 틀렸다. 남편도 없이 난 왜 오르고 있는 걸까? 이런저런 생각으로 땅바닥만 보고 걷는데 가이드가 손가락으로 하늘을 가리킨다.

오, 칸첸중가다! 구름 옷을 벗어버린 칸첸중가는 '이래서 산을 오르는구나!' 하는 생각을 하게 했다. 남편도 같이 봤으면 참 좋았을 텐데…… 자동으로 카메라 셔터를 계속 누르게 되었다. 추위도 잊은 채 맨손으로 카메라 셔터를 계속 눌렀다. 혼자 밑에 있을 남편 생각에 서둘러 내려왔는데 남편은 여전히 침낭 속에 누워 있다. 마음이 아프다. 돈 많이 내고 이게 무슨 고생인지……

잠시 쉬었다가 아침을 먹을 때쯤 다시 안개가 끼기 시작했고 종그리라 패스는 가도 아무것도 보이는 것이 없을 것 같아 오후에는 그냥 쉬기로 했다.

🧭 칸첸중가 4일 차

탄싱
(Thangshing 3,930m)

종그리
(Dzongri 4,030m)

저녁 내내 우박과 눈이 내렸다. 아침에는 그 눈 녹은 물이 텐트 안에도 떨어졌다. 오늘은 풍경을 볼 겸 종그리 라 옆으로 해서 일찍 나가기로 했다. 아침에 일어나니 다시 두통과 미열이 있었다. 종그리―종그리 라 중턱―라통 빙하 옆―내리막―강을 건너서 오르막―탄싱. 이런 식으로 길이 진행이 된다.

속이 답답해서 가래를 몇 번 뱉으려는데 가래는 안 나오고 괜히 속이 뒤집혔다. 구역질을 안 하는게 상책이므로 많이 참고 참다가 결국 구역질이 나왔다. 밤새 먹은 건 다 소화되어 나오는 게 없었고, 빈 위액만 몇 방울 나왔는데, 머리 아픈데 토하려니 힘들고 토하다 보면 그냥도 머리가 아픈 판이니 정말 죽을 맛이었다. 상행은커녕 하산해야 할 판인가 생각했다.

7시에 부엌에서 간단히 식사하는데, 수프로 나온 신맛의 토마토 수프의 맛과 향이 겨우 가라앉은 속을 다시 뒤집었다. 점심 도시락이 준비가 덜 되어서 기다리라는데, 차라리 움직이는 게 낫겠다 싶었다. 아내와 인도 총각, 나 셋이서 먼저 능선으로 올라 종그리 라 중턱 능선에 올라 여러 산을 봤다. 칸첸중가만 좀 야박하게 구름으로 가렸다. 출발 전에 가이드와 다들 오늘 산행 이야기를 해놓고는 능선에서 우왕좌왕했다. 지도상으로는 우회전인데, 칸첸중가 측으로 간다면 좌회전이어야 했다. 상당히 이상한 지도였다. 결국 능선에서 인도 총각과 아내가 우측 산으로 상행했다. 난 아니라고 생각하고 가이드가 올라오기를 기다리고 있었다. 마침 가이드가 올라와서 다들 내려오라고 소리쳤다. 내가 아내를 부르고 아내가 내려오면서 먼저 간 인도 총각을 아내가 10번 이상 소리쳐 불렀다. 나는 힘든데 가이드더러 데려오라고 하지 뭘 그렇게까지 부르냐고 했는데도 그렇게 했다. 30분 만

에 인도 총각은 돌아왔다. 미안하다며 총알같이 도망갔다. 그냥 갔으면 다른 코스로 가게 되는 것이었다.

종그리 라 뷰 포인트 아래로 해서 칸첸중가 베이스캠프로 가는 길은 라통 피크 옆 라통 빙하 옆으로 지나가게 되었다. 라통 빙하는 굉장히 아름다운 곳이었는데 어느 날부터 다 녹아서 검게 남아 아무것도 남은 게 없게 되었단다. 여기서 2일을 가면 네팔 쪽 칸첸중가 베이스캠프와 만난다. 라통 빙하로 가는 길 옆에 아주 오래된 곰파가 있었다. 하늘에 오색기가 날리고 넓은 풀밭이 펼쳐지고 킨첸중기를 제외한 산군들이 다 나와 있었다. 칸첸중가는 아주 간혹 모습을 보여주었지만 곧 사라졌다. 광대한 풀밭이 펼쳐지고 빙하가 녹아내리는 물로 젖은 얕은 늪도 내내 보면서 길은 계속해서 오르내렸다. 11시 반에 가져온 삶은 감자와 계란으로 점심을 간단히 먹었는데, 가이드가 내 컨디션을 걱정하다가 내 배낭을 들고 갔다.

칵초롱(Kockchorong 3,930m)으로 가는 가파른 내리막길을 30분 정도 걸었다. 아내는 3번 이상 넘어졌다. 넘어질 때에 몸 전체로 옆으로 넘어지고 절대 손으로 짚지 않으면 다쳐도 크게 안 다친다고 했는데 그게 잘 안 된다고 한다. 그동안 낙법을 가르쳤어야 했는데 공격법만 가르쳐서 디펜스에 약하게 되었다. 결국 소똥 밭에도 굴렀고, 어딘가에서 넘어지면서 새끼 손가락도 다쳤다.

칵초롱 산장

오후 1시쯤 칵초롱 산장에 도착했다. 드디어 맑은 강과 삼나무과 고사목이 어우러진 지역으로 하산한 것이다. 칵초롱에서 탄싱으로 가는 길은 강을 건너 가파르지 않은 오르막을 거슬러 오르는 길이다. 탄싱은 넓은 풀밭에 자리 잡고 있다고 했다. 쉬는 시간에 가이드가 몹시 걱정스런 눈으로 퉁퉁 부은 손가락을 내밀기에 자세히 진찰을 했다.

가시가 찌르고 빠진 자리에 먼지가 들어가 크게 성이 난 것이다. 아내가 소독해주고, 캠프에 도착해서 항생제와 소염제를 주기로 했다. 우리에게 뭘 만들어준다고 가이드는 먼저 가고, 우리는 천천히 가다가 드디어 멀리 보이던 그 산장이 우리 눈 앞에 보이는 이것인지 아닌지 궁금했다. 내리막을 지나 다시 언덕에 올라서자 멀리 텐트 치는 사람들이 보였고, 다시 더 가자 큼직한 산장도 보였다.

오후 3시 10분에 탄싱에 도착했다. 간단히 차를 마시고, 고산병에 효과가 좋다는 팝콘을 많이 먹었다. 이후로 우리는 다른 고산에서도 틈만 나면 팝콘을 먹었다. 그전에는 몰랐는데 거의 모든 산장의 메뉴에 팝콘이 있었다. 칸첸중가가 잠시 구름을 걷고 팬 서비스를 해주었다.

몸이 조금 나아져서 내일 새벽 5시에 탄싱 전망대에 가기로 했다. 칸첸중가가 우측으로 붙어 있고 탄싱 전망대도 우측에 솟아 있고 산 전체가 우측으로 굽어 있어서 칸첸중가를 바라보는 형국이다. 전망대마다 탑이 있고 전망대는 3개 정도로 위로 올라가면 올라갈수록 좋다고는 하는데 아주 많이 올라갈 생각은 없었다. 다만 종그리 라 대신 조망을 충분히 보고 싶었다.

텐트에서 잠을 자려는데 아무래도 바람이 불어서 한기가 심하다. 손이 시리다고 했더니 옆에 누워 있던 아내가 바짝 다가와서 내 손을 겨드랑이에 넣어 녹여준다.

탄싱

　밤새 꿈에 시달리다 새벽에 눈을 뜨니 남편이 추워서 눕지 못하고 앉아 있었다. 내 플리스 재킷을 덮어주고 안아주었다. 체온이 올라갔는지 다시 눕길래 내 재킷을 침낭에 깔아주었다. 조금 따뜻해졌는지 잘 잔다. 덕분에 나는 약간 추위를 타야 했지만 견딜 만했다.

　날이 밝고 뜨거운 차가 나왔다. 또다시 아침이다. 남편은 가벼운 헛구역질까지 한다. 정말 걱정이 돼서 내려갈까 물어봤더니 짜증만 낸다. 오늘은 고도도 낮추고 어렵지 않다고 했으니 가보자. 가이드보다 우리가 먼저 출발했다. 탑에서 왼쪽으로 가지 말고 오른쪽으로 가라고 했는데 어디가 탑이라고 할 수 있는지 알 수가 없다. 나도 인도 친구도 남편도 모두 지도상에 오른쪽으로 가는 게 맞는 것으로 판단하여 오른쪽 오르막을 택했다.

　인도 친구는 더 많이 갔고 우리는 탑에서 쉬고 있는데 아까 고민했던 지점에서 가이드가 내려오라고 손짓을 한다. 헉, 우리 셋 다 잘못 판단했다. 아니 에이전시에서 준 지도가 잘못 됐다. 나중에 왜 그렇게 만들었는지 이해가 됐다. 지도는 어제 새벽에 우리가 올라간 지점을 통과해서 가도록 만든 거다.

　나부터도 길이 이런 줄 알았으면 새벽에 칸첸중가 보고 바로 탄싱으로 가자고 했을 거다. 종그리에서 이틀 밤을 잘 이유가 전혀 없었다. 아무튼 날이 좋았다면 내내 칸첸중가를 볼 수 있었을 텐데. 세계 3위 봉은 쉽사리 그 모습을 보여주지 않았다. 길은 나쁘지 않은데 남편이 잘 걷지를 못한다. 계속 열이 있다. 남편 배낭의 물과 태양열 충전지 등을 내 배낭으로 다 옮겼다. 힘들어했고 배고파했다. 이것저것 계속 먹여도 기운이 돌아오질 않는다. 정말 기어가는 속도로 가는데도 가이드가 잘 도와줬다. 결국 가이드가 남편 배낭을 대신 들어줬고 지긋지긋한 내리막을 만났다.

내리막에서 두 번을 넘어졌다. 두 번째 넘어졌을 때 왼쪽 새끼손가락 뼈가 튀어 나가는 줄 알았다. 움직여보니 뼈는 괜찮은 것 같은데 자지러지게 아팠다. 퉁퉁 부었다. 나중에 일어나보니 소똥 위에 자빠졌다. 다행히 마른 거라 터니까 털렸지만 기분은 그다지다. 똥밭에 구르다니. 다행히 더 이상 넘어지지 않고 내리막이 끝났다. 가이드가 남편이 의사임을 알고 조심스레 손을 보여준다. 이틀 전에 어딘가에 엄지손톱 밑을 찔렸는지 몹시 부어 있다. 가방에서 소독약을 꺼내 소독하고 일단 반창고를 붙여줬다.

겨우겨우 오늘 목적지 탄싱에 도착했다. 종그리보다 덜 추웠다. 그냥 그걸로 여기가 충분히 좋았다. 끓여주는 라면과 팝콘을 먹고 저녁 식사 전까지 텐트에서 쉬기로 했다.

텐트에서 남편이 기도를 해달라고 했다. 얼마나 힘이 들면! 기도하려고 손을 잡았는데 손이 얼음이다. 기도를 하고 언제부터 손이 이랬냐고 물으니 내내 그랬단다. 손발이 차면 당연히 체온이 떨어지고 열이 나는 법인데, 손을 잡아줘도 따뜻해지지 않아서 내 겨드랑이 사이에 넣어서 체온을 올려주니 잠이 든다. 발도 그럴 텐데…….

발에는 내 플리스 재킷을 침낭 안으로 넣어줬다. 잠든 남편을 보니 눈물이 울컥 났다. 아니 이게 뭔 사서 고생인고…….

칸첸중가 5일 차

라무네
(Lamune 4,220m)

탄싱
(Thangshing 3,930m)

역시 히말라야의 밤은 길었다. 5시간 정도 자고 나니 잠이 더 안 오고 힘들었다. 아침에 침낭에서 나오는 게 하루 산행 중 가장 힘든 일인 것 같다. 새벽에 뜨거운 물을 주겠다던 가이드는 잠이 들었는지 아무 소식이 없고, 5시 20분이 되었길래 일어나서 어제저녁에 들은 길 그대로 좌측 능선을 타고 그대로 올라갔다. 가파른 오르막 길을 쉬지 않고 부지런히 올랐다. 올라갈수록 좋다더니 가파른 길을 오를수록 칸첸중가가 선명하게 몸통을 더 크게 드러냈다. 가이드가 조용히 따라와서 따뜻한 물을 주었다. 고차 라에 가서 다시 찍기는 하겠지만, 칸첸중가가 다시 크게 보이는 조망 좋은 이곳 탄싱 라 전망대에서 우리가 만든 깃발을 들고 사진도 찍었다.

6시 40분쯤 하산을 시작했다. 올라올 때는 힘든데 내려가는 건 언제나 빠르다. 내려갈수록 산은 조금씩 보이지 않게 되더니 어느 정도 내려가니 그 모습이 우측 능선 너머로 가려졌다.

식당의 구조가 이상하게도 바닥이 높게 되어 있는데, 매우 추웠다. 아무도 없는 텅 빈 식당에 우리 두 부부가 나란히 앉아서 아침을 먹었다. 어제 캠핑한 팀은 하산을 하고 있었다. 이 산은 아직 10월인데도 이렇게 매서우므로 11월 중순이면 모든 산행이 종료되는 것이 상식이고, 12월은 그나마 접근도 못하는 경우도 많다고 한다.

오늘은 길이 길지 않았고, 길도 외길이라서 가이드더러 천천히 오라고 하고 어차피 금방 다시 만날 것이라서 그냥 길을 떠났다. 인도 총각도 우리를 따라왔는데 잘 못  먹고 있어서인지 아무 말이 없었다. 풀밭에서 편히 누워 쉬기를 반복했다. 앉은뱅이 향나무들의 향이 좋아서 잎을 몇 개 뜯어서 주머니에 넣고 다니다가 냄새를 맡고는 했다. 향나무는 이 지역에서도 신성한 나무라서 아침에 기도할 적에 향 대신 피우고 기도하면서 하루를 시작하는 사람들이 많았다.

라무네 캠프에 되도록 늦게 도착하려고 12시가 넘어서도 천천히 걸으며 좀 버텼다. 다른 곳과는 달리 라무네 캠프는 응달이 지고 바람이 세게 불어서 추운 곳으로 유명했다. 히말라야 산은 대개 날이 좋다가도 오후 3시경 해가 지면 급하게 바람이 불고, 온도가 급격하게 내려가면서 사람의 심신을 압박하는 공통점이 있다. 그래서 캠프가 뻔히 보이는 곳에서 더 안 가고 풀밭에 누워 많이 쉬고 싶었지만, 햇볕은 좋은데 바람이 찼다.

오후 3시쯤 라무네 캠프에 도착해 이 지역에서 가장 풍부한 주식인 감자로 만든 프렌치 프라이를 점심으로 먹었다. 이건 점심인지 스낵인지. 먹고 돌아서면서 배가 고팠다.

아침부터 안개에 가려져 있던 산이 크게 나왔다. 빙하 바로 밑이라 바람이 굉장히 차다. 6시 정도부터 눈이 펑펑 와서 밖이 온통 은세계다. 오후 3시에도 춥던 날이 눈이 오니 훨씬 덜 춥다. 아내와 앉아서 하산 이후 사이드 트립(side trip)을 어디를 할까 얘기를 나누었는데 시킴을 많이 보지 못하는 일정에 아쉬웠다. 언제 다시 올지 모르는데, 다르질링에 갔을 때 토이 트레인(Toy Train)을 타지 못한 것이 아쉬웠다.

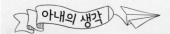

나는 최소한의 것만 빼고 남편 쪽으로 모든 보온 장비를 밀어줬더니 밤새 추워서 오그리다 못해 몸이 네모로 접힐 지경이었다. 새벽 5시에 일어나서 뷰 포인트로 이동했다. 상당히 가파르다. 거의 무릎이 코에 닿을 지경이다. 아주 천천히 올라가면서 칸첸중가를 바라봤다. 너무 가까이서 보니 느낌이 참 많이 이상하다.

해가 떠오르고 산이 붉게 물든다. 남편과 둘이 한곳을 바라보니 참 좋다. 탑에 올라 사진을 찍으며 감상하고 있는데 가이드가 헐레벌떡 주전자를 들고 나타났다. 세상에 안 그래도 되는데 너무너무 고마웠다. 가이드 장부는 산행 내내 정말 뒷받침을 잘해주었다. 이토록 아름다운 칸첸중가를 바라보며 남편과 뜨거운 차를 한잔하니 이 순간이 너무 감사하고 부러울 것이 없다. 남편이 천천히 내려오면서 돌아가서 해야 할 일들을 이야기했다. 아직도 먼 이야기라며 끊었다. 스트레스

는 금물이니까!

아침을 먹고 오늘 일정은 아주 쉽고 짧다고 해서 정말 어슬렁어슬렁 길을 나섰다. 햇살 때문에 나른해지면 풀밭에 누워 잠을 청했다. 오늘밤 무지 추울 거라는 가이드 이야기 때문인지 햇살이 이렇게 아쉬울 수가 없었다. 일찍 도착해봤자 추운 텐트 안에서 시간을 보내야 했기에 우리는 2시간이면 넉넉히 도착할 거리를 4시간 걸려 도착했다.

캠핑지는 햇볕이 들지 않았고 바람은 매서웠다. 구름에 가려 잘 보이지 않는 칸첸중가는 내 코앞에 있는 것 같고 주변이 온통 큰 산에 둘러싸여 있었다. 내일 새벽 2시 출발인데 너무 추우니 일찍 출발하는 것이 차라리 고마울 지경이다. 무언가 떨어지는 소리에 우박이구나 싶다. 이젠 별로 신경도 안 쓰인다. 잠시 후 소리가 바뀐다. 눈이 수북히 쌓여가고 있다. 누가 눈이 소리없이 온다고 했나. 텐트 안에서 듣는 눈 내리는 소리가 제법 크다. 눈이 오면 많이 춥지 않다고 했다. 그래도 난 여전히 춥다. 이른 저녁을 먹고 일찍 자야 하는 데 일러도 너무 이르다. 남편이 검도 동영상을 보는데 소리도 듣기 싫고 여기까지 와서 그런 걸 보는 게 도저히 이해가 안 갔다. 한 마디 하고 천 마디 소리를 들었다. 고소 먹어서 죽을 지경이 된 걸 겨우 살려놨더니 성질만 부린다.

🧭 칸첸중가 6일 차

고차 라
(Goecha La 4,940m)

라무네
(Lamune 4,220m)

칵초롱
(Kockchorong 3,930m)

　새벽 2시에 일어났다. 밤새 눈이 와서 춥지는 않았다. 늘 그렇듯이 일찍 잠자리에 들기 때문에 밤 12시에서 새벽 1~2시면 하루치 잘 잠은 다 잔 경우가 많아서 쉽게 일어날 수 있었다. 다만 추워서 침낭 밖으로 나오는 게 가장 어려운 일이었다. 밤에 다퉈서 토라진 아내가 마침 머리도 아파 못 간다 하며 침낭 안에서 버텼다. 고민하다 갈 거면 일어나라는데도 아무 말이 없길래 2시 반까지 기다렸다. 가이드가 차 준비되었다 하고 옆 텐트도 일어나는 소리가 들려 밖으로 나갔다. 전날 내린 눈으로 세상은 모두 은세상이었고, 그래서 훨씬 덜 추웠다.

　커피 마시고 밥 약간을 물에 끓여 김 가루를 좀 뿌려 먹었다. 새벽 고

차 라 산행에서 쓸 간식은 달걀, 감자, 과자다. 여전히 토라져 침낭을 뒤집어쓰고 묵언으로 항의 중인 아내에게 밥을 뜨겁게 끓인 것을 가져다주고 길을 나섰다.

새벽 3시, 주변은 깜깜했다. 실루엣만 조금 보이고 보이는 게 없었다. 평지로 가다가 오르막으로 올라 세메티 호수(4,300m)로 향했다. 호수로 오르는 막바지쯤에는 이제 막 잠에서 깬 새들이 날아다녔다. 발로 툭툭 차도 도망도 가지 않는 새들이다. 조금 더 가니 짐승 발자국이 보였다. 가이드 말에 의하면 히말라야 눈 표범 발자국이라는데 발자국이 그리 크지는 않았다. 호수 옆이라는데 호수는 잘 안 보였다.

호수를 지나 판딤 산자락을 끼고 가파른 언덕을 올라가는데 하얗게 뭔가가 빛나기 시작했다. 7,000m가 넘는 산들인 카브르(Kabru 7,338m)와 그와 이웃한 산들인데 머리만 보였다. 칸첸중가는 우측으로 가 있어서 잘 보이지 않았다.

오를 수 있는 곳까지 올라 각 산에서 발원되는 빙하들이 늘어선 높은 강둑 같은 곳에 서니 날도 밝아지고 산군들이 모두 하얗게 모습을 드러냈다. 하얀 설산 칸첸중가의 모습도 선명히 보였

빙하

다. 조금 더 우측으로 빙하 둑을 따라 가서 언덕을 오르니 고차 라 바로 아래 제마탕(4,500m)이다. 높고 큰 돌탑과 정신이 없을 정도로 많은 깃발들이 찬연히 빛나는 칸첸중가와 다른 산들을 바라보고 있었다. 제마탕은 고차 라의 중턱으로 인도 국법으로 제마탕 이후의 출입 및 각종 동식물의 수렵 및 채집이 금지되어 있다.

아내가 봤으면 무척 좋아했을 텐데 같이 못 온 것이 아쉬워서 사진을 많

늦게 올라온 아내

이 찍고 동영상도 찍었다. 동영상의 화면은 실제에 비하면 그 아름다움이 만분의 일도 안 되지만 그래도 사진보다는 나았다. 이번 칸첸중가 트레킹에서는 둘 중 하나가 아프거나 싸워서 중요한 곳에서 같이 사진 촬영을 하지 못했다. 시간이 조금 지나자 짧은 서비스 시간이 끝났는지 여전히 다른 설산들은 선명한데 칸첸중가 홀로 안개 속으로 들어가고 바람이 눈도 뜨지 못하게 불었다. 바람이 부니 몹시 추웠다.

6시 40분쯤에 서서히 하산을 시작했다. 한참을 내려와 호숫가에 오니 아내가 오고 있었다. 어떻게 왔냐고 했더니 남편이 산에서 퍼지면 구조할까 해서 올라왔다고 해서 서로 웃었다. 아내는 고차 라에 못 간 것을 내내 아쉬워했다. 나도 종그리 라에 못 간 것이 몹시 아쉬웠는데…….

새벽부터 움직여 피곤하기도 하고, 이제 내리막길이라 시간도 충분해서 잠깐 누워 쉬기로 했다. 그러다가 잠이 들었고 11시에 일어나 간단한 간식을 먹고 탄싱으로 가는 길을 나섰다.

오늘 올라오는 서양 트레커들이 많았다. 그들은 피크닉 테이블이나 화장실도 들고 올라온다. 자연에서 풍경을 보며 뒷일을 보지 못하는 이들이다.

탄싱에서 내려가는 길은 오래된 삼나무 고사목 지대이고 수시로 야크와 말과 사람들이 지나갔다. 강과 개울이 맑다. 강도 좋지만 강으로 들어가는 개울이 참 좋았다. 오늘은 텐트가 아닌 나무 산장에서 잔다고 가이드가 말했다. 눈물이 나게 좋았
다. 나무 침대도 아닌 나무 바닥
에 매트 1장 깔고 자는 것이지만
그래도 좋았다. 언제는 왜 돈 많
이 주고서 산장에서 자냐고 했는
데 며칠 동안 텐트에서 덕장의 황
태처럼 얼었다 녹았다 해보니 나무 산장에서 잔다는 소식이 그렇게 반가
울 수가 없었다.

새벽 2시, 가이드가 깨운다. 머리가 아프다고 안 간다고 했다. 만사
가 귀찮기도 하고 힘들고 짜증이 났다. 그리고 너무 답답해서 파카도
양말도 벗었더니 너무 춥다. 하도 오그려서 척추가 둥그렇게 변할 것
같다.

남편이 머리가 아프다고 한다. 전 같으면 바로 일어나서 약을 찾아
줬겠지만, 어제저녁에 검도 동영상 사건 이후로 전혀 그럴 마음이 나지
를 않는다. 안 간다고 하고 꼼짝도 하지 않았다. 남편이 다녀오겠다면
서 발밑에 음식을 가져다놓았다고 조심하라고 한다. 그리고 자기 침낭
을 덮어주고 간다. 마음이 살짝 풀리려고 한다.

그대로 잠이 들었다 깨어나니 5시 30분이다. 걱정이 되기 시작했다.
머리가 아프다고 했는데 괜찮은지, 비상 식량은 챙겨 갔는지, 가이드
가 있긴 하지만. 결국 주섬주섬 챙겨서 길을 나섰다. 위에 호수가 엄청
예쁘다고 해서 그거 보러 가는 거다, 딱 거기까지만 가야지 하고 다짐
하면서 걸었다. 길에는 아무도 없고 너무 조용하다.

그런데 이 길이 맞는 걸까? 가파르다. 정말 중심을 잃으면 뒤로 구를 것만 같다. 부지런히 1시간을 걸었다. 저기만 올라서면 호수겠구나 했는데 어라, 내 입에서 "호수가 어딨어?"라는 말이 저절로 나온다. 그럼 저기인가 하며 올라섰더니 사람 두 명이 보인다. 가이드와 남편이다. 그리고 내 예상과는 전혀 다른 호수가 보인다. 호수가 아니라 연못 아닌가? 호수에 비친 칸첸중가가 그렇게 멋있다고 했는데 저 조그만 물에 칸첸중가가 담긴다고? 급 실망이다.

남편이 나를 발견했다. 멀쩡한 것 같으니 일단 못 본 척하고 호수에 다가갔다. 물은 정말 맑았다. 내가 본 빙하는 이렇게 맑은 물인 적이 없었는데……

그 순간 물에 칸첸중가가 들어와 있는 것을 발견했다. 세상에, 그냥 바라본 것과는 또 다른 칸첸중가다. 너무 아름다워서 하루 종일 보아도 싫증이 나지 않을 것 같았다. 남편이 나를 부른다. 호수에 비친 칸첸중가는 다친 내 마음을 충분히 위로해주었다. 남편이 미안하다고 했다. 나는 눈물이 나서 울었다. 남편이 고소 먹고 힘들어해서 당신 추위 안 타도록 하기 위해 내 최소한의 것만 빼고 당신한테 다 주고 밤새 떨어도 당신이 알면 미안해할까 봐 한마디도 하지 않았다고 말하면서 서러웠다. 이제라도 사과해주니 고맙기는 하지만.

남편은 오자마자 배고프다며 새벽에 나 먹으라고 두고 온 죽을 다시 데워 먹고는 잠이 들었다. 자면서도 정말 잘못했고 미안하다고 하니 어쩌겠나, 스스로 빙구라고 생각하며 남편 볼에 입을 맞췄다.

잠깐 쉬고 다시 길을 나섰다. 오늘은 계속 내리막이고 거리도 그다지 길지 않다. 내려오면서 내내 후회했다. 새벽에 다녀오는 건데, 내 선택이었지만 남편이 살짝 원망스럽다. 남편은 내 맘을 아는지 많이 미안해했다.

확실히 고도가 내려가니 숨 쉬기도 편안하고 날씨도 따뜻해진다. 아쉬운 건 내내 코를 즐겁게 해준 향나무 냄새가 사라졌다는 거다. 칸첸중가 거의 내내 따라다니던, 익숙하지 않은 그 냄새가 나는 너무 좋았다. 물소리가 크게 들리고 산장이 보인다. 빗방울인지 눈인지 내리는 것 같다. 산장에 도착하니 제법 많은 비가 내린다.

오늘은 다행히 텐트가 아니다. 아, 감사해라. 아무것도 없는 나무 집이 그 어떤 집보다도 내겐 감사했다. 산장 앞으로는 맑은 물이 흐른다. 추워서 씻는 건 엄두도 못 내지만 오늘은 춥지 않게 편안하게 보낼 수 있을 것 같다. 확실히 고도를 낮추니 군것질이 마구 당긴다.

그중에서도 평소엔 쳐다도 안 보던 팝콘을 혼자 신나게 먹었다. 남편은 내 무릎을 베고 잠꼬대까지 한다. 코를 골다 김 있냐고 찾지를 않나. 아무튼 내일만 산에서 자면 된다.

텐트가 아니라 산장이라 너무 좋았다.

🧭 칸첸중가 7일 차

페당
(Phedang 3,650m)

칵초롱
(Kockchorong 3,930m)

초카
(Tsokha 3,050m)

　새벽 6시 반에 일어났다. 오늘은 17km를 걷는 날인데, 얼핏 보기엔 고도차는 별로 안 나지만 산허리를 질러가므로 골짜기가 많을 것 같았다. 점심으로 감자, 계란, 튀김 만두를 싸서 7시 반에 출발했다.

　만병초와 삼나무 군락을 따라 산허리로 난 길을 굽이굽이 걸으면서도 이게 상당히 길 것 같다는 생각을 했다. 실제로도 길이 너무나도 길었다. 걷다가 문득 보니 칸첸중가와 산들이 잠깐 나왔다가 사라졌다. 우리 부부는 늘 그렇듯이 걷다 쉬다를 반복하며 아주 천천히 길을 걸었다. 막판에는 저기쯤 산허리를 돌면 될 것 같다를 열 번 정도 반복하고 약간 포기했다가 물이 없는 페당에 물을 길어가는 통이 있는 것을 보고 드디어 중간 목적지인

페당에 도착한 줄을 알았다.

고소 적응도 하고, 길도 좀 줄이기에는 페당이 여러모로 요긴한 곳인데 여기에는 캠프 시설이 없다. 대개들 캠핑을 하지 않았는데 이유는 물이 없기 때문이다. 물은 200m 정도 아래에서 길어 와야 했는데 차 정도나 끓여 마실 수 있는 정도의 양이다. 아무도 없고 아무것도 없는 작은 건물에서 점심으로 싸 온 걸로 간단히 요기하고 다시 하산 길을 나섰다.

아침부터 오후까지 콧물에 가래에 아주 지겨웠는데, 이 길을 어떻게 올라갔지 하면서 가파른 하산길을 천천히 내려왔다. 멀리 곰파가 보이고 다른 산들 사이로 집들과 곰파들이 보이며 티베트 피난민촌이라고도 부르는 초카에 도착했다. 이 동네 곰파는 작은 연못 옆에 그림같이 자리 잡았는데, 그래서 이 지역을 다루는 책에는 언제나 이 곰파가 나오는 듯싶다.

잠은 그냥 산장에서 자기로 했다. 저녁에는 가이드가 솜씨를 부려 견과류로 케이크를 만들고 그 위에 2017 고차라 트랙이라고 썼다. 먹기에 참 아까울 정도로 잘 만든 케이크였다. 사진도 찍고 했어야 했는데 못 찍어둔 게 아쉽다. 게을러졌다.

내일 아침 짐꾼과 야크 몰이꾼은 먼저 일찍 하산하기 때문에 팁은 아침에 줘야 한다고 한다. 그래서 자못 분위기가 심각했다. 아침에 팁을 주기로 하고 대충 가격을 맞춰보려고 인도 총각에게 물으니 자기는 300루피를 준다고 한다. 5달러이다.

우리는 네팔 측 하루 일당 수준에 맞추어 주기로 했다. 인도 수준은 잘 모른다. 그래서 짐꾼, 야크 몰이꾼은 각각 인도 돈으로 1,000루피씩, 가이드는 2,000루피해서 합 4,000루피를 지출하기로 하고 돈을 준비했다.

아내의 생각

본격적인 하산이다. 밤에 산장 밖으로 나와 볼일을 보는데 숲이 너무 깊으니 겁이 났다. 표범도 있다고 하고 곰도 있을 것 같고, 많이 춥지는 않았지만 답답한 곳이다.

아직은 3,800m다. 몸을 좀 움직이면 숨이 헉헉 올라왔고 문득문득 짜증이 났다. 날이 밝았고 아침을 먹고 떠날 준비를 했다. 내리막이고 길은 길지만 하산길이라 가벼운 마음으로 출발했다. 정말 인적이 없는 숲길이었고 아기자기한 예쁜 오솔길이다. 남편이랑 고도가 높다는 걸 잊어버리고 이야기하다 보니 숨이 턱까지 찼다.

말을 줄이고 숲을 즐기며 걸었다. 그런데 끝이 나지 않는다. 저 굽이만 돌면, 저기만 돌면 하며 기대를 가졌으나 참 길었다. 3시간 30분 걸릴 거라는 가이드의 이야기와는 다르게 우리는 5시간 30분 만에 숲을 벗어날 수 있었다. 안개가 끼고 날은 다시 추워졌다. 지난번 쉬어간 폐당이다. 정말 반가웠다. 간단하게 끼니를 때우고 쉬고 있는데 참 예쁘게 생긴 새들이 날아든다. 먹을 것을 던져주니 부지런히 먹는다.

이제 정말 내리막이다. 쉬엄쉬엄 가자. 우린 올라올 때나 내려갈 때나 걸리는 시간은 똑같은 것 같다. 거리가 짧든 길든, 오르막이건 내리막이건 끝나는 시간은 4시에서 5시 사이. 신기하게 맞춘 듯이 그렇게 된다. 산장에 도착하니 지난번과는 다르게 마을 전체가 조용하다. 트레커들이 거의 안 보인다. 그래서 지난번 썼던 6인실을 둘이 편안하게 사용하게 되었다. 나름 시트도 갈아놓았다. 침낭을 펴고 누우니 어제보다 훨씬 좋다. 내려가면 내일은 어떤 기분일까? 정말 8일간 씻지 못했다. 다른 산은 그래도. 나름 태양열도 있고 해서 3~4일 정도 못 씻는 수준이었는데, 여기는 씻을 수가 없다. 뜨거운 물에 씻을 수 있다는 생각만으로도 아주 만족스럽다.

칸첸중가 8일 차

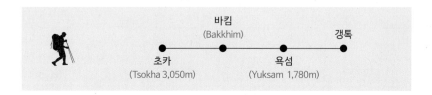

바킴
(Bakkhim)

갱톡

초카
(Tsokha 3,050m)

욕섬
(Yuksam 1,780m)

아침 6시에 일어나서 차를 마셨다. 그런데 사람들 분위기가 좋지를 않아서 인도 총각에게 물었더니 스태프들에게 팁을 줬다고 한다. 차 마시다가 포터 두 명에게 1,000루피씩 팁을 줬더니 환호성을 지르면서 몹시 좋아했다. 마치 산에서 월드컵을 보다가 골을 넣고 난 장면을 보고 소리를 지르며 문짝을 박차고 나가는 것 같았다. 동네 분위기는 갑자기 무지 좋아지고 세상이 장밋빛으로 바뀐 것 같았다. 다들 웃음이 넘쳐났다. 7시 반에 하산을 시작했다.

오후 1시 반 정도에 욕섬 입구에 도착하자마자, 후루티라는 주스 2개, 콜라를 단번에 마셨다. 시킴 왕국의 왕도였던 이곳의 유적지 몇 곳은 며칠

쉬면서 찬찬히 보고 싶었는데, 내일부터 인도의 지방 선거라서 동네가 치열하기도 했고, 네팔이나 비슷하게 선거일에는 휴무여서 대중교통이 모두 묶이므로 갱톡으로 바로 나가기로 했다.

숙소에 맡겨둔 짐을 찾아 에이전시로 가니 에이전시에서 갱톡으로 가는 마지막 지프를 붙들고 있었는데, 더 기다리면 해가 진다며 지프 기사가 그냥 가버렸다고 한다. 에이전시 사장하고 인사할 틈도 없이 가이드에게 감사의 인사도 제대로 못하고 팁만 주고 그냥 길을 떠나야 했다. 작은 마티즈만 한 차를 타고 지프를 따라가서 지프를 잡아타고 갱톡으로 출발했다. 마티즈 100루피, 갱톡으로 가는 지프 한 사람당 300루피, 합이 600루피를 주고 갱톡으로 왔다.

가이드 장푸는 우리에게 굉장히 잘해주기도 했고 성실한 사람이었는데, 제대로 작별 인사를 하지 못해 아쉬웠다. 같이 뚱바도 한잔하고 제대로 작별을 하고 싶었다. 출신지가 마칼루나 쿰부면 내내 같이 다니고도 싶었지만 출신지가 칸첸중가라서 그럴 수

가자, 다시 네팔로!

도 없었다. 긴 산행에는 좋은 날씨와 더불어 좋은 스태프를 만나는 게 아주 중요하다. 그래서 장푸 같은 가이드는 놓치는 것이 참 아까웠다. 중간에 점심 먹고 저녁 9시 반이나 되어 갱톡에 도착해 피곤했지만, 방을 구해 따뜻한 물에 샤워를 하는 기쁜 날이었다.

마지막 날이다. 너무 따뜻하게 잘 잤다. 아침에 일찍 눈을 떠서 서둘러 내려갈 준비를 했다. 드디어 전기가 들어오고 따뜻한 물이 나오는 곳으로 간다. 발걸음이 절로 가볍다. 아침을 간단히 먹고 출발.

내리막이라 속도가 엄청 빠르다. 남편 발걸음이 얼마나 빠른지 도저히 못 쫓아가겠다. 내려오니 날씨는 더워지고 빨리 가고 싶은 마음은 알겠지만 뒤도 돌아보지 않고 가는 남편이 좀 너무한다는 생각이 든다. 올라갈 때는 그리 속을 썩이더니.

남편은 오늘 일찍 내려가서 욕섬을 나가서 갱톡으로 가자고 했다. 가능하다면 정말 좋겠지. 보통 우리가 잠시 쉬고 있으면 가이드가 나타나는데 우리가 빨라서 가이드가 안 보인다. 오늘 아침 내려간단 생각에 들떠서 물을 챙기는 걸 깜박했다. 저지대로 내려오니 덥고 갈증이 났다.

남편이 배낭 꼬리를 밀어 언덕길을 올려준다. 확실히 남편의 컨디션이 좋아졌다. 길가의 다람쥐는 피하지도 않고 내 앞에서 왔다갔다하며 논다. 카메라로 담으려고 했는데 쉽지는 않다. 정신이 팔려 한참을 다람쥐랑 놀고 있는데, 남편이 부른다. 다람쥐가 도망가버린다. 순간 벌컥 화를 냈는데, 그래도 오늘은 컨디션이 좋은지 잘 받아준다.

우리는 천천히 내려가기로 했다. 원래 하던 대로. 드디어 마지막 다리를 건너고 민가가 보인다. 콜라! 우린 문명의 상징 콜라를 시원하게 나누어 마셨다.

가이드가 에이전시 사장에게 이야기해서 갱톡으로 가는 차를 잡고 기다리고 있다고 했다. 우리는 믿지 않았다. 여기는 인도이니까. 사람이 없는 거겠지 하며 나는 느긋하게 에이전시에 도착했고, 중간에 남편은 지난번 묵은 호텔에 맡겨놓은 짐을 찾으러 갔다.

그사이 일이 급박하게 돌아갔다. 운전기사가 신경질을 내며 사람 다 찼다며 시간 없다며 가버렸고 사장은 오늘 차가 없다고 내일은 선거라 차가 없다며 어쩌냐고 난감해했다. 남편은 오지를 않고, 그때 사장이 차를 섭외했다고 빨리 가라는데 남편이 없다. 결국 차는 갔고 남편은

326

잠시 후에 나타났다.

사장은 다시 여기저기 전화하더니 빨리 가던 차를 잡아타라고 작은 택시에 우리를 태웠다. 남편은 상황 파악이 안 되어서 자꾸 사장이랑 마지막 인사와 덕담을 하려는데 사장의 다급함에 황당해하며 차에 올랐다. 가면서 남편에게 설명해주니 웃으며 사장이 참 좋은 사람이라고 했다. 작은 택시로 10분쯤 가니 지프가 비상등을 켜고 우리를 기다리고 있었다. 사진을 찍는 남편을 기사가 빨리 타라고 난리다. 내 남편은 언제 어디서나 여유가 넘친다.

여섯 시간이 걸린다는데, 나는 뒤의 창가에 앉아 여유 있게 풍경을 즐기는데, 남편이 자기 자리에서 아무것도 안 보인다고 해서 자리를 바꿔주었다. 신나하며 사진을 찍고 즐거워한다. 나보다 나이도 많은데……

우여곡절 끝에 갱톡에 도착했는데, 몸은 파김치이다.

MAKALU

5. 마칼루

마칼루 베이스캠프 트레킹 소개

• 마칼루(Makalu, 8,463m)

마칼루는 네팔과 티베트의 국경을 이루는 중부 히말라야에서도 쿰부 산군 동쪽에 위치하며, 에베레스트에서 동쪽으로 22km 떨어져 있다.

마칼루라는 이름은 산스크리트 어 마하칼라(Maha Kala)에서 온 것으로 본다. 마하칼라는 힌두의 신인 시바의 다른 이름으로 Big Black을 의미한다. 후에 힌두교와 이 지역을 대표하는 문화인 티베트 불교의 융합으로 나타난 것으로도 해석한다. 즉, 티베트 불교의 분노존이 대흑천(大黑天), 마하칼리이기도 한 것이다. 산 전체가 검은 빛의 암석으로 구성되어 있고, 강한 바람으로 눈이 잘 붙어 있지 못해 더 검게 보이며 산 자체가 다른 산과 어울리지 않게 홀로 피라미드 모양으로 우뚝 서 있어서 더욱더 압도적이다. '검은 귀신의 산'이라고도 부른다.

1992년에 네팔의 8번째 국립공원인 마칼루—바룬 국립공원(Makalu-Barun National Park and Conservation Area) 안에 속해 있으며 네팔 히말라야에서도 가장 나중에 탐사된 지역이다. 총면적은 2,330㎢로 북쪽으로는 티베트와 국경을 이루고 남쪽으로는 사우네 단다까지 경계 지어 있다.

마칼루 산군과 바룬체 및 바룬 빙하와 바룬 강을 더해서 마칼루—바룬 국립공원이라고 부른다. 이 지역에는 25종의 랄리구라스와 56종의 희귀

식물이 살고 있으며 눈표범, 붉은판다, 사향노루, 산양 등 야생 동물도 많이 서식하고 있어 산행 중 자주 만날 수 있다.

트레킹 코스 정보

마칼루는 툼링타르(450m)에서 마칼루 베이스캠프(4,900m)까지는 4,500m 이상의 고도차를 극복해야 하며, 거칠고 암벽이 많은 험난한 높은 언덕길과 내리막을 자주 반복하여 걷게 된다. 그래서 충실한 체력적인 준비가 필요하다. 마칼루 지역의 사람들도 히말라야 지역에서 거친 편에 속한다고 보면 된다.

2017년 11월 현재 마칼루는 베이스캠프까지 전 코스에서 로지 산행이 가능하다. 그러나 타시가온부터 마칼루 베이스캠프 이후까지 소수의 셰르파 집안에서 로지를 100% 독점 운영하고 있어서 이들의 숙소에서 머물 수밖에 없다.

마칼루-바룬 국립공원 측은 이러한 토호들에 대해 전혀 통제권을 행사하지 못하고 있다. 마칼루는 네팔 히말라야의 모든 국립공원 중 가장 비싼 입장료를 받고 있으나, 독점의 폐해로 이 지역은 네팔에서도 가장 가난하고, 국립공원 시설 및 개인 로지들의 시설은 가장 열악하며 로지 비용은 가장 비싸다.

초등

1955년 5월 15일, 프랑스의 장 쿠지(Jean Couzy)와 리오넬 테레(Lionel Terray)가 노스콜 루트를 통하여 처음으로 등정하였다. 우리나라의 초등은 1982년 5월 한국산악회 원정대의 허영호 대원이 등정에 성공했다.

히말라야 14좌를 초등한 라인홀트 메스너(Reinhold Messner)도 세 번의 시도 끝에 성공했을 정도로 마칼루 자체도 난이도가 높은데, 마칼루 남서

벽은 낭가파르바트의 루팔 벽, 로체 남벽과 함께 가장 등정 난이도가 높은 곳으로 손꼽힌다.

우리 부부의 트레킹 전략

마칼루의 베스트 시즌은 다른 지역과 마찬가지로 3월 중순~5월 그리고 10월~11월이다. 11월 중순이 넘어가면 가혹한 겨울바람과 눈으로 시작조차 하기 어려워서, 칸첸중가에서 추위로 모진 고생을 한 우리 부부는 쿰부보다 마칼루를 먼저 시작하게 되었다.

이곳은 네팔에서도 가장 낙후되고 발전이 더딘 곳이며, 트레킹 코스로도 험하기 이를 데 없어 초고수급 등산가들 외에는 방문객도 많지 않다. 카트만두에서 비행기를 타고 툼링타르 공항을 통하거나, 버스와 지프를 갈아타며 거의 하루 동안 차를 타야 툼링타르로 갈수 있다. 눔으로 가는 것은 전용지프가 아니면 카트만두에서 하루에 도착하는 것은 거의 불가능하다.

의외인 것은 국내선 항공기가 수화물 25킬로그램을 기본으로 실을 수 있는 것과, 등산객이 아무도 타지 않아도 지역 사람들에 의해 비행기가 빈자리 없이 다 차는 것이었다. 이상할 정도로 검문·검색이 철저해서 자주 여권을 내놓고 차에서 내려 영어가 잘 안 되는 경찰 혹은 군인과 몸으로 대화를 많이 해야 했다.

2015년 대지진 당시 마칼루 지역은 많은 피해를 입었다. 특히 마칼루에서 유일하게 인심이 좋은 마을인 세두와에서도 많은 집이 무너졌는데, 세두와 이후에는 "암요", "그럼요", "천만에요", "당연하죠"를 무한 반복하면서 반항하지 말고 자연과 인간에 순응할 준비를 해야 한다.

한정된 숙소와 식당으로 인해 성수기에는 숙식이 어려울 수 있으므로 텐트를 준비하거나 잘 살펴서 해야 한다. 트레킹 도중에 단체 트레킹 팀과 기간이 겹치면 많은 고생을 하게 되는 코스이다. 여러 명이 함께 가고, 덜 고생하고 싶으면 현지 칸드바리의 에이전시와 상의하여 반드시 솜씨 좋은 요리사를 대동하고 쉽턴 라를 우회하여 케케 라를 넘어 도바테로 넘는 2일 정도가 추가되는, 지도에는 없는 코스를 잡는 것이 좋다.

마칼루는 기본적으로 오르막과 내리막이 반복되어 코스가 매우 힘들다. 숙소 시설이 열악하고 인심이 각박하기로 유명하다는 것은 전 세계 트레커들의 공통된 의견이다. 지도상의 명칭과 실제 명칭이 일치하지 않는 경우도 많았고, 지명이 없는 경우도 많았다. 통신은 전화라도 가능하면 다행이고, 위성 전화가 겨우 잡히는 정도이다.

트레킹의 목적지는 마칼루 베이스캠프(4,900m)이나, 이곳에 도착 후 이곳을 베이스캠프 삼아 어퍼 베이스캠프인 스위스 베이스캠프까지 소풍을 다니거나, 그 위의 3 col*을 넘어서 추쿵으로 진입하는 GHT 코스도 시도하는 이들이 있다. 그러나 기본적으로 충분한 시간을 가지고 기다려야 하고, 로프 등 좋은 장비 및 등산 기술, 많은 비용의 지불이 없으면 불가능하다.

우리 부부 역시 이 3col의 통과를 고려했으나 이미 충분히 네팔 스태프들 때문에 고생했는데 혹독한 상황하에 다시 캠핑을 해야 하며, 일반 가이드의 2배 이상의 임금을 줘야 하는 가이드가 잘해줄 것인지를 생각하다가 그냥 눈을 딱 감고 접었다.

굳이 한다면 툼링타르에서 에베레스트 루클라 공항 뒤로 연결되는 저지대 트레킹을 하기로 하고 트레킹 전체가 타격을 받을 3 col은 먼 훗날로 미루고 추쿵에서 로체로 올라 주변을 보는 걸로 만족하기로 했다.

● 3 col, 셰르파니 콜 트랙이라고도 한다. 마칼루에서 에베레스트로 연결한다. 현재는 이스트 콜(East Col) 대신 셰르파니 콜(Sherpani Col 6,150m), 웨스트 콜(West Col 6,143m) 암부랏차 패스(AmphuLabtsa Pass 5,800m)를 3 col 패스로 본다.

	마칼루 베이스캠프 트레킹 일정표 (2017. 11. 9 ~ 2017. 11. 23)
1일	카트만두―툼링타르(Tumlingtar 450m)―눔(Num 1,560m)
2일	눔―세두와(Seduwa 1,510m)
3일	세두와―타시가온(Tashigaon 2,070m)
4일	타시가온―콩마 라(Khongma La 3,500m)
5일	콩마 라―궁마 라―쉽턴 라(Shipton La 4,229m)―칼로 포카리― 케케 라(Keke La 4,150m)―도바테(Dobate 3,700m)
6일	도바테―양레 카르카(Yangle Kharka 3,620m)
7일	양레 카르카―렝말레 카르카(Lengmale Kharka 4,400m)
8일	렝말레 카르카―세르손(Sherson 4,500m)―마칼루 BC(Makalu BC 4,900m)
9일	마칼루 BC―세르손(4,500m)―렝말레 카르카(4,400m)―양레 카르카(3,620m)
10일	양레 카르카―도바테(3,700m)
11일	도바테―콩마 라(3,500m)
12일	콩마 라―타시가온(Tashigaon 2,070m)―세두와(Seduwa 1,510m)
13일	세두와―눔(1,560m)―칸드바리(Khandbari 1,040m)
14일	칸드바리―툼링타르(450m)
15일	툼링타르―카트만두

마칼루 트레킹 지도

마칼루 BC 4,900m

세르손 4,500m

렝말레 카르카 4,400m

양레 카르카 3,620m

도바테 3,700m

케케 라 4,150m

쉽턴 라 4,229m

콩마 라 3,500m

타시가온 2,070m

세두와 1,510m

눔 1,560m

Jeep

칸디바리 1,040m

카트만두

툼링타르 450m

비행기에서 보이는 에베레스트와 로체 남벽
(로체 남벽 위로 솟아오른 것이 에베레스트이다.)

⊙ 마칼루 1일 차

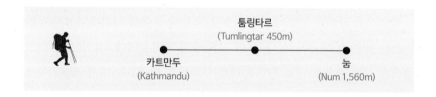

툼링타르
(Tumlingtar 450m)

카트만두
(Kathmandu)

눔
(Num 1,560m)

어떻게 하다 보니 점심경인 12시 국내선 툼링타르 행 비행기를 예약하였다. 툼링타르는 저지대라서 항공 스케줄이 안정적이기는 하지만 오전에 일찍 출발하는 다른 항공사의 비행기도 있었는데 잘 알지 못했다.

국내선 공항에 오니, 언제나 그렇듯이 당연히 연착이다. 아침에 출발 예정이었던 다른 항공사의 툼링타르 행 비행기들이 출발 중이었고, 우리는 숨 넘어 갈 듯 카운터로 갔는데, 붓다 항공의 카운터는 아직 열리지도 않았다. 12시 비행기인데 20분 뒤인 11시 40분에나 연다고 한다.

수화물은 25킬로그램을 기본으로 실을 수 있다니 그건 다행한 일이었다. 다행히 비행기도 뜬다고 하고, 비교적 정시인 1시에 비행기를 타라고

우리가 탔던 비행기

해서 탑승장으로 향하는 버스를 탔는
데, 활주로에 나가서 버스 안에서 대기
를 하더니 결국 오후 1시 50분에 비행
기를 탈 수 있었다.

　프로펠러 비행기의 특성상 빨리 뜨
고 귀가 멍할 정도로 소음이 심하고 비
행기가 작으니 많이 흔들렸다. 주는 솜
으로 귀를 막았는데도 웽 하는 소리가 났다. 비행기에서 보는 히말라야 횡
단 루트들은 산이 참 많고 그 꼭대기까지 사람이 대개 다 산다. 오후 1시
50분이니 설산은 구름에 가려 아무것도 안 보인다. 구름 사이로 약간의 설
산들과 에베레스트가 잠시 보였다가 금방 사라졌다. 늘 그렇듯이 사탕 1개
가 기내식으로 주어졌다.

　비행기도 급하면 상당히 밟는다. 2시 20분에 공항에 착륙했다. 1시간 갈
거리를 30분 만에 간 것이다. 우리 짐은 공항 한가운데에 버리듯이 내리고
승객은 공항 밖으로 내보내더니, 바로 사람들을 태우고는 다시 카트만두로
출발했다. 5분도 채 안 걸렸다.

　비행기가 날아가자 활주로 한편에 던져졌던 수하물을 철조망 밖에서 짐
표를 대조하고 찾을 수 있었다. 공항에 내리자마자 공항 안에서 경찰에 툼
링타르에 도착했다는 신고를 해야 하고 여권 사본도 제출하라고 해서 어안
이 벙벙했지만 그대로 했다.

수하물을 찾는 곳

　공항 앞길에 나서자마자 만나는 큰
길은, 마칼루에서 루클라로 이어지는
아룬 밸리로 연결이 된다. 아룬 밸리에
서는 오랫동안 무조건 캠핑을 해야 한
다고 했으나 최근에 로지들이 생겨서

루클라까지 이른바 티 하우스 트레킹이 가능해졌다고 한다. 쿰부와 마칼루를 연결하는 루트로 트레킹을 한다면 지리로 연결하는 것 보다는 항공편이 안정적인 톰링타르에서 연결해보는 것도 특이하고 좋을 것 같았다.

마칼루로 가는 다른 한 갈래의 길은 공항에서 30m 직진하면 나오는 다른 큰 길의 좌측에 있는 원두막 같은 곳에 위치한 지프, 버스 정차장에서 시작하게 된다.

마칼루의 관문인 눔(Num)으로 가는 지프는 톰링타르—칸드바리—치치라—데우랄리—눔을 거쳐가기도 하고 각 지역까지만 운행하기도 한다. 흔히 이 지역에서는 눔까지 거쳐가는 세 동네를 3코스라고 한다. 4시간 정도 전용으로 이용하는 경우 7,000루피인데 조금 깎으면 6,000루피에도 된다고 한다.

지프 정차장이 곧 지프 터미널 역할도 하고 있어서 원하는 지역을 말하면 돈을 내고 표를 받아서 타는 식으로 운행을 하고 있었다. 매표소 직원에게 눔 가는 길을 물어봤더니 지프 기사 중 하나가 자기 차를 6,000루피에 타라고 강요하고 우리가 버스를 타거나 다른 지프를 타지 못하도록 한

참을 방해했다. 칸드바리까지 가는 지프 요금이 1인당 100루피라고 해서 지나가는 지프를 탔는데, 눔까지 6,000루피를 불렀던 지프 기사의 차였다. 웃는 게 비열해 보여 피하고 싶었으나 잘 되지 않아, 결국 차를 타고 칸드바리로 갔다.

이런 지프를 타고 간다.

마칼루 트레킹은 그렇게 여러모로 비루하고 치사하게 시작되었으나 포장된 도로를 달려 언덕을 넘어 굽이굽이 올라가는 길은 참 아름다웠다. 사람이 풍광을 닮는다는 말이 언제나 해당되지는 않는다.

칸드바리까지는 과연 길이 포장이 잘되어 편했고, 30분 만에 도착했다. 다음 코스로 가는 지프 정차장 매표소 앞에 내려서 눔까지 지프를 전용으로 대절하고 4,500루피에 합의하고 한두 명 더 타는 건 이해해주기로 했다. 지프는 세 명을 더 태우고 칸드바리까지 갔다. 칸드바리까지는 버스와 심지어 오토릭샤도 다녔다. 그러나 칸드바리 이후로는 도로가 비포장이었다. 30분 정도 간격으로 동네가 달라졌다. 전세 지프가 아니면 합승 지프로는 낮 시간에 공항에 도착해 도저히 눔에 갈 수가 없고 가는 차도 없었다.

5시 30분에 치치라에서 마지막 승객이 내리고 우리도 부근 어딘가에서 경찰의 검문을 받고 여권 제시하고 로그 북에 기록을 남겼다. 특수 퍼밋이 없으면 안 된다고 자꾸 우겨서 중국인이나 그렇고 한국인은 해당 사항이 없다고, 의심나면 경찰서에 확인하라고 하니 수그러들었다. 어떤 저의가 있어서 그러는지, 몰라서 그러는지 같은 일이 여러 번 있었다.

밤 7시에 눔에 힘들게 도착했다. 과정이 순탄치를 않아서 첫인상이 좋을 리는 없는데, 전 세계를 두루 다니며 험악한 동네는 수없이 경험한 우리에게도 이 동네 분위기는 이루 말할 수 없이 척박했다.

밤은 어둡고, 방을 못 잡고 헤매자 지프 기사가 도와줬다. 그러나 온 동네에 방이 다 차서 없다고 했다. 아니면 방은 있는데 일단 무조건 노라고 말하는 것이 이 동네의 문화인지도 모르겠다는 생각이 들었다.

지프 정차장 근처 가게에서 홈스테이를 하는데 기사 아저씨들 숙박 가격인 방 100루피에 저녁 식사를 100루피에 한다고 주인 할머니가 말해서 카고 백을 들고 왔는데, 갑자기 다부지게 생긴 며느리가 등장하더니 가격이 200루피에서 1,000루피로 상승했다. 뭐 이런 경우가 있나 싶어서 다른 숙소에 가봐도 방이 없다고 하고 딱 한 곳에 방이 있었는데 그냥 가게 한쪽에 다 무너지는 침대를 놓고 그 위에 지푸라기를 깔아놓은, 멍멍이들이 헌 옷 깔고 자는 분위기의 그런 잠자리였다.

사막 한가운데에서도 이러지는 않았는데 정말 너무한다 싶었다. 그 다부진 며느리네 가게가 그나마 문을 내내 열고 있어서 음료수 하나를 마셨다. 지프 기사가 좀 안됐는지 다부진 며느리에게 뭐라고 했더니 방과 식사 통합 700루피에 하기로 했다.

이 집은 방 어디에도 전기 충전할 곳이 없었는데 그나마 닭볶음에 달밧이 나왔다. 안 익은 콩에 시래기 약간과 녹두 달인 물이었다. 달밧에는 애정이 식은 지 오래여서 방에서 김 가루 가져다가 뿌리고 닭볶음은 대충 소금 찍어 먹고 그나마 바람 피하고 하루 자는 걸로 만족하자 했다.

영어가 좀 되는 동네 유지인 주인에게 포터를 구한다 했더니 자기가 경험자를 구해준다고 하여 그러자고 했다. 주인이 포터 비용은 동네에서 흔히 타시가온까지 2일간은 1,000루피 정도면 충분하고, 타시가온부터는 힘들어서 1,200루피 정도를 받는다고 해서 여긴 아직 그래도 괜찮구나 싶었다.

아침에 6시경 포터를 오라고 하고 그때 고용하기로 했다. 방에서 자다가 깨서 한 층 아래에 있는 화장실에 가면서 밤하늘을 보니 주변에 아무런 빛도 없고 인적도 없는데 개만 짖었다. 별이 참 좋았다.

툼링타르 공항

🧭 마칼루 2일 차

세두와
(Seduwa 1,510m)

눔
(Num 1,560m)

800m 하강했다가 다시 800m를 올리는 날이다. 새벽 6시 20분에 일어나서 간단하게 아침을 주문하고 포터가 오기를 기다렸다. 숙소 주인이 좀 멋쩍어하면서 경험 많은 포터는 산으로 떠나고 없어서 쓸 만한 포터가 없다고 했다.

그래서 동네에서 망태를 주로 해서 짐을 지는 스무 살짜리를 한 명 데려왔다. 이 청년은 등산객의 짐은 져본 적이 없어 마칼루까지는 고용할 수 없다는 것이 주인과 우리의 일치된 의견이었고, 겨울옷과 신발 등의 기본 장비가 없어서 이틀만 고용하기로 했다.

이 동네 기본 인건비는 1일 숙식비 포함 1,000루피였는데, 이 친구도 들은 건 있어서 굉장히 숙련된 포터의 일당인 1,200루피를 달라고 했다. 갈 길은 멀고 그렇다면 어차피 셰르파들의 마을인 타시가온까지 가서 다시 포터를 고용을 하면 되고, 그동안 우리도 정보를 충분히 수집할 수 있을 테 니 그냥 그러자고 했다.

경찰인지 동네 아저씨인지 알 수 없는 사람이 어젯밤부터 와서 기웃거리 더니 퍼밋 이야기를 하며 귀찮게 굴어서 우린 퍼밋이 필요 없고 세두와 가 서 퍼밋을 받을 것이라고 하고 보냈는데 아침에도 다시 찾아왔다. 무기도 명찰도 경찰 표식도 아무 것도 없이 아침에는 달랑 무전기 하나 들고 숙소 에 찾아온 그 사람에게 우리는 같은 말을 하고 보냈다.

7시 20분에 숙소를 출발했다. 어제 숙소 찾으러 간다고 올라갔던 언덕을 올라 마칼루라는 표식이 하나 있는 길 로 갔다. 날씨도 좋고 포터도 있어서 기분이 좋았다. 아침에 무전기 들고 왔던 사람이, 중간에 어디론가 가자고

포터에게 말하는 것 같더니 포터가 철조망이 쳐진 텐트 안으로 들어가 우 리를 불렀다. 다시 퍼밋을 달라고 하고, 퍼밋이 없으면 프러블럼이라는 말 만 반복해서 했다. 우리는 세두와에서 퍼밋을 받을 것이라고 했더니, 그들 은 우리에겐 특별 허가가 필요하다고 해서 그런 건 차이니스나 필요하고 우 리는 코리안이라 그 규정이 상관없다고 했다.

그는 몹시 놀라면서 코리안이냐고 물으며 여권을 보여달라고 했다. 우 리는 당신들이 누군지도 모르는데 여권은 제시할 수 없다고 했다. 우리 여 권을 보고 싶으면 당신들의 신분과 아이디를 먼저 밝히라고 했더니 난감 해했다.

그러다 문득 이 텐트의 건달 같은 일당들이 경찰들인가 싶어서 그럼 당

신들이 폴리스인가 했더니, 마침 생각났다는 듯이 몹시 반가워하면서 우리가 그래 그 폴리스!! 경찰이라고 말했다. 그럼 보여줄 수 있다고 하고 여권을 제시했다. 여권을 보더니 "한국인들이네."하면서 여권을 들고 로그 북에 혼자서 내용을 적고 끝이었다.

눔은 도로가 개설된 길을 내내 확장 중이었고 산허리를 따라 더 길을 내서 다른 동네와도 연결 중이었는데 눔에서 세두와로 가는 길은 그 산허리를 가로질러 깊은 협곡으로 800m를 급하게 내려가서 출렁다리를 건너 다시 급하게 800m 이상을 올라가는 험한 길이었다.

그 급한 경사에 만들어진 돌 계단과 흙 계단과 다락논들 사이사이를 지나며 마을 사람들과 같이 길을 갔다. 중간에 찻집에서 블랙티를 한잔 마셨다. 블랙티는 한 잔에 20루피였다.

포터가 당연히 일비가 없을 것인데 아무 말이 없어 기다렸다. 찻집에서 돈이 없으니 선금을 좀 달라고 해서 500루피를 줬더니 굉장히 좋아하면서 그 돈으로 바로 그 비싼 콜라를 사서 마셨다. 내심 많이 놀랐다. 콜라는 이 산골에서 굉장히 비싼 물건이다. 아직은 험악한 가격을 요구하지도 않고, 당황스런 요구들도 없으며 인심도 괜찮아 보였다.

급경사에 돌길이라서 다리를 다칠 수 있어 아주 천천히 내려갔다. 먼저 다녀간 이들의 말처럼 남의 집 담을 넘는 듯하고, 앞사람의 머리를 밟을 수도 있을 정도의 엄청난 급경사였다. 언젠가 산허리에 개설 중인 도로가 완료되면 눔에서 이 다리 앞까지 차가 휘돌아 내려올 것이고, 콘크리트 다리도 개설되면서 이 마을 위로 도로가 열리면 이 길도 수명이 끝나겠구나 싶었다. 이미 산허리의 비포장길은 눔을 지나 산허리를 파고 면면히 먼 능선까지 굽이쳐 어딘가로 이어지고 있었고, 건설 자재와 일꾼을 나르는 트랙터들이 자주 다니고 있었다.

10시경 거의 강바닥까지 내려가서 은근히 높고 긴 출렁다리에 도착했

다. 거칠게 흐르는 강을 바라보
면서 깊게 호흡을 하고 다리를
건넜다. 조금 쉬었다가 다시 걸
었다. 내려온 만큼 가파른 길을,
그러나 마을들 사이를 지나면
서 이것저것 산골 마을의 많은
것들을 구경하면서 오르막을
올랐다.

우리는 부지런히 걸었지만,
느려터진 우리 속도 때문에 찻
집에서 점심을 먹고 출발한 포
터가 금방 따라와서 우리 앞에서

양은 그릇을 지고 가는 사람

걸었다. 가는 중간에 식당용 초대형 양은 그릇들을 잔뜩 나르는 짐꾼을 보
고 놀랐다. 최하 100kg 이상 될 듯한데 아주 큰 대나무 망태 가득히 지고
산을 오르고 있었다. 너무 무거워 내려놓지도 못하고 길 가운데에서 망태
아래에 지게 작대기 고이듯이 T 자로 된 작대기를 대고 잠시 쉬었다가 다
시 길을 재촉했다. 한 50걸음에 한 번은 쉬어서 가는 듯했는데, 우리 포터
와 어울려 이야기하면서 길을 갔다. 그래도 우리와 비슷하게 갔다.

마칼루는 네팔에서 가장 비싼 국립공원 입장료를 자랑하는 곳이지만 길
을 알려주는 이정표는 전혀 찾아볼 수 없고 포터도 어딘가로 먼저 가버려
서 우리는 어딘가에 분명히 있을 국립공원 사무실을 감으로만 찾아갔다.
마을은 영어가 전혀 안 통하고 사람들은 수줍어하며 도망갔다. 가장 큼직
해 보이는 건물의 담벽을 기어올라 철조망 안으로 들어서서 살펴보니 여러
가지 동식물 그림이 그려져 있고, 그중 문이 열린 사무실 한 곳에 들어서
니 National park란 단어가 표기되어 있어서 여기가 마칼루 – 바룬 국립공

원 사무소인 줄 알게 되었다.

오후 2시 반, 마칼루 바룬 국립공원 관리실에 도착했다.

철조망으로 둘러싸인 군부대 같은 사무소는 네팔의 참혹했던 현대사를 표현하는 건물이다. 한때 네팔의 힘든 시절에 혁명군으로 혹은 반군으로 이 지역을 장악한 공산당과, 이 지역의 관공서이며 정부의 수입원 중 하나인 이곳을 지키려는 정부군 사이에 처절한 공방전이 벌어졌는데, 이곳의 철조망이 그런 역사의 생생한 증거이다. 지금은 그들 중 누가 정부군으로 남았는지 모르겠다.

사무실에서 한참 기다리니 어떤 사람이 누군가를 불러왔다. 국립공원 직원이 입장료로 3,390×2=6,780루피를 받고 영수증을 줬는데 자주 보여줄 일도 있어서 잘 보관해야 했다. TIMS는 아무런 상관을 하지 않았고 아무도 말을 하지 않았다. 국립공원 로그 북을 보니 나이 70, 68, 65세 정도의 영국인들이 마지막으로 지나갔고 며칠 만에 우리 부부가 입장한 것이다. 노인네들 고생 중인데 우리도 그들처럼 곧 뒤를 따를 것이었다.

오늘을 지낼 숙소를 찾으려는데, 마침 국립공원 직원이 바로 옆으로 나가면 몇 개의 로지가 있는데, 라차시고 로지가 그나마 낫다고 추천해주었다. 라차시고 로지에 가니 아까 국립공원 직원을 불러준 사람이 라차시고의 주인이었다. 시설은 마칼루의 어디나 비슷한 기본적인 시설이었지만 주인의 품성은 물론 저렴한 가격과 음식의 질 등등, 마칼루는 물론 네팔 히말라야 지역에서 최고였고, 마칼루에서 가장 기억에 남는 아늑하고 좋은 곳이었다.

마칼루 - 바룬 국립공원 사무소

힘든 V자 협곡만 아니라면 이번 여행에서 다시 돌아가 가장 오래 쉬고 싶은 숙소였다. 그렇게 마칼루는 최악과 최고가 공존하는 이상한 곳이었다.

싱글룸 250루피, 더블룸 500루피를 불렀는데 더블룸 400루피에 합의했다. 계란 프라이 1개당 35루피, 블랙티 20루피, 플레인 라이스 150루피, 프라이드 라이스 150루피였는데 그냥 밥과 볶음밥이 왜 가격이 같냐는 말에는 그냥 웃기만 했다. 더 위로 올라가 다른 로지에서 기다리던 포터가 우리를 찾아 내려왔다.

따뜻한 물을 시켜서 우리 보온병에 담아두기도 하고 마시기도 했다. 전기는 이 지역에서는 모두가 태양열이니 우리도 우리 솔라 패널로 태양열 충전을 했다. 마칼루의 인심이 극악하다더니 아직은 괜찮은 것 같았다. 저녁에 잠깐 식당에 나와 앉아 있으니 포터는 한쪽에서 뚱바를 곁들여서 거하게 한 상을 차려서 잘 먹고 있었다. 참 부러운 일이었다.

입맛을 다시며 구경을 하자 주인이 뚱바나 럭시 한잔하지 그러냐고 했다. 우린 상행이라 독한 술은 못 마신다 하니 일어나서 부엌에 가서 창 한잔을 작은 음료수 컵에 주어 아내와 나눠 마셨다.

새로 거른 듯한 약간 신 막걸리 맛인데 따스하게 덥혀서 먹어도 좋지만 시원하게 마셔도 좋다. 여기에 설탕을 조금 타면 달달한 아스파탐 막걸리 맛이 나게 된다. 뚱바도 미량을 마시면 술이 즉 약이니, 약주가 되어 좋기는 하지만 급격한 고도를 오르는 코스에서 술은 자멸을 뜻하니 조심해야 한다. 술을 좋아하는 사람은 히말라야 산행의 목적지까지 무사히 도착하는 사람이 드물고, 주변의 여행자에게도 폐를 끼치는 일도 자주 발생하니 가능하면 산행 중에는 마시지 않는 것이 좋다.

마칼루 여행을 해본 사람들의 포스트를 읽어보니 오늘 V자 협곡으로 허벅지가 터져 나갈 거라는 이야기가 많았다. 남편과 나는 긴장을 하고 로지 주인에게 포터를 부탁했다.

포터가 왔는데 마칼루 베이스캠프를 가본 적이 없단다. 그럼 안 된다고 하니 타시가온까지만 데리고 가고 이후에는 다른 포터를 고용하라고 한다. 합리적인 생각인 것 같아 동의했다.

어제부터 계속 기웃거리던 경찰인 듯한 사람이 자꾸 퍼밋을 이야기한다. 퍼밋은 세두와에서 하는 거라고 했는데 결국 경찰서 앞마당에 우릴 세웠다. 여권을 보자고 해서 당신은 누구이고 여기는 어디냐고 물었더니 경찰이라고 한다. 알면서 물어본 거다. 그런데 왜 경찰이란 표시가 하나도 없냐고 하니까 멋쩍게 웃는다. 우리 여권을 보더니 눈이 휘둥그레지면서 코리아라고 묻는다. 그렇다고 하니까 "온리 코리아?"라고 묻는다. 알고 보니 우리를 중국인으로 안 모양이다. 중국 사람들은 퍼밋이 필요하다고 한다.

근처에 한국 선교사님이 선교를 하시는지 학교에 가냐고 묻는다. 그러고 보니 오는 길에 아이들이 태권도를 하고 있었다. 어쨌든 해프닝으로 끝났고 드디어 본격적인 트레킹이 시작됐다.

길은 내리막이 길었다. 2시간을 내려간 것 같다. 무릎 보호대를 하고 마음을 단단히 먹었는데 예상한 것 보다는 어렵지 않았다. 그다지 길지 않은 출렁다리를 사뿐히 건너주고 잠시 쉬었다가 오르막을 오르기 시작했다. 아주 천천히 우리 특유의 걸음인 거북이가 울고 갈 속도의 걸음걸이로 놀며 걸으며 하니 걸을 만했다. 중간중간 만나는 찻집에서 차 한잔은 너무 달콤한 휴식이다. 풍경은 완전 그림이고 모든 것

이 좋다. 여기 인심이 험악하다고 했지만 찻집에서는 그냥 먹으라고 귤도 주고, 지금까지 다녀본 히말라야 물가 대비 전혀 인심이 험하지 않았다. 물론 더 올라가봐야 알겠지만……

2시가 넘어서 관광 오피스에 도착했는데 아무도 없다. 한참을 기다리니 담당자가 왔고 생각보다 훨씬 비싼 입장료를 냈다. 남편 말로는 에베레스트와 마칼루 입장료가 제일 비싸다고 했다.

우린 이른 시간에 세두와에 도착했고 숙소를 생각보다 저렴하게 잡았다. 음식값도 괜찮은 편이나 메뉴는 오직 달밧이란다. 아직까지 내가 느끼기에는 인심은 좋은 것 같다. 그리고 다행인 것은 가장 우려한 거머리 지대를 걷기라 무사히 건너왔다는 점이다. 오늘 하루 종일 다니는 동안 우리 외에 트레커는 보질 못했다.

🧭 마칼루 3일 차

타시가온
(Tashigaon 2,070m)

세두와
(Seduwa 1,510m)

　차 2잔. 계란 3개 프라이해서 간단한 아침을 먹었다. 중간에 마을이 많고 식사나 차를 마실 수 있는 곳이 많아서 산행을 조금 일찍 끝내고 싶어 서둘렀다. 계산서를 받았는데 얼른 봐도 이상이 있어 주인집 처녀에게 물으니 포터의 계산을 우리에게 얹은 것이란다.

　이걸 왜 우리에게 부담시키냐며 이 돈은 포터에게 받으라고 하니 주인집 처녀가 포터를 쳐다보더니 계산서를 정정해서 가져왔다. 사람을 어수룩하게 보는가 싶어 조금 괘씸하기도 해서, 어제 준 돈이 있으니 그걸로 계산하라고 선금 안 준다고 일부러 버텨봤더니 어떤 영어 잘하는 네팔 여자가 통역해준다고 나섰다. 통역이나 마나 결국 돈이 없다고 선불로 550루피를 달라는 말이었다.

세두와에 행정을 보러 온 지역의 공무원이라는 그 여자에게 무슨 말인지 통역 아니라도 알아는 들었는데, 포터가 돈을 너무 헤프게 써서 선불을 안 주고 싶고 집에 갈 적에 돈을 좀 남겨 가도록 하고 싶은 거라고 했다. 그 여자는 그건 그의 삶이니 어떻게 쓰든지 신경 쓰지 말라고 한다. 듣고 보니 그건 또 그렇다. 그의 인생에 간섭할 이유가 없었다. 어제 500루피 선금 준 돈이면 하루 일비로 충분한데 절약이나 계획 같은 것은 전혀 없는 젊은이다. 기왕 쓰는 것 충분히 쓰라고 선금을 1,000루피 줬다.

7시 40분에 출발해서 가파른 길을 1시간 오른 이후 약한 오르막이 몇 개의 아주 작은 마을들 사이로 계속되었다. 작은 가게에서 아주 젊은 아줌마에게 차를 시켜서 한 잔씩 마셨는데 손님으로 대접하는 것이니 그냥 마시란다.

엥? 사방에 있는 물도 공짜로 한 잔 주는 일 없는 야박한 이 설산에서 이게 무슨 일일까 싶었다. 이런 인심을 발견한 것이 너무 고마웠다. 그녀의 평정심을 깨기는 싫고 돈 대신에 한국 사탕 몇 개를 줬더니 무척 좋아했다.

10시에 섹시난다에 도착했다. 동네 이름이 이것과는 약간 발음이 다른데 이해하기는 이 이름이 쉬웠다. 길을 가다가 어떤 친구가 우리 포터와 무슨 이야기를 하더니 우리 팀의 포터를 하고 싶다고 했다. 맨몸으로 맨 발에 슬리퍼 신고 그런 소리를 해서 아무런 방한 장비가 없으니 안 된다고 했는데도 그는 자신 있다고 했다. 자신은 누구에게나 있지만 사고 날 확률을 안고 싶지는 않아서 거절했다. 그러나 그는 내내 따라오기도 하고 포터에게 우리 카고 백을 받아 짐을 잘 진다는 걸 증명해 보이기도 했다. 짐을 지는 폼으로 봐서는 안정감 있게 잘 지는 것은 확실했다.

갑자기 짐을 상당히 많이 들고 엄청난 인원이 다가오길래 물어보니 안나푸르나에서 시작해서 역으로 넘어오는 네팔 히말라야 GHT 횡단 팀●이었

섹시난다의 학교

다. 실력이 좋아서 암부랏차 라를 역으로 넘어왔다는 그 팀의 트레커들은 마칼루의 풍광이 매우 좋지만 아주 힘들게 마칼루 지역을 지나오고 있다고 했다. 우리도 두려움에 떨고 있다고 했다.

마을 길에서 언덕을 조금 올라가면 섹시난다의 최고 번화가(?)가 시작되고 학교가 있고 전화기, 옷, 계란, 콜라, 맥주. 시계, 쌀 뭐든지 다 있다. 차 한 잔에 50루피, 창도 한 잔에 50루피. 공평하다.

포터를 하고 싶다고 하루 종일 따라오는 끈질긴 친구와 현재 우리의 포터 둘이 의기투합하여 거하게 우리 옆에서 럭시 한 잔씩을 하였다. 어차피 지금 포터는 내려갈 친구이니 잔소리할 일이 없지만, 포터를 하고 싶다는 사람이 럭시를 대낮에 마시는 모습에 초대형 X 표가 팍 찍혔다.

섹시난다에서 타시가온은 3시간 거리인데, 앞산을 가로막은 중간 능선에 큼직하게 자리 잡은 파란 양철 지붕 집들이 타시가온이었다. 산 중턱에 흩어진 집들과 층층이 다랑논들 사이로 들어앉은 그 마을들을 바라보면서 그 뒤로 초대형 병풍처럼 수십 겹으로 하늘을 막아선 엄청난 산들을 바라보면서 우리는 큰 한숨을 쉬었다. 이 산의 사람들도 사람이라면 저 산들을 좌측으로 끼고 돌아서 은은하게 산허리를 타고 가는 길을 냈을 것으

● 히말라야 횡단 트레킹(GHT)이란?

GHT는 'Great Himalaya Trail'의 약자로서 히말라야 산맥 횡단이란 의미이고 'Full Traverse', 즉 '완전한 횡단'이라고도 한다. 히말라야 산맥을 동에서 서로 또는 서에서 동으로 횡단하는 트레일을 의미한다. 히말라야 산맥에서 제일 동쪽에 위치한 부탄 히말라야는 450km 34일, 시킴 히말라야(인도 북동부)는 185km 19일, 네팔 히말라야는 1,700km 160일, 인도 북서부 아루나찰 프라데시는 1,550km 110일, 파키스탄은 250km 20일의 일정이다. 여기에 중국 쪽까지 포함하면 총 4,200km에 달한다.

로 믿고 싶었다.

산허리로 길을 잡아 완만한 길을 걸으며 요란한 음악 소리를 위안 삼아 맑은 개울과 풍부한 수림 사이로 난 오솔길을 걸으며 걷는 것이 아주 좋았다. 간혹 만나는 밀밭이나 기장밭도 좋았다.

현재의 포터와 포터 후보 둘이 나란히 있길래 왜 자꾸 따라오느냐 물었더니, 포터 후보가 자기가 내일부터 우리 짐을 들기로 약속을 해서 따라 온다고 한다. 아까 안 된다고 했고, 너 희들끼리 약속을 해봐야 돈 주는 건 우린데 우리는 그럴 생각이 없으니 돌아가라고 했다. 그들은 내내 따라오다 가 둘이 번개같이 마을 위로 올라가버렸다.

약 30분간의 가파른 오르막을 올랐는데 길이 애매해서 길에 서 있었더니 밭에서 일하던 농부가 손짓으로 그냥 직진해서 위로 죽 가라는 식으로 말했다. 돌계단을 따라 위로 한참을 더 올라가서 머리가 남의 집 마당 가장자리에 닿을 정도의 급경사에 자리 잡은 그 지역은 마을의 마지막 부분이었고, 대규모 캠핑 사이트와 헬기 착륙장이기도 했고, 합법과 불법을 모두 쓰는 이 지역 무소불위의 강력한 마칼루 산적단의 총 두목이 있는 곳이기도 했는데 아무것도 모르고 제대로 그들의 본진에 정확하게 들어서게 되었다.

마칼루 호텔 – 마칼루의 용문객잔

그 이름도 정확하게 마칼루 로지. 마칼루 로지의 주인 할아버지는 일만하고 있어서 그냥 일꾼인 줄 알았는데, 과연 이 지역 마칼루 산적 그룹의 총책은 결국 할머니였다. 할머니의 호령 한마디면 마을은 물론 온 마칼루가 다 동원이 될 정도이며, 국립공원 사무소의 권고나 명령 같은 것은 어림도 없을 정도였다. 결국 이 산이 이렇게나 이상할 정도로 아무런 정보가 없는 것 역시 이분들의 공로가 컸다.

정보를 독점하여 이 산을 모두 점령한 형국이 되었고, 정보와 산을 모두 점령하여 마칼루 산과 관련된 많은 수입을 거의 독점하는 훌륭한 전략을 가진 가족 기업이었다. 아무것도 모르는 우리는 약간 이상하기는 했지만, 거기에 둥지를 틀었다. 어제까지 손자들이 산에 놀러 왔었는데 오늘 헬리콥터에 태워 카트만두에 보내고 아랫동네에 사는 손녀만 하나 있다고 한다. 에베레스트 지역에서는 흔한 일이지만 마칼루는 예상하지 못했던 일이었다.

마칼루 호텔에 자리를 잡고, 포터에게 남은 돈을 주고 모두 보냈다. 전원도 없고, 가격표 같은 것도 없었다. 메뉴판이나 먹을 것이나 주문한 것을 적는 노트 같은 것도 없었다. 가격을 일일이 물어보고 조심하면서 늦은 점심으로 블랙티 4잔, 오렌지 3개. 볶음밥 1그릇, 뚝바* 1그릇을 시켜 먹었다. 맛은 모르겠고 그냥 먹었다.

멀리 세두와와 눔이 바라다보이고 볕 잘 들고 조망도 좋았다. 나이가 많은 주인 할머니는 말은 통하지 않으나 장사를 잘하는 것 같고 부지런히 몸을 움직였다. 그 집 손녀가 넓은 마당에서 책을 읽거나 재롱을 부리고 있었고, 포터를 구해달라고 했더니 몹시 반가워하면서, 사진집을 가지고 와서 우리에게 보여주었다. 가만히 들어보니 온 산에 있는 숙소와 찻집이 모

---

* 티베트 음식으로 칼국수와 비슷하다.

두 이 할머니 자식들과 손자들의 소유였다. 그 사진들의 주인들은 곧 각 코스를 지나가면서 각양각색의 개성 있는 방법으로 모두 만날 수 있었다.

일행들은 산에 가고, 혼자만 이곳에서 퍼진 네팔 용사가 있었는데 산은 못 탔지만, 영어는 좀 했다. 그를 통해 숙식을 포함하여 표준보다 조금 후한 일당 15달러를 제시했더니, 주인 할머니는 일당 15달러에 숙식을 따로 제공해달라고 했다. 얼른 생각해봐도 예상 비용이 무한대 급으로 일당보다 더 많은 돈이 들어갈 것인데 그나마 얼마가 될지도 알 수 없으며, 특히나 아무런 가격 기준이 없는 이 산에서 로지 주인과 포터 사이에 가격 담합이 될 것이었다.

손실이 무한대로 적용될 것이 분명한 옵션을 요구하는 그들에 대해 우리는 받아들일 수 없다고 거절하고, 마칼루 로지 위에 있는 단폐 로지에 가서 포터를 구하겠다고 하고 길을 나섰다. 주인 할머니가 굉장히 놀라면서 소리를 크게 질렀다. 그러다 그렇게 해본다고 애절하게 우리를 부르더니 주인 할아버지를 채근하여 여기저기 전화하고, 두 부부가 돌아가면서 전화하더니 15달러에 숙식 포함해서 포터가 된다고 했다. 저녁 전에 도착하면 만나기로 했다.

아직 볕이 좋은데, 하행 중인 서양 부부 팀이 도착했다. 그들은 날씨도 산도 매우 좋았다고 했다. 그들의 포터와 가이드에게 물으니 역시 눈은 아직 없고 날씨도 좋았다고 한다. 옆 팀 가이드와 포터가 주인 할머니 대신에 요리하고 일도 잘해주었다. 프라이드 라이스, 맨밥 해서 미트볼, 간짜장 팩을 덥혀 먹었다. 메뉴와 가격이 없어 일일이 물어보면서 밥을 먹고 보급을 하자니 참 곤란했는데 인자하게도 보이는 탈을 쓴 부지런한 할머니와 일만 하는 할아버지를 일단 믿어보기로 했다. 아침은 그에게 티베탄 브레드에 차를 해달라고 했다.

더운물 받아 차를 마시고 포터를 기다렸는데, 약간 모자란 듯하지만 착한 듯도 해 보이는 포터가 왔다. 노부부의 아들이라고 했다. 다들 로지 주인인데 왜 이 아들만 남의 짐을 날라야 하는지 알 수는 없었다.

마칼루는 보통 눔에서 시작하는 산행 기간으로
1. 상행 7일 하행 5일 해서 12일이 걸린다.
2. 마칼루 BC에서 쉬거나 근처의 어드밴스 BC로 가는 경우 1~2일을 더 추가할 수 있어서 일정이 신축적이다.
3. 사고나 날씨 및 컨디션의 난조로 일정이 늘어나거나 줄어들 수 있으며, 총 일정을 정확하게 예측을 할 수가 없으므로 매일 일당을 숙식을 포함한 가격으로 15달라를 지급한다고 했다.

우리 부부는 통상 팁으로 하루나 이틀분의 일당을 지급하고 여분의 장비를 나눠 주는 경우가 많은데, 팁에 대한 부분은 그의 업무에 대한 보너스이므로 언급하지 않았다. 아까 그 영어 잘하는 사람에게 포터와 마칼루 로지 노부부에게 말해달라고 하고, 노부부와 포터에게 잘 설명하고 모두 잘 알아듣고 동의한다고 했다.

보통 로지에서 고용을 하면 로지에서 보증을 서서 괜찮은 사람을 보내는 경우가 많았다. 이 집 아들이므로 방심했고, 모두가 동의하고, 충분히 설명을 여러 번 한 것 같아서, 포터 고용 계약서를 영문으로 만들어서 가지고 와놓고도 작성하지 않았는데 잘못한 일이었다. 네팔도 말로 하는 약속은 효력이 없고, 서류로 하는 약속도 그리 큰 효력은 없긴 하지만 그래도 억지력은 더 강했는데 첫 매듭이 잘못 지어져서 대가를 치러야 했다.

거기에 마칼루는 일반적인 상식이 아닌 할머니와 그의 자식들이 만들어나가는 마칼루만의 억지 계산법이 따로 있었다. 온 산에 아무런 가격표를 만들지 않았고, 그러므로 아무런 증거가 남지 않게 만든 것처럼, 바가지와

속임수가 가미된 억지 계산을 받아들이면 별문제가 없지만, 받아들이지 않으면 산행은 힘들어지고 온 가족과 마을이 나서서 강제로 원하는 액수를 받아내는 것이 그들의 방식이었다. 그들은 일을 마치고 받는 건전한 팁이라는 것을 받을 이유가 없었다.

밤에 나와 양치를 하다 보니 멀리 늪의 불빛이 보였다. 이제 한동안은 인가의 불빛들을 그렇게 많이 바라볼 일이 없을 것 같아서 쌀쌀한 바람을 맞으면서 오래도록 그 불빛을 바라보며 앉아 있었다.

어젯밤에 잠을 설쳤다. 계속되는 꿈과 개 짖어대는 소리에 거의 날밤을 샌 듯하다. 날이 밝아오고 그냥 침낭 밖으로 나왔다.

아침에 차 한잔을 마시며 계산하려는데 계산이 이상하다. 전혀 말이 통하지 않았지만 따지고 드니 우리 포터가 자기 먹고 잔 것까지 살짝 더한 거다. 우리 것은 얼마 나오지 않았다. 포터가 밤에 술 마시고 흥청망청 쓴 거다. 너의 것은 네가 내라고 하니 선불을 달라고 한다. 뭐, 돈이 없다니 주기는 주는데, 안타까웠다. 어렵게 번 돈일 텐데……

7시 반에 타시가온으로 출발했다. 오르막이다. 헉헉대고 올라갔다. 찻집에 들러 차를 마시고 계산을 하려는데 그냥 가라고 한다. 어제는 귤을 주더니, 고마워서 한국산 사탕을 몇 개 드렸다. 웃으며 고맙다고 한다. 여기 인심이 험하다고 했는데 이상하다 싶었다.

가다 보니 언제인가부터 포터 옆에 어떤 다른 친구가 따라붙었다. 짐을 따라붙은 친구가 대신 진다. 둘이 친구인가? 한참을 쫓아온다. 영어도 제법하고 눈치가 우리 포터가 오늘까지만 하니 자기가 이어받으려고 하는 것 같다. 누구 맘대로? 슬리퍼에 얇은 잠바. 복장 때문에 안 된다.

오늘 길은 수월하다더니 걷기에 좋다. 약간 오르막이고 평평하고 우리가 가는 타시가온도 보인다. 그래도 길은 꽤 멀다. 꽤 큰 마을에 도착해서 또 다른 찻집에 들렀다. 차를 마시고 있는데 동네 꼬마들이 다 구경 왔다. 가게 안으론 들어오지 못하고 밖에서 목을 빼고 구경한다. 눈이라도 마주치면 예쁘게 배시시 웃는다.

차값을 계산하는데 100루피를 부른다. 드디어 시작인가? 가격이 팍 올렸다. 다시 길을 나서서 다시기온에 1시 조금 넘어서 도착했다. 나이가 많으신 할머니가 나마스테하며 반갑게 맞아주신다. 할머니는 영어가 하나도 안 된다. 손짓 발짓 하며 방값을 물어보고 차도 마시고 내일부터 일할 포터를 물어봤는데 사진집을 들고 나온다. 졸지에 가족사진 구경했다.

자식들이 앞으로 우리가 묵게 될 위의 호텔의 주인들이라는 설명이다. 배가 고프다고 했는데도 계속 사진 설명을 하고, 손녀가 와서 대신 설명하자 부엌으로 들어간다. 인심이 나쁘다고 들었는데…….

늦은 점심을 먹고 둘러보니 귤이 3개 있다. 할머니께 귤 먹어도 되냐니 가져가라고 한다. 내일 계산서 받아보면 알겠지. 어찌 되었든 지금까지 다녀본 히말라야 중에 가장 인심이 좋은 것 같다는 착각을 하고 있었다.

그러나 진실은 이제부터 겪게 될, 거의 칼만 안든 강도와 같은 패밀리 비즈니스의 서막이었다. 날씨가 벌써 추워지기 시작했다. 내일부터는 겨울옷을 입어야 할 듯하다.

🧭 마칼루 4일 차

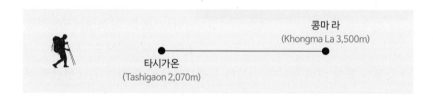

타시가온
(Tashigaon 2,070m)

콩마 라
(Khongma La 3,500m)

　2,070m의 타시가온에서 3,500m가 조금 넘는 콩마 라를 오르는 날이다. 멀리 병풍 같은 산의 모습에 한숨이 절로 나온다.

　어제 점심, 저녁, 아침 계산 2,600루피. 비싼 것보다는 아직 저지대인데 가격 상승폭이 세두와와 너무나 차이가 나고 처음 식사할 적에 부른 가격과 계산서의 가격이 너무 달라서 당황했다. 영어 잘하는 네팔 사람을 불러서 이유를 물으니 주인 할머니는 호탕하게 웃더니 어제는 영어가 안 되어 그렇게 말한 것 같단다. 오늘은 어째 영어가 잘되는지 알 수가 없다. 주의하지 못했으니 답이 없었다. 방값 400루피, 차 한 잔에 50루피, 프라이드 라이스 300루피, 뚝바도 300루피라고 한다. 근데 위로 가면 더 비싸진다고 한다.

포터가 짐을 묶는 걸 보니 짐은 잘 들 것 같았다. 두 노부부가 나와서 잘 다녀오라고 과자를 몇 개 싸주는데, 그는 그냥 어색해하는 듯하고 가족들에 비해 총명한 것 같지는 않았다. 8시에 출발했다.

동네가 어쩐지 만만치 않은 분위기인데, 길조차 만만치 않았다. 그냥 보기엔 벙벙한 산이었는데, 그 안은 조밀했다. 가파른 오르막이 내내 좌우를 돌면서 지속되었다. 아무런 말이 필요 없는 오르막만을 올라 찻집까지 3시간 정도 걸려서 11시 20분에 도착했다. 찻집이 두 개 있는데 하나는 문을 닫고 하나는 문을 열었다. 이쁘면서도 다부지게 생긴 스물한 살의 아이 엄마가 장사를 물샐틈없이 하고 있었다. 조만간에 이 집도 동네 나들이를 헬기 타고 다니면서 할 것 같다. 여기서 점심 먹자고 했다.

정말 만만치 않은 길이다.

여기가 타시가온 할머니네의 작은아들과 며느리 중 며느리가 하는 찻집이란다. 역시 다부진 데는 할머니의 각별한 경영 지도와 본인의 노력이 있었던 것 같다. 우리는 그에 부응하지는 못했다. 메뉴와 가격표는 역시 없고 오직 달밧만이 있을 뿐이니 그걸 먹든가 말든가 해야 한다고 했다. 마칼루의 경영 방식은 참 일관성이 있다.

찻집 여주인이 밥을 하면서 갓 낳은 아이를 박스 같은 보에 메고서 일을 했다. 아이를 갓 낳아서 그런지 얼마나 예뻐하는지 잠시도 아이에게서 눈을 떼지 못하고 모두에게 자랑을 하면서 굉장히 좋아했다.

뜨거운 물 한 통에 150루피, 그냥 맨밥 300루피였다. 배낭에 가져온 김가루 등과 몇 가지 먹을 것을 얹어서 간단히 점심을 먹었다. 450루피를 지급했다.

네팔의 일반적 관습은 손님이 식사를 주문하면 그때부터 밥을 한다. 세월이 달라졌으니 나무로 밥을 하는 게 금지된 국립공원 내의 집들은 가스나 전기로도 밥을 하는데 그런 경우는 속도가 아주 빠르다. 그러나 국립공원법과 현실은 매우 달랐다. 비싸게 배달하는 가스보다는 여전히 나무를 때서 밥을 하고 여러 가지 요리를 하는 데 화덕이 얼마 안 되니 시간이 오래 걸렸다.

할머니네 가족이 운영하는 마칼루를 뒤덮은 모든 숙소와 찻집은 단 한 곳도 예외 없이 가스 취사도구는 모양만 갖춰두고 나무를 때서 밥을 했다. 취사 시간이 더뎌서 한 시간이 금방 지나갔는데 그 정도면 양호한 편이었다. 마칼루는 산이 높아서 오후 3시면 해가 지므로 특히 급경사를 오르는 경우는 가능하면 오후 3시 이전에 도달하도록 일정을 잡아야 했다. 해가 지면 갑작스럽게 기온이 심하게 내려가고 바람이 심하게 불어오므로 여러 모로 좋지 않다. 그래서 점심시간이 오래 지체되면 좋지 않다.

끊임없는 오르막이 100번 이상 반복되었고 정말 열심히 노력했다. 중간에 많은 구간에서 돌길을 만들고 있었는데, 솜씨가 정말 좋았다. 그러나 돌길은 이곳에 사는 사람들에게는 유용하겠지만 트레킹을 하는 입장에서는 정말 허리가 많이 아프게 되고 다리에도 부담을 주어 걷는 것을 힘들게 한다.

돌계단 길을 만드는 사람들

실질적으로는 사람이 사는 마을은 타시가온이 끝이라고 봐야 하고, 다만 돌길이 잘 만들어지면 아랫마을들처럼 말이나 야크가 다니면서 보급이 가능해지면 할머니네 가족이 원활하게 장사를 하거나 장비를 운반하는 데는 큰 도움이 될 것이다.

서서히 만병초 군락이 시작되었다. 수십 가지 종류의 만병초가 자리를 잡고 있었고, 여름이 아니라 가을이니 꽃이 필 계절이 아닌데 꽃망울이 잡혀 있는 경우도 있었다. 만병초는 이 높은 고지에 광범위하게 자리 잡고 잘 번식하고 있었지만 사람의 삶에 그리 큰 도움을 주는 나무는 아니다. 다만 한두 가지 종류의 만병초가 사람의 병을 두루 다스리는 좋은 약재로 작용하므로 이름조차 만 가지 병을 다스린다고 하여 만병초라고 이름을 붙여진 것이고, 대개의 만병초들은 짐승이 먹으면 미치거나 죽게 되는 독초라서 그리 환영받지는 못한다.

멀리 보이는 산이 칸첸중가다.

콩마 라는 정말이지 끝없이 노력하고 포기하면서 주어진 길을 그냥 그때그때 완수하면서 올라야 하는 길이었다. 멀리서 바라보면 엄청난 병풍 같고 오르기는 참 힘들던 콩마 라. 별 기대 없이 콩마 라에 오르니 멀리 칸첸중가가 하얗게 선명하게 보이고 주변을 호위하던 산들의 다른 면도 반대편에서 잘 볼 수 있었다. 사진을 많이 찍고 좀 한숨을 돌리면서 보니 콩마 라에 바로 올라와서 만나게 되는 로지들은 모두 문을 닫고 연 곳이 없었다.

로지는 단페와 마칼루 두 집이 열려 있었는데, 단페 집이 먼저여서 단페의 여주인이 나와서 우리를 물끄러미 바라봤다. 단페 로지가 얼른 보기에는 외관이 마칼루만은 못했다. 마칼루 집 아들인 포터가 단페 앞에 앉아서 우리가 그리로 가게 될 실수를 막았다.

조금 더 올라가서 콩마 라의 맨 가장자리에 자리 잡은 마칼루 집이 할머니 회장님의 큰딸이 운영하는 곳이다. 정식 이름은 힌두를 믿는 셰르파 로지라고 되어 있었다. 욕심이 얼굴에 붙어 있는 딸이 나와서 다짜고짜 방값은 1인당 500루피라고 해서 놀랐다. 고작 고도 3,500m에 벌써? 좀 기분이 나빴다. 기분 나쁜 상태에서 그냥 묵거나 만만하게 보이면 항상 사고 난다. 밑에 단페 로지에 다녀온다고 하고 내려가니 아내가 부른다.

몹시 당황한 이 집 여주인이 가격을 내려서 2명에 500루피에 하기로 하고 다른 이들에겐 말하지 말라고 했단다. 그래도 이런 경우 다른 데 가는 게 맞지만 포터의 가족들이 운영하는 곳이므로 다른 데로 가버리면 향후 산행을 하는데 잡다한 문제가 생길 가능성이 있어서 적당히 해야 했다.

짐을 풀고 태양열 충전을 시켜놓고 아래층 난로 앞에 앉았다. 헝가리 등산객 남녀 2명이 있었다. 마칼루 베이스캠프에 다녀온다고 하고, 툼링타르에서 아룬 밸리로 해서 살파 라를 넘어 루클라로 간다고 한다. 그전과 달리 작년과 올해 사이에 찻집과 기본적인 로지들이 갖춰져서 이제는 티 하우스 트레킹이 가능하다고 한다. 그곳에 로지가 갖추어진 걸 미리 알았으면 루트를 새로 짜볼 수도 있었는데, 그런 정보를 전혀 얻을 수도 없었고, 퉁퉁 부은 잇몸으로 어딜 가는 것도 무리는 있었다.

마칼루도 할머니 회장님의 영도와 다른 집 몇 명으로 인해 마칼루의 트레킹 지역에 로지가 갖춰져서 티 하우스 트레킹이 가능하다고 알려진 것이 겨우 얼마 전이었다. 그래서 우리 부부도 마칼루를 캠핑으로 준비하다 나중에 티 하우스 트레킹으로 계획을 변경하였다.

이 집도 물건은 있는데 가격표가 없었다. 사람에 따라 다르고, 국적에 따라 다르고, 주인 기분에 따라 달랐다. 밥은 400루피, 달밧은 500루피, 뜨거운 물 300루피였다. 시설이나 여러 가지 면은 턱도 없으나 독점이니 다른 답은 없었다. 세월이 한 10년 흐르면 모든 마칼루 지역의 할머니 자손들은 다들 헬리콥터 타고 다니고 애들은 미국 유학을 하는 게 상식이 될 것이다.

우린 달밧을 너무나 오래 먹은 것도 그렇고, 맨밥에 반찬 한 개 나오는 집도 매우 싫었으니 큰 문제였다. 어두운 식당과 가게에는 뭐가 있기는 한데 뭐가 있는지 잘 알 수가 없었다. 아직 혼이 덜 나서 뭐든지 주어지면 감지덕지하게 먹으면서 내라는 대로 돈도 내고 해야 하는데 그렇게 하지 않았다. 좀 상황을 보면서 이 동네의 이상한 관습을 알아가는 중이었다. 이 산장에서도 밥을 시켜서 더운 물에 말아 먹고 가져온 반찬을 조금 곁들여 먹었다.

나랑 결혼하기 잘했지? 나 아니면 누가……

전기 시설이 전혀 없는 곳이다. 이후로도 전기는 없다는 게 헝가리 남녀의 말이었다. 자연이 살아 있는 곳이다. 내일 갈 길을 물어보면서 그들이 보는 앱을 보니 뭔가 좋았다. 스포츠 트레커라는 앱인데 인터넷이 없어도 가동이 된단다. 산에서 내려가거든 깔아서 쿰부에서 써보기로 했다.

특이하게도 이층으로 된 불편하고 좁은 산장에 기어 올라가 누우니 시간은 저녁 7시. 밤은 길고 12시 조금 넘어 깨서 화장실 다녀오고 자는 건지 아닌 건지 잘 모르는 상태로 그러고 있었다. 콩마 라부터는 추워서 다정한 두 부부가 분리되어 각자의 침낭에서 자게 되었다.

아침에 창문으로 햇살이 쏟아져 들어왔다. 새로운 포터가 왔고 알고 보니 로지 아들이었다. 앞으로 묵게 될 로지들도 이 집 아들딸들이 주인이라고 했다. 아침에 계산서를 받아보고 충격이⋯⋯. 정말 핫하게 비싸다.

벌써부터 이러면 정말 앞으로가 걱정이다. 인심이 대단하다더니 이제부터 시작이다. 그래도 찻 값이 너무 많이 나왔다. 어제 말한 가격이랑 다르다. 말이 안 통해서란다. 뭔가 많이 이상하다. 왠지 상습적인 것 같은 수상한 느낌이 든다. 아무튼 나도 나름 100루피를 깎았다. 정신 단단히 차리자고 마음먹고 출발했다.

오늘은 끊임없는 오르막이라고 했다. 눈앞에 보이는 고지도 만만치가 않다. 정말 가파르다. 고개를 끝까지 젖혀야 포터가 보이고 남편도 보인다. 남편 뒤를 바짝 쫓아가다가 남편 뒤꿈치에 이마가 닿을 뻔했다.

3시간 30분 만에 티 하우스에 도착했다. 정말 스스로 대견했다. 훨씬 더 걸릴 줄 알았는데. 티 하우스에서 점심을 먹었다. 역시 비싸다. 뜨거운 물 1병과 맨밥을 시켜서 가져간 통조림과 고추장에 먹었다. 된장국과 커피까지. 위에서 내려온 가이드가 올라가면 뜨거운 물 1병에 700루피라고 했다. 기절하겠다. 마음 단단히 먹고 정신 바짝 차려야겠다. 잘못하면 돈이 모자라서 하산한다는 소리 나오겠다.

밥 든든히 먹고 다시 오르막이다. 3시간을 더 올라야 한다고 했다. 조금만 걸어도 높이가 확확 바뀐다. 뒤로 돌아보는 풍경은 정말 절경이다. 높아만 보이던 산들이 밑으로 보이고 구름도 내 발밑이다. 날씨가 좋은 탓에 너무 아름다운 풍경을 볼 수 있었다. 드디어 콩마 라에 도착했다. 방값을 물어보니 1인당 500루피에 둘이니 1,000루피를 달라고 한다. 고개가 절레절레 흔들어진다. 남편이 아래 로지로 발을 돌린다. 아줌마와 흥정을 해서 2명 500루피에 하기로 했다. 다른 사람들에게는 말하지 말란다. 헝가리 남녀가 묵고 있었다.

맨밥도 무시무시한 가격이고 메뉴는 없다. 오직 달밧만 있을 뿐이다. 우리는 달밧이 싫어 그냥 맨밥 한 접시를 시켰다. 뜨거운 물 역시 가격이 핫하다. 가스를 못 사온 것이 너무너무 후회된다. 앞으로 올라가면 훨씬 비싸질 것이다. 옷을 겨울옷으로 갈아입고 내려오니 다행히 기쁘게도 난로가 있다.

난롯가에 앉아 헝가리인들에게 내일 갈 길에 대한 정보를 들었다. 들을수록 한숨만 나온다. 인심이 훌륭한 주인은 밥 먹는 동안 꺼진 난로에 더 이상 나무를 넣지 않았다.

🧭 마칼루 5일 차

	궁마 라 (kauma La 4,050m)	칼로 포카리 (Kalo Pokhari 3,930m)	도바테 (Dobate 3,700m)
콩마 라 (Khongma La 3,500m)	쉽턴 라 (Shipton La 4,229m)	케케 라 (Keke La 4,150m)	

　오늘은 코스도 복잡하고 힘들며 마칼루를 준비할 때에 가장 많이 걱정하고 긴장한 구간이다. 하루 종일 오르고 내리기를 반복해야 한다. 궁마라, 쉽턴 라, 케케 라 3개의 라, 즉 산마루를 올랐다가 바로 내려갔다가 또올라가야 한다. 그 외에 셀 수없이 많은 잘잘한 언덕들이 숨어 있을 것이다. 콩마 라에서 참랑 피크 6, 7봉을 보며 바로 직진하고, 바로 가파른 언덕길을 500m 정도 오르면 궁마 라다. 평탄하게 조금 가다가 다시 암릉을 한참복잡하게 오르고 올라서 가다가 갑자기 내리막으로 한참 간다.

　좌측에 작은 호수를 하나 끼고 상당히 높은 암릉을 돌계단으로 좌우로비틀면서 숨겨진 높은 언덕에 오르면 거기가 그 유명한 쉽턴 라다. 쉽턴 라에서 그대로 돌계단으로 하산하여 호수를 만나면 거기가 칼로 포카리이고, 다시 암릉을 돌계단으로 오르면 거기가 케케 라이고, 거기서부터 1시간 정도를 내려가면 도바테이다.

더운 물로 누룽지를 불려 간단한 아침을 먹고 7시 반에 출발했다. 먹은 것이 별로 없어서 1,450루피가 나왔는데, 돈을 쓰고 싶은 생각이 전혀 들지 않는 곳이다.

내내 위로 힘차게 뻗은 가파른 오르막을 올랐다. 내내 오르막이니 힘들었다. 궁마 라(Kauma La 4,050m)에 8시 45분에 도착해서 돌탑에 앉아 잠시 쉬었다. 콩마 라와 마찬가지로 멀리 칸첸중가와 마칼루가 우측으로 잘 조망되었다. 궁마 라에서 약간 평지가 있고 암릉이 하나 보였다. 설마 저기가 길일까 했는데 정말 거기가 길이었다. 이리저리 빙빙 돌면서 여러 개의 많은 언덕을 올랐다. 다시 돌탑이 나오고 호수를 끼고 돌계단으로 약간의 내리막이 있었다. 호수 옆에서 숨을 몰아쉬며 한참을 앉아서 쉬었다.

쉽턴 라에서 내려오던 서양인 트레커들과 스태프들이 호숫가에서 점심 준비를 하고 있었다. 이상하게도 이 산에는 70대 서양 노인 트레커들의 수가 아주 많았는데, 나이에 비해 아주 정정하고 잘 걸었다. 젊어서 일세를 풍미하던 초고수들이 아니었나 하는 생각도 해봤다.

아내가 산 위에서 뭔가가 우리를 본다고 해서 유심히 보니 레드 판다였다. 눈이 밝은 편인지 우리가 보는 걸 알아채고는 금방 도망갔다. 꼬리가 무척 굵직했다.

호숫가에서 쉽턴 라의 찻집을 멀리서 보면 깃발이 날리고 뻔히 보이는데도, 다가가면 가는 길에는 수많은 계단과 언덕이 숨어 있었다. 산을 타는 건지 기어가는 건지 아주 천천히 올라서 드디어 도착을 하기는 했다.

쉽턴 라(Shipton La 4,229m) 찻집 부근에서 누군가 야크를 잡아 손질하고 있었는데 찻집 주인이었다. 그가 할머니 회장님의 큰아들인데, 동생인 우

궁마 라 (4,050m)

작은 호수와 쉽턴 라로 오르는 길

쉽턴 라 (Shipton La 4,229m)

칼로 포카리 (3,930m)

리 포터를 봐도 크게 반가워하지는 않았다. 여기서 점심을 먹었다. 티 하우
스 볶음밥 350루피, 차 80×2＝160루피, 합이 510루피.

　시간 여유가 없으니 쉽턴 라에서 점심을 마치자마자 바로 길을 떠났
다. 1시간 동안 천천히 하산했는데 쉽턴 라 바로 아래는 칼로 포카리(Kalo
Pokhari 3,930m)라는 아름다운 호수였다. 호수 옆에는 찻집이 하나 있어서
여기서도 식사를 많이 한다는데 문을 닫아 아무도 없었다. 오후 3시가 되
어 마음이 급해졌다.

　호수에서 바라보는 케케 라(Keke La 4,150m)는 쉽턴 라에 비하면 나은 편
이지만 그래도 만만치 않았다. 중간에 문 연 로지도 없으니 부지런히 오르
지 않으면 큰일을 겪을 수 있었다. 느려터진 다리를 부지런히 움직여서 겨

우 3시 반에 케케 라에 올랐다. 케케 라의 돌탑과 주변 능선과 맞은편의 쉽턴 라와 칼로 포카리는 참 아름다웠다.

케케 라에서 하산하는 길은 내내 만병초 군락이었는데 상당히 걸었는데도 아무것도 보이지 않았다. 지형상 좌측으로 길이 굽으면서 높이 솟은 절벽 아래에 약간의 평지가 있는 것 같고 그 이후는 다 내리막인 것 같았다. 이렇게 내리막도 가파르니 돌아가는 길도 걱정이었다. 로지는 절벽 아래에 잘 숨어 있었고, 바로 앞에 가기 전까지는 전혀 보이지 않았다.

오후 4시 반에 오늘의 목표 지점인 **도바테**(Dobate, 3,700m)에 도착했다. 할머니 회장님의 사위가 여기 주인이었다. 마르고 민첩하며 부드럽고 온화하며 총명한 듯했고, 그래서 잔꾀가 많았다. 이곳 로지는 단층으로 된 아주

작은 방인데 방 1개에 1,000루피라고 했다가 800루피를 받았다. 일반적인 네팔 히말라야 로지 가격으로는 가장 높은 가격이다.

도바테 (Dobate 3,700m)

저녁으로 맨밥을 시켜서 마가린을 밥과 간장에 비벼 김과 같이 먹었다. 가루 된장국을 타고 가져온 파인애플 한 봉지를 뜯었다. 맨밥이 500루피, 더운 물도 500루피였다.

밖에 나갔는데 깊어가는 가을밤에 높은 산에 앉아 있으니 하루 종일 걸어서 발은 오리발이 되어 있었고 허벅지는 아직도 화끈거렸다. 다리를 조금 주무르며 하늘을 보다가 방으로 돌아갔다. 하루 종일 고생한 아내가 신음 소리를 내며 힘들어했다. 칸첸중가에서 다친 새끼손가락은 아직도 부어 있고, 별로 차도가 없는데 테이핑하고 하루 종일 스틱을 찍으면서 여기저기를 손으로 잡으면서 길지도 않은 다리를 늘려서 암릉을 오르고 내렸는데, 너무 고생시키는 건 아닌가 싶어 안쓰러웠다.

아침 햇살이 너무 좋았다. 따뜻한 물 반병을 시켜서 남편은 누룽지를 먹었고 나는 컵케이크 하나를 먹었다. 오늘 갈 길이 엄청 힘들다고 했다. 지도상 고도차를 보면 머리가 어지러울 지경이다. 고도가 이미 3,500m를 넘어서 무엇을 입을까 고민했는데 햇살을 보니 더울 것 같다. 7시 반에 출발해서 예상대로 가파른 오르막을 계속 오른다. 내려다보이는 조망은 정말 한 폭의 그림이다. 힘은 들지만 아름다움에 감탄하며 오른다. 발아래 구름과 산들이 달력의 그림처럼 펼쳐졌다. 농담 반 진담 반 남편에게 완전 신선놀음이라고 했다. 신선이라면 구름을 타겠지만 우린 사람인 고로 겁나게 오르고 또 올라야 한다는 점이 다르지만.

우리 포터는 오직 "노 잉글리시"라고만 말하기 때문에 질문하면 안 된다. 그래도 길도 잘 리딩하고 짐도 잘 진다. 조망이 좋아서 힘들다는 사실을 잠시 잊었는데, 곧 허벅지가 터질 것 같다. 정말 끝도 없이 오른다. 45도가 아니라 머리를 90도를 젖혀야 남편이 보인다.

도대체 몇 개의 산을 넘은 건지. 정말 무념무상의 상태가 되어간다. 점심 먹을 티 하우스는 보이지도 않고 전혀 현실적이지 않은 끝도 없는 계단으로 된 오르막만 보인다. 잠시 쉬는데 산등성이에 무언가가 보인다. 꼬리가 길고 노란빛을 띤다. 표범인가? 남편도 보았다. 옐로 판다 같단다. 신기하다. 산에서 보는 야생 동물은 참 신기하고 반갑다. 또 다시 오르막, 남편이 무언가를 가리키는데 내 눈엔 하늘이다. 아, 하늘과 맞닿은 저 꼭대기에 집이 보인다. 티 하우스다. 머털 도사가 살 것 같다. 그런데 저기를 어떻게 가지! 에휴, 한 걸음 한 걸음 걷고 또 걷는데 진도는 참 안 나간다.

겨우 티 하우스 도착해서 볶음밥을 하나 시켜놓고 둘이 입맛이 없어서 어거지로 우겨 넣었다. 이제는 호수가 보이고 내리막으로 갔다가 다시 오르막 그리고 내리막이면 오늘의 목표 도바테란다. 티 하우스 아저씨는 그래도 영어를 조금 한다. 우리 포터랑 정말 쌍둥이처럼 닮았다. 모든 로지와 티 하우스는 한 가족이다. 그래서 가격도 하나같이 비싸다.

한참을 내려오니 그림 같은 호수가 있다. 정말 아름답다. 1시 이후면 인개가 끼어서 추워지는데 오늘은 햇볕이 가득하다. 호수 구경을 하면서 힘을 내서 다시 오르막을 올랐다. 오르막이 아니라 그냥 수직 경사다. 정말 어렵게 30분을 오르니 깃발이 보인다. 얼마나 더 가야 하는지 손짓 발짓으로 물으니 아직 한참이란다. 설마, 그런데 정말 한참 내려갔다.

돌아올 때 이 길을 올라와야 하는구나 하는 두려움에 떨면서 걸었다. 로지는 보이지가 않고 이러다 해 떨어지는 것 아닌가 걱정이 됐다. 1시간쯤 내려가니 로지 지붕이 보인다. 다행히 5시는 넘기지 않을 듯싶다.

로지의 방은 정말 작았지만 아늑해 보였다. 물가는 말할 수 없이 엄청나다. 도착하니 곧 해가 졌고 추워졌다. 밥 먹고, 가지고 간 캔 열어서 파인애플 먹고, 밀크티 한 잔 마시고 나니 세상에 부러울 것이 없다. 오늘 밤도 무지무지 길 거다.

케케 라 (Keke La 4,150m)

🧭 마칼루 6일 차

양레 카르카
(Yangle Kharka 3,620m)

도바테
(Dobate 3,700m)

　도바테와 양레 카르카는 일견 평탄해 보이지만 가장 위험한 코스 중에 하나이다. 도바테에서 가파르게 하강해서 그만큼 고도를 올려야 하고 낙석의 위험과 추락의 위험이 상존하는 지역이다. 아침을 간단히 먹고 숙식비로 2,300루피를 내고 7시 45분에 출발했다.

　길은 가파른 내리막이고 단풍 밑에 숨은 돌과 살얼음에 길은 미끄럽고 위험했다. 나도 두 번 넘어지고 아내도 넘어졌다. 소들이 다 내려간 깊은 산골 방목장에 아파 보이는 어린 야크 한 마리가 외롭고 쓸쓸한 표정으로 누워 있었다.

　몹시 가파르고 살얼음이 끼고 너덜거려서 위험한 내리막을 내려서서 강가에 도착하자 돌탑과 룽다가 휘날렸다. 우리는 이제 강변이니 강을 따라 좀 평탄하게 갈 줄 알았다. 그런데 좌측으로 돌자마자 좌측으로 언제든지 돌이 구를 준비가 되어 있는 절벽과 우측으로 강을 끼고 너덜 지대를 내내 오르고 내림을 반복했다. 맞은편 길은 칸첸중가에서 넘어오는 GHT 즉 네팔 히말라야 횡단 코스가 따라오는 길이었는데, 오늘 양레 카르카에서 길이 만나게 되어 있었다. 그러나 그 길도 우리가 가는 길과 다를 게 없었다.

간혹 엄청난 절벽에 길도 없어지고 잡을 데도 없는 길을 가며 아내를 잃는 것이 아닌가 걱정했디. 무슨 길이 아래는 절벽인데 폭이 30cm도 안 되며 잡을 곳도 없고 몸을 돌릴 수도 없었다. 거기에 구슬만 한 돌멩이들이 내내 굴러 내려와서 더 긴장했다. 작아도 맞으면 엄청나게 아프고 머리가 깨지기도 하고 허벅지에 피멍이 들기도 한다. 절벽의 눈치를 보며 말 한마디 안 하고 조심스럽게 위를 자주 보면서 고양이처럼 소리 안 나게 걸었다.

무릎을 다 망가뜨려버릴 것 같은 너덜 지대와 절벽을 지나 찻집이 있는

네헤 카르카(Nehe Kharka)에 도착했다. 여기도 문을 닫았을 것 같았는데 문을 열고 있었다. 침엽수 지대라 나무가 풍부했다. 집을 굵직한 나무로 짓고 지붕도 송진으로 잘 막아 찬 바람이 덜 들어왔다. 물은 당연히 풍부했고 가축을 키우며 살고 있었는데 여주인 혼자 지키고 있었다. 차 두 잔을 마셨는데, 아줌마는 뭔가 생각하는 듯하더니 200루피를 내라고 했다.

네헤 카르카의 찻집

흠…….

오후 1시에 다시 출발해 바룬 강 상류를 향해 오르다 나무다리를 건넜다. 드디어 칸첸중가와 마칼루가 만나는 메인 루트로 들어섰다. 그러나 길은 여전히 좁았다. 강을 따라 침엽수림과 향나무와 만병초 군락이 주를 이뤘고, 가끔은 강모래를 밟으면서 내내 걸었다.

양레 카르카 가까이 가자 털이 많은 고산 꽃이 있었다. 한 6개월 만에 다시 보니 반가웠다. 멀리 강바닥이 보이고 강모래와 초지가 모여 있는 가운데, 로지가 세 개 보였다. 로지들로 다가서는 숲길은 수목 한계선에 밀렸는지 이미 종류를 알 수 없는 나무 군락들이 모두 죽어 있었다. 죽

양레 카르카로 가는 길의 나무다리

은 나무들과 살아 있는 만병초 군락이 같이 베어져 있었다. 사람들이 길을 넓게 내려는 시도를 한 것 같았다.

오후 2시 20분 정도에 양레 카르카(Yangle Kharka 3,620m)에 도착했다. 강가에 위치한 로지 둘은 문을 닫은 듯했고 포터 집안의 로지만 문을 열고 있었다. 특이한 건 로지의 다이닝 룸에 난로가 없었다. 이 집 주인은 포터의 동생이었다.

방값을 조금 깎고, 밥값도 조율했다. 오후 3시가 안 됐는데도 해는 산 너머로 넘어가버리고 날씨가 추워졌다. 화장실에 다녀오며 살펴보니 남자 혼자서도 아주 잘 관리하고 있었다. 임자를 기다리는 하얀 닭 다섯 마리가 여기저기를 돌아다니는데 동작들이 느렸다.

다른 사람이 두 명이 더 왔다. 남녀 커플인데 여자 키가 180cm 정도는 되었고, 러시아 사람들 같았다. 문득 생각해보니 하산길에도 여길 들르게

된다. 오늘도 오다 보니 하산 길이 참 한심했다. 도바테에서 2시간이나 하산했으니 오르려면 죽어라 4시간은 걸릴 것이고, 도바테 이후로는 다시 케케 라에 쉽턴 라에 궁마 라에 별별 라를 줄줄이 넘어 콩마 라로 700m 하산이니 죽음의 하산 길인 것이다. 거기에 막판에 눕으로 오르는 오르막도 도대체 얼마나 죽어라 가야 할지 알 수 없는 것이다. 오늘도 6시간 정도 걸었다. 그냥 가야지 답은 없다.

오후 6시에 서양 커플과 밥을 같이 먹었다. 나는 맨밥에 미소 수프와 고추장으로 밥을 먹었고 이네는 마요네즈에 땅콩버터도 밥에 발라 먹었다. 그게 무슨 맛일까 했는데 의외로 괜찮다고 한다. 옆에서 뚱바에 달밧으로 밥을 먹는 러시아 커플에게 마칼루 베이스캠프에서 왔냐고 물으니 칸첸중가 루트로 올라왔다고 한다. 여기서 하루 쉬고, 베이스캠프로 바로 간다고 한다. 여기서 베이스캠프는 달랑 고도는 1,200m를 올리고 거리가 15km 라서 그렇게 한다고 한다. 우리도 노려볼 만은 하지만 평범한 사람들은 그러면 안 된다.

그들은 GHT를 텐트에 침낭 한 개 가지고 둘이 같이 자면서 왔다고 한다. 길은 2주간 험했단다. 그런데 베이스캠프를 넘어 암부랏차 라를 넘어 추쿵으로 간다고 한다. 로프는 있다고 한다.

아무튼 좀 안 되겠는지 주인에게 묻고 우리에게도 등산 장비업체가 베이스캠프에 있느냐고 묻는데 우리는 답을 할 수 없었다. 그들은 내일 쉬겠지만 우리와 같은 날 베이스캠프에 도착할 것이다. 그들의 성공을 빌며 방에 돌아왔다. 여기 마칼루에 오니 고수들이 많다. 전부 GHT에 어느 고수는 안나푸르나에서부터 역으로 암부랏차 라를 거슬러 온 경우도 있었다.

밤은 지나치게 길고 7시경 잠이 들어 누우면 10시나 11시에 깨고 그냥 눈을 감은 상태로 밤을 그렇게 지새우게 된다. 6시 반경에 일어나 침낭을 개고, 짐 정리하고 7시에 식사하고 7시 반에 떠난다. 그게 거의 예외 없

는 일정이었던 것 같다. 오늘은
좀 늦게 잠들어보려 하지만 쉽
지 않다.

참 여긴 짜파게티, 비빔면 등
이 있었다. 200루피라고 한다.
주인은 그게 다 중국 라면인
줄 알고 있었다. 중국제 컵라면

양레 카르카의 로지

은 250루피. 컵라면은 내일이나 먹어보기로 했다. 방값 800루피, 뜨거운
물 500루피, 밥 350루피.

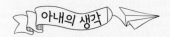
아내의 생각

　　오늘은 그다지 힘들지 않다고 해서 가벼운 마음으로 일어났다. 아
침에 밥이 된다고 해서 맨밥을 주문했다. 그랬더니 헉, 밥이 산처럼 많
다. 최소 네 공기는 되는 것 같다. 먹다가 남기자고 했건만 우린 결국
꾸역꾸역 다 먹어치웠다.

　　부른 배를 두드리며 출발. 끝없는 내리막이다. 돌아올 때를 생각하
니 한숨만 나온다. 두 시간 넘게 내려온 것 같다. 한숨 좀 돌리려나 했
는데 돌이 굴러 내려오는 낙석 지대다. 1시간 30분 정도를 지나가야
한다고 했다. 혹시 돌이 굴러 내려오지 않을까 자꾸 위를 쳐다보게 된
다. 느린 걸음이지만 빨라지는 건 어쩔 수가 없다.

　　오른쪽으로는 빙하 녹은 물이 흐르고 작은 돌들이 머리 위로 떨어
지는데 길이 없다. 아마 무너진 모양이다. 스틱을 한쪽으로 잡고 기어
올라갔다. 앞장선 남편의 뒷모습에서 초조함을 읽을 수 있었다. 뒤따
라오는 내가 무지 걱정되는데 뒤돌아볼 수 있는 상황도 아니고 마음이

초조하고 불안한 것을 뒷모습에서 느낄 수 있었다. 요즘은 웬만해서는 뒤도 돌아보지 않는 남편인데, 나도 가면서 등줄기에 땀이 흘렀다.

길이 힘들다는 생각은 수도 없이 했지만 이번처럼 등골이 오싹한 적은 별로 없었다. 오늘 길이 수월하다고 누가 그랬을까? 겨우겨우 낙석 지대를 건너와 찻집에서 차 한잔 마시며 한숨 돌렸다. 아침에 너무 많이 먹은 탓에 남편도 나도 점심은 건너뛰기로 했다.

티 하우스에서 2시간 30분만 더 가면 오늘의 목적지인 양레 카르카다. 편안하게 가는 줄 알았는데 절벽 길이다. 길은 정말 겨우 한 사람만 지나갈 수 있을 정도의 폭이다. 맞은편에서 사람이 오면 어쩌나 했는데 그리고 보니 오늘은 아무도 마주친 적이 없다.

이런저런 생각에 빠져 있다 보니 마칼루가 정면에 있는 걸 뒤늦게 보았다. 오후인데도 안개가 끼지 않은 산은 너무 선명한 모습을 보여준다. 커다란 설산. 멋있긴 멋있다.

생각보다 일찍 도착했다. 그래도 금세 햇볕은 사라지고 추워졌다. 잠시 후에 서양 남녀 커플이 들어왔다. 칸첸중가에서 넘어오는 사람들이다. 마칼루 베이스캠프를 지나 에베레스트로 넘어간다고 한다. 가이드나 포터도 없이 둘이서……. 진짜 대단하다!!!

여기서 만난 사람들은 하나같이 어딘가에서 넘어오거나 어딘가로 넘어간다. 남편이 서양 커플 여자보고 남자 따라다니느라 고생이 많다고 한다. 그래, 뭐 우리 남편이 종주하자고 하지 않은 것에 감사하자! 오늘 밤도 여전히 길 듯하다.

🧭 마칼루 7일 차

렝말레 카르카
(Lengmale Kharka 4,400m)

양레 카르카
(Yangle Kharka 3,620m)

　밤새 우당탕하며 옆방이 시끄러웠다. 이유는 모른다. 오랜만에 부부가
방에서 자게 되니 레슬링을 하는 것 같았다. 그런 건 별로 궁금하지 않은
데 말이다. 침낭 사이즈가 아무리 커도 한계가 있고, 아무리 여자가 날씬
해도 답답해서 두 명이 어떻게 같이 잘 수 있는지 상상이 잘 안 됐다. 아내
를 침낭에 넣어봤는데, 우리는 확실히 안 된다.

　아침에 밥은 안 되고 팬케이크와 차파티만 된다고 해서 컵라면으로 먹
자고 했다. 중국제 우육면인데 누룽지를 넣어 먹으려니 누룽지와 물이 아
깝다. 억세게 맛이 없는데 아내는 맛있다고 한다. 좋단다. 방값 800루피,
밥 350루피, 물 500루피, 컵라면 250루피, 물 250루피, 총 2,150루피를

지급했다.

7시 50분에 포터는 천천히 오라고 하고 우리가 먼저 출발했다. 로지 주인 말로는 평탄하게 네다섯 시간이라 하고, 지도에서는 다섯 시간에서 여섯 시간이다. 길 떠나 처음에 만난 찻집도 문이 닫혀 있었는데, 메렉(Merek 4,100m)에서 만난 찻집도 문이 잠겨 있었다. 우리가 의외로 상당히 빨라 렝말레에 도착한 걸로 착각도 했다.

멀리 랑말레 카르카로 추정되는 언덕이 보이는데, 까만 지역과 흰 지역이 보인다. 수직으로 서 있는 것처럼 보이지만 가보나마나 층층이 계단처럼 올라가야 하는, 4~5겹의 가파른 언덕일 거라고 생각했다. 조금 걷다 베이스캠프에서 하산 중인 독일인 두 명

독일인 트레커들

을 만났다. 친구가 독일 봅슬레이 대표 팀의 팀원이라 한국 평창 올림픽에 응원을 갈 거라고 한다. 드디어 하얀 언덕을 만났다. 대규모의 산사태와 물난리로 길이 다 부서져서, 예상처럼 4~5겹이면 그나마 다행이었을텐데, 12겹의 언덕길이 길게 늘어져 지속되었다. 죽자고 올리면 다음 언덕이 기다리고 하늘이 터져 보이면 다시 언덕이 나오고 계속 그런 식이었다.

이정표도 없고 삼층탑 혹은 붉은 스프레이로 화살표를 그려놓았는데 예전에 만들어놓은 삼층탑이나 그려놓은 화살표가 이미 무너진 길로 인도하는 경우도 많았다. 고도가 높아지니 몸이 힘들어져서 서른 걸음 걷고 한 번 쉬기를 반복했지만, 길은 멀었다.

전면에 좌우로 보이는 설산들이 다 마칼루는 아니었다. '임산부 암벽'이라고도 부르는 유명한 암릉은 길을 돌아서니 상어처럼 보였다. 일부 서양인들이 양레 카르카 지역의 풍광을 아름답게 묘사하고 환상적인 뭔가를

볼 수 있는 듯 웅장하게 서술해서 무척 기대했는데 아주 기대 이하였다.

임산부 암벽

멀리 베이스캠프와 랑말레에서 나무를 하러 온 듯한 사람들이 있었다. 죽은 향나무와 만병초 나무를 대여섯 명이 지고 갔는데 그들은 곧 언덕으로 사라졌다가 5분 뒤에 언덕을 넘고 있었다. 축지법 같았다. 죽자고 오르는데 진도는 죽어라 안 나고, 마칼루 지역은 3시면 해가 지는데 벌써 해가 깔딱거리고 찬 바람도 횡 하고 불어 기분이 우울했다. 겨우 마지막 이끼 지역의 2단 언덕을 오르자, 멀리서 보던 큰 바위와 움막과 룽다가 보였다. 그리고 멀리 보니 300미터는 되는 거리의 언덕에 로지가 두 개 문을 열었다. 연기가 나고 주인이 소똥을 주우러 다녔다. 거기도 언덕이라 가자니 죽을 맛이었다. 겨우 오후 3시에 렝말레 카르카(Lengmale Kharka, 4,400m)에 도착했다.

원정대의 백업을 해주느라 사람들이 좀 있었고, 일반 트레커들도 대규모의 포터들을 데리고 다녔다. 이 로지의 주인은 우리 포터의 형이었다. 방은 4인실에 채광이 잘되는 방을 얻었다. 둘이 발에 마사지하고 서로 조금씩 주물러주었다. 요새 우리 발은 너무 고생이 많다. 약 오전 8시에 출발해서 오후 3시에 도착했으니 7시간 걸렸다. 점심시간을 감안해도 지도보다 우리는 항상 한두 시간 더해서 계산하는 게 맞다.

침낭에서 추위에 떨다 나와보니 로지 주인이 영국 등 서양 노인 두 명과 호주의 할머니를 위해 소똥으로 난로를 피워주고 있었다. 대박, 진작 나올 걸! 영국 노인이 영어를 할 줄 아느냐고 물어봐서 대화가 되니 이야기가 시작되었다. 가만히 이야기해보니 히말라야 트레킹 20년 정도 경력에 산행 경력도 많은 사람이었다.

렝말레 카르카

서양 노인들이 먼저 저녁 식사를 시작했다. 캠핑 스타일로 수프 나오고, 팝콘 나오고 그다음에 식사가 오는 코스였다. 돈을 풍족하게 잘 쓴다. 우리의 칸첸중가 트레킹과 모든 게 같다. 노인들 돈 쓰는 덕에 우리도 따끈하다. 우리는 나중에 나이 들어서 절대 산을 안 타겠다고 하지만 그건 모를 일인데, 그때가 되면 우리도 저런 훌륭한 노인들이 되자고 했다.

저녁 잘 먹고 난롯가에서 허벅지가 뜨겁도록 잘 있다가 방으로 7시 반에 돌아왔다. 오늘은 호강했다.

아내의 생각

오늘 일정은 쉽다고 했다. 4시간에서 5시간 걸린다고 했다. 평탄한 길이라고 했다. 처음에는 평탄했다. 그러나 길이 아닌 것 같은 길이 이어졌다. 정말 이 길인가 하는 의심을 품고 걸었다. 좁다. 떨어지면 죽지는 않을지 몰라도 어디 한 군데는 부러질 만한 높이다.

설산이 보이기는 하는데 마칼루는 아니다. 얼마나 더 가야 하는 걸까 생각하는데 까마득히 높은 곳에 집이 보이는 것 같다. 포터한데 저기냐고 물으니 맞다고 한다. 저기를 오르는 게 평탄한 길이라고? 포터가 내 말을 잘못 알아들은 거라고 믿고 싶다. 그러나 우려가 현실이 되었다. 내 앞을 가로막고 있는 절벽 앞에 섰다. 설마 이걸 기어오르는 건가 했지만, 저 밑에서 나무를 하던 사람들이 절벽을 오르고 있었다. 여기는 길이 없다. 그냥 사람이 가는 곳이 길이다.

지쳐간다. 점심도 먹지 못했다. 아침에 중국산 컵라면 한 개를 둘이 나눠 먹은 것이 전부다. 티 하우스라도 있을 줄 알았는데 다 문을 닫았다. 잘 가던 남편도 지쳐가는 게 보인다. 정말 마칼루는 무엇을 상상하든 그 이상의 난이도를 자랑한다. 길도 힘들고 위험하다.

길 양옆으로는 검은 돌산과 설산이 겹겹이 쌓여 있다. 어느 순간부터 큰 나무들이 사라지고 키 작은 향나무가 가득하다. 우리나라에서 흔히 볼 수 있는 향나무로 향이 좋다. 3시면 해가 넘어가서 추워지는데 거의 3시가 다 되어간다. 절벽을 더듬거리며 기어 올라가니 다행히 로지가 눈에 들어온다. 눈에는 들어오는데 걷기가 힘들다. 남편도 나도 지칠 대로 지쳐서 한 걸음 떼는 것도 힘들다. 씩씩거리며 로지에 도착했다. 방값 흥정을 시도했으나 실패했다. 하지만 방이 채광도 좋고 넓다. 심지어 식당에서 난로도 때주어서 완전 만족이다.

남편과 둘이 핫팩을 두 개씩 붙이고 난롯가에 앉아 호사를 누렸다.

돌멩이들이 정말 싫다!

🧭 마칼루 8일 차

세르손
(Sherson 4,500m)

렝말레 카르카
(Lengmale Kharka 4,400m)

마칼루 베이스캠프
(Makalu BC 4,900m)

오늘은 홍쿠 출리(Hongku Chuli 6,833m)를 정면으로 바라보면서 세르손에 도착하는데 여기서부터를 마칼루 로어 베이스캠프 지역으로 부른다. 세르손은 대평원 지역인데 우측으로 꺾어서 내내 큰길로만 간다. 정면에 참랑(Chamlang 7,321m), 마칼루 남면(8,468m), 홍쿠 출리, 바룬체(Baruntse 7,152m) 등이 조망된다.

세르손을 지나 4시간 정도 상행하면 마칼루 베이스캠프에 도착한다. 마칼루 베이스캠프는 일반적인 베이스캠프와는 달리 마칼루를 끝까지 다 바라볼 수 있는 지역에 움푹 파인 안전한 모레인 지대의 평평한 곳에 자리 잡고 있다. 도착 후 좌측 능선을 타고 오르면 에베레스트 동면과 로체 동면이 바룬 빙하 북동쪽으로 잘 조망된다. 보통 하루 정도의 일정인데 컨디션에 따라 선택하면 된다.

베이스캠프로 떠나는 세계의 트레커들

아침은 그냥 밥에 김을 뿌려 마가린에 먹었다. 오늘 베이스캠프로 가는 다른 팀은 전부 차파티에 꿀을 발라 먹는다. 우리도 그렇게 여러 번 해봤는데 한 시간만 지나면 밥 먹은 에너지가 다 사라지는 것 같아서 그냥 밥을 먹었다. 아침까지 합 2,650루피인데 잔돈이 전혀 없다고 하여 있는 돈을 다 털어서 맞춰 줬다.

7시 반에 출발했다. 세르손으로 향하는 길을 떠나는데 시작부터 오르막이라 힘들다. 헉헉거렸다. 의외로 길이 강을 따라 나 있었고, 우측 절벽에서는 언제든 돌이 구를 준비가 되어 있는 구간을 1시간 정도 가야 했다. 불안하긴 했지만 굴러오는 돌을 맞는 것도 어지간한 확률로는 이뤄질 일이 아니어서 그냥 갔다.

국립공원 사무소 로그북에서 봤던 그 65세 이상 영국 노인들은 베이스캠프에서 돌아오고 있었다. 우리는 3시간 잡은 길을, 그 팀의 포터는 베이스캠프는 자기 걸음으로 세르손에서 1시간이라고 한다. 오늘 우리 포터는 날이 추워서 총알같이 갔다.

11시에 세르손에 도착했다. 평탄하다고는 하지만 절벽에서는 여전히 돌맹이들이 조금씩 굴러 내려왔다. 완전히 대평원 지역의 방목장에 들어서자 안전해졌다. 이젠 추우니 소들은 다 내려가고 소똥만 남았다. 그런데 사실 방목장 길이 힘들었다. 길에 표식도 없

땔감으로 쓰는 소똥

베이스캠프로 가는 트레커들

고, 길인가 싶어 따라가면 길이 사라지곤 해서 한참을 헤맸다. 마치 미로 찾기를 하고 있는 것 같았다. 포터는 진작 앞으로 가버렸다. 짜증이 나서 길에 앉아서 생각을 해봤다. GPS를 켜보니 마칼루는 정면에 있는 산이었다. 그런데 GPS에서 산의 모든 모습을 정면으로 다 보여주고 있어서 비현실적이었고 그래서 길 찾기가 더 어려웠다.

아내가 먼저 가본다고 길을 나섰고, 한참을 역시 힘들게 올라가자 확실히 마칼루가 그 모습을 통째로 드러냈다. 베이스캠프는 아주 희한한 곳에 자리를 잡고 있었다.

마칼루 베이스캠프

마칼루 베이스캠프 (4,900m)

베이스캠프는 의외로 빙하의 건천에 자리를 크게 잡고 있었다. 오르막으로 가다가 내리막으로 내려서면 황량한 모레인 지역에 뭔가 공사장 숙소 같은 분위기의 건물이 있다. 이것이 마칼루 베이스캠프이다. 로지는 두 개가 운영 중이었다. 일단 방을 잡고 침낭을 펴두었다. 식당에 나오니 난로에 불을 피워 따스하다. 그냥 과자와 차로 요기하고 여기까지 잘 도착한 기념으로 술 대신 콜라를 한잔 마셨다. 콜라 350루피, 방 2명에 1,000루피.

결국 히말라야 로지 역사상 가장 비싼 방값을 기록했다. 여기 부엌에선 원정대가 두고 간 전투 식량도 팔고 있었고, 술도 종류별로 많은데 양레에서 팔던 짜파게티는 없어서 후회가 막심했다. 그냥 사올걸.

여기 주인은 포터의 여동생이다. 의외로 키가 크다. 남편은 칸드바리에서 에이전시를 한다. 그 이름도 유명한 세븐서밋트렉(Seven summit treks). 이 회사를 세운 두 형제가 세계 최초로 히말라야 14좌 정상을 모두 등반한 걸로 유명하다. 이 회사의 전단지는 안나푸르나, 마나슬루 등에서도 봤는데 그들의 고향과 회사는 결국 마칼루였고, 그의 처남이 세르손에서 만난 가이드였던 것이다.

딸이 산에 와서 조금 되는 영어로 엄마를 돕는다. 아내는 포터가 야크 넓적다리를 통으로 훈제한 걸 들고 가는 것을 보고 소 넓적다리를 처음 본다고 놀랐다고 한다. 저녁은 한국 원정대가 먹다 두고 간 한국 쌀을 아무도 좋아하지 않아서 그동안 안 썼는데 그게 좋으면 그걸로 밥을 해준다고 한다. 우리는 좋지요! 계란 한 개에 100루피라고 하고 계란을 조리해주면 150루피라고 해서 직접 계란탕을 만들어보기로 했다.

오후 4시 반에, 어제 양레 카르카에서 만난 러시아 커플이 나타났다. 우리가 이틀 걸린 거리를 달랑 두 시간 더 걸어서 나타났는데, 러시아에서 왔으며 정선 클라이밍 대회에도 두 번 참가했다고 한다. 아마추어와 전문가의 차이일까, 인종의 차이일까 자괴감이 든다.

암부랏차 라를 3~4일 안에 넘어가겠다고 한다. 저 커플들은 다리가 길어서 상당히 잘될 것 같았다. 그들이 여기서 할 일은 암부랏차 라를 넘는데 필요한 보급품을 마련하는 것이다. 그들은 메뉴판도 가격표도 없는 여기에서 매점에 뭐가 있는지 부지런히 살폈다.

난롯가에 앉아 이야기해보니 다들 러시아와 미국의 등산 고수들로, 등산이 직업인 유명 가이드들이었다. 어쩐지 굉장히 빠른 것이 원정대 수준이었다. 산에서 곰 만난 이야기, 오늘도 여기를 오다가 본 산들의 암벽을 보

고 다들 매달리고 싶어 군침을 흘렸다는 이야기들을 흥미진진하게 들었다.

저녁에 내가 계란탕 끓여내오고 3분 함박스테이크를 덥혀서 내오니 러시아 애들이 와하며 부러워했다. 그동안 식시 떼미디 맨밥에 항상 밀 뿌려서 먹는 걸 보고 비아냥거렸다고 한다. 돈이 없어 맨날 맨밥만 먹는 찌질한 부부가 되어 있었던 거다.

그동안 하도 엉망인 음식이 많고, 주문할 때 가격과 계산할 때 가격이 자주 달라서 신경 쓰기 싫기도 하고, 차라리 좀 배가 고픈 것이 정신 건강에 이로워서 그랬던 건데……. 칸첸중가 트레킹 때는 요리사, 가이드, 포터를 대동하고 나름 럭셔리했는데, 마칼루에서는 가난하고 찌질한 부부가 되어버렸다.

밖에 나가 하늘을 보니 마칼루에서 보던 밤하늘 중에 별이 가장 많고 밝다.

여전히 잠을 이루지 못했다. 춥지는 않았지만 답답해서 숨을 쉴 수가 없었다. 앉아 있으면 좀 나은데 기댈 곳이 없다. 따뜻한 물을 조금 마시고 편안해졌는지 잠시나마 잘 수 있었다. 동이 터 오자 잽싸게 짐을 싸고 부엌으로 갔다. 난로가 피워져 있어 따뜻했다.

아침을 먹고 출발했다. 어제 다녀온 사람들의 말에 의하면 길도 짧고 평탄하다고 했다. 확실하냐고 물었는데 웃으며 그렇단다. 가볍게 화이팅하며 시작했다. 길은 편안한 길이었는데 발목이 아프다. 매일매일 걷던 돌길에 발목이 익숙해졌는지 멀쩡한 길을 걸으니 발목이 아프다. 그런데 역시나 돌길에 좁은 절벽 길이다. 가파르지만 않을 뿐 길은 정말 좋지 않다. 아무래도 이 산을 내려가면 발목이 성할 것 같지가 않다.

세르손에 가야 마칼루가 보인다고 그랬고, 그러고도 간 만큼 더 가야 베이스캠프가 나온다고 했다. 세 시간쯤 걸은 후에 세르손에 도착했다. 날씨는 좋았지만 고도 때문에 바람이 몹시 차다. 우리 포터는 추웠는지 사라진 지 오래고 우리보다 늦게 출발해서 우리를 앞질러 간 세 명의 트레커도 어디로 갔는지 보이지가 않았다. 길도 잘 모르겠고.

남편의 탁월한 길 찾기 능력이 이번에는 제대로 작동하지 않았다. 길이 여기저기 나 있어서 몹시 헷갈린다. 핸드폰 GPS를 켜서 도움을 받았다. 남편은 힘들고 짜증이 났는지 스틱을 집어 던지며 털썩 주저앉더니 나보고 먼저 가라고 한다. 온통 설산과 검은 산에 둘러싸여 있고 사람이라고는 우리 둘뿐이다. 지금 가는 길이 100% 맞다고 확신할 수는 없지만 맞을 거라고 믿고 가는 수밖에……

다행히 길이 다시 보이고 사람들의 발자국도 보인다. 하지만 오늘의 도착지인 마칼루 베이스캠프는 얼마를 더 가야 하는지 알 수가 없다. 하나 확실한 건 마칼루가 점점 크게 다가오고 있다는 거다. 사진에서 보던 마칼루가 내 눈앞에 커다랗게 보인다. 그 묘한 매력에 힘든 것도 잠시 잊고 넋을 잃고 바라본다. 보면서도 정말 저게 마칼루인가 싶다. 세계에서 다섯 번째로 높은 산이라는데, 내가 그 바로 밑에 서 있다.

그냥 묵묵히 길이 아닌 것 같은 길을 걷고 있는데 저 멀리 평지가 보이는 듯하더니 로지 지붕이 보인다. 뒤에 오던 남편에게 이야기했는데 반응이 시큰둥하다. 못 믿는 눈치다. 직접 눈으로 보더니 얼굴에 여유가 생긴다. 베이스캠프로 내려가는 것보다 산이 가장 가까이 크게 보이는 자리를 찾아 사진을 찍고 동영상도 찍었다.

내려다보이는 로지로 가면서 내일은 이 길을 또 겁나게 올라야겠구나라는 생각에 착잡했다. 우리보다 먼저 도착한 트레커들은 작은 배낭을 메고 또 어딘가를 올라간다. 우리는 난롯가에 앉아 차와 간식거리를 축내고 있다.

저녁에 밥을 시켰는데 한국 쌀로 밥이 나왔다. 얼마나 반갑던지! 누군가 쌀을 들고 왔다가 내려가는 길에 놓고 간 모양이다. 이 나라 사람들은 한국 쌀처럼 찰기가 있는 걸 좋아하지 않는 듯하다. 우리만 그 쌀로 밥을 해주고 다른 사람들은 현지 쌀로 밥을 해줬다.

남편은 달걀 한 개를 사서 계란국을 만들어줬다. 3분 함박스테이크까지. 진수성찬이다. 그런데 아까부터 호흡이 불안하다. 답답해서 숨쉬기가 힘들다. 소화가 안 되어서 그런 것 같기도 하고.

밖은 몹시 춥지만 별은 참 아름답다. 확실히 도시에서 보는 별이랑은 비교가 되지 않는다. 사진에 담을 수 없는 게 아쉽다. 그냥 눈으로 보고 가슴에 담아야겠다. 어느 날 설산이 그리워질 때 꺼내서 기억할 수 있도록.

🧭 마칼루 9일 차

🧭 마칼루 9일 차

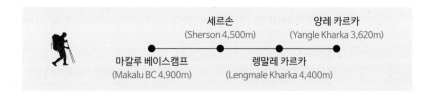

세르손
(Sherson 4,500m)

양레 카르카
(Yangle Kharka 3,620m)

마칼루 베이스캠프
(Makalu BC 4,900m)

렝말레 카르카
(Lengmale Kharka 4,400m)

    보통은 마칼루 베이스캠프에서 마칼루 웨스트 릿지로 출발해서 마칼루 베이스캠프로 돌아오는 하루 정도의 사이드 트레킹을 끝내고 다음 날 양레 카르카까지 가게 되는데, 어차피 쿰부에 가서 에베레스트 라운딩을 할 것이라서 그냥 하산하는 걸로 의견을 모았다.

    아침을 먹고 7시 반에 출발했다. 12시 전에 렝말레 카르카에 도착하고, 점심 후 양레 카르카에 도착하는 게 목표다. 걸음이 느린 데다 베이스캠프 처음 시작이 언덕이라 아침부터 숨이 찬다. 아침에 새 떼가 와서 무지 울었는데 그와 같은 종의 새들을 나중에 초오유로 갈 적에 붙들어다가 한 마리씩 자세히 볼 수 있었다. 초르텐에 향나무를 올리는 냄새에 그냥 일어났다.

옆집 초고수들은 워낙 빨라 안 일어난다. 다른 곳들은 보통 아침에는 난로를 안 피우는데 여기는 추워서 그런지 그래도 난로를 피위준다. 전날 방값 1,000루피＋물 반병씩 아침 저녁 2회 500루피＋콜라 350루피＋밥 500×2=1,000루피＋계란탕 150루피 등등 3,700루피가 청구 되었길래 주인에게 정정요구하여 3,200루피를 냈다.

마칼루 베이스캠프에서 머물렀던 방.

다른 산에서도 계산이 잘못되는 경우는 흔했는데, 대개 덜 나오거나 더 나오거나 했는데, 이 산에 와서는 단 한 번도 계산이 덜 나온 적이 없었다. 늘 많이 나와서 확인하고 정정해야 했다. 잔돈이 없다고 해서 다시 동전까지 털어서 계산해주고 나왔다.

양레 카르카에 가면 짜파게티를 먹어보겠다는 야심 찬 계획을 품고 길을 나서서 초반의 언덕과 내리막을 숨차게 걸어갔다. 마칼루는 처음에도 그랬듯이 아주 쉽게 시야에서 사라졌는데, 약간 이상하게도 좋은 풍광에도 불구하고 마음에 깊이 남는 편은 아니었다. 10시에 세르손에 도착하고 11시 반에 렝말레 카르카에 도착했다. 차를 한잔 마시고 다시 출발했다. 내려가는 하산 속도는 무척이나 빨랐다.

산사태 후 길이 엉망이 되었고 새 길에 대한 이정표도 전혀 없어서 올라오는 동안 많은 혼란이 있었다. 하지만 내려갈 때에는 길이 잘 보였다. 내려가는 내내 돌탑을 50여개 정도 쌓았다. 내가 길 잃는 게 싫었으니 남들도 힘든데 길이라도 잘 찾아가기를 기원했다.

길을 내려서는데, 산장의 일하는 아줌마가 5m가 되는 길고 두꺼운 커다란 소나무 네 그루를 해가지고 멀리서 지고 오는 것을 보고 당혹했다. 서로 아는 척은 했지만 입이 벌어질 정도의 노동의 강도였고 그걸 지켜보는 마음이 편치 않았다.

찻집들은 여전히 문이 닫혀 있었고, 올라오던 길과는 조금씩 다르게 내려왔다. 전나무 숲 사이로 내려오는 길이 좋았다. 푹신한 나뭇잎들과 나무 향, 길을 가로지르는 시냇물, 여기저기 누워 있는 나무들, 이끼, 벼랑, 산사태 지대 등을 넘어서면서 마음이 포근했지만 마음 한편에 이 지역의 총대장님이신 검은 곰은 나오면 안 된다고 생각했다.

어려서 지리산에서 반달곰을 만나 한번 겨뤄 보고 싶은 생각에 밤에 나가 닭다리 흔들어보기도 했고, 설악산 대청봉에서도 보름 동안 밤마다 올라가서 훈제 돼지고기를 흔들면서 곰을 찾아 다녀보기도 했는데, 산토끼 외에는 만난 적이 없었다. 세월이 10년 정도 지난 뒤에 동물원에서 미국 불곰의 앞발을 보고 반달곰이 나왔으면 큰일났었겠구나 했다.

멀리 산장들이 보이고, 길 우측으로 온천이 있다고 했다. 포터는 손님의 이탈 방지를 위해 허름한 다른 집 앞에 내내 앉아 있다가 우리가 오자 난로도 없고 분위기도 까칠한, 그러나 짜파게티가 있는 자기 동생 집으로 갔다. 마음대로 방을 고르라고 했는데, 방에 들어가니 미국 사람들이 하나씩 있었다. 오후 3시에 양레 카르카에 도착한 것이다.

짐을 풀고 보니 짜파게티는 여전히 있는데, 저거는 일반 라면하고는 좀 다른데, 요리할 줄은 아냐고 물었더니 뜨거운 물만 부으면 된다고 한다. 자기가 요리해준다고 하는 걸 그냥 내가 한다고 했다. 어제 계란탕에 이어 다시 요리사로 등극하는 순간이었다.

식당에 불을 안 피우니 손님들이 각자의 방에서 침낭을 쓰고 거친 기침을 하며 누워 있었다. 우리 옆방에서도 제법 밤새도록 콜록거렸다. 저녁으

로는 짜파게티를 사서 양파 약간과 파를 약간 얻어 잘 익혀서 밥에 얹어 스파게티처럼 먹었다. 맛있는 요리는 이런 게 아닐까 했다.

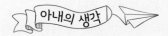

아내의 생각

　생각만큼은 춥지 않았지만 잠을 못 잔 건 마찬가지다. 아침에 향나무 태우는 냄새에 깨어났다. 일어나서 부엌에 가서 난롯가에 앉아 있는 게 좋을 것 같아 일찍 자리에서 일어났다. 부엌에 가니 어제 우리가 먹다 남은 밥을 데우고 있다. 한국 쌀이니까 괜찮다. 남아도 먹을 사람이 없을 것 같아서 그런지 밥을 많이 준다. 오늘 길이 멀고 점심은 못 먹을 듯하여 꾸역꾸역 다 먹었다. 이틀 동안 올라왔던 길을 오늘 하루에 내려가기로 했다.

　날씨는 추웠지만 햇볕은 좋았다. 늦을 것에 대비해 헤드랜턴도 미리 챙겼다. 렝말레 카르카까지 오전에 도착해야 양레 카르카까지 갈 수 있다. 오늘 같이 내려가는 미국 팀보다 서둘러 출발했다. 어제 이야기해보니 미국에서 온 저 사람들은 프로 가이드들이었다. 암벽도 탄다고 한다. 어쩐지 걸음이 너무 빠르길래 이상했었다.

역시 우리보다 한참 뒤에 출발했을 텐데 여유 있게 우릴 앞질러 간다. 우리는 마칼루를 자꾸 뒤돌아보며 미련을 버리지 못했다. 너무 어렵게 올라왔는데 금방 이별인 것 같아 자꾸 걸음을 멈추었다. 어제는 죽어도 끝날 것 같지 않던 오르막이 하행 길에는 어이없을 만큼 금세 끝나버리고 마칼루가 시야에서 사라졌다.

아쉬움을 뒤로하고 빠르게 빠르게 내려간다. 12시가 안 되어서 렝말레 카르카에 도착했다. 트레커들이 모두 빠져나간 로지는 썰렁했다. 차 한잔 마시고 다시 발길을 서둘렀다. 무시무시하게 경사졌던 오르막은 내려갈 때는 허무할 정도로 빨리 끝나버리고. 채석장을 연상하게 하는 절벽 길도 아주 천천히 무사히 내려왔다.

남편은 그 와중에 트레커들을 위해 길을 안내해주는 돌 쌓기에 여념이 없다. 힘들 텐데도 큰 돌들을 이리저리 들어다가 쌓아놓는다. 저리 남 생각을 하는 사람이 왜 나에 대한 배려는 부족한 건지 이런 생각으로 돌을 하나 얹었는데 이내 굴러떨어져 버린다. 생각이 불순해서인가? 다시 시도해도 또 실패다. 다시 마음을 가다듬고 트레커들이 길 헤매지 않기를 바라며 올렸더니 성공!!

생각보다 양레 카르카에 일찍 도착할 것 같은데 내 다리가 시위를 한다. 무릎이고 발목이고 시큰시큰하다. 발걸음이 무거워지는데 남편은 신나게 간다. 멀리 집들이 보이자 남편이 노래를 부르며 장난을 친다. 나는 다리에서 불이 나는 것 같은데…….

더 이상의 트레커들은 없을 줄 알았는데 올라가는 사람들이 제법 있다. 캠핑으로 가는 사람들도 있다. 텐트, 생각만 해도 춥다. 로지에 도착해서 잠시 쉬었다. 남편이 저녁에 짜파게티를 사서 해줬다. 이 오지에서 짜파게티를 먹을 줄이야. 밥이랑 아주 맛있게 먹었다.

호주에서 왔다는 올라가는 트레커는 어제 비박을 했다고 한다. 그래서인지 계속 기침을 한다. 한국에서 2년 살았다고 짧은 한국어 실력을 뽐낸다. 예전에 내가 유학생일 때는 한국 사람이라고 하면 어디에 있는 나라인지도 대부분 몰랐다. 그런데 이젠 한국을 모르는 사람은 없다. 오히려 한국말로 인사를 건넨다. 격세지감이다.

밤이 깊어가는 데 춥지가 않다. 하늘은 까맣고, 눈이 오려나? 내일 길이 험하고 위험한데 걱정이다.

룽다는 '바람의 말(馬)'이라는 뜻이다. 천에는 불교의 진언이 새겨져 있고
하늘에 자신들의 기도가 닿기를 바라는 마음을 담고 있다.

398

🧭 마칼루 10일 차

도바테
(Dobate 3,700m)

양레 카르카
(Yangle Kharka 3,620m)

오늘은 별로 안 좋아하지만 막판이니 아침은 차파티로 하고, 점심엔 차 마시고 절벽 길에서 머리가 깨지지 않고 아주 가파른 언덕길에서 다리가 터지지 않으면 하루 일정이 완료된다. 특히 좁고 깊고 중심 잡기 힘든 절벽 구간이 걱정이었다.

해가 늦게 뜨고 아침도 늦게 준다고 해서 아침 식사 후 8시에 늦게 출발했다. 숲은 밤새 내린 서리와 눈과 얼음으로 미끄러웠다. 이리저리 쭉쭉 미끄러지면서 조심스레 전진했다. 9시 반 정도에 네헤 카르카 찻집에 도착했으나 문이 닫혀 있었다. 차라도 한잔 마시고 싶었으나 그냥 걸어야 했다.

찻집에서 조금만 가면 다시 절벽, 낙석 구간의 시작이었다. 날아오는 작

길들이 이 모양이다.

은 돌로부터 머리를 보호하기 위해 상단 막기를 하면서 열심히 걸었지만 그 사이로 여전히 작은 돌들이 굴러왔다. 그나마 하산 길이 조금 편하긴 했지만 마지막 절벽 돌길에서 미끌어지며 그대로 뒤로 넘어졌다. 무릎이 약간 어긋나면서 우드득 하는 소리가 나서 이거 오늘 아내에게 접골하는 법을 가르쳐줘야 하나 하는 그런 생각도 했다. 옆을 보니 아내도 넘어졌는데 아래가 급경사의 절벽이고 밑은 강이라서 그대로 강으로 내려가는 줄 알았다고 한다.

절벽이 끝나자 초르텐이 나타나고 숲이 시작되었다. 헥헥거리며 마음을 달래고 휴식하고 과자 꺼내서 먹고 사탕 조금 먹으며 간식 먹으며 쉬었다. 가파른 오르막이 시작되었다. 앞사람의 발꿈치를 내내 만지며 갈 수 있을 정도였다. 멀리 좌우측의 산을 보면서 올라가는 정도를 측정할 수 있었다. 숨이 멎을 듯 힘들었다. 좌측 산의 산자락과 우측 산의 병풍 같은 봉우리가 만나, 산길이 우측 산 절벽 밑으로 들어서고, 좌측으로 멀리 칸첸중가 라인이 보일 정도가 되면 숲속에 숨어 있는 도바테에 도착하는 것이다.

내리막길이 2시간 걸렸고 오르막 경사가 가팔라서 3시간 정도 보고 부지런히 오후 3시 전에 오르기 위해 노력했다. 오르막을 오르고 또 올라 오르막 경사가 좀 완만해질 때 병풍 같은 절벽 아래에 숨어 있는 로지가 보였다. 로지에서는 연기가 오르고 있었다. 콩마 라 로지의 여주인이 나무를 가득해 나오는 걸 숲에서 만났다. 도바테의 로지 주인이 자기 남편이라고 한다. 두 부부가 성수기에는 각각 나눠서 로지를 운영하고 비수기에는 문을 닫거나 기타 등등에게 운영을 맡기고 다시 합체를 하는, 이 산골의 진정한 주인인 할머니 그룹의 지사장들이다. 우리는 그러기 싫은데 우리더러 힘들 테니 먼저 길을 가라고 해서 아줌마가 뒤에서 밀어붙이고 우리는 밀려서 앞장서서 먼저 갔다.

오늘 6시간 반 걸려서 상행 이틀 코스를 마쳤으니 선전했다. 오르막에서 퍼져서 헤드랜턴 켜고 오지 싶었는데 해가 넘어가기 전인 오후 2시 반에 도착했다. 산장에서 한국인 같은 사람이 "어서오세요." 하길래 아니! 했는데 평균 연령 70세 정도의 일본 사람들이었다. 허리가 완전히 굽은 약 80세 정도의 할머니도 있어 놀랐다.

그래서 이 일본 팀은 1인당 2명 정도의 스태프들이 보조하고 가이드만 3명에 요리사까지 줄줄이 데리고 왔다. 눔에서 출발은 했지만 다른 코스로 하여 쉽턴 라를 회피하여 케케 라로 우회해서 바로 도바테에 왔다고 가이드가 설명했다.

굶주린 우리 부부에게 음식을 나눠주셔서 호감도가 급상승했다. 팝콘과 과자를 주면서도 "사양하지 마세요."라고 한국말로 말씀을 하시는데, 사양은 무슨 사양인가. 이 판국에, 숨도 안 쉬고 다 집어 먹었다. 팝콘은 고산병에 특효가 있는데 이미 잘 적응하고는 있지만 일단 맛이나 영양도 챔피언이라고 생각하면서 잘 먹었다. 평상시에는 팝콘을 잘 먹지 않는 아내가 더 잘 먹었다.

일본 분들이 물건을 마구 사주니 주인이 신이 나서 난로를 사정없이 땠다. 덕분에 저녁 동안 매우 행복한 시간이 되었다. 역시 사람이 늙을수록 지갑도 꽉꽉 열고 후해야 약간의 인심을 얻을 수 있는 것인데 아직 우린 덜 늙은 것 같았다. 여기는 헬기가 안 들어와 물건이 비싸다고 하는데, 그건 근처의 다른 히말라야도 마찬가지이다. 콜라 400루피, 밥 500루피, 계란 150루피라고 한다. 오늘 저녁에도 계란탕을 하기로 했다.

위스키 한잔하신 일본 분들과 이야기가 터졌다. 아내가 플루트를 한다고 하니까, 그중 한분이 나도 한다 하길래 뭐 그런가 보다 했는데 정말 플루트를 방에 가서 가져왔다. 보면대에 악보까지 들고 왔다. 더구나 악기가 무라마츠 올 실버다. 작은 차 한 대 값인 그 고가의 악기를 위험하게도 이런 고산에 가져오다니……

결국 그분이 플루트를 두 곡 불고, 오카리나도 비싼 걸 들고 오셔서 두 곡 불고, 다른 분이 일본 노래를 불렀다. 그리고 잠시 후에 보통 고가의 악기를 다루는 사람들은 그런 경우가 잘 없는데, 악기를 쓱쓱 닦더니 아내에게 플루트를 넘겨주었다.

약 스무 명의 관객 앞에서 아내가 두 곡을 연주했는데 한 곡은 클래식 음악이고, 한 곡은 일본 곡을 악보를 빌려서 불었다. 분위기는 매우 좋아졌고 주인도 기분이 매우 좋아졌다. 난로를 열심히 더 때주었다. 물론 유료다.

주인이 취사료를 안 받을 테니 그냥 계란탕을 하라고 해서 가스로 5분만에 조리를 했다. 일본 분 한 분은 와서 맛도 보셨다. 우린 밥에 김, 계란탕으로 저녁을 먹었다.

일본 분들은 일본식으로 음식을 잘 먹었는데 그 에이전시 요리사의 실력이 인상적이었다. 일본 분들은 수첩에 식사 후 오늘 무슨 일이 있었고, 곡은 무슨 곡이었는지 누가 불렀는지 하나하나 꼼꼼히 적었다. 식사 후 에이전시에서는 뜨거운 워터 백을 1인당 1개씩 지급했다. 참 일 잘하는 에이전시인데 가이드가 일본 말도 잘했다.

이들은 고령의 손님들을 위해 쉅턴 라를 넘지 않게 눔에서부터 1주일간 우회하여 왔다는데 마지막 날은 케케 라 옆의 지질 라를 넘어 이리로 왔다고 했다. 지질 라는 칸첸중가와 에베레스트, 로체가 모두 보이는 비장의 대박 코스로서 해당 에이전시에서 개발하여 잘 운영 중인 코스라고 했다. 지질 라를 넘어온 일본 사람들의 사진을 보니 로체가 우측에 몰려 보였고 에베레스트도 보였다. 그렇다면 아침에 케케 라에서 전망대로 이동하면 지질 라가 될 것이고 동일한 조망을 얻을 듯하다. 히말 중에서도 가장 부실한 마칼루의 지도에는 일본 팀의 가이드가 말한 보우다 마을이나 지질 라 등의 지명을 찾을 수 없었다.

핫팩을 안고 잠자리로 가는 일본 분들과 인사하고 양치질하고 하늘을 보는데 하늘에 먹구름이 끼고 안 좋아서 노인들의 산행이 순탄치 않을 것 같아 걱정했다.

아내의 생각

어제 감기약을 한 알 먹고 잤더니 마칼루에 와서 처음으로 잘 잤다. 밤새 어제 비박한 호주 사람의 기침 소리에 다들 못 잔 모양인데 나만 세상모르고 잔 듯하다. 남편 말로는 저러다 죽는 것 아닌지 모르겠다고 했다. 7시 30분에 차파티와 계란을 먹고 출발하다가 옆방 아저씨가 걱정되어서 돌아가서 감기약이랑 비타민 등을 전해주었다.

오늘은 힘들고 위험한 구간을 지나야 한다. 추우니까 새끼손가락이 자꾸 욱신거린다. 뼈에 금이 갔는데 자꾸 손이 얼었다 녹았다 하면 어떻게 되냐고 물으니 황태가 될 거라고 한다. 웃어야지, 어쩌겠나!

처음엔 내리막으로 편안하게 시작했다. 그러나 곧 낙석 지역이다. 휴, 한숨이 절로 나온다. 발목이 정말 멋대로 춤을 춘다. 덩달아 무릎도 난리다. 그 와중에 돌이 굴러오지는 않을지 걱정을 한다. 남편 뒤를 쫓아가면서 먼저 가는 사람이 가는 안전한 길을 따라 가는 것에 미안하고 감사했다.

드디어 올 때 두려움을 느꼈던 구간이다. 남편이 앞장을 서고 내가 뒤에서 따라가는데 다리가 짧다. 결국 주저앉으면서 발을 디뎠는데 주루룩 미끄러졌다.

헉, 순간 어디까지 굴러갈 것인가, 사고다 싶었는데 스틱과 다른 쪽 다리가 브레이크를 걸어주었다. 등에 식은땀이 송골송골 맺었다. 놀랐을 남편을 쳐다보니 남편도 주저앉아 있다. 넘어진 거다. 다행히 지금 이 상황을 보지는 못한 듯하다.

남편은 넘어진 상태에서 무릎을 만진다. 부상인지 물어보니 괜찮다고 한다. 이 지역을 빨리 벗어나고 싶은 마음뿐이다. 다행히 저 멀리 초르텐이 보이고 안전 지역이다. 한숨을 돌리니 이제부터는 오르막이다. 정말 가파르다. 기억했던 것보다 훨씬!!!

3시간을 올라왔나 보다. 가끔 길은 얼음 때문에 미끄럽고 작은 돌들 때문에 또 미끄럽고, 너무 힘드니 육두문자가 스멀스멀 올라온다. 생각보다 일찍 도바테에 도착했고 무지 많은 사람들이 있다.

"어서 오세요." 하는 소리에 귀가 번쩍 뜨인다. 반갑게 인사를 하고 짐을 풀고 부엌으로 오니 따뜻하게 난로가 피워져 있고 일본 할아버지들이 계신다. 한국인이 아니라 일본 할아버지들이었다. 평균 연령 70세로 보인다. 그중에는 80쯤 되어 보이는 할머니도 계신다. 연세가 있으시다 보니 한 명당 가이드 한 명이다. 그래서 팀 인원이 대규모가 된 듯하다.

그분들이 주신 과자와 팝콘을 감사히 먹었다. 이분들 덕분에 난로도 피워지고 참 이래저래 고맙다. 일본 분들은 위스키를 드시고는 우리에게 친근하게 말을 걸어오신다. 직업이 뭐냐고 물으시길래 플루티스트라고 했더니 일행 중 한 분이 플루트를 부신다며 플루트를 가지고 오셨다. 헉, 이것은 무라마츠 올 실버 모델이다. 이 고가의 악기를 이곳까지 가져오시다니 정말 대단하다.

보면대에 악보까지!!! 그분이 두 곡을 연주하시고 오카리나까지 두 곡을 연주하신다. 그러곤 내 차례. 위모레스크와 알지 못하는 일본 곡을 악보 보고 그냥 불었다. 다들 너무 좋아하시며 분위기 급상승이다. 팝콘값은 한 듯하다. 난로에 땔감이 꽉꽉 채워지고 따뜻하다 못해 뜨거워질 지경이다.

모두들 즐거운 분위기 속에 각자의 방으로 돌아갔다. 나 역시 난로에 따뜻하게 데워진 몸이 식기 전에 침낭 속으로 잽싸게 들어갔다.

히말라야 음악회

🧭 마칼루 11일 차

콩마 라
(Khongma La 3,500m)

도바테
(Dobate 3,700m)

　허벅지 터지는 소리가 들리던 날의 반복인데, 오늘은 어떻게 진행되는지는 알고 가게 되므로 그것은 다행인 날이다. 7시에 아침으로 차파티 세 장과 계란 두 개를 먹고 넘자 했다. 아침 후에 계산서를 받아보니 좀 다른 점이 있어서 여전히 그러네 하고 확인해보니, 이번에는 계란탕이 문제였다. 계란탕을 끓일 때 마늘 반 개와 파 두 쪽을 주길래 썼는데, 그걸 청구한 것이다. 무려 300루피. 역시 장차 애들 미국 유학 보내고, 헬리콥터 타고 다닐, 혹은 다니고 있는 집들은 뭔가가 다르다. 3,700루피를 계산했다.

　8시에 출발했다. 9시 반에 케케 라에 도착하니 멀리 칸첸중가 산군들 중 일부가 보였다. 케케 라에서 바라보는 호수는 쉽턴 라에서 볼 때보다 더 아름다웠다. 아마도 이 지역의 좋은 사진은 다 여기에서 찍은 것 같다.

호수에서 우측으로 보이는 돌길이 역시 멀어 보이지만, 돌아가는 길이니 열심히 오르기로 했다. 내려올때도 지겨울 정도였으니 올라가는 것도 정말 만만치 않았다. 다섯 번 정도 언덕을 이루며 좌우로 굽이치며 오르는 돌길은 유난히도 간격도 넓고 턱도 높아서 더 힘들었지만 계속 밀어붙였다.

쉽턴 라에 11시 15분경 도착해서 초르텐 앞에 앉아 있다가 그 길었던 오르막길을 내려가기 시작했다. 한참 내려가다 호수 앞에서 간식을 먹는데 헬기가 양레 카르카 쪽에서 날아온다. 이 지역은 하루 종일 다녀도 헬기를 한 번 보기 어려운데, 위에서 본 연로한 일본 노인들 특히 80세는 되어 보이는 거동도 불편해 보이던 할머니가 폭이 30cm도 안 되는 벼랑에서 결국 굴렀나 싶었다. 대충 시간도 맞고 해서 걱정했다. 별일 아니길 바랄 수밖에 없었다.

쉽턴 라 다음의, 실질적으로 마지막 오르막길에 도착했다. 궁마 라와 쉽턴 라의 중간 정도 높이로 궁마 라를 통과하고 나서 쉽턴 라 전에 가장 힘들었던 조밀한 산봉우리였다. 절벽과 좁은 폭의 길이 힘들었다. 올라올 적에는 길이 잘 보이지도 않더니 내려갈 적에는 그래도 길이 잘 보였다.

오후 2시경 오늘의 마지막 어려움인 궁마 라에 도착했다. 많이 내려서지 않았으니 많이 오르지 않았다. 구름이 몰려와 산군들을 모두 가리고, 멀리 보이던 콩마 라와 타시가온과 늄도 보이지 않았다.

콩마 라에서 궁마 라로 올라올 때는 내내 오르막이었으니 하산하는 길

은 내내 내리막이었다. 45분 간 잔돌과 큰 돌이 어울려 위험하고, 가끔 닭만 한 새들이 뛰어다니는 길을 부지런히 걸어 콩마 라에 도착했다. 타시가온과 콩마 라 사이의 작은 찻집의 로지를 여주인이 지키고 있길래 반가워하며 물으니 이 집 며느리라고 한다. 아기와 같이 올라와 로지를 잘 지키고 있었다. 총명한 눈빛을 보고 장사 잘하겠다 싶더니 두루 머리가 좋은 스무 살 새댁으로, 차세대 할머니 그룹의 총수감이었다.

내일부터는 입을 옷도 바꾸고 3,500m에서 1,500m급인 세두와의 저지대로 내려간다. 손님이 아무도 없으니, 옷도 말리고 채광이 잘되는 방을 잡아 내일 입을 옷을 햇볕에 말렸다. 원래 계획에서 하루 정도 빨리 하산하게 되어 비행기 표 일정을 바꾸려 전화하니 신호가 아직은 안 잡힌다. 아내가 먹은 것도 시원치 않은데, 몸 고생을 하고 손가락도 아프고 그래서 그런지, 콩마 라에 다 와서부터 불편하다 했다. 아프려고 그랬는지도 모르겠다.

둘이 쉬는 시간이면 앉아서 하는 말이 다 먹을 것이었다. 광장시장 마약김밥, 간천엽, 회, 떡볶이, 콩국수, 태국 오뎅국수, 똠양꿍, 새우국수, 파인애플 밥, 꼬치, 스테이크…… 등등등 먹고 싶은 건 나날이 많아지고 듣고 있자니 서로 괴로워졌다.

지난 봄 시즌에는 산행을 마친 후에 카트만두에서 바로 방콕으로 나가 거리를 지나가며 거의 모든 먹을 것을 한 번씩 다 먹었었다. 이번 시즌을 마친 뒤 인도 사이드 트립은 접고 필리핀 팔라완 시골의 하루 8,000원 하는 민박집에서 매일 해물을 배 터지게 먹고, 갯벌에 나가 너무나 흔한 게와

조개들을 잡고, 14km의 긴 백사장에서 1m 간격으로 튀어 나가는 광어들을 줍듯이 잡다가 이것저것 먹으면서 한 일주일 있으며 글을 쓰고 쉬자는 그런 이야기도 했다.

일단 마칼루 완료 후 4박 5일 쉬고, 비교적 일정이 선명한 쿰부 지역의 3개 봉을 마무리하고 고려해보자고 했다. 산은 원래 척박하기는 하지만 여기는 유난히 너무나 먹을 게 없고 산사람들이 너무 잘 속여서 가능하면 상대하기 싫어서 먹지를 않았더니 그 결과 아내의 컨디션이 하락해서 마음이 좋지 않았다.

저녁은 볶음밥에 계란 프라이, 창 한 잔을 시켰다. 한 잔 마시니 한 잔을 돈 안 받고 더 준다고는 하는데 이 집 인심이 이번에 죽 다니면서 보니 이번엔 창을 덥혀줬으니 3배를 더 내라거나, 잔이 머그잔이어서 특별히 2배로 내야 한다는 식으로 뒤집어씌울 가능성이 있었다. 우리 부부는 웃으면서 또 그러는 수법 아닌가 하면서 많이 조심했는데, 결국 그 우려는 곧 현실로 다가왔다.

식사 후 마침 로지를 지키던 새댁의 남편이 돌아왔는데, 형이 그러는데 무슨 할 말이 있다고 했다. 일정이 끝나가니 선금을 조금 달라는 것이냐고 물으니 그게 아니라면서 무슨 이야기를 하는데, 잘 알아들을 수가 없었다. 한참 지나서야 알아들을 수 있었다.

결국 한다는 소리가 마칼루 코스는 늪에서 늪으로 가는데 상행 7캠프이니 하행도 7캠프인데, 위로 가도 7일, 하산도 7일이니 14일 치를 줘야 한다는 거다. 처음 2캠프는 다른 이가 했으니 일은 10일을 했지만, 12일 치를 달라는 이야기였다. 어떻게 계산이 상행과 하행 속도가 같을 수 있냐, 굳이 캠프로 만들자면 상행 7캠프, 하행 5캠프가 되지 않겠냐 라고 했더니 마칼루에서는 무조건 14일 치를 내야 한다고 한다.

트레킹 계약하고 돈을 받는 게 처음이 아니니, 별별 스타일의 계약이 다 있겠지만 아무리 좋게 생각하려고 해도 강탈에 가까워서 다시 이야기를 해봤다. 다른 데는 몰라도 마칼루는 이렇게 한다는 동생 녀석의 강도 같은 답이 돌아왔다. 보통 트레킹을 하게 되면 일정을 의논하거나 통보하고, 총 일정을 잡은 다음 예비일 등을 잡아 출발할 적에 일비 등으로 총 인건비의 50%를 지급하고 나중에 정산을 하기도 하고, 일정이 선명한 지역은 100%를 모두 지급하고 나중에 정산을 하거나 손해를 조금 보는 식이다.

일정보다 빨리 도착하면 미리 낸 돈을 돌려받을 수 없거나 다 지급해야 하고, 일정보다 늦어지면 당연히 돈을 추가로 지불해야 하고 거기에 팁을 더해서 주는 식으로 트레커에게는 불리한 방식으로 인건비 지급 방식이 정립되어 있는 것이 네팔 히말라야 지역이긴 하다. 하지만 상행, 하행을 모두 같은 속도와 시간으로 계산해서 돈을 달라는 이들의 논리는 해괴했다. 차라리 일정보다 빨리 도착했으니 돈을 달라는 논리도 아니고……

이건 거의 엉터리 논리로 돈을 조금 강탈해보려는 이 동네 녀석들의 시

도로 인식이 되었다. 많은 돈은 아니지만, 그동안 이런 강도 같은 방식으로 살아오는 녀석들이구나 싶어서 상당히 기분이 좋지 않았다. 그런 방식의 인건비 계산법은 말도 안 되니 받아들일 수 없고, 타시가온에서 출발하기 전에 충분히 설명하고 알아들었다고 해서 출발했다고 말했다. 포터의 동생인 남편은 더 이상 말을 안 하는데, 총명해 보이는 그 남편의 아내는 굉장히 경멸하는 표정으로 우리를 바라보았다.

앞으로 일정이 편치 않을 것 같다는 씁쓸한 생각을 하며 자리에서 일어났다. 양치질하고 밤하늘의 별을 바라보며 치실질하는 데 뭔가 들썩이는 것 같았다. 우측 아랫니 중 어금니 옆의 때운 이가 들썩거리는 듯했다. '이게 지금 이러면 안 되는데……'라며 몹시 걱정했다.

고도가 좀 내려오고 추위가 덜한 곳이니 자는 건 한결 편했다. 아내와 내일 내려가는 길은 처음 포터를 데려온 이 집안의 총본부인 타시가온을 지나가니 쉽게 지나가 갈 수 있을지 아마도 순탄치 않을 것이라는 이야기를 하면서 걱정하다 잠에 들었다.

어제부터 죽겠다. 너무 고된 일정에 제대로 된 음식도 먹지 못해서인지 급격하게 체력은 떨어지고 급기야 방광염까지 발병했다. 즐거운 하산 길이 아니라 고행 길이 되어버렸다.

오르막과 내리막의 반복되는 코스에 아랫배의 뻐근함과 빈뇨 증상. 너무 힘들고 지쳐서 짜증이 났다. 남편은 이런 내게 아무것도 해줄 것이 없어 미안한 건지 아니면 나까지 챙길 여유가 없는 건지 앞장서서 묵묵히 걸어가고 있다. 괜찮냐고 물어봐주기라도 하면 좋을텐데. 아니다 물어보면 보나마나 내가 마구 짜증을 내겠지.

아, 힘들다!

힘들어서 계단에 앉아 쉬고 있는데 구조 헬리콥터 소리가 났다. 마칼루에서 처음 듣는 헬리콥터 소리다. 어제 일본 분들이 오늘 그 위험한 낙석 지대를 통과하는 날이고 시간도 딱 이쯤인데, 걱정이 됐다. 괜찮겠지? 정신이 번쩍 든다. 다시 힘을 내서 길을 나선다. 콩마 라에 도착하니 방광염으로 많이 아프고 고통스럽다. 콩마 라 여주인은 없고 더 아래에 있던 며느리가 올라와 있다. 며느리가 부르는 가격은 더 비싸다.

이야기해서 올라갈 때와 같은 가격에 방을 잡고 밥을 먹었다. 우리 포터가 시아주버니가 되는 건데 영어가 되는 남편이 자기 형은 10일 일했지만 12일 치 돈을 주어야 한다고 했다. 이건 또 뭔 소리야? 일단 내가 몸이 좋지 않은 관계로 나중에 얘기하자고 했다.

🧭 마칼루 12일 차

타시가온
(Tashigaon 2,070m)

콩마 라
(Khongma La 3,500m)

세두와
(Seduwa 1,510m)

　오늘은 콩마 라에서 타시가온을 거쳐 세두와로 가는 날이다. 전부 내리막길이라 무릎에 압박이 강력하게 가해지기도 할 것이고 길이 멀었다. 세두와에 도착하면 저녁에 뚱바를 마셔도 좋을 것이고 좀 잘 먹을 수 있을 것으로 생각했다. 마칼루의 인심은 세두와 이후로는 네팔 히말라야 중 최악이었다. 어떤 방식으로든 할머니 그룹 소속의 로지들은 단 하루도 속이지 않은 적이 없었다. 타시가온의 셰르파들 중 세 집안 정도가 로지나 찻집을 각 코스에 몇 군데씩 열었는데, 할머니 그룹을 제외한 나머지 집들은 그 시설들이 거의 다 무너진 폐허 같은 경우가 많았고, 포터나 가이드들도 할머니 그룹 소속이니 그 이용도 어려웠다.

가만히 보면 어려서부터 보고 자란 것이 그런 것이어서 나이가 어릴수록 더욱 야박한데, 이들도 곧 남을 속여 많은 돈을 벌어 부자 숙소 주인들이 될 것이다. 남을 속여 돈을 버는 것보다는 차라리 가격을 높여서 돈을 버는 것은 양호한 방법이라고 생각한다. 어제 일로 짜증 나서 피차 싸우고 토라진 사람들처럼 아무 할 말도 없고, 오늘은 무슨 일이 있을지 쉽지 않아서 가능한 한 일찍 나왔다. 아침으로 볶음밥 하나 먹고 출발했다. 숙식비로 모두 2,650루피를 지불했다.

길을 나서면서 아내가 이번 트레킹에 잘 못 쉬고 잘 못 먹어 방광염이 도져 아프다는데 할 말이 없었다. 내리막길이라 힘든데 방광염이라니! 한 걸음 한 걸음이 힘들다고 한다. 이 산에서는 뭘 어떻게 해줄 방법이 없다. 차라리 일본 단체 여행객들처럼 돈을 묻지도 따지지도 말고 그냥 막 쓰는게 히말라야를 좀 더 기분 좋게 여행하는 방법일 수도 있다.

무릎이 나갈 것 같은 끝없는 내리막. 여기를 어떻게 올라왔을까!

역시 길고 긴 내리막이다. 중간에 만나는 찻집은 그 부부가 콩마 라에 올라가 있으니 문을 닫았고, 맞은편의 집은 올라올 때도 닫혀 있었는데 지금도 내내 닫혀 있었다. 이제 다시 조망이 좋아져서 눔과 타시가온이 잘 보이기 시작했다. 칸첸중가 능선은 그리 잘 보이는 편은 아니었다. 방목하는 야크 송아지들이 보이기 시작하고 12시 반에 타시가온 입구에 도착했는데, 동네가 그리 반가운 기분은 아니었다.

타시가온 마을 맨 끝에 있는 단페 로지 식당에서 콜라와 주스를 한 병씩 마셨다. 타시가온에 내려오니 가격들이 많이 착해졌다. 250루피를 줬다. 이 집 여주인이나 남편이 생긴 거나 하는 것이 후덕해 보였다. 사람은 겪어 봐야 아는 것이니 잘 알 수는 없었지만 할머니 그룹 일당들보다는 나을 것도 같았다. 손님들도 이 집에 많았는데 그냥 동네에 흔히 있는 작은 식당 및 술집 분위기로 변신하는 것도 같았다. 아무리 생각해도 처음에 우리가 깨끗한 로지 시설에 미혹되어 제대로 잘못 걸린 것 같았다.

짐을 포터가 가져갔으니 피해지지도 않는 것이고, 이 산골에서 결국은 해결을 해야 할 일이었다. 강탈을 당할 수도 없고, 협상이 쉽게 되거나 이해가 잘되는 사람들도 아니고 경찰은 이곳에서는 해당이 안 되는 이야기이니 논리도 필요없을 것이다. 우리가 최종적으로 합의할 것을 결정해야 했다. 할머니 그룹 회장님의 로지는 산으로 가는 길이 자기들 로지 앞으로 지나가게 만들어 놓았기에 피할 수도 없이 로지의 주인장인 할머니를 만나야 했다. 우리 카고 백은 그 집에 덩그러니 놓여져 있고, 할머니에게 헬로우 하는 소리와 함께 붙들렸다. 일단 말이 안 되니 아들과 동네 총각 세 명을 불러 병풍처럼 세워놓고 이야기가 시작되었다.

논리는 엄마와 아들이 같았다. 처음 협의한 일에 대해서는 그런 이야기는 모르고 언어가 부족해서 잘 이해하지 못했다며 오리발을 내밀었다. 다만 억지를 쓰는 언어는 정확히 표현했다. 내가 오늘까지 달랑 8일을 일했다고 하니 그래도 무조건 12일 치를 내라고 한다. 생각나는 단어는 오직 '강도단'이라는 단어뿐이었다. 이렇게 무경우인 경우가 흔치 않은데, 마칼루는 많이 심하다. 인터넷에서 누군가 히말라야 사람들은 풍경을 닮아서 성품이 선하다고 했는데, 꼭 그렇지만은 않다.

뭔가 대화는 길어지고 서로 짜증이 나는데 우리 포터가 할머니와 뭐라  고 조금 말다툼을 하더니 짜증을 내면서 우리 카고 백을 지더니 먼저 세두와로 간다고 횡하고 내려갔다. 이 집 아들인데도 로지를 소유하거나 찻집을 하지 못하게 된 이유가 결국 식구들과는 기질이 조금 달라서인 것 같았다. 그는 모질지

세상 어디를 가도 아이들은 사랑스럽다.

가 않았다. 소리 지르며 아들을 부르는 어머니와 병풍 역할을 하던 동네 총각 셋을 뒤로 하고 우리도 호랑이 입에서 튀어 나가는 심정으로 얼른 길을 나섰다. 그러나 이걸로 끝은 아니었다. 마칼루는 이 할머니 그룹의 영토 아닌가!

첫날 묵었던 세두와의 로지에 오후 3시 반에 도착했는데 분위기가 좋지 않았다. 주인아저씨는 어디 가고 없는 것 같고, 오늘은 먹은 것도 시원치 않아서 굉장히 배가 고팠다. 이 집에서 드디어 뚱바에 여러 가지를 시켜놓고 제대로 먹어보려고 작정했다. 식당에 앉아 다가오는 사람에게 삶은 달걀 다섯 개를 주문해도 눈을 멀뚱거린다. 자기를 모르냐고 물어서 이 집 아들인가 하고 봤더니 세르손에서 자기를 만나지 않았냐고 한다. 자세히 보니 우리 포터의 동생인, 마칼루 BC 가는 길에 만난 가이드였다. 이 녀석도 친구 다섯 명으로 병풍을 치고 거들먹거렸다. 병풍을 치든 방어막을 치든 공격진을 펼치던 상관은 없는데 배고픈데 상대하려니 귀찮았다.

일단 뭘 좀 먹자고 하고 어디론가 도망간 주인집 아들 대신에 딸이 있는 주방에 가서 너희는 너희 집에 저런 녀석들이 와도 왜 내보내지를 못하냐고 물으니 말을 하지 못한다. 그냥 블랙티 가져오고 계란 삶아서 가져

오라고 했다.

몹시 거들먹거리며 다리를 흔드는 녀석에게 거기는 거리가 머니 일단 이리 좀 가까이 오라고 불렀더니 뭔가 상당히 어설퍼서 내 바로 옆에 붙어 앉았다. 남편의 취미 생활을 너무나 잘 아는 아내는 녀석에 대해 몹시 안타까워했다. 아내는 처음부터 패지는 말라고 했다. 이야기는 약간 해볼건데 일단 이렇게 병풍을 치며 나오는 이상 그냥 넘어갈 수는 없다고, 내가 말이 안 된다고 하거든 밖으로 나가서 밖에서 문을 잠그라고 했다.

녀석이 말하자 녀석을 살리고 싶었는지 아내는 너희가 총 일한 9일에 하루치를 더 얹어 줄테니 그거 받아서 가라고 했다. 이 녀석은 12일 치를 내라고 맞서면서 이게 마칼루의 법이라고 했다. 그게 너의 법이지 어떻게 네팔의 법이냐고 했더니, 네팔의 법이라고 한다. 경찰을 부르라고 했다. 경찰이 권하는 대로 집행을 하자고 했다. 경찰은 네팔의 국민이 무서워하지 외국인인 우리에게 두려움의 대상은 아니었다.

이리로 경찰을 부르든가 아니면 늄의 경찰서에 같이 가서 이야기를 해보고, 그들이 하라는 대로 하자고 말하자 굉장히 당황해하면서 말이 없었다. 동생인 가이드 녀석이 눈치를 보면서 겨우 하는 소리가 "그럼 10일 치라도 주세요."라고 하길래 그렇게 하고 싶지 않았지만 아내가 그냥 돈을 주고 얼른 보내라고 해서 최대한 천천히 돈을 세어서 15,000루피를 주고 세어 가라고 했다.

그들은 돈을 받아 갔는데, 그래도 그들에게는 남는 장사였겠고 우리도 웃으면서 보냈지만 한편으로는 저렇게 강도질을 하니 저 녀석들은 팁이라는 걸 받아본 적이 없었을 거라는 생각도 했다. 그렇게 하지 않았으면, 팁까지 해서 16,500루피는 우리한테 받았을 것이다.

그런 식으로 장사를 하는 할머니 그룹에 대해 불편했다. 한편으로는 이날 강도 같은 녀석들에게 졸지에 돈을 털린 셈이라 마음이 상했다. 우선 먹

반가웠던 세두와!

자고 주문한 블랙티 2잔에 삶은 계란 몇 개가 졸지에 삶은 계란 17개에 계란 프라이 3개, 뚱바 3잔, 프라이드 라이스 1개와 뭔가로 늘어서 졸지에 밥이 안주가 되었다.

아내는 뒤늦게 나타난 이 집 아들을 붙들어놓고 너는 너희 집에 윗동네 녀석들이 외서 행패를 부리는데 왜 도망갔냐고 물었다. 그는 윗동네 애들이 늘 수십 명이 내려와서 행패를 부리는데 어떻게 막을 재주가 없어서 도망갔었는데, 우리가 윗동네 녀석들을 다루는 걸 보고 너무 놀랐다고 한다. 국립공원 사무소와 여러 사람들이 모여서 다른 산들처럼 협정 가격표와 메뉴판 등을 제정하는 등 뭔가를 하자고 불러도 할머니 그룹이 응하지 않아서 하지 못하고 있다고 한다.

주인집 아들에게 포터를 구해달라고 했다. 내일 당나귀나 사람 중에 골라 1,000루피 정도에 눔까지 같이 가도록 해달라고 했다. 양치질하고 별 구경을 하는데 사람에게 정이 떨어지니 풍경도 그다지 아름다워 보이지 않았다.

아내의 생각

길이 너무 멀고 방광염이 많이 심해졌다. 걸을 때마다 뻐근함과 통증이 심했다. 나도 모르게 터져 나오는 비명 같은 신음 소리에 남편은 한 번씩 뒤돌아보며 "조금만 더 참아."라고 말해준다. 이렇게 길이 멀었던가? 타시가온에 가까이 갈수록 발걸음이 무거워지고 짜증이 났다. 타시가온에 도착해서 주스를 마시면서 잠시 쉬었다. 그리고 다시 내려오는데 포터 식구들이 기다리고 있다가 우리를 불러 세운다. 돈을 달라는 거다. 10일을 일했는데 12일 치를 요구한다. 일한 날짜와 상관없이 캠프 수로 돈을 내라는, 듣지도 보지도 못한 룰을 들이댄다. 일단 영어도 안 통하고 답답한데 우리 포터가 짐을 들고 그냥 가버려서 일단 통과하여 세두와로 내려왔다.

그렇게 일단락된 줄 알았는데 세두와 로지에 포터의 똘똘한 동생과 그의 친구들이 진을 치고 우리를 기다리고 있었다. 왜 그 상황이 웃긴 건지. 동네 양아치들이 모여 앉아 돈을 주지 않으면 가만히 있지 않겠다는 듯 겁을 주려고 노력을 하고 있었다. 남편은 물론이고 나도 이런 상황에 눈 하나 꿈쩍할 사람이 아니다. 눈을 하나하나 맞추니 눈을 마주치지 못하고 헤맨다.

오늘로 우리는 너희 형을 쓰지 않을 거라고 하니 9일 일했지만 11일 치 임금을 달라고 한다. 그게 이곳 룰이라고 해서 너희 가족이 만든 거겠지 했더니 아니라고 네팔 법이라고 한다. 경찰을 부르겠다고 해서 좋다고 했다. 아니 빨리 부르라고 했더니 갑자기 헤맨다. 결국 10일 치로 합의해줬다. 진짜 억지 갑이다. 그들이 돌아가고 로지에는 다시 평화가 찾아왔다. 잠시 잊고 있던 방광염의 통증이 다시 밀려왔다.

남편이 뚱바를 권했다. 기장으로 만든 술로 뜨거운 물을 부어서 마시는 특이한 술이었다. 맛이 좋고 몸도 풀리는 거 같아 홀짝홀짝 마시다 보니 너무 많이 마셔버렸다. 덕분에 오랜만에 정말 꿀잠에 들 수 있었다.

🧭 마칼루 13일 차

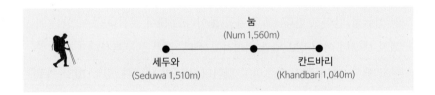

눔
(Num 1,560m)

세두와
(Seduwa 1,510m)

칸드바리
(Khandbari 1,040m)

　　세두와에서 7시 반에 출발해서 오후 1시 반에 눔에 도착했다. 지프 가격이 눔에서 툼링타르까지는 보통 7,000루피를 달라고 한다. 눔에서 칸드바리까지 지프를 타고 가고, 칸드바리에서 툼링까지 다시 지프를 타면 더 싸게 갈 수 있다. 그래서 우리 둘과 세 명을 더 태우는 조건으로 3,000루피로 합의를 해서 지프를 탔다. 칸드바리에 오후 6시에 도착했다.

　　칸드바리에 도착한 후 길 건너 가게에서 뚝바 한 그릇 먹고 왔더니 마지막 지프와 템포를 다 놓쳤다. 여기서 전세로 지프는 1,000루피, 템포 500루피인데 그나마도 구할 수 없었다. 그런데 길 가던 작은 봉고차가 우리를 보고 조금 가다가 탄 사람이 몇 명 내리고 뒤로 후진해서 와서 칸드바리 간다고 타라고 해서 수상해서 안 탔다. 그랬더니 내린 사람 중 한 명이 자기와 셰어 하자고 하면서 싼 가격을 제시했다. 아주 교과서적인 수법이라 그냥 안 탄다고 했다. 그러자 이번엔 화를 냈다. 그런데 이번에는 웬 여자애를 하나 보내서 같이 타자고 했는데 역시 안 탔다.

칸드바리의 시장

나중에 보니 큰 길에 다 같이 모이더니 모두 그 차를 타고 어두운 길로 내려갔다. 길에서 다 털릴 뻔했다. 그냥 칸드바리에서 1박 하기로 했다.

여행지에서는 너무 어두울 때 가격을 낮게 부르는 차도 의심을 하는 것이 안전하다. 공원 근처의 바룬 호텔에서 1,000루피 주고 방을 얻었다.

이후 일정

마칼루 14일 차에 버스를 타고 툼링타르까지 갔으나 이날 비행기가 없어서 근처 호텔에서 하루 쉬고 다음 날 연착된 비행기를 타고 카트만두로 돌아갈 수 있었다. 이번 마칼루 베이스캠프 트레킹은 총 15일이 걸린 셈이다. 카트만두에서는 정말 미친 듯이 먹었다.

비행기에서 사탕을 서비스로 준다.

KHUMBU
HIMALAYA

6. 쿰부히말라야

3좌

- 초오유
- 에베레스트
- 로체 남벽

쿰부히말라야 3좌 베이스캠프(초오유, 에베레스트, 로체 남벽 베이스캠프)

▪ 초오유(Cho Oyu, 8,201m)

초오유(Cho Oyu 8,201m)는 세계 제 6위 봉이다. 산스크리트 어로 초(cho)는 '신성(神性)'을 오(o)는 '여성(女性)'을, 유(yu)는 푸른색 '터키옥(玉)'을 의미한다. 그러므로 초오유는 '터키 보석의 여신' 혹은 청록 여신이 머무는 산'이란 뜻이 된다. 가끔은 '신의 머리', 거대한 머리 혹은 '강대한 통치자' 혹은 '대머리의 신'으로 불리기도 한다.

실제로도 이 산이 조망되는 여러 곳에서 부드러운 모습으로 자리 잡은 푸르도록 하얗게 빛나는 산을 쉽게 볼 수 있다. 남체를 지나 고쿄 쪽으로 길을 잡아 4,000m지점으로 오르는 몽라에서부터 계속 볼 수 있다.

인접한 네팔과 중국 티베트의 히말라야 고산들과 마찬가지로 네팔 쪽은 상당한 급경사를 이루며 길고 긴 벽처럼 높은 산들로 구성되어 있고 중국 티베트 측은 완만한 사면 혹은 대평원으로 되어 있고 도로가 초오유 어드밴스 캠프인 5,700m까지 개설되어 있어서 티베트 쪽으로 가는 경우, 차를 타거나 말을 타고 베이스캠프로 갈 수 있다.

네팔 쪽에서는 트레킹으로 에베레스트 라운딩 중의 일부인 남체를 거쳐 고쿄로 길을 잡아 제1번부터 제6번 호수까지 진행하여 초오유 베이스캠프에 도달하게 된다.

초오유의 초등은 1954년 10월 19일 오스트리아 원정대의 헤르베르트 티키(Herbert Tichy)와 파상 다와 라마(Pasang Dawa Lama)에 의해 이루어졌다. 그들은 낭파 라(Nangpa La 5,716m)를 넘어서 북서릉을 통하여 산소 보급 없이 초등했다. 한국은 1992년 남선우, 김영태 조가 초등했다.

■ 에베레스트 (Everest 8,848m)

에베레스트는 네팔 히말라야 쿰부 산군과 중국 티베트의 경계상에 위치하는 세계 제1위 봉이다. 초모랑마(Chomolangma)라는 티베트 어의 고유한 이름이 있었으나, 1852년 이 지역을 지배하던 영국에 의해 P15란 기호로 표기되었다. 이 봉우리가 세계 최고봉이란 것이 곧 알려졌고, 1865년에 당시 영국 식민지 정부의 측량국 장관이었던 조지 에베레스트 경의 이름을 따서 Mt. Everest라 명명하게 되었다. 초모랑마의 초모(chomo)는 '여신'을, 랑마(langma)는 '산골짜기, 지역'이라는 뜻으로, 초모랑마는 통상 '대지의 여신'을 의미한다.

세계 최고봉인 에베레스트를 초등하기 위한 각국의 국력을 기울인 노력은 제1차 세계대전이 끝난 1921년 봄부터 제2차 세계대전이 시작되기 직전인 1936년까지 7차례나 이뤄졌으나 모두 실패했다. 제2차 세계대전이 끝나고 네팔 왕국이 외국인에게 문호를 개방한 직후부터 미국과 스위스, 그리고 영국 원정대가 각축을 벌였으나 계속 실패했다.

1953년 영국의 제9차 에베레스트 원정대에 참여한 에드먼드 힐러리(Edmund Hillary)와 텐징 노르게이(Tenzing Norgay) 셰르파가 5월 29일 오전 11시 30분 에베레스트가 세계 최고봉으로 밝혀진 지 100년 만에 인류 최초로 제3의 극점이라 불리는 에베레스트의 정상에 올랐다. 한국은 1977년 9월 15일 고상돈 대원과 셰르파 한 명이 초등에 성공했다.

■로체 (Lhotse 8,516m)

로체는 세계 4위 봉이다. 로(lho)는 남쪽, 체(Tse)는 산이라는 뜻이므로, 로체는 '남쪽의 산'이라는 뜻이다. 네팔과 중국 티베트 국경에 위치하고 있다. 일반적인 정상 등반은 에베레스트를 오르는 길로 같이 오르다가 사우스 콜에서 등반 루트가 갈려서 오른쪽으로 가면 로체이다. 남체 위의 샹보체에 가도 로체 남벽이 보이며, 베이스캠프로 가는 길인 탕보체를 올라가면 내내 로체 남벽을 볼 수 있다.

로체 초등은 1956년 스위스의 프리츠 루히징거(Fritz Luchsinger)와 에른스트 라이스(Ernst Reiss)에 의해 이루어졌다. 일반적인 루트로는 로체 등반이 그렇게 난이도가 있다고 알려져 있지 않으나 로체 남벽은 아직까지 초등자가 없을 정도로 난공불락의 거벽이다.

우리 부부의 트레킹 전략

우리 부부의 쿰부 지역 3개 봉의 트레킹은 전통적인 에베레스트의 라운딩 코스를 따라 진행을 한다. 즉, 루클라에서 시작해서 남체−고쿄−제6번 갸줌바 초 호수를 거쳐 초오유 베이스캠프에 간 다음, 바로 응고줌바 빙하를 횡단해서 촐라 라(촐라 패스라고도 한다.)−에베레스트 베이스캠프(EBC)로 간다. 그런 다음 추쿵을 지나 로체 남벽 베이스캠프를 마친다. 이후 남체−루클라로 이어지는 고전적이고 안정적인 코스를 따라 장엄하고 빼어난 경치를 지닌 쿰부의 진정한 맛을 느낄 수 있도록 진행한다.

중국 티베트 쪽의 라싸 혹은 카트만두에서 출발하여 차를 타고 편안하게 에베레스트−초오유−시샤팡마의 베이스캠프를 하루나 이틀씩 지나치듯이 거쳐서 카일라스를 돌아오면 편하고 좋았겠지만, 우리 부부는 기본적으로 그런 트레킹을 둘 다 원하지 않았다.

남체에서 제3번 고쿄 호수에 도달한 후, 응고줌바 빙하를 따라 왕복

21km 정도를 걸으면 갸줌바 빙하와 제6번 갸줌바 호숫가로 진입하게 되고, 호숫가 우측 모래밭과 그 후면의 경사로를 따라 초오유의 빙하 위로 올라서면 네팔 측 초오유 베이스캠프가 되고, 여기에서 제6번 호수 뒤로 난 언덕을 넘으면 낭파 라와 만나게 된다. 낭파 라에 서면 바로 중국 티베트 쪽 초오유 어드밴스 캠프(5,750m)를 조망하게 되지만, 많은 시간을 요구하며 체력적인 부담과 추가적인 장비와 인력 및 국경 문제가 있을 수 있어 이번 트레킹에서는 제외했다.

초오유 베이스캠프는 루클라 공항에서 출발하여, 에베레스트 베이스캠프로 향하는 관문인 촐라체의 아랫마을인 닥락까지 약 10일 정도가 소요된다. 초오유 산행을 마친 후에는 고쿄에서 다시 고쿄리에 오르거나 고쿄리 사면의 렌조 라를 통과하여 다시 장쾌한 산군들을 조망하면서 휴식과 트레킹을 겸하며 쉬게 된다.

고쿄에서 응고줌바 빙하를 가로질러 닥락에서 촐라 패스를 넘어 에베레스트 베이스캠프를 향해 가게 된다. 촐라체에 눈이 많이 쌓이거나 날씨가 좋지 않으면 그대로 하행하여 포르체로 우회하여 에베레스트 베이스캠프 코스를 따라 비교적 순탄하게 오르면 된다.

고쿄에서 EBC로 넘어가는 촐라 패스는 급격한 고도 상승과 추위 및 과격한 내리막으로 유명하다. 눈과 얼음이 쌓인 경우가 많으므로 아이젠과 스패츠를 준비하고 조심스럽게 자주 쉬면서 최대한 추위를 막는 데 주의해야 한다.

촐라 패스를 넘어서부터는 로부체와 고락셉을 통과하여 가능한 한 신속하게 EBC와 칼라파타르를 다녀온 뒤 고도를 내리는 것이 좋은 방법이지만, 초오유에서 별 이상이 없었으면 고락셉에서 2일 정도를 지내면서 천천히 세상에서 가장 높은 산을 조망하는 것도 좋다. 고락셉에서 하산을 시작하여 딩보체를 지나 추쿵으로 진입하여 전 세계의 모든 산악인들이 아무도 오르지 못한 난공불락의 벽인 로체 남벽 베이스캠프에 진입한다.

필요한 일정은 20일. 여러 번의 트레킹 경험으로 길은 충분히 숙지하고 있으므로 스태프는 포터만 대동한다.

	쿰부히말라야 3좌 트레킹 일정 (2017.11.27.~2017.12.16.)
1일	카트만두 ― 루클라(Lukla 2,860m) ― 팍딩(Phakding 2,610m)
2일	팍딩 ― 몬조(Monjo 2,835m) ― 조르살레(Jorsale 2,740m) ― 남체(Namche 3,440m)
3일	남체 휴식(고소 적응)
4일	남체 ― 쿰중(Kumjung 3,790m) ― 몽라(Mong La 3,970m) ― 포르체 텡가(Phortse Thanga 3,670m)
5일	포르체 텡가 ― 돌레(Dolre 4,100m) ― 라발마(Lafarma 4,330m) ― 루자(Luza 4,410m) ― 마체르모(Machhermo 4,470m)
6일	마체르모 ― 팡(Pang 4,480m) ― 제1번 롱폰다 호수 ― 제2번 타우중 호수 ― 제3번 고쿄 호수(Gokyo 4,750m)
7일	제3번 고쿄 ― 제4번 토낙초 호수 ― 제5번 응고줌바 호수 ― 제6번 갸줌바 호수 ― 초오유 BC(Chooyu BC 5,220m) ― 고쿄(4,750m)
8일	고쿄 휴식
9일	고쿄리(Gokyo Ri 5,360m) ― 고쿄(4,750m) ― 닥락(Dagnag 4,700m)
10일	닥락 ― 촐라 패스(5,420m) ― 종라(Dzongla 4,850m)
11일	종라 ― 로부체(Lobuche 4,910m)
12일	로부체 ― 고락셉(Gorakshep 5,140m)
13일	고락셉 ― EBC(5,464m) ― 칼라 파타르(kala Patthaar 5,550m) ― 고락셉
14일	고락셉 ― 로부체(4,910m) ― 투클라(Tukla 4,620m)
15일	투클라 ― 딩보체(Dingboche 4,410m) ― 추쿵(Chhukhung 4,730m)
16일	추쿵 ― 로체 남벽 BC ― 추쿵
17일	추쿵(Chhukhung 4,730m) ― 딩보체(Dingboche 4,410m) ― 팡보체(Pangboche 3,985m) ― 데보체(Deboche 3,710m) ― 텡보체(Tengboche 3,860m)
18일	텡보체 ― 남체(Namche 3,440m) ― 조르살레(Jorsale 2,740m) ― 몬조(Monjo 2,835m)
19일	몬조 ― 팍딩(2,610m) ― 루클라(2,860m)
20일	루클라 ― 카트만두

쿰부히말라야 3좌 베이스캠프(초오유, 에베레스트, 로체 남벽 베이스캠프)

초오유 8,201m
초오유 BC 5,220m
제6호수 (갸중바)
제5호수 (응고중바)
제4호수 (토낙초)
광중피크 6,063m
칼라 파타르 5,550m
에베레스트 BC 5,364m
에베레스트 8,848m
고쿄리 5,360m
촐라 패스 5,420m
로부체 6,119m
눕체 7,861m
로체 8,414m
고쿄 4,750m
닥락 4,700m
종라 4,830m
고락셉 5,140m
로부체 4,910m
투클라 4,620m
추쿵 4,730m
아일랜드 피크 BC
마체르모 4,470m
촐라체 6,335m
페리체 4,270m
딩보체 4,410m
임자초
타보체피크 6,495m
소마레 4,010m
아마다블람 6,856m
돌레 4,100m
포르체텡가 3,670m
팡보체 3,930m
쿰비율라 5,761m
데보체 3,710m
몽라 3,970m
텡보체 3,860m
캉테가 6,783m
쿰중 3,790m
풍기뎅카 3,250m
캉주미 3,550m
샹보체 3,720m
남체바자르 3,440m
조르살레 2,740m
탐세르쿠 6,623m
몬조 2,835m
팍딩 2,610m
쿠슘캉그루 6,367m
체프룽 2,660m
루클라 2,840m
카트만두

🧭 쿰부히말라야 3좌 1일 차

루클라
(Lukla 2,860m)

카트만두
(Kathmandu)

팍딩
(Phakding 2,610m)

새벽 5시에 국내선 공항에 도착했다. 오늘 첫 번째로 뜨는 비행기인 타라 항공은 국내선 화물이 1인당 10kg인데, 우리 화물은 30kg이 넘었다. 그러나 성수기가 지나서인지 우리 짐을 체크도 하지 않고 비행기에 실어주었다.

오늘은 연착 없이 6시 10분에 바로 출발했다. 15인승의 이 비행기에는 좌석 번호가 없다. 그냥 타서 빈자리에 앉으면 된다. 설산이 잘 보이는 좌측으로 앉았다. 높은 산들의 협곡으로 가던 비행기는 6시 40분에 세계에서 가장 위험하다는 루클라 공항에 무사히 도착했다.

Tip 에베레스트로 가는 루클라 공항은 안개로 자주 연착한다. 그러므로 비행기는 최대한 이른 시간의 것으로 예약하는 것이 좋다.

세계에서 가장 위험한 공항 중 하나라는
루클라 공항의 짧은 경사진 활주로

루클라에서 카트만두에서 미리 약속 해 둔 포터를 만났다. 루클라 마을 입구의 체크 포인트에서 쿰부 커뮤니티 입장료를 1인당 2,000루피×2＝4,000루피를 냈다. 이 비용은 중앙 정부에서 징수하는 TIMS를 무력화 시키고 쿰부 지방정부에서 개별적으로 만든 제도였다.

많은 에이전시들이 이 사실을 잘 알면서도 뭘 모르는 이들에겐 수수료까지 많이 받으면서 TIMS를 만들어 보냈다. 뭘 아는 사람들은 그냥 보내는 경우가 많아서 많은 트레커들이 TIMS를 들고 의아해했다. 그룹으로 끊은 10달러짜리 TIMS와 개인 트레커에게 받는 20달러짜리 TIMS가 결국 지방 정부의 수입원으로 넘어가고, 트레커들의 등산 경로를 측정하여 트레커들을 보호하고 통계를 내고 가이드나 포터들의 치료비도 지원해준다는 명목의 TIMS는 쿰부에서 사라졌다.

20달러짜리 커뮤니티 입장료로 통합이 되고 보험료는 따로 내게 된 것인데, 이제는 사고가 발생하면 TIMS는 없고, 커뮤니티에서는 그 조치라는 것이 불확실하니 트레커와 가이드와 포터 모두가 보호받을 수 없게 되었다. 이 제도는 특히 트레커가 스태프들의 사고 시 배상해야 하는 손해 배상 책임이 무한대가 되었다.

2018년 1월에 결국은 TIMS를 대체한다던 그 커뮤니티 입장료는 그대로 걷지만, 가이드, 포터 등에 대한 보험은 해주지 않기로 해서 따로 비용을 들여 보험료를 더 내게 되는, 외국인들의 부담만 가중되는 방향으로 되었다.

아무튼 커뮤니티 입장료로 4,000루피를 내고 경찰에게 여권을 제시하고 트레킹을 시작했다. 공항에서 첫날 목적지인 팍딩까지는 길이 대체로 평지

루클라의 커뮤니티 Tax 징수처

와 내리막으로 편안하다. 오늘은 일정이 일찍 끝나게 되고, 고산 적응이 충분히 되었지만 이미 20일분 임금을 선지불했으므로 그냥 천천히 에베레스트의 정취를 잘 보면서 다니고 싶었다. 체프룽에서 간단히 점심을 먹었다. 930 루피. 물가가 많이 올랐다.

아주 천천히 걸어서 오후 3시에 팍딩의 샹그릴라 로지에 도착했다. 이 동네에는 빵집이 여러 곳에 생겼고 커피집도 많이 생겼다. 팍딩은 마칼루에 비해서는 받아들일 수 있는 좋은 가격을 유지하고 있다. 아무래도 마칼루 쪽에 비해서는 관광객이 풍부해서일 수도 있다. 하루 숙식비는 200루피다. 이곳을 소개하고 꼭 들러 안부를 전해달라던 윤평구 선생 이야기를 하니 주인아줌마가 반색을 하더니 채광이 좋은 방으로 안내했다.

오후 다섯 시, 어둡고 비가 오는데 식당에는 난로가 피워져 있고 사람들이 둘러앉아 있었다. 야크 스테이크와 밥, 그리고 뜨거운 물을 포트에 시켜서 미소 된장과 김 가루로 밥을 먹었다. 야크 스테이크는 800루피이다. 음식을 주문하고 직접 숙박 장부에 기입해서 나중에 트러블을 막는 제도인데, 에베레스트는 전체적으로 돈이 비싸게 드는 산이다. 신라면은 500루피이다. 그래도 비교적 투명해서 유명 관광지는 원래 많은 비용이 든다고 생각하고 가면 감수할 만하다.

이 집에는 독특한 것이 있는데, 비 오는 저녁 시간에 난로를 때면서 뜨거운 돌멩이를 수십 개 올려놓고 그걸 구워서 손님들에게 줬다. 그걸 장갑에 넣거나 양말에 넣고 슬슬 여기저기를 찜질하면서 시간을 보내면 된다. 돌멩이를 침낭에 넣어 눅눅한 침낭을 덥히고 쿰부의 첫날 밤을 보냈다.

우리가 머물렀던 팍딩의 로지

남편은 어제 하루 종일 설사를 하고 나는 소화 불량이라 거의 먹질 못했다. 나는 살이 조금 빠졌는데 남편은 안쓰러울 만큼 많이 빠졌다. 아직 공항은 사람들의 입장을 허락하지 않고 있었고 생각보다 너무 추웠다. 잠시 후 공항에 들어가 남편에게 오리털 파카를 꺼내주고 수속을 했다. 다른 때와 다르게 모든 것이 시간 안에 순조롭게 진행이 되었다. 서너 시간은 대기할 줄 알았는데, 정시에 떠서 6시 40분 루클라 공항에 도착했다. 비행장은 악명대로 경사가 진 아주 짧은 활주로가 벼랑에서 산쪽으로 자리잡고 있었다. 공항에는 많은 사람들이 일자리를 구하러 나와 있었고 우리를 마중 나오기로 한 사람을 찾을 수가 없었다.

에이전시에 전화를 하고 잠시 후에 사람을 만날 수 있었다. 정말 산사람같이 생긴 로지 주인이다. 일단 그분 로지로 이동해서 차를 한잔 마시는 중에 포터가 왔다. 19살이라는 포터는 경험은 많아 보였다. 우리 일정을 잠시 설명해주고 천천히 출발하기로 했다. 오늘 가기로 한 팍딩은 4~5시간 걸린다고 했는데 길이 좋아져서인지 굉장히 느리게 왔는데 3시간 만에 도착했다.

에베레스트 지역의 첫 느낌은 잘 정돈된 관광지였다. 길도 크고 잘 놓여 있고 로지들도 큼직큼직하고 심지어 비싼 곳은 하룻밤에 100불이 넘는다고 하니 시설은 안 봐도 미루어 짐작할 수 있을 듯싶다. 나도 그런 곳에서 자고 싶다는…….

지금까지 다니던 히말과는 전혀 느낌이 다르다. 남체를 지나가면 비

436

숫해진다고 하지만 내게는 신선한 충격이다. 보이는 풍경도 지금까지 와는 많이 다르다. 왜 남편이 에베레스트를 좋아하고 가고 싶어 했는지 공감이 간다. 지금까지 느낌은 다른 곳과는 달리 나 역시 이곳은 다시 오자고 하면 선뜻 따라나설 것 같다. 아직은 약간 추운 것 빼고는 불편함이 없다.

남편 지인이 추천한 로지에 짐을 풀었다. 로지 여주인이 지인을 알고 있었다. 무지 반가워한다. 속이 여전히 불편해서 버섯 수프 하나와 따뜻한 물을 시켜 남편은 된장국을 먹었다.

날씨가 곧 눈이 내릴 것 같은 하늘이 되었다. 여기는 비가 내리겠지. 방에 돌아와 침낭 속으로 들어가 꿀잠에 들었다. 자는 내내 춥고 배고프다. 문득 추위와 배고픔 중에 뭐가 더 괴로울까 하는 의문이 들었다.

결국 비가 내린다. 앞산은 안개에 가려져 수묵화를 연상시키고 식당 굴뚝에서 올라오는 따뜻함이 느껴지는 연기와 빗방울 소리, 소의 목에 걸린 큰 방울 소리, 당나귀가 장식으로 달고 다니는 작은 방울 소리, 바람에 살짝살짝 흔들리는 룽다까지 너무 정겹고 아름답다.

다른 산들에 비하면 별천지 같다.

🧭 쿰부히말라야 3좌 2일 차

몬조
(Monjo 2,835m)

남체
(Namche 3,440m)

팍딩
(Phakding 2,610m)

조르살레
(Jorsale 2,740m)

아침에 일어나 간단한 아침을 먹고 숙식비를 계산했다. 1,950루피가 나왔다. 네팔에서는 언제나 계산들이 자주 틀려서 꼭 확인해야 했는데, 쿰부도 예외는 아니었다. 아침 식사 후 8시에 팍딩을 출발했다. 11시에 몬조에 도착했고 곧이어 체크 포인트가 있는 조르살레에 도착했다. 팍딩에서 몬조까지는 3시간이고, 몬조에서 남체까지 오르막으로 3시간 정도가 걸린다.

조르살레에 사가르마타(네팔 말로 '에베레스트'를 뜻한다.) 국립공원 사무소가 있어서 여기에서 국립공원 입장료를 내야 한다. 외국인이 직접 줄을 서거나 일을 처리하려고 하면 네팔 사람들이 가져온 걸 먼저 처리하고 맨 나중에 처리하므로 우리도 포터에게 여권과 돈을 주고 일을 처리하게 했다. 입장객은 열 명 정도인데, 30분이나 걸려서 일이 처리되었다. 1인당 3,390루피씩 지불했다. 여러 곳의 체크 포인트에서 여권과 커뮤니티 입장료 영수증을 검사하므로 잘 보관해야 한다.

조르살레 체크 포인트

조르살레 체크 포인트를 지나면 바로 내리막으로 갔다가 아주 길고 신경이 쓰이는 출렁다리들을 몇 개 건너게 된다. 다리 난간은 허리 정도 되는데, 맞은편에서 사람들이 달려오거나 소가 건너오는 경우는 상당히 출렁거린다. 다리 아래로는 세찬 강이 흐르고, 높이는 수십 미터가 되니 신경이 곤두서게 된다. 다행히 여기까지는 다리가 튼튼하다. 이 다리들을 붙들고 겁이 나서 못 가는 사람들도 많이 있는데, 예전에 비하면 수만 배는 나아진 것이고, 다른 히말라야 지역에 비하면 에베레스트 지역의 시설은 상당히 좋은 편이다.

몇 주 만에 만나는 출렁다리를 지나 조르살레에서 점심을 하고 남체로 오르는 지루한 오르막을 시작하였다. 꽤 높은 몇 개의 출렁다리를 지나서 계속 오르게 된다. 다리를 건너면 남체까지는 내내 오르막이다. 야크도 많이 다니고 당나귀와 말도 수십 마리가 다니는 길이다. 당나귀나 말들이 지나갈 때에는 항상 산 쪽으로 서야 한다. 짐을 싣고 다니는 녀석들이 그냥 툭 하고 치기만 해도 사람이 날아가는 경우가 많으므로 절벽 쪽에 있다가 다치는 경우도 많기 때문이다.

마칼루와 칸첸중가에서 만난 오르막에 고생을 많이 해서 남체로 가는 오르막이 그렇게 부담이 되지는 않았지만 그래도 지겹기는 했다. 한참 올라가니 네팔 군인들이 수십 명 있어서 사람들이 그들과 같이 앉아 대화

남체

도 하고 쉬고 있었다. 쿰부의 초오유, 에베레스트는 모두 국경을 도보로 넘어도 하루 이틀이면 바로 티베트로 갈수 있는 지역이라서 군인들이 많다.

남체 마을은 오랫동안 안 본 사이에 더욱 어마어마해졌다. 마을을 흐르는 개울에 대리석으로 수로를 만들고 층층이 정자를 달고, 경문이 달린 거대한 통을 내내 돌리게 하고 분수대도 만들어 놓아 이 산골에 이게 웬일이냐 하며 눈이 커졌다.

남체는 수천 년간 티베트와 기타 지역과의 무역로가 서로 만나는 곳이어서 쿰부히말라야에서 가장 번성한 마을이다. 또 쿰부히말라야의 더 높은 지역으로 가기 위해 고소 적응을 위해 쉬어 가는 전진 기지이기도 하다. 루클라와 쿰중의 공항을 앞뒤로 끼고 있어서 접근성이 좋고, 필요한 물품들을 모두 준비할 수 있으며 은행이나 우체국, ATM 등은 물론 그 작은 동네에 약 100여 곳의 숙박 시설이 있어서 반드시 들르게 되는 곳이다.

오랜만에 보는 남체 뒤쪽의 탐세르쿠와 앞쪽의 콩데 봉우리가 많이 반가웠다. 여러 장비점들의 등산용품들을 구경하며 숙소를 찾았다. 역시나 남체에 가면 야크 호텔에 가라고 이름을 콕 찍어준 윤평구 선생님의 말씀에 따라 야크 호텔에 가서 이름을 대니 굉장히 반가워하면서 좋은 방을 내줬다. 방은 300루피이다. 특별 할인가는 아니고 남체 지역의 표준 가격이다. 화장실이 있는 방은 2,000루피이고 공용 화장실을 사용하는 방은 300루피다.

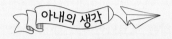

아내의 생각

어제 식당에서 가져온, 난로에 구워진 뜨거운 돌멩이 덕분에 따뜻하다 못해 덥게 잤다. 자다가 입고 있던 오리털 파카를 벗었다. 따뜻하게 자서일까 컨디션이 좋다.

아침에 차 한 잔과 컵케이크 한 개씩을 먹고 길을 나섰다. 어제와는 다르게 날씨가 맑게 개어 있다. 지도에서는 남체까지 5시간 걸린다고 나와 있지만 현지 안내판에는 팍딩에서 몬조 3시간 몬조에서 남체 4시간이라고 나왔다.

호텔들은 정말 깔끔하고 현대적이었다. 그리고 마치 산 전체가 거대한 리조트 공사의 현장처럼 계속 건물은 올라가고 있었다. 정말 이게 산속은 맞는 걸까? 지금까지 다녀온 곳들과는 비교조차 되질 않는다. 길은 아주 넓게 잘 되어 있다. 어제부터 충격의 연속이다. 두리번거리며 조르살레까지 어렵지 않게 왔다. 국립공원 입장료를 여기서 내야 한다. 포터가 일을 처리하는 동안 우리는 점심을 어디서 해결할지를 생각했다. 남편은 기억에 이 뒤로 아무것도 없는 것 같다고 했지만 10년이면 강산이 변하는데 있지 않을까 싶었다. 포터는 창구 앞에서 하루 종일이다. 일하는 사람이 일은 안 하고 전화받으며 딴짓만 한다. 한참을 기다려서야 포터가 영수증을 가지고 왔다. 점심은 가다가 먹을 수 있다고 한다.

조금 가니 커다란 마을이 보인다. 마을로 가기 전 출렁다리를 또 건넌다. 오늘만 도대체 몇 번째인지 모르겠다. 어제 올라올 때 본 다리에서 실종되었다는 프랑스 인 사진이 생각났다. 남편을 앞세우고 남편 배낭만 보고 걸어갔다. 또 한고비를 넘기고 포터가 가자는 식당으로 갔다. 음식도 훌륭했고 가격도 어제보다 저렴하다.

다시 남체로 오르막, 또 오르막이다. 역시 큰 산이라 어쩔 수 없나 보다. 그렇지만 소나무 숲을 지나는 길은 오르막이여도 넓어서 좋았다. 그런데 저 멀리 범상치 않은 다리 두 개가 보인다. 저걸 건너가야 한단다. 저 절벽에 어떻게 다리를 놓았을까 정말 궁금하다. 지금까지의 출렁다리와는 차원이 다르다. 이제 나도 출렁다리에는 어지간히 이력이 났는데, 만만치 않아 보인다. 긴장감이 나를 찾아온다. 다리 입구에서 여러 명이 꼼짝 못 하고 있다. 멈추면 나도 건너지 못할 것 같아서 멈추지 않고 그대로 다리에 진입해서 건너기 시작했다. 여자 한 명은 다리 입구에서 가이드와 실랑이를 벌이고 있다. 못 가겠다는 여자와 데리고 건너야 하는 가이드. 내가 건너는 것을 보자 가이드가 밀어붙여서 그 여자가 내 뒤를 따라 건넜다. 다리 중간쯤에서 슬쩍 밑을 보니 등줄기가 서늘하다. 남편도 겁이 나는지 한 손으로 다리 난간을 놓지 않고 걷는다. 다 건너서 반대편에 발을 딛는 순간 눈물이 왈칵 오른다. 등줄기에는 땀이 흐르고 내려올 때 다시 이 다리를 건너야 한다는 생각에 벌써 두렵다. 천천히 계속되는 오르막을 올라 3시에 남체 입구에 도착했다.

에베레스트로 가는 코스 중에 이 팍딩에서 남체로 오르는 오르막이 악명이 높은데, 칸첸중가나 마칼루에 비하면 뭐, 크게 어렵지는 않다. 언뜻 보는 남체는 생각보다 규모가 더 큰 거 같았다. 남편은 길을 돌면 깜짝 놀랄 거라고 했는데 정말 입이 딱 벌어졌다. 여기가 산속이 맞나?

대규모 도시다. 우리를 맞이하는 탑도 크기가 남다르고 분수에 거리 조각과 장식들, 잠시 멍하니 서 있었다. 심지어 유명한 등산 전문 브랜드 정품 매장도 있다. 신기해하며 두리번두리번 정신이 없다.

남편 지인이 꼭 묵으라고 한 야크 호텔을 포터에게 부탁해서 찾아갔다. 외관은 깔끔했고 주인은 지인을 기억하며 반갑게 맞아주었다. 방도 깔끔하고 무엇보다 전기와 전기 콘센트가 방에 있었다. 내일은 남체에서 하루 쉬면서 남체를 둘러보기로 했는데 식사 가격은 엄청 올랐고 양은 매우 적어졌다고 한다.

높이가 꽤 높아서 무섭다.

 쿰부히말라야 3좌 3일 차

●
남체
(Namche 3,440m)

　새벽에 전기가 나가서 모두 정전이다. 위로 올라가면 물값이나 밥값이나 똑같고, 필요한 뜨거운 물이 아닌 미지근한 물밖에는 쓸 수 없는 경우가 많다. 비행기에는 실어주지 않는 가스를 구하러 동네를 둘러봤다.

　EPI 등산용 가스는 카트만두에서는 400루피 이하에서 구할 수 있었지만, 남체에서는 900루피 선에서 구할 수 있었다. 그러나 물량은 풍부했다. 성냥은 50루피, 라이터는 100루피에 구했다. 라이터는 300루피를 부르는 곳도 있었다. 남체도 관광지라 동네가 전체적으로 높은 바가지요금을 받지만 장사에 능한 사람들이라 덜 팍팍해서 다리품을 팔면 가격이 내려가기도 하고, 종종 받을 만큼만 받고 물건을 파는 사람들도 찾을 수 있기도 하다.

내가 아는 한 쿰부 제과점의 효시는 팍딩과 남체와 쿰중^(3,790m)이다. 팍

딩에서는 지나쳤고, 남체에서는 헤르만^(Hermann) 제과점이 조금 나아서 들

어왔는데, 정전이라서 커피는 안 되고, 빵도 새로 만든 게 없었지만 워낙 큰

가게라서 만들어놓은 것이 있었고, 바가지는 별로 없는 가게였다.

블랙티는 한 잔에 50루피, 버터롤 빵은 300루피, 참깨빵은 100루피였

다. 이 가게에서는 DSL라인[●]도 이용이 가능한데, 30분에 200루피, 1시간

에 400루피이다. 많이 싸지긴 했지만 여전히 비싸다. 그런데 밖에 나가면

이 집의 두 배 가격을 불렀다. 커피는 보통 250~300루피로 상당히 비쌌

고, 빵도 비쌌지만 위로 올라가면 그나마도 먹을 게 없고 가격도 더 줘야

하는 게 당연하다.

단 한 곳 예외라면 고교였다. 남체에 뒤지지 않는 시설에, 좋은 재료와

음식들이 적당한 가격에 헬기로 늘 보급이 되었다. 아름다운 풍광과 더불

어 쿰부히말 전체에서 가장 머무르기 편안한 곳이다.

EPI 가스를 하나 사서 시험해보니 물이 잘 끓었다. 그러나 고도상 가스

가 새는 경우가 많아서 늘 잘 살펴봐야 하고, 상당한 주의를 요한다. 아무

래도 한 개로는 어려울 것 같아서 한 개를 더 구입했다.

저녁은 야크 스테이크(780루피)와 맨밥(350루피)을 시켰다. 식사를 하

면서 주인과 인사하고, 안부를 전했다. 이 집 동생이 윤 선생님의 도움으

로 한국에서 공부를 잘 할 수 있어서 고마운 마음을 가지고 있었다. 주인

이 자기 전화기에서 로드 300루피를 내 전화로 넣어주었다. 전화가 안 터

지는 곳도 많지만 긴급 구조가 필요한 경우 헬기를 불러야 하므로 전화를

가지고 있어야 했다.

아침에 정산하려면 시간이 많이 걸리므로 숙식비를 미리 냈다. 모두 해

● DSL 라인 : 인터넷 연결의 종류

남체에서 보이는 콩데(6,186m)와 남체의 모습

서 4,240루피. 주인이 세금은 빼고 계산해줬다.

아내의 생각

로지가 좋으니 따뜻하다 못해 덥다고 느끼면서 잤다. 역시 에베레스트는 다르다. 전기도 원래는 24시간 공급되는데 어젯밤에는 수력 발전소에 문제가 있어서 전기가 끊어졌다. 오늘 오전까지 전기가 들어오지 않아서 호텔에 문제가 있는 줄 알았는데 동네 전체가 정전이었다.

방 안으로 햇살이 쏟아져 들어오고 어제는 안개 때문에 아무것도 안보였던 창밖 풍경이 정말 한폭의 그림 같다. 나는 정말 행복한 사람이다. 이런 아름다운 광경을 보고 있다니…….

조금 더 뒹굴거리다 남편과 동네 마실을 나왔다. 전기가 없어서 모든 커피숍은 영업이 중지되었고 빵집에도 빵이 없었다. 야외 카페는 내가 지금까지 본 것 중 가장 아름다운 자연을 인테리어로 갖고 있었지만 너무 추워서 거기에서 시간을 보낼 엄두는 내지 못했다.

이곳저곳을 기웃거리며 가격만 보고 다녔는데 정말 어마무시한 가격이다. 마지막으로 들른 유명한 빵집은 가격이 그나마 착하고 와이파이가 무료라고해서 자리를 잡았는데, 아차 전기가 없으니 무료 와이파이는 없다. 그나마 위로가 되는 것은 블랙티가 50루피라는 것이다. 다른 곳은 대부분 100~150루피였다.

가루 밀크티를 어디서 살 수 있지 않을까 해서 돌아다녔지만 찾지 못했고 비싼 가격을 주고 생강차 티백을 한 상자 샀다. 숙소에 돌아와서 보니 올해 2월까지가 유통 기간이었다. 남편은 여기서는 그런 것 신경 쓰면 안 된다고 했고 가게에 붙어 있던 '환불 불가'도 생각났다.

🧭 쿰부히말라야 3좌 4일 차

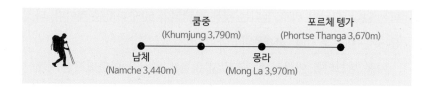

쿰중
(Khumjung 3,790m)

포르체 텡가
(Phortse Thanga 3,670m)

남체
(Namche 3,440m)

몽라
(Mong La 3,970m)

오늘은 오전에 남체에서 쿰중으로 오르막을 시작하여 EBC로 가는 길과 갈림길인 사나사에서 절벽 길로 올라 몽라(3,970m)까지 600m의 고도를 올리고 강바닥까지 약 300미터를 하강하여 포르체 텡가(3,670m)에 닿는 것으로 하루 일정을 잡았다.

아침에 뜨거운 물을 받아두고, 7시 30분에 출발하려고 준비했는데 포터가 나타나지 않았다. 어제 별로 부를 일이 없어서 나가서 놀라고 했더니 어젯밤에도 얼굴 한번 안 보여서 오늘 아침에는 일찍 오겠지 했는데 오지 않았다. 한참 포터를 찾고 카트만두 에이전시에 전화했다. 호텔 사장도 걱정하다가 포터들이 모이는 곳에 갔을 거라며, 이름과 생긴 걸 물어보고 어

448

디로 전화해서 찾아보라고 하는 것 같았다. 8시 30분에 출발할 수 있었다.

떠나는데 급해서 깜빡하고 포터에게 포르체 텡가로 간다고만 했지 어느 코스로 간다고는 말하지 않았다. 포터는 민망하니 아무 말 없이 남체 뒷동산으로 번개같이 올라서 쿰중이 아닌 캉주마로 해서 외곽으로 도는 긴 길을 선택했다. 나는 이 긴 길도 싫고, 쿰중의 절경을 포기하는 것도 아쉬운 일이었다. 그러나 몇 번 포터를 부르다가, 포기하고 그냥 캉주마 방향으로 걸었다. 길은 길지만 아마다블람이 보이고 에베레스트도 잠시 보이고, 텡보체(Tengboche 3,660m)와 그 이후까지 선명히 보였다. 아내는 계속되는 절경에 기분이 아주 즐거워 보였다.

사나사 가기 전에 있던 큰 로지 하나가 완전히 타서 정말 재만 남아 있었다. 어제 호텔 주인이 밤에 간다던 곳이 여기였나 보다. 사나사는 쿰중 외곽에서 몽라와 텡보체와 갈리는 지역에 있는 마을인데, 고쿄로 가는 코스와 EBC로 가는 코스를 가르는 곳이다. 하지만 이정표가 부실하니 잘 살펴봐야 한다.

사나사에서는 절벽 길로 오르막이 시작되는데 멀리서 보면 사람이 다닐 만한 길이 아니지만 가까이 가면 충분히 갈 만한 곳이다. 예전과 달리 절벽 부분은 어설프지만 난간도 해놨다. 이곳을 열심히 오른 뒤, 산허리를 따라 내내 골짜기와 오르막을 오르면서, 뻔히 보이지만 쉽게 갈 수는 없는 몽라를 향해 내내 걷게 된다. 맞은편으로 포르체 마을과 텡보체가 보이는데 포르체 마을과 텡보체는 이 지역에서 가장 큰 티베트 불교 사원이 있어

절벽길의 오르막

서 유명하기도 하고, 고쿄에서 촐라 패스(촐라 라)를 넘어 EBC로 연결이 어려운 경우 우회로로 많이 쓰기도 한다. 남체에서 600m를 올려야 하니 서두르지 않고 천천히 잘 쉬어 가면서 가야 한다.

쿰부 지역의 수호성인으로 추앙받는 라마 상와 도르제의 고향인 몽라는 예전에는 아주 척박했다. 달랑 작은 찻집 2개가 있고 시설이라 할 만한 것도 없었다. 12시 정도에 몽라(3,970m)에 오르니 아침부터 잘 보이던 산군들이 모두 안개에 가려 아무것도 보이지 않았다. 다만 협곡 사이로 약 30대의 헬기가 고쿄와 EBC를 관광으로 혹은 긴급 구조로 부지런히 오갔다.

10년 전에는 허름했던 붓다 식당에 왔는데, 그때는 어린이였던 친구가

이제 다 커서 주문을 받는다. 저 녀석이 먹던 오렌지와 땅콩을 뺏어먹었더니 울길래 초코 바를 줘서 달랬는데……. 아무튼 그 코흘리개가 커서 가게를 잘 돌보고 있고, 집안 살림은 많이 윤택해졌다. 포터하고도 친한지 둘이 다정하게 이야기 하고 있었다.

손님이 음식을 주문하면 그때부터 밥을 하는 전통은 여전해서 점심시간은 언제나 길다. 블랙티, 진저 티, 계란 볶음밥, 삶은 감자로 점심을 했다. 1,360루피. 콜라가 무려 350루피인데 일단 마지막이다 생각하고 하나 마셨다. 우리는 그런데, 포터에게는 고기 넣은 달밧을 듬뿍 주길래 부러웠다.

몽라에서 포르체 텡가(3,670m)까지는 완전히 가파른 내리막인데 만병초 군락 사이로 길이 진행이 된다. 1시간 반 정도 걸리는 거리인데 여전히 길은 안개에 가려 아무것도 보이지 않았다. 아내와 이런저런 이야기를 하면서 길을 내려갔다.

맞은편의 포르체 마을을 보면서 강바닥까지 내려서니 다리가 있다. 지명인 포르체 텡가의 텡가는 '다리'라는 뜻으로 포르체 마을로 건너게 되는 다리가 있는 동네를 말한다. 우리는 오후 3시에 도착했다. 먼저 마을에 도착한 포터가 느릿느릿한 우리를 찾으러 한참 내려갔을 길을 다시 올라왔길래 많이 놀랐다. 그동안 어떤 친구인지 감이 없어서 말을 잘 안 시켰는데, 영어도 더듬더듬 쓸 줄 알고 뭔가 부지런히 배워두는 편이었는데 전화기도 듀얼 심으로 가지고 다녀서 유사시 사용이 가능할 것이니 든든했다.

포르체 마을을 보며 처음 만나는 포르체 텡가 로지에 짐을 풀었다. 방은 300루피이다. 전화기가 신호가 안 잡힌다. 응달 지역이라 난로에 불은 일찍 지펴주었다. 오후 6시에 일찍 저녁을 시켜서 먹고, 전에 다운받아둔 에베레스트 트레킹 관련 포스트들을 읽었다. 산에 가서 수십 명이 트레킹한 이야기 등, 여러 트레킹 관련 글을 읽는데, 여기저기서 자주 등장하는 이야기들은 염소와 닭을 잡아서 동행한 요리사 시켜서 백숙 만들어 먹고, 술을 자주 마셨다는 이야기였다. 늘 혼자서 조용히 산에 다녀서 그런지, 산에서 겁 없이 자주 살생을 하고 술을 매일 마시는 사람들을 잘 이해하지 못한다. 이런 지역에서 술을 자주 마시면 트레킹은 실패할 확률이 높아진다. 어렵게 먼 길을 비행기를 타고와서 큰 산을 걸으며 스스로와 대화도 나누고 자연과 함께하는 시간을 보내기보다는 결국 동네 작은 산 아래에서 술 마시고 안주 먹으며 노래 부르던 그런 버릇을 설산에 와서도 반복한다.

턱 없이 무리한 일정을 진행하다가 헬기 타고 하산하고 말에 실려 하산하고, 시끄럽게 술을 많이 마시고 떠들면서 다른 사람들을 힘들게 하고, 한정된 로지를 모두 차지해 남에게도 피해를 많이 준다는 사실을 그런 사람들은 잘 직시하지 못하는 것 같다. 여행사들이 이윤을 남기려고 하는 거야 인지상정이지만 지나치게 많은 인원을 한 팀으로 보내는 것은 다른 트레커들에게도 또 그 팀의 구성원들에게도 좋은 일이 아니다.

밤에 양치질하러 나가니 몽라의 불빛이 밝고 달이 밝다. 달에 비친 설산이 아름답다.

아내의 생각

아침에 일찍 눈이 떠졌다. 일어나서 짐을 싸고 7시 30분에 식당으로 내려가니 우리 포터가 없다. 우리 포터 봤냐고 주인한테 물으니 포터가 있었나 하는 표정이다. 일단 식당 안에서 기다려보기로 했다. 로지 주인이 여기저기 알아보고 다시 카트만두에 전화하고 나니 포터가 왔다. 미안하다고 포터가 사과해서 그냥 넘어가기로 했다. 남체까지 오는데 잘 쌓아둔 점수를 조금 까먹었다.

일단 마을을 통과할 때까지는 오르막이다. 굽이를 돌 때마다 바뀌는 풍경은 하나하나가 다 그림 같다. 산 모양도 다르고 눈에 들어오는 마을들 모양도 다르고, 어느 곳이 더 좋다고 할 수 없을 만큼 순간순간 보이는 풍경들이 모두 아름답다.

오르막이 끝나고 평평한 길이 이어졌다. 세계에서 가장 아름다운 봉우리 중 하나라는 아마다블람이 보인다. 정말 말로는 설명할 수가 없다. 남편 말로는 오늘은 날씨가 좋아서 조망이 좋지만 정말 쉽지 않다고 했다. 그렇게 아름다운 절경을 보며 걷다가 갈림길 근처에 다다랐는데 건물에 불이 나서 모든 게 다 전소되고 아직도 잔불을 끄고 있었다.

우리는 고쿄로 가는 길로 올라섰다. 길은 히말라야에서 흔히 봤던 가파르고 좁은 길이다. 그래도 다른 산보다는 훨씬 좋다. 가파르게 계단을 두 번 오르고 그다음부터는 몽라까지 은근히 계속되는 오르막이었다. 점차 안개가 끼기는 했지만, 날씨는 정말 좋았다. 몽라에서 점심을 먹고 1시간 내려가면 포르체 텡가라고 했는데, 점점 더 에베레스트가 마음에 든다. 음식값이 비싸고 양이 적은 것만 빼면 정말 최고다.

포터에게 먼저 가서 방을 잡으라고 했다. 우리는 천천히 한 시간을 내려오니 포르체 텡가다. 포터는 숙소를 잡고 한참을 올라와 우리를 마중했다. 그는 전망 좋은 방을 잡아놓았다.

2시 반에 오늘 산행이 종료되었다. 방에 짐을 풀고 차와 비스킷을 먹으면서 침낭 속에서 시간을 보냈다. 안개가 끼어서 아무것도 보이질 않는다.

아마다블람(Ama Dablam 6,856m)이라는 산이다. 아마다블람이라는 이름의 뜻은 어머니의 보석 상자이다. 아주 아름다운 산인데, 의외로 등산 난이도가 높은 산이라고 한다.

🧭 쿰부히말라야 3좌 5일 차

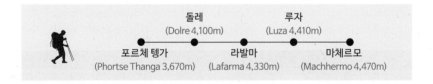

돌레
(Dolre 4,100m)

루자
(Luza 4,410m)

포르체 텡가
(Phortse Thanga 3,670m)

라발마
(Lafarma 4,330m)

마체르모
(Machhermo 4,470m)

　400m 정도의 가파른 오르막을 올라 4,100m의 돌레까지 진입하면 그 다음부터는 빠르게 길고 광대한 장쾌한 길을 걸으면서 마체르모에서 마무리되는 하루이다. 여러 개의 마을을 만나지만 서로 굉장히 가까운 거리에 있어서, 실제 산행 시간은 다섯 시간 정도로 짧고 4,000m대로 접어들면서 만나게 되는 절경이 인상적이다. 이제 12월이다. 촐라 패스를 빨리 넘어야 겠다는 생각을 하면서도 초오유 베이스캠프에 대한 걱정이 많았다. 그러나 늘 그렇듯이 주어진 하루를 차근차근 성실하게 하는 게 최선이다.

　토스트 2장 270루피, 차파티 1장에 270루피라고 하여 놀라다가 그냥 토스트를 시켰다. 숙식비는 합이 1,820루피이다. 아침 7시 반에 산행이 시

454

작되었다. 오늘은 하루 종일 햇볕이 강하게 드는 지역이라서 일찍 끝내는 게 좋지만, 4,000m 대에 진입하므로 고도를 빠르게 올리는 건 좋지 않아서 더욱 천천히 가기로 했다.

두드코시 강을 따라 만병초 군락, 이끼 지대를 지났다. 고쿄 코스의 목표지인 세계 6위 봉 초오유가 보이기 시작하고, 우측으로 15위 봉인 갸충캉이 보인다. 우측으로 강 건너 마을인 포르체가 서서히 보이지 않게 되지만, 동시에 포르체 마을과 촐라 패스를 연결하는 길이 고쿄로 가는 길과 마주보며 같이 가게 된다. 포르체 텡가의 외곽에 있던 리버 인이 사라지고 리버사 이드 인이 돌레에 생겼다.

산 중간에 가로로 길게 선처럼 보이는 길이 포르체와 촐라 패스를 연결하는 길이다.

겨울이면 빙벽을 등반하며 훈련하는 셰르파들이 가득한 폭포와 작은 철다리들을 건너 가파른 언덕을 오른다. 언제 언덕이 끝나는지 기대하지 않고 걷다 보면 갑작스럽게 언덕에서 돌레 마을을 만난다. 2시간 반 걸려서 10시에 돌레에 도착했다. 돌레는 온 마을이 호텔촌이 되어, 언덕에 7개, 강가에 3개의 큰 숙소들이 생겼는데, 어제 여기까지 올까 하다가 무리할 필요가 없어서 포르체 텡가에 머물렀었다.

돌레에서 바로 앞에 우뚝 솟은 언덕을 내내 올라 룽다가 휘날리는 두 개의 큰 언덕을 넘어서 멀리 룽다와 초르텐이 보이면 그곳이 라팔마(4,300m)이다. 마을 끝 룽다 옆에 마운틴 뷰 톱 힐 로지 앤드 셰르파(Mountain View Top Hill Lodge and Sherpa)라는 긴 이름을 가진 식당과 다 무너져가는 움막 찻집이 제법 크게 아주 큰 바위 밑에 자리 잡고 있다. 11시에 도착했다.

동네에 경쟁자가 없으니 밥값이나 찻값이나 모든 게 다 비싸다. 야채 커리 550루피, 버섯 수프 300루피, 블랙티 80루피 두 잔으로 점심값은 1,010루피였는데, 커리와 버섯 수프 모두 재료가 별로 보이지 않았다. 오늘의 목표 지점에 너무 일찍 도착할 것 같아서 쉬다가 출발했다.

이제는 번듯해진 루자(4,360m)를 지나 마체르모(4,410m)로 계속 걸었다. 길들은 오르막 언덕길이지만 아내는 너무 좋아한다. 길이 너무 좋고 풍경도 좋다고 한다. 앞에 칸첸중가와 마칼루에서 고생한 덕분에 이런 길은 이제 아무것도 아닌 듯하다. 에베레스트가 있는 쿰부히말 길은 정말 길이 넓고 좋기는 하다. 정면으로 보이는 초오유나 좌우의 설산들, 내내 길을 따라오는 두드코시 강, 이런 장쾌한 풍경이 내내 기분을 좋게 만든다.

루자에서 1시간 정도 평탄한 오르막을 걸으면 초르텐이 있고 초오유와 산군들이 일렬로 잘 보이는 이곳에서 사람들이 사진을 많이 찍는다. 그리고 그대로 내리막을 내려가면 넓은 시냇물을 끼고 있는 마체르모다. 마을의 건물들이 대개 다 로지들이라서 건물들이 크고 번듯하다. 숙소는 좀 둘러보다가 잡았는데, 우리 포터는 약간 저렴한 곳을 고르는 경향이 있는 것 같았다. 쿰부는 시설 여부와 관계없이 대개의 숙소들의 방값이 비슷하고 다만 음식값이 다른데, 포터들에게 잘 해주는 곳은 역시 시설이 안 좋은 곳들이었다.

짐을 풀고 차를 한잔 마시면서, 대지진 후 그나마 무너지던 빙하가 더 무너졌는지, 아니면 빙하 둑 옆으로 길이 새로 났는지, 우회로가 났는지 궁금해서 우리 포터인 빅벡을 불러 지도를 보며 물으니 초오유 BC를 2년 전에 다녀왔다고 한다. 그의 걸음으로도 힘들었다고 한다. 왜 갔느냐고 물으니 손님이 아닌 친구와 갔는데, 그냥 자신이 사는 동네를 알고 싶었다고 한다. 빅벡의 고향은 루클라 공항 근처의 3,000m 이하의 비교적 저지대인데,

마체르모

5,000m가 넘는 곳은 현지인들도 대부분 가보지 않은 경우가 흔하다. 포터로 가도 끝까지 가지 않고 제5번 호수에서 손님들에게 거짓말을 해서 모두 돌아가는데 일부러 자기 돈을 들여 힘들게 갔다는 게 잘 믿어지지 않아 여러 번 확인하고 시험해봐도 다녀온 것이 확실해서 달리 보게 되었다.

밥은 420루피, 야채 커리는 580루피, 방값은 100루피였다. 음식 가격들이 아래 동네보다 대략 10%정도 더 비싼데, 세금은 남체 이후로는 안 받고 있었다.

오늘 힘들다고 했다. 거의 고도를 800m 올려야 한다고 했다. 시작하자마자 오르막이다. 숲 사이로 길이 잘 되어 있었다. 돌레까지가 제일 힘들 거라 생각했는데 정말 힘들고 시간도 오래 걸렸다. 지도에는 1시간 30분 걸린다고 했는데 2시간 20분이 걸렸다.

돌레에서 오르막을 잠시 오르고 그다음부터는 급격한 오르막은 없었다. 주위가 탁 트이고 길도 넓어져서 가기가 편했다. 저 멀리 초오유가 보이고 중간중간 들르는 마을은 그림같이 예쁘고 잘 정돈되어 있었다. 이곳이 정말 4,000m가 넘는 산속이란 말인가? 내 호흡이 힘든 것 보면 그런 것 같기는 한데, 계속 이어지는 그림 같은 풍경에 남편에게 이런 곳에 데려와줘서 고맙다고 했다.

난 정말 행복한 사람이 맞다. 세상에 태어나 이런 구경을 하다니! 라발마에서 점심을 먹고 좋은 날씨에 감사하며 펼쳐지는 자연 그림을 감상하다 보니 어느새 마체르모다. 여기도 아름다운 마을이다. 짐을 풀고 잠시 있으니 몹시 추워졌다. 아무래도 오늘부터는 무지 추워지는 고도에 들어온 게 맞나 보다.

믿음직하고 성실했던 포터 빅벡

쿰부히말라야 3좌 6일 차

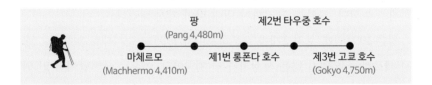

마체르모로 내려간 만큼 언덕을 올라간 뒤 죽 평탄하게 1시간을 가면 팡
(4,480m)이다. 팡 이후 제1번 호수 가는 곳이 오르막이다. 그렇게 갈 길이 잘
조망되지만 팡에서 제1번 호수로 가는 길은 절벽 길에 항상 얼음판인 경우
가 많아서 아이젠을 꺼내서 배낭에 넣었다.

제3번 호수는 고쿄(Gokyo 4,750m)로 여기에서 고쿄리(Gokyo Ri 5,360m)
에 가거나 초오유 베이스캠프에 가게 된다. 3 Pass●를 하는 사람들은 여기

● 쿰부히말라야의 콩마라 패스(5,535m), 촐라 패스(5,420m), 렌조라 패스(5,345m)를 넘는
것.

에서 고쿄리 아래 능선을 타고 렌조 라를 넘어 타메를 거쳐 남체로 향한다. 더 모험적인 경우는 티베트가 발아래로 보이는 낭파 라도 가겠지만 그런 사람은 흔치 않다.

아침 식사를 토스트와 커피로 하고 380＋90. 방값 등 숙식비를 계산했다. 합 1,750루피.

마체르모와 팡은 고도가 비슷하지만 미안하게도 전날 강바닥으로 내려온 만큼 마을 뒤로 오르막을 올라 쭉 뻗은 산길을 따라 내내 가야 했다. 고쿄에 새로운 호텔이 지어지는지 포터 한 명이 큼지막한 나무 문짝 다섯 개를 지고 가는데, 그의 고통이 우리에게까지 생생하게 느껴졌다. 그와는 고쿄까지 내내 같이 가게 되었다.

팡은 1994년에 로지 2개를 오픈하자마자 1995년 눈사태로 일본인 그룹과 셰르파들을 덮쳐 많은 사상자가 난 지역이다. 이후로 산비탈에서 먼 위치에 로지가 오픈되어 눈사태 사고는 재발되지 않았지만 사람들이 여기에서 자려고 하지 않아 다른 지역에 비해 여전히 달라진 것이 없었다.

제1번 호수로 가는 오르막

팡 마을 끝자락에 포르체에서 건너오는 길이 있고, 이후 1번 호수 앞에서 길이 상승해서 내내 1번 호수에서 흐르는 냇물 사이로 돌계단을 올랐다. 계단 위로 작은 다리를 건너 맑은 냇물과 만나고 곧 1번 호수의 끝자락과 만나게 되었다. 제1번 호수인 롱폰다는 깊이 1m 이하의 작고 얕고 맑고 아름다운 호수이다. 풍광 역시 앞, 뒤, 양옆으로 장쾌했고 호수 옆으로는 빙하의 둑으로 막혀 빙하를 볼 수 없으나 빙하 건너의 풍광이 장엄했다.

제1번인 작은 호수 롱폰다를 지나 제2번 호수로 가는 길은 아주 천천히 걸어서 1시간이면 충분하다. 호숫가에 수없이 쌓인 탑을 구경하면서 길을 나섰다. 제2번 호수

제1번 롱폰다호수

의 이름인 타우중에서 타(ta)는 '말(馬)'이라는 뜻이고, 우중(ujung)은 '방목장'을 말한다. 그러나 말보다는 야크를 많이 방목한다. 겨울이 되면 얼어붙어 놀이터가 될 수도 있지만 제2번 호수부터는 깊고 커서 위험하다.

가장 추운 1월 중에도 얼었다 풀렸다 하면서 아침이나 오후에는 뚜뚜둥 뚱~ 하며 얼음 깨지는 소리가 내내 들린다. 제2번 호수 옆으로 빙하를 가로질러 닥락으로 넘어가는 길이 가장 안전했는데, 요새는 자주 길이 변하는지 아니면 편리 때문에 그러는지 고쿄 마

제2번 타우중 호수

을 바로 뒤로 촐라 패스를 넘는 길이 났다.

고쿄(4,800m)는 고쿄리, 렌조 라, 초오유 베이스캠프의 출발지이고 아름다운 전망을 볼 수 있는 곳이다. 원래는 고쿄 카르카로 야크 방목지였으나 지금은 로지들이 크게 자리 잡고 있다. 특히 고쿄를 지나 초오유로 가는 동안, 대개의 경우 뒤로 숨어 머리만 보이는 에베레스트의 다른 면을 온전히 볼 수 있고 다른 곳보다 더 박진감 넘치는 장엄한 풍경들이 널리 펼쳐진다.

개인차가 있겠으나 고쿄리 이후 제4~6번 호수로 진입하는 구간이 사실상 쿰부히말 최고의 절경이 펼쳐지는 곳이라 단언할 수 있고, 네팔 히말라야 전체를 통틀어서도 가장 엄청난 풍광을 자랑한다고 할 수 있다.

12시 30분에 고쿄(4,750m)에 도착했다. 나마스테 로지에 짐을 풀었다. 방이 3층에 있어서 숨을 몰아쉬며 올라갔다. 그런데 방에 도착하자마자 천국이 눈앞에 펼쳐졌다. 정면에 펼쳐지는 고쿄 호수와 고쿄리, 렌조 라. 그리고 알루미늄 새시에 엄청나게 좋은 나무 집. 밝은 채광, 깨끗한 화장실, 심지어 방 옆에 창고 방도 한 개 붙어 있고, 물도 콸콸 잘 나왔다. 식당에도 메뉴가 다양했다. 여러 종류의 큼직한 빵이 있어서 내일의 긴 여정을 생각해서 여러 덩이를 샀다. 치즈 빵을 사니 주인이 뜨겁게 덥혀줬다. 빵 맛이 카트만두보다 더 나았다.

치즈 빵을 하나 더 사고 커피와 팝콘을 주문했다. 마치 태국 여행처럼 도저히 지갑 여는 걸 거부할 수 없었다. 사정없이 마구마구 주문했다. 이런 일은 히말라야에 온 이래 마칼루의 세두와를 제외하고는 없었던 일이었다. 3층의 식당은 등판에 작렬하는 태양열이 뜨거워 비명을 지를 정도고, 조망도 너무나 아름다웠다.

오후 3시 30분이 지나자 해가 렌조 라 너머로 넘어가기 시작하고 호수가 서서히 어두워지고 식당의 거대한 무쇠 난로에는 소똥 말린 것 반 자루가 들어갔다. 이 집은 이 난로에 코일을 감아 물을 통에 덥히고 그 물을 주방으로 끌어다 써서 조리 속도가 빨랐다. 근처에 약 10여 개의 로지가 있었는데 다시 3개 정도를 더 붙여 짓고 있었다.

동네 구경을 하러 나가니 초오유에서 오는 서양인들이 있어서 물어보니 제5번 호수의 초오유 베이스캠프에서 온다고 하고 제4번에서 제5번 가는 길을 새로 잘 내서 2시간 올라가고 2시간 내려와서 12시 반에 떠나 4시간 만에 마쳤다고 했다. 우리는 내일 제6번 호수의 초오유 베이스캠프에 간다고 했더니 그 팀의 가이드의 표정이 좋지 않았다. 가이드에게 물으니 제5번 호수에서 제6번 호수 사이가 너덜 지대에 길이 좋지 않다고 했다.

가을철 고산은 오후 3시경에 해가 지므로 주의해야 한다. 제5번에서 제6번 호수까지 2시간, 제6번 호수에서 초오유 베이스캠프는 30분이 더 걸린다. 길도 찾아야 하므로 우리는 오전 6시에 출발해서 오후 1~2시 전에 베이스캠프에 들르기만 해도 잘하는 일이다. 하산은 뭐 열심히 해야 할 것인데 늘 느린 걸음이 문제였다.

고쿄에는 빵집이 많다. 빵집들을 다 다녀보는데 손님들은 많지 않고, 한국인들이 많이 가던 고쿄 리조트에 많은 이들이 다녀간 자취가 있었다. 고쿄리를 1시간 안에 올라간 사람들의 리스트가 있었다. 우리는 숨넘어가서 이런 거 못한다.

숙식비 1,750루피, 점심으로 1,270루피를 지불했다.

밤잠을 설쳤다. 추웠다 더웠다 정신이 없었다. 아침이 빨리 오기를 바라며 뒤척일 수밖에 없었다. 남편이 일찍 일어나서 침낭을 정리한다. 아침으로 어제처럼 식빵 한 쪽씩 먹고 출발했다. 오늘 갈 길은 짧고 오르막이 있긴 하지만 위험하지는 않다고 했다.

팡까지 1시간 걸렸고 팡에서 첫 번째 호수까지는 오르막이다. 급경사는 아니지만 고도가 높아서 숨이 턱까지 차오른다. 오르막에서 잠시 숨을 고르는데 심장이 요동을 친다. 최대한 호흡에 집중한다. 호흡이 정리된다. 오르막을 다 올랐나 싶더니 호수가 보인다. 호수가 있는 것을 알고는 있었지만 이런 곳에 이토록 아름다운 호수가 있다니 놀라울 뿐이다. 호수 빛깔은 그 어디에서도 볼 수 없었던, 내가 가장 좋아하는 블루빛을 띠었다. 한참을 감동에 젖어 바라보다가 두 번째 호수로 이동했다. 길이 평탄했고 주위의 산들은 너무나 선명하게 사진처럼 펼쳐졌다. 구름 한 점이 없는 날씨, 신의 축복이다.

1시간쯤을 더 걸었더니 두 번째 호수가 그 아름다움을 드러냈다. 첫 번째도 감동이었는데 두 번째는 그저 감탄사의 연발이다. 세상에 이런 곳을 만든 신께 감사했고 여기를 오자고 한 남편이 너무나 고마웠다. 세상에 태어나 이런 곳을 온 것만으로도 세상에 잘 태어났다는 기

분이 들었다.

두 번째 호수에서 고쿄까지는 30분이 걸린다고 했다. 너무 아까워서 자꾸 걸음을 멈추고 사진을 찍고 눈에 담고 마음에 담고, 아쉬운 마음을 담고 고쿄에 도착하니 그림 같은 마을 입구가 통째로 내 마음을 뺏어버렸다. 살면서 다시 가자고 하면 두 번 생각 안 하고 바로 나설 것 같다.

고쿄의 로지는 전망도 너무 좋고 무엇보다 너무 따뜻하다. 그리고 식당이 따뜻하고 가격도 저렴하고 맛있는 빵이 많이 있었다. 빵이랑 팝콘을 먹으면서 몸을 녹이며 이런 호사를 누리다니 하면서 감탄했다. 정말 이곳은 이래저래 너무 마음에 든다. 물도 콸콸 잘 나오고! 모든 게 너무 다 마음에 든다.

남편과 저녁 산책을 나섰다. 해가 져서 쌀쌀했지만 마을 이곳저곳을 돌아다녔다. 특히 호숫가를 걸을 때는 너무 좋았다. 그림같이 예쁜 이곳 고쿄가 너무 좋다.

🧭 쿰부히말라야 3좌 7일 차

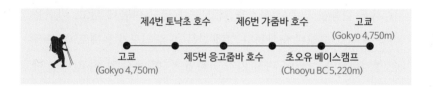

초오유 베이스캠프까지 고쿄 기준 편도 11km이므로 왕복 22km이다. 새벽 6시 이전 출발하거나 혹은 캠핑 준비를 해야 한다. 네팔 쪽 초오유 베이스캠프는 중국 측 초오유 어드밴스 캠프보다 접근이 더 힘들고 정상 등반이 더 어려워서 원정대들이 대부분 중국을 통해서 초오유를 오른다. 그러다 보니 네팔 쪽 초오유 베이스캠프는 가는 원정대가 많지 않아서 우리같은 평범한 사람들은 더 힘들다.

새벽 5시에 길을 나서자고 하고 물을 끓여 준비하고, 어제 사둔 빵을 가방에 넣고 먹을 것을 충분히 준비하고 야간 산행 준비도 갖춰서 주방에 나가 포터를 깨워서 길을 나섰다.

고쿄에서 올라가는 길은 험하지 않고 평이하나 돌이 많아서 걷기가 좋지 않았다. 작은 언덕들이 많았는데 제4번 토낙초 호수로 진입하는 길과 트레킹의 길이 제법 여러 개 있어 혼잡했지만 워낙에 여기로 소풍을 오는 이들이 많아서 사람의 자취가 많았다. 이정표도 세워져 있었다. 토낙초 호수 뒤로는 부드러운 육산과 암릉이 있었는데, 늘 저기를 한번 올라간다 하면서도 그게 그렇게 쉬운 일이 아니었다.

토낙초 호수(4,870m)의 너덜 지대의 길이 꾸준히 일부 유지되다가, 호수를 지나가면 빙하의 둑을 따라가던 길들이 이제는 응고줌바(4,990m) 빙하와 산 사이의 협곡 사이로 가게 된다. 걷기가 아주 수월한 길이었다. 그렇지만 제5번 응고줌바 호수 끝까지 가는 길은 굉장히 길어서 2시간 정도가 걸렸다.

왼쪽의 검은색 바위산이 에베레스트이다.

응고줌바 빙하 우측으로 에베레스트가 아주 색다르게 조망된다. 제네바 스퍼, 사우스 콜이 보이고 로체와 눕체가 보인다. 개인적으로는 이곳에서 보는 풍경이 고쿄리와 칼라파타르 전망대에서 보는 풍경보다 더 멋지다고 생각한다. 여기에서 보는 에베레스트 남면의 일출이 어떤 전망대보다 훨씬 멋지다고 하는데 포터의 지각으로 보지 못했다.

제5번 호수 뒤에 버티고 있는 응고줌바체(5,553m)는 등반은 가능한데 길이 험악하고 매우 위험하다고 해서 우리는 생각도 안 했다. 우린 평범해서 그런 건 안 된다. 10시 반경 참깨 빵, 삶은 감자, 사탕, 과자 등으로 10분 정도 간단히 식사를 했다. 우리 포터는 높아지는 고도와 오르막에도 걸음이 상당히 빨랐다. 제5번 호수부터는 길도 복잡하고 오르막이 계속된다.

우측으로 에베레스트 남면, 로체 등의 조망이 엄청나게 좋았고, 정면으로 초오유도 꾸준히 조망되었다. 신기할 정도로 날씨가 매우 좋아서 하루 종일 장엄한 산군들을 볼 수 있었는데, 제6번 갸줌바 호수로 오르는 길은 내내 오르막으로 가다가 빙하가 응고줌바 빙하에서 갸줌바(5,170m) 빙하로 바뀌는데 이 지점이 쿰부를 조망하는 최고의 포인트이기도 하다.

이 지점에서 좌측으로 틀어 내내 올라서면 드디어 갸줌바 호수가 보이기 시작한다. 멀리 우측으로 갸줌바 호수의 모래밭이 보이고, 그 너머로 갸줌바 빙하와 초오유의 속살에 자리 잡은 룽삼과 빙하를 그대로 볼 수 있게 된다. 갸충캉 산과 캉슝 산도 바로 눈앞에서 볼 수 있게 된다. 포터 빅벡이 갸줌바에 도착한 후 호수가 조망되는 지점에서 굉장히 좋아하며 환호성을 질렀는데, 미안하지만 여기는 초오유 베이스캠프가 아니다. 너무 흥분하지 말고 일단 간단히 요기하자고 했다. 초오유에 너무 가까이 가면 사진이 잘 안 나오므로 우리도 여기서 깃발을 들고 사진을 찍었다.

갸줌바 호수를 조망하다 베이스캠프는 우측에 있고 빙하 둑으로 연결되던 옛길은 사라져서 무척이나 헤매게 되었다. 결국 물이 많이 마르고 얼어버린 호수를 넘어 길을 가로지르기 위해 중간을 막고 있는 산더미 같은 돌길로 기다시피하며 마지막 호수 가장자리로 내려가 6개 정도의 작은 호수들 사이를 지나 호수 우측의 빙하 둑 아래의 모래가 가득한 바닥에 도착했다.

그런데 옛길이 초오유 바로 앞 갸줌바 빙하로 향하고 있어서 모래밭을 푹푹 빠지면서 걸어서 다시 높은 빙하의 언덕을 넘어 갸줌바 빙하 위, 초오유 아래에 자리 잡은 초오유 베이스캠프(5,220m)에 도착했다. 오후 1시였다.

호숫가 모래밭 옆으로 해서 좌측 절벽 능선으로 작은 동굴 같은 길이 있어서 거기로 통과하면 산으로 갈 수 있는 길이 있었다. 10년 전엔 나 혼자 여기에 온다고 고생하고 막상 호숫가에 앉아서는 멍하니 앉았다가 고쿄로 돌아왔는데 돌아오는 그 길이 무척이나 힘들었었다.

왔던 길로 돌아가면 될 텐데 포터가 앞서서 빠르게 나가더니 빙하 가장자리로 길을 잡았다. 왜 그러지 하며 의아했으나 나중에 알고 보니 예전에 케른으로 한 길 표시를 보고 빙하 둑으로 연결된 옛길이 편하고 빨라 보여서 그 길로 하산길을 잡은 것이었다.

그러나 빙하를 따라 둑처럼 나 있던 길은 이미 가로 세로 50m 크기로 크게 무너져 내려 완전히 못쓰게 되었으나 지도상에는 여전히 그 길이 메인 루트로 표기가 되어 많은 사람들을 힘들게 하고 있었다.

혹시나 싶어서 한참을 따라 갔는데 역시나 우회로 같은 건 없고 길은 완전히 무너져서 전진과 후진이 모두 안 되니 길을 만들어서 우회해야 했는데, 조금 있으면 해가 지니 마음이 급했다. 바위와 돌들 사이로 길을 내면서 걸어야 했다. 11시 반에 도착한 제6번 호숫가에서 산행을 멈추고, "저기 초오유 베이스캠프가 있네!" 하고 적당히 돌아섰

초오유 베이스캠프에서

으면 여러모로 좋았을 텐데, 정확히 베이스캠프를 찍고 오자니 너무 힘이 빠졌다.

높은 고도에서 너무 힘을 뺐더니 하산 길이 즐겁지 않았다. 곧 해가 질

것 같아서 마음이 급해 간단히 요기만 하고 서둘렀다. 제5번 호수로 가는 길도 작은 언덕이 많았으니 오르고 내리는 일이 잦았다. 내내 자주 쉬고 자주 멈추며 제5번 호수에 2시간 걸려서 도달하니 많이 어두워지고 바람이 세지고 차가워졌다. 제5번 호수에 도달한 시간이 오후 4시. 아무래도 어두워진 뒤에나 숙소에 도착할 것 같아서 아내와 헤드랜턴을 각자 1개씩 준비하고 포터에게 손전등을 주었다.

제4번 호수에 도착하니 오후 6시였고, 해는 완전히 져서 아무것도 보이지 않았다. 헤드랜턴을 켜고 길을 걸어야했다. 많이 지쳐서 잠시 쉬고 있는데 중간에 아내가 배낭을 빼앗아서 도망갔다. 그거 내놓으라고 하는데도 아내는 달리듯이 걸어서 도주하고 야밤에 가방 잡기 추격전이 벌어지는데 갑자기 산 너머로 누군가 서치라이트를 비추는 것처럼 보여서 저 뒤에서 뭘 하는 걸까 하고 걸음을 멈추고 쳐다보니 갑자기 보름달이 해가 뜨는 것처럼 찬란하게 떠올랐다.

달이 뜨는 건 많이 봤지만 이렇게 화려하게 떠오르는 달은 처음이었다. 둘이 길가에 앉아서 사탕을 우물거리면서 한참을 구경하다가 다시 열심히 걸었다. 달이 다른 높은 산 뒤로 가면 안 보이더니 그쪽에서 다시 떠올랐다. 산들이 워낙 높으니 달이 떠오르는 장관을 한 곳에서 10번은 보는 것 같았다. 보름달이라 랜턴이 필요치 않아 랜턴을 끄고 보름달의 환한 불빛을 벗 삼아 길을 걸었다.

마지막 모퉁이를 돌자 고쿄 로지의 밝은 불빛들이 보였다. 호흡을 가다듬고 숙소에 들어가 복도에서 두 부부가 나란히 뻗었다. 호텔 주인이 지나가면서 어디를 갔다왔길래 그러냐고 포터에게 물었다. 포터가 초오유 베이스캠프라고 했더니 그는 잘 이해한다는 듯이 힘든 선택을 했구나 하는 표정으로 얼른 지나갔다.

방에 기듯이 가서 콜라를 무려 500루피를 들여 마시며 쿰부히말에서

가장 걱정을 많이 했던 초오유 베이스캠프를 잘 끝낸 걸 자축했다.

　나머지 EBC나 로체 베이스캠프는 순탄해서 그리 큰 걱정을 하지 않았고, 촐라 패스는 부지런히 열심히 잘 넘으면 될 일이어서 아내도 잘할 수 있을 거라고 생각했다. 그러나 초오유 베이스캠프 만은 아내에게 심한 고생이 될 것이라 걱정했는데 퍼지긴 내가 퍼졌다. 역시 한 살이라도 어린 사람이 낫다.

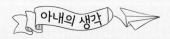

아내의 생각

　아침에 일찍 일어나서 준비한다고 했는데 춥고 고산이라 물이 빨리 끓지 않아서 6시 15분에 식당으로 갔다. 6시 30분에 우리는 초오유 베이스캠프로 출발했다. 이미 날은 밝았고 생각보다 춥지 않았다. 나는 배낭을 메지 않아 발걸음이 가벼웠다. 제4번 호수까지 길은 선명하게 잘 나 있었고 50분 걸렸다.

　날씨는 오늘도 구름 한 점 없는 맑은 날씨다. 다만 어제저녁부터 편두통 때문에 컨디션이 별로다. 진통제를 먹었지만 몸이 잘 견뎌주기를 바랐다. 제5번 호수 가는 길도 선명하게 잘 나 있었고 남편이 기억하는 길이 아니라 잘 정리된 새 길이 나 있었다. 호수에서 불어오는 찬바람 때문인지 산이 울고 있었다. 우리 포터가 이제부터 잘 해줘야 하는데……

　제6번 호수 가는 길은 잘 보이지 않았다. 포터가 길을 이리저리 살피더니 제법 잘 찾아내서 선명하게 나 있는 길로 접어들었다. 어지간한 가이드보다 훨씬 낫다. 제6번 호수로 가는 길은 멀고, 길도 좁고 오르막이 심했다. 그래도 멀리 에베레스트도 보이고 빙하도 보였다. 세상에서 가장 긴 빙하라고 했다. 하지만 내가 생각한 것처럼 물이 흐르거나 얼음이 하얗게 얼어 있거나 하지 않았다. 그냥 모래 지역 같았다.

포터 덕분에 제6번 호수까지 별로 헤매지 않고 잘 왔는데, 초오유 베이스캠프가 문제였다. 그 흔한 초르텐도 보이지 않고 지도상 베이스캠프라고 나와 있는 곳은 우리가 지금 서 있는 제6번 호수 건너편이다. 포터가 길을 찾기 시작했다. 이리저리 좀 헤매다가 호수로 내려가서 우리가 원하는 곳으로 갔다. 하지만 역시 아무것도 없다. 남편과 이곳저곳을 올라가보아도 아무것도 없다. 가장 높은 곳에서 사진을 찍고 하산하기로 했다. 다들 지친 상태다.

하산은 포터가 가는 대로 따라갔는데 길이 끊겼다. 빙하가 녹으면서 길이 무너진 거다. 바위와 돌들을 타고 넘고 기어올라 한참만에 길에 들어섰다. 시간은 오후 2시였고 남편의 체력도 바닥을 치는 것 같았다. 나도 진통제의 힘으로 버티는데, 최대한 빨리 하산하려고 했지만 자꾸 발걸음이 멈춰졌다.

제5번 호수로 가는 길이 너무 길다. 바람은 세지고 마음은 급한데 몸은 잘 움직이지 않는다. 그 와중에 풍경은 왜 이리 이쁜 건지 자꾸 카메라에 손이 간다. 제5번 호수를 지나 제4번 호수에 도착하니 이미 날이 어두워지고 있었다. 헤드랜턴을 켜고 하산해야 했다. 몸은 자꾸 처지고, 그때 왼쪽 산에서 굉장히 밝은 광채가 보였다. 마치 야구장에서 비추는 라이트처럼 보였다. 뭘까 했는데, 세상에, 달이 떠오르고 있었다.

살면서 보름달이 저렇게 떠오르는 건 처음 봤다. 아마 살면서 이런 광경은 다시 보기 어려울 것이다. 달이 밝으니 정말 대낮처럼 훤하다. 멈춰 서서 카메라 삼매경이다. 우리 포터 속 터지겠다!

겨우겨우 마을 불빛이 보이고 결국 7시를 넘겨서 도착했다. 로지에

472

파김치가 되어서 들어왔고 남편은 밥보다 비싼 콜라를 마셨다. 내일은
그냥 쉬기로 했다. 일어날 수 있을지 의문이다.

🧭 쿰부히말라야 3좌 8일 차

고쿄 휴식
(Gokyo 4,750m)

　새벽에 목이 말라서 일어나 물을 끓이고 창밖을 봤다. 새벽 달빛이 호수에 비치는 모습이 좋았다. 11시에 일어났고 오늘 포터는 쉬라고 했다. 밥을 먹고 동네 산책이나 하면서 그냥 쉬었다.

고쿄리에서 보는 에베레스트(8,848m)

🧭 쿰부히말라야 3좌 9일 차

고쿄리
(Gokyo Ri 5,360m)

닥락
(Dragnag 4,700m)

고쿄
(Gokyo 4,750m)

고쿄
(Gokyo 4,750m)

고쿄에 도착한 이래 늘 바라만 보던 고쿄리에 오르게 되었다. 고쿄 마을에서 조금 걸으면 바로 가파른 오르막이 나온다. 고쿄리의 장점은 조금만 오르면 바로 뒤로 호수와 산과 빙하들이 계속 모습을 바꾸면서 조망을 터주므로 힘들고 죽을 것 같다가도 다음 조망이 궁금해서 부지런히 오르게 된다는 것이다. 고쿄리의 마지막 포인트는 금방 도달할 것처럼 보이지만 그렇게 쉽게 도달되지는 않는 곳이다. 밀린 숙제를 하듯이 묵묵히 걸어서 올라갔다.

고쿄리에 오르면 칼라파타르 등 다른 전망대와는 달리 많은 히말라야의 산들을 온전히 볼 수 있다. 주로 오전에 조망되므로 왕복 4~5시간의 코스를 계란과 감자, 차파티, 뜨거운 물 등을 준비해서 새벽에 시작하는 게 좋다. 늦은 오후에 올라 해 지는 초오유와 에베레스트와 마칼루를 전망하기도 하나 마칼루는 눈썰미가 좋아야 발견할 수 있다. 겨울엔 '대흑천(大黑天)'이란 별명과 달리 하얗게 눈을 쓰고 있어 작은 산 중에 하나로 보인다.

어제는 하루 종일 산이 잘 보였는데, 오르는 동안은 잘 보이던 에베레스트, 초오유, 마칼루 등은 안개로 모습을 가리고 보여주지 않았다. 다 올라가면 보여주겠지 하고 부지런히 오르다 보니 온 사방이 휘날리는 타르초로 정신이 없는 고쿄리의 정상이 나왔다.

정상에 머무르면서 사진 촬영도 하고, 30분간 머물면서 사람하고 몹시 친한 새들과 놀았다. 대담한 녀석들은 어깨에 올라타거나 손바닥 위에도 올라와 과자를 쪼아 먹는다. 같이 놀며 사진 찍었는데 혼자서 다니던 예전

보다는 감격이 덜했다. 간혹 유치원이나 겨우 다닐 만한 나이의 서양 어린이들도 부모와 같이 올라오곤 했는데 그리 힘들어하지 않고 잘 올라왔다.

하산해서 방으로 들어가 딕락으로 떠날 짐을 싸고 점심을 주문했다. 달밧, 야크 스테이크 시즐러로 든든하게 먹었다. 500+890=1,390루피. 고쿄에서 머무는 동안의 총 숙식비를 지불했다. 9,320루피. 며칠 분이 합쳐지니 많아지긴했지만 잘 먹고 잘 쉬고 편안한 마음으로 있다가 떠나는, 언제고 다

고쿄리에 오르는 트레커들

시 돌아와 시간을 보내고 싶은 곳이었다. 주인에게 잘 쉬었다 간다는 진심 어린 인사를 하고 길을 떠났다.

오후 1시 20분에 응고줌바 빙하를 건너서 촐라 패스로 향하는 전진 기지인 닥락을 향해 길을 떠났다. 그전에는 제3번과 제2번 호수 사이의 길로 하여 횡단했으나 빙하는 매년 움직이므로 올해에는 고쿄 마을 바로 뒤에서 횡단을 시작하게 되었다. 어쩐지 많은 이들이 고쿄 마을 뒤에서 포즈를 잡기에 왜 저러나 했는데 반대로 넘어오는 이들은 그럴 수밖에 없는 것이었다. 마을 뒷산에 올라 응고줌바 빙하를 보니 한숨이 절로 나왔다.

빙하를 따라 우측으로 내내 걷다가 그동안 이동한 경로만큼 빙하 안에서 이리저리 길을 찾아서 헤매야 했다. 지난해와 몇 년간에 만들어놓은 돌

이 빙하에서 길을 잘 찾아야한다.

탑들이 길을 더 어지럽혔다. 어렵게 빙하를 건넌 후에는 다시 돌맹이들이 무수히 구르는 절벽 길을 위태롭게 걷다가 오르막을 올라 겨우 산기슭에 도달했다.

닥락은 외로운 집이 몇 채 있던 동네였는데, 이제는 번듯한 로지가 일고 여덟 개가 붙어 있는 동네가 되었다. 그전에는 이 동네에 도착한 후 박력 있게 웃통을 벗고 빙하물에 씻곤 했는데 이제는 그건 아닌 것 같아서 얌전하게 동네에서 가장 괜찮아 보이는 촐라 패스 로지에 들어갔는데 방값은 안 받겠다고 했다. 이유는 모른다.

정광식 선생님이 산에 들어가거든 고대 산악부 출신 선생님을 만나면 인사를 전해달라고 당부를 해서 한국 분이 한 분 계시길래 혹시나 싶어 여쭤보니 본인이라고 하셨다. 방콕에서 사업하시고 사진가로도 유명하신 김윤기 선생님이었는데, 칼라파타르로 해서 반대로 넘어오셨다고 한다. 촐라 패스로 가는 길이 완전히 얼어서 200m 정도가 빙판이라고 하시고, 아이젠을 안 가져오셔서 종라의 로지에서 줄을 얻어서 그걸 신발에 발을 감고 넘어왔다고 하시며, 우리 포터에게 그걸 선물로 주셨다. 우리 카메라에 대해 관심을 보이셔서 보여드렸다. 선생님은 아주 오래된 카메라인 롤라이를 가지고 다니면서 사진 작업 중이셨다. 이런 카메라가 아직도 작동 된다는 게 신기한데 찍어놓은 사진들이 다 색감이 독특하고 부드러웠다.

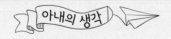

계속 잠을 못 자고 있다. 오늘도 제대로 잠을 자지 못한 채 일찍 일어나 고쿄에서 6시 30분에 고쿄리로 출발했다. 길은 뻔히 보이고 가파르기도 둘째가라면 서러울 정도다. 위로가 되는 건 햇살이 따뜻했고 고쿄리로 올라가는 내내 내려다보이는 마을과 호수는 힘든 것을 잊어

버리게 할 만큼 너무 아름답다는 것이었다.

호수의 청록색 물빛이 내가 아는 이 세상 어떤 보석의 색깔보다 아름다웠다. 아주 천천히 올라서 고쿄리에 3시간 만에 도착했다. 날은 맑았지만 에베레스트는 맨 윗자락을 구름에 가린 채 끝내 보여주지 않았다. 그래도 마칼루와 초오유는 그 모습을 잘 보여주었다. 무엇보다 인상적인 것은 새들이다. 참새 두 마리가 사람을 무서워하지 않고 내 손바닥 위까지 올라와 과자를 쪼아 먹었다. 참새랑 노느라고 시간가는 줄 몰랐다. 다들 내려가고 우리만 남았다. 우리도 오늘 닥락까지 가야 하기에 서둘러 내려왔다.

1시간 20분 만에 내려와서 점심을 먹고 닥락으로 출발했다. 빙하를 건너야 한다는 두려움이 있었는데 막상 내려와보니 모래밭 같았다. 빙하답게 길은 매번 바뀐다고 했다. 남편의 기억은 이미 10년 전의 길이 되어버렸다. 포터가 길을 이리저리 살피며 잘도 찾아간다. 나이는 어리지만 마음 씀씀이나 성실함이 아주 마음에 든다. 아침에 고쿄리에 다녀온 탓인지 닥락까지 몹시 힘들게 느껴졌다.

3시간 만에 닥락에 도착했고 로지에서 반가운 분을 만났다. 카트만두에서 정광식 선생님(『영광의 북벽』의 저자) 친구분이 산에 올랐다고 했는데 그분을 만난 것이다. 혼자 3Pass를 하시는 중이셨다. 내일 고쿄에 가신다고 했다.

남편과 두 분이 꽤 늦은 시간까지 이야기꽃을 피웠고 우리는 가져온 음식을 풀었다. 로지에 난로가 거의 식어갈 때쯤 각자의 방으로 향했다. 프로 사진작가셨고 특별한 카메라도 구경했다. 한번 셔터를 눌러보고 싶었지만 차마 그건 못했다. 필름이 한 통에 12장만 들어간다는 소리에…… 아무튼 산에서 반가운 사람을 만나니 그것 또한 행복한 일이다.

고쿄(Gokyo)라는 이름만 봐도 좋다.

🧭 쿰부히말라야 3좌 10일 차

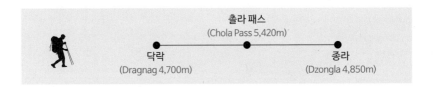

촐라 패스
(Chola Pass 5,420m)

닥락
(Dragnag 4,700m)

종라
(Dzongla 4,850m)

숙식비로 나온 2,100루피를 지불하고 아침 7시에 출발했다. 닥락의 로
지들을 지나 부지런히 멀리 보이는 언덕을 올랐다. 다른 로지에서 나온 사
람들이 먼저 이 길을 오르고 있었다. 진눈깨비가 많이 내려서 앞이 잘 보이
지 않았다. 두 시간 정도 오르자 멀리 높은 장대와 깃발이 나부낀다. 닥락
에서 처음 만나는 언덕이다. 앉아서 간식을 먹으며 촐라 패스를 바라봤다.

우리 포터는 촐라 패스가 처음이라 어디로 가는지 몰랐다. 다른 팀 가이
드들과 포터들에게 연신 길을 물어보는데, 그들은 우리 포터에게 처음 가
는 길이냐고 묻고는 길을 자세히 가르쳐주었고 포터는 귀를 기울이며 듣고
잘 기억하는 것 같았다. 사실 1번 언덕에서 멀리 촐라 패스를 보면 저게 산

꼭대기인지, 그냥 길인지, 성벽인지 감도 오지 않고 길은 전혀 보이지 않고 흔적조차 쉽게 보이지 않는다. 그런 걸 알게 되는 순간이 오면, 대충 오늘 갈 길이 감이 오고 체념이 되며 다만 걸을 뿐이라는 생각을 하게 된다. 아내에게도 그냥 앞으로 가면 된다고만 하고 별 말을 하지 않았다.

1번 언덕에서 한참을 내려간 다음 다시 내려간 만큼 올라가야 했다. 내려가는 길은 풀밭에 길도 잘 보여서 쉽지만, 올라가는 길은 거친 너덜 지대가 시작되어 위에서 돌이 굴러오는지 봐야 하고 내가 밑으로 돌을 굴리지는 않는지 발아래도 살펴봐야 하니 정신을 바짝 차려야 한다. 그리고 더 가파른 오르막이 시작되자 이게 길인지 그냥 절벽의 돌벽을 기어다니는지 알 수가 없는 길이 시작되고 반대편 종라에서 사람들이 많이 넘어오고 있었다.

아내는 멀리서 봤을 적엔 저게 그냥 산이지 길도 안 보이고 해서 저리로 간다는 생각을 하지 못했다는데 그 산을 오르고 있었다. 좁고 가파른 그 길에 길도 비켜주지 않으면서 입은 쉬지 않는 앞 팀의 서양 여자가 힘겨워하면서 천천히 가서 우리는 좋았다. 같은 시간에 쉬고 간식 먹고 그 팀이 움직이면 좀 기다리다가 따라가고 쉬면 약간 아래에서 쉬고 딱 좋았다.

우리 앞 팀 위로는 나이가 많이 든 할머니가 무척 정정한 할아버지와 함께 오르는데 10분에 한 걸음 걷듯이 너무나 천천히 걷고 있어서 할아버지가 역정을 내고 있었다. 우리가 처음 올라올 적에도 그 부근이었는데 우리가 상당히 많이 올라왔는데도 거기서 그렇게 많이 올라가지 못하고 있었다. 결국 할아버지 혼자서 가버리고, 할머니는 가이드와 아주 천천히 올라갔고, 가이드는 정말 죽을 맛인지 어쩔 줄 몰라 했다.

글로 써내려가기 어려운 처절한 몸부림으로 그냥 막막하게 오르는데, 산에 거의 다 올랐다 싶은 지경이 되어 무지개 빛 깃발들, 타르초가 휘날렸다. 아내에게 이제는 앞 팀을 추월해 가자고 하고 빠르게 걸어서 촐라 패스 (5,420m) 정상에 올랐다. 12시였다.

할아버지 할머니 팀의 가이드가 결단을 내려서 할머니의 배낭을 자기가 메고, 할머니를 끌고 밀고 하면서 다른 팀들이 점심 먹는 동안 올라왔다. 할아버지는 점심을 먹고 기다리지도 않고 바로 하산하고 그 할아버지를 따라 가이드와 할머니는 점심도 못 먹고 바로 하산을 시작했다. 참 그 할아버지 성격하고는…….

오늘은 무슨 배짱인지 아침에 토스트 2개 나눠 먹고 점심을 준비하지 않았다. 그냥 과자, 더운물, 사탕과 작은 초코 바만 먹고 박진감 넘치는 산행을 시작했다. 촐라쪽에서 약 500m는 눈으로 가득했다. 눈 밑에 얼음이 있어서 쭉 하고 미끄러졌다.

촐라 패스 정상에서 딱 10m 내려온 뒤 얼음에 죽 밀리자 포터는 어제 김 선생님에게 받은 끈을 신발에 묶고 우리는 아이젠을 장착했다. 우리 뒤로 오는 다른 팀들은 얼음에 대한 대비가 없어 한참이나 벌벌 떨면서 이리저리 넘어지고 미끄러져 굴러 내려가기도 하면서 무척이나 고생하는 모

촐라 패스 정상

습이었다.

　나는 이상하게도 아이젠이 얼음이나 단단한 눈을 팍팍 밟으면서 저격거리는 그런 느낌을 좋아했다. 그러나 그것도 잠시 눈밭이 끝나고 햇볕 드는 곳에 도달해서 아이젠을 풀고 쉬었다. 우측 절벽의 너덜 지대를 기어가듯이 조심스럽게, 절벽 위를 잘 살피면서 조심스레 걸어갔다.

　가파른 내리막을 조심조심하며 하산했다. 촐라체의 북면을 내내 보면서 내려가는 길이었다. 내리막을 다 내려오면 막판에 만나는 몇 개의 언덕에서는 많이 힘들었다. 종라 (4,850m)의 한 로지로 들어갔다. 이미 문을 닫고 내려간 로지도 있어서 마지막 남은 방을 하루에 300루

피에 잡고 짐을 풀었다. 오후 4시였다.

밖에는 야크들이 로지 주변을 기웃거렸고, 오늘은 하루 종일 오르막과 내리막을 연이어 걷는 힘든 하루였다. 강렬한 태양과 반사되는 눈과 얼음에 얼굴이 타서 후끈했다. 로지 담벼락에 앉아서 해가 지는 촐라체의 아름다움을 바라봤다.

촐라 패스를 넘는 날이다. 어제 밤새 잠을 못 잤다. 너무 힘든 일정과 컨디션 난조로 답답해서 숨이 쉬어지지 않았다. 새벽 5시에야 손을 따야겠다는 생각이 들었다. 손을 따니 피가 솟고 숨이 토해진다. 1시간 정도 잘 수 있었다.

6시에 일어나 보니 밖은 잔뜩 찌푸려 있다. 눈이 올 것 같다. 역시 출발한 지 얼마 되지 않아 눈발이 조금씩 날리나 싶더니 이내 함박눈으로 변했다. 우리 포터도 촐라 패스는 처음이라고 했다. 길을 못 찾을까봐 걱정했는데 우리보다 먼저 출발한 팀의 속도가 우리랑 비슷하다. 정말 다행이다.

눈이 와서 춥지는 않아서 다행인데 길이 미끄럽지 않을지 걱정했다. 오르고 또 오르니 저 멀리 깃발이 보인다. 저기가 촐라 패스인가? 너무 싱거운데 라고 생각했다. 엄청 힘들다고 해서 바짝 긴장했는데.

도착을 하기는 했는데, 촐라 패스가 아니라고 한다. 내리막이 보이고 저 멀리 보이는 산 하나를 넘어야 한다고 했다. 설마, 눈이 덮여 길도 전혀 보이지 않는 저 산을 넘는다고? 그런데 그 산에서 사람인 것 같은 물체가 움직인다. 아닐 거라고 그럴 리가 없다고 생각하며 남편에게 묻지 않았다. 저 산을 넘어야 한다는 무서운 소리를 들을까 봐……. 다행히 눈은 멈추고 햇살이 비치기 시작했다. 그건 정말 감사한 일인데 우려가 현실이 되었다. 사람들이 그 산으로 위태롭게 올라가고 또 내려온다. 저걸 오늘 안에 넘을 수 있을까? 남편은 가면 다 가게 된다며 위로가 되지 않는 말을 건넨다.

길도 확실하지가 않아 앞 팀의 가이드를 잘 쫓아가야 했다. 정말 다행히 앞 팀의 여자 한 명이 나랑 가는 속도가 비슷하다. 피할 수 없으면 즐기라고 했지만 즐기기에는 너무 악조건이다. 정말 울며 겨자 먹기로 오르기 시작했다. 생각보다 더 힘들다. 길은 돌들 사이를 곡예하듯이 건너다녀야 했고 급격한 경사에 숨이 턱에까지 차오른다. 중간쯤에서 약간의 간식을 먹고 다시 오르기 시작했다.

모든 사람들에게 길을 내주고 내가 꼴찌다. 내 뒤로는 오르는 사람이 없다. 드디어 꼭대기가 보인다. 초르텐도 보인다. 그런데 발이 안 떨어진다. 겨우겨우 촐라 패스에 섰다.

기념사진을 찍고 우리는 점심을 준비하지 않아 비스킷을 조금 먹은 후에 내려가기로 했다. 점입가경이다. 내리막은 눈밭에다 처음 내려가는 길이 수직 절벽이다. 포터도 살짝 당황한 듯 머뭇거리다 내려가기 시작했다. 남편을 따라 조심조심 내려가지만 곧 얼음 구간을 만나 아이젠을 사용할 수밖에 없었다. 우리는 다행히 아이젠을 사용해서 빠르게 내려갈 수 있었지만 같이 오던 다른 팀들은 난리도 아니다. 우리 포터는 어제 김 선생님이 주신 로프를 신발에 감고 나름 선전했다. 한 번 넘어졌지만 남편의 준비성 덕분에 별 어려움없이 빙판길을 잘 내려왔다.

양지바른 곳에서 아이젠을 벗고 내리막으로 종라까지 하산하기 시작했다. 촐라체가 그 모습을 완전히 드러내고 마치 이곳 주인이 나라는 듯 당당하게 우리를 내려다보고 있다. 마을에 가까이 갈수록 마음과는 다르게 다리가 자꾸 멈춘다. 마을 근처에서 아까 촐라 패스에서 본 노부부를 다시 볼 수 있었다. 70정도 되어 보이시는데, 참 대단하다. 아마 새벽부터 출발한 것 같은데 우리보다 늦게 도착하였지만 어찌되었든 성공이다. 혼자 마음속으로 노부부에게 응원에 박수를 보냈다.

종라는 시즌이 끝났는데도 로지에 방이 없을 지경이다. 물론 다른 로지들이 문을 닫은 탓도 있지만 트레커들이 정말 많다. 오늘로 힘든 코스는 끝이라고 하니 갑자기 행복함이 밀려온다. 석양이 지는 촐라체는 참 아름다웠다.

🧭 쿰부히말라야 3좌 11일 차

로부체
(Lobuche 4,910m)

종라
(Dzongla 4,850m)

　오늘은 종라에서 산허리를 돌아 로부체로 가기로 한 날이다. 길이 멀지 않으니 천천히 출발하기로 했는데, 새벽에 언뜻 들으니 아내는 답답한지 혼자 손을 따고 있었다. 고산병은 모두가 동시에 같이 느끼는 것이 아니고 고통이 개별적이기도 하고 즉각적인 경우도 많아서 본인이 조치하는 게 가장 빠른 경우가 많다.

　촐라를 넘을 경우 새벽에 서둘러야 하니 새벽부터 우르르 움직이는 사람들이 있었다. 늘 깨워야 일어나던 아내가 부시럭거리길래 뭐 하나 했더니 아내는 산에서 혼자 내려가겠다고 하면서 자기 여권을 챙기고, 여비를 나누고 하산에 필요한 짐을 따로 챙기고 있었다.

어제 내가 시끄럽게 떠들던 중국 사람들과 스페인 트레커들에게 한국말로 욕을 했는데, 그것이 자신에게 욕한 것 같아 견딜 수 없다는 것과, 내리막길에서 방향 때문에 소리 지른 것 등이 아내의 기분을 상하게 했다는 것이다. 이외에도 여러 문제가 지적되었는데, 다시는 안 그러겠다는 맹세와 사과를 하며 싹싹 빌었다. 그렇게 두 시간을 혼나고 사과한 뒤에 로부체로 출발할 수 있었다. 숙박비 및 식비는 2,600루피가 나왔다.

　오전 9시 반에 출발을 했지만 아내는 여전히 저기압이었다. 종라에서 산허리를 돌면 멀리 에베레스트 메모리얼의 돌탑들이 잘 보이고 에베레스트 메인 루트가 선명하게 보이게 되고 곧 촐라체는 그리 잘 보이지 않게 된다. 아주 예전에는 언제 돌아야 하는지 잘 모르다가 그대로 페리체 근방까지 내려갔다가 투클라 언덕을 다시 올라 로부체로 가야 했던 불상사도 있었다. 촐라체와 헤어지게 되는 것이 아쉬워 길에 앉아서 촐라체를 내내 바라봤다.

　투클라 위 에베레스트 메모리얼이 길 건너인데 건너다보니 감회가 남달

로부체

랐다. 멀리서 언뜻 봐도 그 아래 찻집이 무척 커졌다. 투클라는 오르막이 심하지는 않지만 그래도 오르기 힘든 곳이다. 내내 걸으면서 말 타고 가는 사람, 헬기, 야크를 보면서 걷고 쉬다 강가에 도착했다. 우측으로 걸어 칼라파타르로 대표되는 에베레스트 메인 루트와 길이 합쳐졌다. 드디어 참 무성의하게 만든 촐라 패스라는 푯말이 등장했다. 그리고 한 30분 정도 더 걸어서 수십 마리의 야크들이 어슬렁거리는 로부체(4,910m)의 로지 촌에 도착했다. 오후 1시 반이었다.

예로부터 로부체의 로지들은 어디라고 할 것 없이 참 인심 야박하고 손님들에게 무례한 걸로 동서양을 막론하고 유명한 동네였다. 숙소 세 군데를 가봤는데, 모두 방값이 똑같이 500루피였다. 비싸도 뭐, 선택의 여지가 없다.

식사 후 다행히 아내와 화해가 이루어지고, 다음부터는 반항하지 않겠다는 어려운 약속을 했다.

어제저녁에 심하게 다투고 나는 밤새 숨쉬는 것이 고통스러웠다. 호흡하기가 너무 힘들었다. 밤새 내가 지금 왜 이곳에 있는지 묻고 또 물었다. 아침에 그만 하산하기로 마음을 먹었다.

남편에게 일비와 입산 서류 등을 주고 내 배낭을 싸기 시작했다. 남편은 미안하다고 했지만, 남편의 진심 어린 사과에도 마음이 풀리지가 않았다. 시간을 더 지체하면 곤란할 것 같아 일단 출발했다. 내려가더라도 한동안은 같은 길을 가야 했다. 가다가 에베레스트로 가는 길과 하산하는 길이 나뉜다. 가는 동안 왜 그렇게 눈물이 나는지, 콧물에 눈물에 범벅인 상태로 길을 가다 서다 반복했다. 다들 먼저 가버린 길은 썰렁하기가 그지없었다.

바람 소리와 내 훌쩍거리는 소리만 들린다. 그게 또 왜 그렇게 서럽게 들리는지. 한참을 가다 보니 갈림길이다. 그 앞에 서 있다 주저앉았다. 내려갈까 말까. 남편은 그런 내 맘을 아는지 모르는지 뒤도 돌아보지 않고 점점 멀어져갔다. 내려가자니 여권이 남편 배낭 속에 있다는 생각에 한참을 하산 길을 바라보다 에베레스트로 올라가는 길을 잡았다. 길은 평탄한 것이 참 좋았는데 내 기분은 완전 우울 모드다.

고개를 몇 개 넘어서야 겨우 로부체에 도착했다. 마을은 생각보다 크지 않았고 로지들은 담합한 가격을 제시했다. 기분도 영 우울하고 방에 들어가 누워버렸다. 가뜩이나 호흡도 어렵고 머리 아픈데 하루 종일 울고 다녔더니 컨디션이 말이 아니다.

기분은 우울해도, 앞 왼쪽의 푸모리도 멋있고, 길도 좋다.

🧭 쿰부히말라야 3좌 12일 차

고락셉
(Gorakshep 5,140m)

로부체
(Lobuche 4,910m)

　로부체에서 8시에 출발해서 고락셉에 11시 30분에 도착했다. 어차피 2시간 반이면 충분한 거리니 여유도 많았고, 가서 뭘 해보겠다는 다짐 같은 것도 없었다.

　다른 사람들은 2시간 반이면 가는 거리를 우린 3시간 40분 걸려 짱돌로 너덜거리는 빙하 지대를 겨우겨우 통과해서 오르막을 올랐다. 저 앞쪽으로 푸모리(Pumori 7,161m)가 보였다. 참 언제봐도 멋진 산이다. 푸모리를 보며 오르막과 내리막을 반복하다 황량한 모래밭에 로지들이 자리 잡은 고락셉에 겨우 도착했다.

고락셉(Gorakshep 5,140m)

　고락셉은 움푹 들어간 곳에 자리를 잡고 있어서 바람의 영향을 덜 받지만 물 사정이 안 좋다. 하지만 산장이나 사람은 항상 너무 많아서 물 긷는 것이 이 동네 사람들의 중요한 일 중 하나였다. 산장에 가까이 가니 까마귀들이 유난히 많다.

　고쿄리에서 만났던 러시아 가족은 촐라 패스에서도 보고 고락셉에서도 만났다. 오늘 하산이라고 하는데, 어제 고락셉까지 올라오고 오늘은 EBC나 칼라파타르에 다녀온 모양이었다. 아직 초등학교도 안 들어간 어린 아들 두 명에 아내까지 모두 네 명인데 굉장히 힘들었을 것이다.

　포터의 강력한 주장으로 히말라얀 로지에 짐을 풀었다. 하루에 300루피인데 아늑했다. 칼라파타르(Kala Patthar 5,550m)나 에베레스트 베이스캠프(EBC)를 다녀올까 하다가 방에 들어가서 쉬었다. 일어났을 때는 이미 어두워졌는데, 사람들이 석양을 보러 칼라파타르로 올라갔는지 불빛들이 산 위에서 어른거렸다.

어제도 역시 잠을 못 잤다. 밤마다 죽을 지경이다. 빨리 해 뜨기를 기다렸다. 2시간 30분이면 간다고 해서 가벼운 마음으로 출발했는데 꼭 그렇지만은 않다. 너무 오래 산을 타다 보니 금방 지쳐버린다. 원래도 빠른 편은 아니지만 너덜 지대가 힘들다. 마치 채석장을 걷는 느낌이다.

가도 가도 거짓말처럼 언덕이 계속 나온다. 칼라파타르가 보이고 드디어 고락셉 로지들도 보인다. 3시간 30분 만에 도착했다. 포터가 자기 친구들이 묵는 숙소에 같이 있고 싶어하는 것이 눈에 보인다. 그러자고 했다.

원래 계획은 점심 후에 칼라파타르에 오르는 것이었는데 남편이 쉬고 싶어 했다. 나도 칼라파타르는 아침에 오르고 싶어서 오늘은 그냥 쉬고 하루 일정을 늘리기로 했다. 5,000m가 넘는 곳도 자주 오다 보니 이제 큰 감흥이 안 생긴다.

가운데, 검은색으로 보이는 바위산이 에베레스트이다.
오른쪽으로 뾰족하게 보이는 산은 눕체(Nuptse 7,819m)이다.

🧭 쿰부히말라야 3좌 13일 차

올드 EBC 구간은 초반은 오르막과 내리막이 혼재하여 힘들고 이후 1시간 반은 쉽다. 약 10대 이상의 관광 헬기가 EBC를 돌고 가는 걸 구경했는데, 파일럿에 따라 손님에 대한 성의와 무성의가 잘 느껴졌다.

포터에게 베이스캠프에 도착하면 베이스캠프가 잘 느껴지게 사진을 찍으라고 이야기했다. 많은 사람들이 베이스캠프 쪽으로 걷고 있었는데, 길에 먼지가 많았다. 길이 위험하지는 않았으나 예상보다 시간은 많이 걸렸다. 역시 고도가 높으니 아무리 적응이 되어 있는 몸이라 하더라도 빨리 걷기는 어려웠다.

빙하 둑방에서 사진을 찍고 일반인이 들어갈 수 있는 한 가장 깊은 곳까지 빙하 내부로 진입했다. 이번 산행에 돌멩이를 가져다달라는 사람이 두 명 있어 인증샷을 찍고 작은 걸로 다섯 개를 주웠다. 종이 한 장도 무겁다고 버리는 판인데, 돌멩이를 주워다 달라니 사정을 너무 모른다 싶었지만 처음이니 그러겠다고 했다.

많은 이들이 EBC* 주변에 자신들의 이름과 산행 이유 등을 밝혀두었다. 국기나 산악회 깃발 혹은 티셔츠를 남겨두거나 마커 등으로 이런저런 이유나 기념이 될 만한 문구를 써놓은 사람도 있었다. 부처님은 인도 사람이 아니라 네팔 사람이라는 문구를 여러 번 남긴 이도 있었다.

EBC에서 사진을 찍다가 내친김에 칼라파타르도 해버리고 내일 아침에 추쿵까지 갈까 했더니 생각해보자던 아내가 그러자고 했다. 그런데 하산을 하면서 다시 오르막에서 헥헥거리게 되자 우리는 그냥 원안대로 내일 아침에 칼라파타에 갔다가 오후에 로부체로 하산하고 이후 추쿵으로 가기로 했다. 그러다 아내가 갑자기 당신은 전에 칼라파타르를 가봤고, 나는 안 가봤으니 힘들면 혼자 다녀오겠다고 했다. 그래서 포터하고 함께 갔다오라고 했다. 아내는 포터와 둘이 칼라파타르로 떠나고 나는 앉아서 눕체와 에베레스트를 바라보며 있었다.

오후 3시 반쯤에 아내가 지친 모습으로 왔다. EBC에서 하산하는데 1시간 걸렸고, 바로 칼라파타르에 올랐는데 상행에 2시간. 하행에 45분이 걸렸다고 했다. 무릎도 안 좋은데 엄청 빨리 내려왔구나 싶었다. 너무 춥고

● EBC는 사실 에베레스트의 베이스캠프이자 로체의 베이스캠프이다 EBC에서 오르다가 왼쪽으로 올라가면 에베레스트이고 오른쪽으로 올라가면 로체이다.

바람이 강해 날아갈 뻔했다고 한다.

　로지에 한국 사람들 몇 명이 요리사를 대동하여 올라와서 산행을 럭셔리하게 하고 있었다. 저녁을 먹는데, 빈약한 우리 식단과 요리사가 해주는 그들의 풍성한 식사가 비교되어서 아내에게 많이 미안했다. "국 한 그릇만 주세요."라는 말이 목구멍까지 올라왔지만 참았다. 아내와 다음번에는 우리도 요리사를 데리고 다닐까 하면서 그냥 밥을 먹었다.

　어제도 역시 거의 못 잤다. 살짝 잠시 잠들었다가 누가 나를 숨을 못 쉬게 누르는 것 같아 깼다. 결국 그 뒤로 앉은 채로 밤을 셌다. 늘 그렇듯이 새벽 4시가 넘어서 숨 쉬기가 겨우 편해져 잠시 눈을 붙였다. 남편은 어쩜 저렇게 잘 자는 걸까? 신기하고 부럽다.

　7시 30분에 차를 한잔하고 8시가 조금 안 되어서 출발했다. 이미 해가 떠서 춥지는 않았다. 오늘도 날씨는 너무너무 좋다. 그리 어렵지 않은 길을 천천히 걸었다. 다만 고도가 이미 5,000m를 넘어서 살짝만 오르막이 나와도 숨이 턱까지 찼다. 생각보다 많은 사람들이 EBC로 향했다. 우리는 뉴 EBC로 가는 길에 예전에 베이스캠프로 사용한 곳도 볼 수 있었다. 빙하 지역으로 빙하가 하루에도 여러 번 움직인다고 했다. 3시간을 걸으니 EBC가 나왔다.

　에베레스트는 빙하를 건너기 전에 잠깐 꼭대기만 보였고 베이스캠프에서는 보이지 않았다. 남편이 기억하는 10년 전의 베이스캠프는 지진 때문에 그 모습을 찾을 수가 없었다. 드디어 꿈에 그리던 에베레스트 베이스캠프에 와서 서 있으니 만감이 교차한다.

　하산하면서 칼라파타르를 물어보니, 남편은 여러 번 다녀온 곳이

라 별로 가고 싶어 하지 않았
다. 나는 가보지 않은 곳이고
언제 다시 올지도 몰라 포터
를 데리고 나만 칼라파타르를
다녀오기로 했다. 고락셉으로
하산해서 포터보고 점심 먹고
따라오라고 하고 내가 먼저 오
르기 시작했다. 1시간 30분이

히말라야 빙하들이 처음에는 TV에서 보던
빙하와 달라서 당황했었다.

면 정상에 간다고 해서 만만
하게 보고 오르기 시작했다. 오르다 보니, 눈앞에 에베레스트가 제
법 크게 들어온다. 날씨가 좋아서 산이 선명하게 잘 보인다. 안 올라
왔으면 후회할 뻔했다. 그런데 혼자 오르려니 자꾸 뒤를 돌아보게 된
다. 문득 남편 없이 오르고 있는 내가 신기하다. 이젠 정말 남편이 좋
아하는 산을 나도 좋아하게 된 것일까? 1시간쯤 올랐을 때 포터가 헐
레벌떡 올라온다.

1시간 30분을 더 가야 할 거라고 한다. 설마, 분명히 왕복 2시간 30분
이면 된다고 했는데. 아, 그만 돌아갈까? 에베레스트를 선명하게 봤으
면 됐지 하는 유혹이 자꾸 찾아온다. 중간에 내려가면 후회할 것 같아
서 결국 한 걸음 한 걸음 떼어본다. 언덕을 3개를 넘으니 정상이 보인다.

이미 고도는 5,550m를 향하고 있다. 아침에 베이스캠프를 다녀와서
체력이 떨어져서인지 한 걸음 떼기가 너무 힘들다. 주위가 온통 설산으
로 둘러싸여 있고, 이만하면 충분하지 않은가 하는 생각도 들었다. 그
만 돌아설까 하는 유혹과 끊임없이 싸웠다. 바람은 거세지고 정신은
몽롱해지는 것 같았다. 오른쪽 다리도 약간 저린 느낌이 든 지 오래다.
올라가지 말아야 할 이유는 수십 개인데 올라가야 할 이유는 단 하나

였다. 후회를 남기고 싶지 않았다.

겨우겨우 정상에 올랐는데 바람이 너무 거세서 서 있을 수가 없었다. 바람에 눈물이 나서 눈을 똑바로 뜰 수도 없었다. 그리고 정신이 꼭 꿈을 꾸는 듯 몽롱해지는 것 같았다. 바로 하산하기로 했다. 어떤 사람들은 칼라파타르에서 감동에 눈물을 흘린다고 하는데, 바람이 너무 세서 그런 감상까지는 가질 수가 없었다. 주변을 자세히 볼 여유 같은 것도 없었다. 몸을 가누기가 힘들어 사고 날까 봐 긴장이 되었다.

정상에서 조금 내려오니 다행히 바람이 조금 약해졌다. 주변을 돌아보니 나는 사방 360도의 설산에 둘러싸여 있다. 오르길 잘했다. 그래야 미련이 남지 않지. 에베레스트를 배경으로 인증샷을 찍고 최대한 빠르게 하산했다. 45분 만에 하산에 성공했다.

로지에 돌아오니 남편이 기다리고 있었다. 잠깐이지만 떨어져 있다 만나니 무지 반가웠다.

칼라파타르이다. 뒤의 흰 산은 푸모리이다.

⟨ナ⟩ 쿰부히말라야 3좌 14일 차

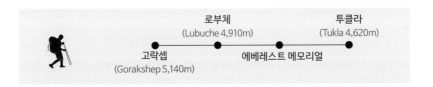

로부체
(Lubuche 4,910m)

투클라
(Tukla 4,620m)

고락셉
(Gorakshep 5,140m)

에베레스트 메모리얼

아침에 고락셉에서 숙식비로 6,440루피를 계산했다. 고락셉에서 바로 하산을 시작해서 로부체를 지나, 투클라에서 점심을 먹고 그 아래 마을인 딩보체까지 갈지 더 밀어서 추쿵까지 갈지 생각해봤다. 20일 일정이어서 시간은 충분하니 무리할 필요는 없었다.

하산길도 오르막으로 시작했다. 오르내리고 힘든 가운데 이런 데를 올라 왔나 싶고 마구 밀려오는 서양 트레커들과 중국 트레커들에 놀랐다. 로부체에서 조금 내려가다가 갈림길에서 약간의 오르막을 올라가면 탑들이 보이는데 산에서 죽은 이들을 위한 위령비가 많은 동네이다. 지진 때문인지, 세월 때문인지 탑들이 아주 많이 파손되어 있어 마음이 좋지 않았다.

촐라체와 촐라 패스로 가는 길

우측으로 촐라체를 넘어 오는 길을 보면서 그전처럼 하나하나 죽은 이들에게 바쳐진 문구들을 읽어보았다. "He always aim to high."가 가장 마음에 남은 문구였는데 그 탑은 사라지고 없었다. 일본인을 위한 탑이 많고 중국인을 위한 탑도 생기기 시작했다. 『희박한 공기 속으로』라는 책에서 나오는 유명한 가이드 원정 팀의 가이드인 스콧 피셔(Scott Fischer)가 1996년 사망 후 세워진 탑도 잘 자리 잡고 있었고, 바부 치리(Babu Chiri) 셰르파의 탑도 크게 잘 자리 잡고 있었다.

메모리얼에서 내려오면 찻집이 있는데 여기가 투클라다. 오르고 내리는 데 지친 이들이 여기에 들러 차를 마셨는데 예전보다 열 배는 커진 것 같고 로지도 생겼다. 경쟁 업체도 하나 생겼는데 시설은 아주 좋지만 장사는 잘 못하는 것 같았다. 이 집의 어린 아들들이 다 커서 장사를 굉장히 잘하고 있다. 영어도 잘하고 계산도 빠르고 뭔가 서비스를 좀 잘해보려는 생각도 가지고 있었다. 이 집 애들도 헬기 타고 다니고 미국 유학파이다.

점심 후 추쿵으로 갈까 하다 쉬기로 했다. 서둘러야 할 이유도 없고, 추쿵까지 가려면 해가 지기 직전이나 진 후에 도착할 것이고, 딩보체를 간다고 해도 마찬가지라 그냥 푹 퍼져서 내일 가기로 했다. 방값은 200루피인데, 베이커리에 빵이 없었다. 점심으로 야크 대신 치킨 스테이크와 신라면을 시켰다. 500루피. 신라면이 맵고 익숙한 맛이어서 좋았다.

난롯 가에 앉아 들으니 다들 힘들고 긴 시간을 보내며 와서인지 모두 할

504

말들이 많았다. 호주 여자가 예뻐서 남자들에게 인기가 많았다.

앞에 보이는 흰 봉우리의 산이 푸모리다.

마칼루에서처럼 말이 달라질까 싶어서 슬슬 포터와 일정에 대해 이야기했다. 우리는 출발하기 전에 에이전시에 20일 치 일당을 미리 지급했는데, 포터는 20일 계약이라 조기종료나 늦는 거나 상관이 없다고 한다.

네팔 히말라야는 관례상 조기에 산행을 마치면 미리 지급한 일당을 다 가져가고, 기간이 더 길어지면 그만큼 돈을 더 줘야 한다. 이번에 우리는 비교적 많은 일당을 에이전시에 지급했는데, 돈 봉투와 서류를 루클라에 배달하다가 슬쩍 열어봤는데, 불행하게도 우리가 지불한 돈 중에서 35%는 그를 소개한 카트만두 에이전시에서, 10% 정도는 루클라에서 가져가게 되어 있었다. 봉투를 다시 밀봉하면서 이 동네도 참 어지간하다 생각했다.

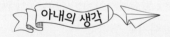

아내의 생각

어젯밤이 최고였다. 사방에 산소 공급이란 말이 왜 여기저기 붙어 있는지 알 수 있는 밤이었다. 일어나서 앉아도 엎드려도 미칠 것 같았다. 청심환을 하나 먹었는데 별 도움이 안 되었다. 정말 새벽이 오기를 간절히 또 간절히 바랐다. 언제나 그렇듯 4시가 넘어가자 몸이 좀 편해졌고 잠시 잠이 들었다 깼다.

서둘러 짐을 싸서 내려갈 준비를 했다. 정말이지 산소가 좀 많은 곳으로 내려가고 싶었다. 8시에 하산하기 시작했고 고도가 조금씩 낮아지니까 살 만해졌다. 남편은 기관지가 안 좋아서 힘들어했다. 오늘 추쿵까지 8시간 이상 예상하고 있는데 아무래도 남편 걸음을 보니 힘들 것 같았다. 내가 앞장서서 한참을 걷다가 남편을 기다리며 촐라 패스를 보면서 정말 저기를 넘어왔나 싶었다. 12월은 비수기라는데 정말로 많은 사람들이 EBC로 가는 트레킹을 즐기고 있다.

남편과 다시 걷기 시작했다. 로부체를 지나 투클라로 가는 길은 그리 어렵지 않았다. 투클라로 내려가기 전 에베레스트 메모리얼은 참 인상 깊었다. 그중에 한국 사람의 탑도 있었는데 불과 5년 전의 일이었다. 처음 듣는 산악인의 이름이었는데, 기분이 그래서였는지 갑자기 감정이 북받쳐 오르면서 눈물이 왈칵 났다.

"에베레스트의 별이 되다." 무엇 때문에 여기서 별이 되어야 했을까 하며 잠시 시간을 보내다 투클라로 내려오기 시작했다. 거꾸로 이걸 올라야 했다면, 생각만으로도 끔찍하다. 올라오는 사람들의 거친 숨소리에 내려가는 내가 괜히 미안해진다. 투클라에 도착해서 남편이 그냥 여기서 하루 자고 내일 추쿵으로 가자고 한다. 좋은 생각이다.

어차피 날짜도 남는데 서두를 일이 무엇인가. 물론 나도 빨리 도시로 귀환하고 싶지만 이미 체력이 거의 다 방전되어서 무리하고 싶지 않았다. 몹시 이른 시간이지만 방을 잡고 쉬기로 했다.

한국 라면을 팔길래 점심으로 먹었다. 정말 맛이 끝내준다! 다만 오랜만에 매운 것이 들어가니 속이 좋지는 않았다. 오늘은 굉장히 힘들 걸로 예상했으나 너무 편해서 그냥 좋은 하루다.

딩보체
(Dingboche 4,410m)

투클라
(Tukla 4,620m)

추쿵
(Chhukhung 4,730m)

어제 이것저것 먹었고, 오늘도 아침을 신라면을 시켜서 거기에 누룽지를 불려 말아 먹었다. 숙식비로 5,440루피를 지급했다. 이 정도만 되어도 지갑 여는 것이 아깝지 않다.

슬쩍 보니 며칠째 고도 탓으로 잠을 잘 못 자서 힘들어하던 아내가 어제는 잘 잔 것 같았다. 투클라에서 개울을 건너는 길이 다섯 배 이상 확장되었지만, 산이 무너져 있었고, 길은 그래서 위로 나 있었다. 예전에 쓰던 철다리가 부서져서 버려져 있었다. 이후 길은 풀밭으로 딩보체까지 평탄하게 나 있었다.

예전에 아무 장식도 없이 세워져 있던 딩보체 마을 입구의 하얀 초르텐이, 이젠 이런저런 간단한 장식들과 오색 깃발로 장식되어 서 있었다. 여전히 돌로 지붕을 만들어 올린 건물들이 많은 딩보체 마을을 보며 입구를 지나 은은히 오르고 올라 아마다블람의 뒷모습을 보며 걸었다. 예전 지도들에는 이름 없이 K로 표기되어 있던 산들의 이름을 새로운 지도에서 읽으며 로체 남벽을 바라보며 걸었다.

페리체 마을(4,280m)

딩보체(4,410m) 마을. 페리체와 딩보체는 언덕을 하나 사이에 두고 있는 마을이다.

옛 기억에 따르면 우측 능선이나 마을로 가면 안 되고 추쿵에 거의 다다르면 외딴집이 한 채 있고, 거기의 탑 앞에서 1시간 정도 오르막이 대여섯번 계속되다가 작은 로지가 3개 있다.

기억대로 많이 쉬면서 올라 시간을 곱빼기로 들여서 추쿵에 도착하니 아일랜드 피크(임자체) 등반으로 크게 성공한 주인이 캉그리 게스트 호텔이라는 이름으로 멋진 로지를 지어 놓았고, 동네 자체의 건물들이 아주 커졌다. 과거 크기의 10배는 될 것 같았다. 심지어 당구장도 있고 등산 장비실도 있으며 산소 공급도 가능한 동네가 되어 또 다른 등산의 메카로 자리 잡았다.

방값은 하루에 300루피이다. 식당에 앉아 둘러보니 홍성택 형의 스티커가 붙어 있다. 우리 일정이 달라져 못 만나는 것이 아쉽다. 우리가 칸첸중가와 마칼루를 돌아 막 쿰부로 들어서려니 하산했다는 소식이 있었다. 이 집 주인 사진을 보니 별로 달라진 게 없다. 이 집 아들의 생일에 여기에 왔었는데 그새 많이 컸다. 카운터를 지키는 친구는 주인아저씨의 조카라고 한다. 아내는 컨디션이 좋지 않아서 방으로 가고 나는 책이나 읽으며 있었다.

문득 로체 남벽 베이스캠프 가는 길을 물어보니 로지를 지키는 이 집 조

508

카는, 새로 생긴 로체 남벽 베이스캠프를 모른다고 한다. 여기 2017년 홍성택 대장의 원정을 알리는 스티커가 붙어 있고, 여러 해 이곳에 있었는데 지척에 있는 곳을 모른다니 이해가 잘 가지 않았다. 그동안 포터가 로체 베이스캠프를 안다고 큰소리쳐서 신경 안 쓰고 있다가 지도를 가지고 그

추쿵의 당구장

가 아는 걸 재확인하니 그가 아는 곳은 아일랜드 베이스캠프였다.

나도 어디로 가는지 대충만 알아두고, 로체 남벽으로 간 적은 없었는데 이번에 추쿵에 가면 가이드를 구해서 다녀온다 하고는 마침 포터가 잘 안다고 해서 신경을 안 썼는데 전날 밤에서야 그도 모른다는 걸 알았으니 큰일이었다.

로체 남벽 베이스캠프를 아는 사람들과 이야기해서 알아오라고 하니 다른 팀 가이드도 그렇고, 아일랜드 피크 옆 로체 빙하로 가는 길로 대충 정리되는 듯 하지만 뭔가 그 길이 아닌 듯 했다. 한국 팀에서 올해만 여기를 두 달을 드나들었는데 원정대가 내려가고 나니 초보와 어린 친구들만 있어 길을 아는 이가 없다고 한다.

그래서 급히 여기저기 알아보니 이번에 홍 대장 팀이 깃발과 돌탑을 베이스캠프에 크게 만들어두고 나갔다고 한다. 오늘은 날이 저물어서 사람을 구하기 어려우니 내일 아침에 사람을 구해서 로체 베이스캠프로 길을 찾아나서기로 했다. 포터의 큰소리를 믿고 재확인

추쿵

을 안한 내가 잘못이었다. 홍성택 대장의 페이스북에 메신저를 남겨두고 아침에 다시 보기로 했다.

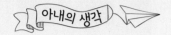

고도를 낮추니 확실히 잠을 좀 잘 수 있었다. 새벽에 깨기는 했지만 최근 들어 가장 오래 잤다. 그런데 그것과는 상관없이 헛바늘이 돋았다 8시에 출발한다고 했는데 9시가 다 되어서 길을 나섰다.

얼마 안 가도 된다고 생각해서일까? 로지에서 나오자마자 작은 강을 하나 건너는데 남편이 길이 바뀌었다고 했다. 작은 나무다리를 건너 내려오는데 남편이 기억하는 다리가 부서져 있다. 10년이면 강산이 변한다는데 참 많이 변했나 보다. 강을 건너니 경사가 심하지 않은 내리막에 길은 넓다. 여기 사진만 보면 고도가 4,000m가 넘는 곳이라고 생각하기 어려울 것이다. 길이 편안해서 남편과 이런저런 이야기를 하면서 산책하듯 걸었다. 남체 쪽에서 올라오는 트레커들이 꽤 많았다. 정말 시즌 때는 길이 막힌다는 말이 실감이 났다.

하얀 초르텐이 보이고 그 아래가 딩보체이다. 벌써 10시가 넘었는데 너무 여유를 잡았나 보다. 여기까지는 내리막이라 편안하게 왔는데, 여기부터 추쿵까지는 경사가 심하지는 않지만 오르막이라고 한다.

딩보체에 도착해서 마을을 빠져나가는데도 힘에 부친다. 아무래도 오랜 산행에 체력이 바닥이 난 듯하다. 우리가 너무 늦어진 걸까? 갈림 길에서 포터가 보이질 않는다. 한참을 두리번거려도 안 보인다. 남편이 길을 택해서 걸었는데 옳은 선택이었다. 나중에 물어보니 포터의 신발 자국을 봤단다. 난 그저 신기할 뿐이다. 역시 경험은 중요하다.

아무도 없는 길을 강을 오른쪽에 두고 평지인 것 같은 오르막을 걸었다. 까마귀 떼가 장관이다. 인천 앞바다에 갈매기만큼 많다. 그나저나 배는 고프고 도대체 언제까지 이 길을 걸어야 할지. 예상과는 다르게 제법 경사가 있는 언덕이다. 언덕을 오르자 설산이 더 가까이 선명하게 보인다. 아일랜드 피크도 보이고 로체의 남벽도 잘 보인다. 주변이 온통 설산이다.

겨우겨우 걸음을 옮기는데 돌집이 하나 보이고 포터가 우리를 기다리고 있다. 그 앞에 올라서니 저 멀리 마을이 보인다. 제법 가까이 보여도 최소 30~40분은 더 가야할 것 같다.

오늘은 진짜 힘드네. 힘을 내서 다시 걷는데 앞뒤로 걷는 트레커들의 표정이 나랑 비슷하다. 2시 30분이 되어서야 겨우 추쿵의 로지에 도착했다. 여느 로지 풍경이랑 다른 것은 아일랜드 피크 때문에 피켈 등 전문 등산 장비들이 많이 보이는 것이었다. 의외로 로지에 사람들도 많았다.

🧭 쿰부히말라야 3좌 16일 차

로체 남벽 BC
(Lhotse South BC)

추쿵
(Chhukhung 4,730m)

추쿵
(Chhukhung 4,730m)

　아내가 새벽에 일어나서 손가락을 다시 따고 있는 것이 영 불안했다. 7시 반에 출발하기로 했는데, 포터도 안 보이고, 호텔 주인의 조카도 길을 아는 사람을 알아본다고 해놓고 어디론가 사라져버리고 없었다. 어제저녁에 메시지를 남겨놓은 홍성택 형에게 연락이 와 있었고 채팅을 신청해서 여러 정보를 얻었다.

　옆 로지에 로체에서 가이드로 일했던 장부 셰르파와 롭상 셰르파가 있고 '스카이' 라는 사람이 호텔 매니저로 있으니 홍 대장 이름대고 물어보거나 입구까지 안내해 달라 부탁하면 될 거라고 한다.

　스카이에게 물으니 롭상은 없고 장부가 2층에서 자고 있다고 한다. 장부 셰르파가 내려와서 포터와 우리에게 베이스캠프로 가는 길을 자세히 설명해줬다. 로지의 마당에서 빤히 보이는 로체 남벽 아래에서 마당 기준 1시 방향으로 그대로 올라 쭉 타고 가는데 임자체는 우측이고 우리는 내내 로체 남벽을 보며 직진해야 한다고 한다. 이게 말은 쉬워도 한 번만 길을 잘못 들면 그날 산행은 물론이고, 이 코스가 망하는 경우가 될 수도 있어서 잘 기억하고 실행해야 했다.

8시 반에 출발했다. 의외로 로지 뒤로도 약간의 집들이 더 있었는데 큰 건물에 가려서 보이지 않았다. 오르막이 계속 되었다. 도처에 늘어선 큰 산들 사이를 마치 큰 골목 다니듯이 다녔다. 아무것도 없는 황량한 사막 같은 지역을 내내 지났다.

모래와 돌과 거대한 절벽들 사이를 지나 드디어 5,000m 지점의 옛 마칼루 베이스캠프를 지났다. 이번엔 빙하 턱을 끼고 고도가 한 번에 250m 이상 올라간다. 한국 베이스캠프는 특히 로체 남벽 아래에 거의 마지막까지 바싹 붙어 있어서 최대치까지 올려야 한다.

맨 뒤에 처져서 천천히 걸어갔다. 로체 빙하 턱에 닿자 중간에 만난 다른 팀의 동네 가이드는 로체 빙하 턱으로 약간 오른 후 처음 나오는 옛 베이스캠프 터 앞에서 이 이후로는 아무것도 없다고 자기 손님을 속였다. 그 손님은 그러려니 하고 내려갔다. 아내와 포터도 이제 그만 돌아갔으면 하는 표정으로 앉아 있었다. 다른 사람들은 그럴망정 나는 이미 베이스캠프에 새 초르텐과 룽다가 있는걸 알

고 있어서 그렇게는 할 수 없었다.

그냥 아무 생각 없이 로체 동네를 구경하고 가는 것이라고 생각했다. 마을을 산책하는 것처럼, 혼자 느린 걸음으로 빙하 둑을 걸어 더 올라갔다. 나중에 아내와 포터도 하는 수 없이 내 뒤를 따라왔다. 올라갈수록 그냥 찬 바람도 아닌 따갑고 매서운 한기가 거세게 불어왔다. 터벅터벅 한 걸음씩 올라가자, 돌로 만든 낮은 방풍벽들이 나오고, 화덕 자리나 창고 자리 같은 곳도 보였다. 나중에 거의 로체 남벽의 바로 아래까지 가자 돌탑에 감겨졌지만 끊어진 줄이 있고 거기에 태극기와 여러 깃발이 둘둘 말린 것을 보고 여기가 홍 대장의 베이스캠프인 줄 알았다.

사진 촬영을 하는데 바람이 엄청났다. 목을 빼고 뒤로 눕다시피 해서 남벽을 끝까지 조망해보려 해도 잘 되지 않았다. 얼음으로 깎아 세운 듯한 직벽은 1m라도 올라가보는 게 허용되지 않는 그냥 직각의 벽, 그 자체였다. 이 벽이 장장 3,000m이니 우리 같은 평범한 사람들은 여기까지이고 이 위로는 평범하지 않은 분들의 세상이었다. 홍 대장의 무사 등정을 기원하면서 돌탑 위에 우리 깃발을 하나 두고 왔다.

오후 1시 반부터 하산이 시작되었다. 아일랜드 피크를 오르거나 추쿵 리 같은 데를 가볼까 했으나 그냥 이제는 조건이 없는 하산을 하기로 했다.

아내의 생각

어제 포터가 베이스캠프를 착각하고 있다는 사실이 밝혀지는 바람에 오늘 아침까지 난리다. 어제저녁에 몇 주 전까지 로체 남벽 베이스캠프에 원정대로 머무셨던 홍성택 대장님께 남편이 연락을 넣어봤는데 다행히 아침에 연락이 왔다. 길도 가르쳐주시고 셰르파 이름을 가르쳐주시면서 찾아서 물어보라고 하셨다. 어제는 자기는 모른다던 로

지 주인 조카가 홍 대장님 이름을 대니 놀라면서 발 빠르게 움직인다. 다행히 홍 대장님이 말씀해주신 셰르파를 만나 길에 대한 자세한 설명을 들었다. 3시간에서 3시간 30분 정도 잡으면 된다고 했다. 위로가 되는 건 길이 어렵지 않다는 말이었다.

동네 언덕을 올라 조금 가니 아마다블람 뒤편이 보인다. 뒤에서 보는 아마다블람은 많이 달랐다. 사람도 앞과 뒤가 다른데 산이라고 같겠는가! 나는 사람들에게 어떻게 보일까 하는 쓸데없는 생각을 하며 걸었다.

1시간쯤 가니 평지가 나온다. 셰르파의 말은 정확했다. 그런데 여기서부터가 문제다. 아무리 걸어도 끝이 안 났다. 로체 남벽은 점점 다가오는데 길은 끝이 없었다. 로체 남벽이 커질수록 그 거대한 벽에 기가 눌리지만 베이스캠프는 찾을 수가 없었다.

출발한 지 4시간이 흘러가니 모두들 지쳐갔다. 그리고 거짓말처럼 뒤에 두 명이 나타났다. 한 명은 동네 사람이고 그 뒤에 오는 분은 중국 사진작가였다. 우리가 멈춘 곳은 올드 베이스캠프이고 한 40분을 더 가야 뉴 베이스캠프가 나온다고 했다. 그때부터 남편을 뒤로하고 내가 먼저 걷기 시작했다. 남편은 이미 오래전부터 체력에 부담을 느끼고 있었다. 고도는 5,000m를 넘겼고 나 역시 며칠째 잠을 자지 못한 상태다. 하지만 오늘이 어쩌면 이번 일정에 마지막이 되는 것이기에 이를 꽉 깨물었다.

한참을 사람들 뒤를 따라갔는데 우리 포터만 저 멀리 앉아서 우리를 기다리고, 두 사람은 되돌아오고 있었다. 뉴 베이스캠프냐고 물으니 맞다면서 더 이상 길이 없다는 말을 남기고 바람처럼 사라졌다. 우리 포터는 완전히 지쳐 보였고 나 역시 지쳤다.

로체 남벽은 코앞이고 뭔가 석연치 않았지만 마무리하고 싶었다.

이만하면 됐지 싶었다. 남편은 도착해서 두리번거리더니 앞으로 더 걸어간다. 뒤에서 바라보다 홍 대장님의 한국 베이스캠프는 200m쯤 더 가야한다는 말을 해주셨던 것이 생각나서 나 역시 남편을 따라갔다. 포터도 할 수 없이 배낭을 메고 따라온다.

　없을 것 같던 길이 다시 보이고 조그만 탑이 보였다. 정말 도착한 거다. 아까의 그 찜찜했던 기분이 말끔히 사라졌다. 이번 트레킹에서 순간순간 느꼈던 것은 포기하고 스스로 타협하는 순간 모든 것은 끝난다는 것이다. 평생 다시 올 수 없는 기회를 흘려버리게 될 수도 있다. 난 어쩌면 그렇게 수많은 기회를 흘려버렸는지도 모르겠다. 나 스스로 이쯤하면 됐지라고 내 인생에서 수많은 타협을 했었다. 이걸 마흔이 되어서야 뼈저리게 느끼게 된 거다. 이것 하나만으로도 내게 이번 여정은 충분히 값진 것이었다.

내가 자랑스럽다.

🧭 쿰부히말라야 3좌 17일 차

딩보체
(Dingboche 4,410m)

데보체
(Deboche 3,710m)

추쿵
(Chhukhung 4,730m)

팡보체
(Pangboche 3,985m)

텡보체
(Tengboche 3,860m)

아내는 어젯밤도 잠을 잘 자지 못한 것 같다. 심기를 건드리지 않도록 조심해야 할 것 같다. 오늘은 초고속으로 하산하는 일정을 시작하는 날이다. 숙식비로 8,510루피 지급하고, 아침 8시에 출발했다.

장난으로 오늘 남체까지 가자고 했더니 포터 빅벡이 깜짝 놀라면서 너무 멀고 힘들다고 죽는소리를 했다. 예전에는 혼자서도 그렇게 다니고는 했는데, 그럴 생각은 없었다. 마음먹고 하면 되기는 하지만, 멀기도 하고, 남체에 도달하면 사실상 산행은 종료인데, 우리가 도망가는 것도 아니니 이제는 여유를 갖고 동네를 구경하면서 즐겁게 가자고 마음먹었다.

추쿵에서 출발해 처음 만나게 되는 딩보체는 큰 마을이라, 마을 입구에

서부터 천천히 제과점, 잡화점, 당
구장, 호텔 등을 구경하며 하산했
다. 구경에 정신이 팔리면 한 시간
도 걸리는 동네다. 딩보체는 물가가
조금 저렴한 편이다. 계속 아마다블
람을 보면서 걸을 수 있는 코스이다.

딩보체 마을을 떠나며

딩보체에서 점심을 먹고 계속 내
리막길이다. 딩보체 이후에 만나는
쇼마레(4,010m)는 팡보체에서 올라올 때는 깔딱 고개다. 올라올 때는 정말
힘들어서 헉 소리가 나지만, 내려가는 길이라 무릎만 조금 조심하면서 걸
으면 된다. 쇼마레는 실질적으로는 어퍼 팡보체이기도 하다.

팡보체는 큰 숙소들이 많다. 오래전에 이 동네에서 머물 때 숙소 주인이
이 동네에 에베레스트 마라톤에서 1등한 여자애가 살고 있다고 내게 자랑
도 하고 그랬는데, 지금은 어디 로지의 여주인이라도 하고 있으려나…….
팡보체는 가게도 많고 숙소도 많아서 성수기에는 트레커들로 매우 붐비는
동네이다. 그리고 팡보체 뒤로는 바로 아마다블람이 서 있어서 가까이에서
볼 수 있는 곳이기도 하다.

팡보체 마을을 지나 한참 가다가 좀 더 경사가 급한 길을 강을 끼고 걸
었다. 그러다 데보체로 건너가는 출
렁다리를 만나 간만에 마음이 조마
조마해지는 것 같았다. 오랜만에 만
나는 출렁다리를 아내가 무심하게
올라서길래 이게 뭔가 싶었다. 나는
여전히 무서운데. 좀 쉬었다가 가려
던 빅벡도 얼른 짐을 지고 따라왔

다. 다리를 건너면 지진 때문에 절벽으로 무너진 구간이 많아서 굉장히 주의를 요했다. 멀쩡한 듯 보였지만 절벽 위에 살짝 흙이 덮은 정도이곤 했다.

데보체에도 상당히 큰 로지 들이 많고 곰파도 있는데, 여기까지는 그래도 편안하지만, 텡보체로 가는 길은 가파른 경사의 오르막이다. 30분 정도를 힘들게 올라가야 한다.

쿰부히말 트레킹에서 너무 큰 힘이 되어준 포터, 빅벡.

열심히 올라가서 정면과 우측으로 매우 큰 건물이 보이면 텡보체다. 이 거대한 건물들은 모두 곰파가 아닌 호텔이고, 쿰부에서 가장 큰 곰파는 광장으로 나가서 우측으로 나가면 있다. 사방의 높은 산들에 둘러싸여 있는 곰파의 붉은 옷을 입은 승려들은 근엄해 보이지만, 곰파 뒤의 로지 식당에 가면 카드도 돌리고 술도 한 잔씩 하는 승려들을 볼 수 있다. 광장 부근의 거대한 로지에 가고 싶었지만 우리 포터인 빅벡이 곰파 뒤편의 외진 곳으로 한참 걸어서 트레커스 로지로 우리를 안내했다. 트레커스 로지는 조망도 좋고 한적하며 싸고 인심 좋고 메뉴도 매우 좋았다. 방값 100루피.

저녁으로 신라면과 스테이크와 밥을 시켜서 배가 뻥 터져나갈 정도로 먹었다. 이 로지는 고가의 식량들을 손님이 오가는 계단 옆에 쌓아두어 손님의 평정심을 자극했다. 하산 길에 이런 것들은 참을 수가 없다.

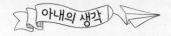

모든 미션을 끝내서인지 마음이 가벼웠다. 그러나 내 마음과는 다르게 몸은 밤새 괴로워했다. 얼마나 손가락을 땄는지 내가 봐도 불쌍할 지경이다.

거의 뜬눈으로 밤을 새운 후였지만 기분은 날아갈 것 같았다. 간단히 아침을 먹고 출발했다. 올라갈 때는 4시간 걸렸던 길을 1시간 만에 내려왔다. 둘 다 발걸음이 가볍다 못해 날아가는 것 같다. 가끔 뒤를 돌아다보면 로체와 아마다블람이 아쉬운 듯 서 있었다.

길은 내리막이고 날씨도 좋았다. 남편과 오랜만에 이야기를 할 수 있었다. 최근 들어 둘 다 너무 힘들어 산행 중 대화는 불가능했었다. 이번 약 두 달간 너무 많이 감사한 것투성이다. 제일 걱정한 날씨와 불확실했던 일정, 그리고 사람. 물론 마칼루에서 순탄했던 것은 아니지만 그래도 돌이켜 생각해보니 모든 것이 감사했다.

산에 들어온 지 20일이 다 되어간다. 그동안 한 번도 씻지 못했고 휴지 한 장도 아끼고 감사하며 써야 했다. 불편한 것 투성이고 모든 것이 도시와는 달랐다. 그래도 불만이 생기기보다는 감사했고 짧지만 산에서 살고 자연을 느끼는 것이 좋았다.

나 자신을 보고 누구에게라도 꼭 한 번 다녀오라고 하고 싶은 생각이 들었다. 커플이어도 좋고 가족이어도 좋다. 혼자면 더욱 좋을지도 모르겠다.

집 근처에 이런 길이 있으면 좋겠다. 영원히 잊지 못할 길이고, 풍경이다.

오늘의 일정은 텡보체까지이

다. 마지막에 오르막을 오르니 깜짝 놀랄 정도의 제법 큰 규모의 호텔과 바로 앞에는 사원이 있었다. 붉은 옷을 입은 승려들이 눈에 많이 띄었다.

로지에 도착하니 한국 라면이 있음에 또 한 번 감사해야 했다. 힘들고 불편하지만 다시 돌아갈 일상에서 더 많은 감사와 행복이 넘쳐날 것 같다.

🧭 쿰부히말라야 3좌 18일 차

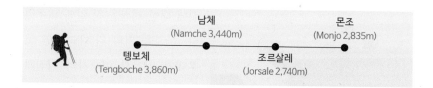

남체
(Namche 3,440m)

몬조
(Monjo 2,835m)

텡보체
(Tengboche 3,860m)

조르살레
(Jorsale 2,740m)

　　따스하게 잘 자고 잘 먹은, 보기 드물게 괜찮은 인정 많은 로지였다. 옆의 크고 좋은 호텔에 묵는 이들도 이 집 식당에 놀러 오기도 했다. 아침에 잠시 나가 한 쪽에 가니 산에서 죽은 이들의 위령탑이 멀리 산들이 잘 보이는 곳에 세워져 있고, 고쿄로 가는 길과 포르체로 가는 길들과 로체가 아침부터 찬연히 보였다. 그러나 내 카메라가 충전이 되어 있지 않아서, 사진을 열 장 정도 찍은 후에 멈춰버렸다. 100루피 주고, 카메라 30분간 충전하니 하루 종일 잘 견뎌주었다. 숙식비로 2,000루피 지불했다.

　　텡보체 곰파에 갔다. 유명 관광지의 곰파라 수행을 열심히 하는 기운은 느끼기 어려웠다. 그렇지만 오늘은 그런 느낌을 좀 잊고 지역의 문화를 더

텡보체 곰파

존중하고 싶었다. 이제 다시는 이 곳에 오지 못할 수도 있다는 것을 인정할 나이가 되었다. 그래서 좀 더 신중히 살펴보기로 했다.

곰파로 들어서서 여기저기를 살펴보는데, 몽라가 고향인 동네 최고 고승의 발자취를 잘 보존하고 있었다. 이미 아침 예불 시간이 지났으니 입구 이외의 곳은 문이 잠겨 있어 보지 못했다. 여러 번 지나갔어도 산문 안으로 발을 들인 적도 없었으나 발을 들인 것으로 의의를 두었다.

텡보체 이후로는 소나무와 향나무로 이뤄진 긴 내리막이다. 야크와 사람들이 무거운 짐을 지고 힘들게 언덕을 올라왔다. 텡보체 언덕에서 맞은쪽 몽라와 사나사가 잘 보이는데 지나온 길에 대한 기억과 앞으로 가야 할

길에 대한 계획을 잘 알게 해주었다. 산길을 거의 다 내려서면 군부대가 있어서 여행자의 여권과 입장료 및 커뮤니티 텍스 비용 여부를 조사한다. 2017년 12월 현재 쿰부의 TIMS는 완전 무력화되어 지역에서는 아무도 보자거나 만들라고 하지 않았다.

풍키텡카에 예전에도 그랬던가 싶을 정도로 제법 긴 출렁다리가 놓여 있었다. 그것을 건너면 긴 오르막이 시작된다. 1시간 반 정도 2개의 마을을 내내 오르막으로 연결하는데 갑자기 오르막을 만나니 힘들기도 하고 덥기도 했지만 산길이 넓어지고 소나무들이 우거져서 특유의 길쭉한 솔방울을 하나 들고 냄새 맡아 가면서 길을 올랐다. 가게들이 많아서 원하면 이것

저것 사먹으면서 가도 좋을 것 같
았다. 오르막의 거의 마지막인 사
나사의 좌판에서 아내에게 야크
뼈로 만든 목걸이를 사줬다. 이후
쿰중으로 가는 길과 고쿄로 가는
길을 보면서 좌로 꺾어, 넓고 탁
트인 차도 다닐 수 있을 것 같은 길로 들어서서 걸었다.

점심을 먹고 쉴 곳을 찾았다. 날씨는 올라올 때보다 더 좋았다. 산들 중
특히 아마다블람이 좋았고, 로체 남벽의 빙하까지 한눈에 조망되었는데,
그 사이에 숨은 수많은 언덕과 마을과 강들은 전혀 보이지 않았다.

올라오는 이들은 반팔에 반바지도 많았는데 두툼한 우리 옷차림을 보
고 웃으며, "어디 다른 데서 오시나 봐요?"해서 웃었다. 그건 한두 시간 후
면 알 것이니 흐흐흐.

쿰중(Kumjung 3,790m)으로 올라갈까 하다가 그냥 길게 뻗은 길을 따라
남체로 갔다. 길을 가다가 조금 높이 솟은 모퉁이에 조성된 불탑들을 모두
지나면 대략 마을로 들어서는데 오늘은 러시아제 중형 화물 헬기가 쿰중
공항으로 육중하게 날아가는 것도 봤다.

마을 어귀 박물관과 소남 사진관도 지나는데 남체는 슬슬 문 닫고 철시
한 곳이 많아지는 분위기였다. 포터는 먼저 남체 마을로 들어갔고, 우리도
야크 호텔에 가서 점심을 먹었다.

점심을 먹고 오후 2시에 남체를 출발해서 몬조까지 내려갔다. 하산 코
스가 다소간 특이하게 된 것은 이상하게도 아내가 남체보다는 다른 데서
머물고 싶다고 했기 때문이다. 보통 남체에서 쉬었다가 단번에 루클라까지
가는데 특별히 그럴 이유도 없었고, 마침 정광식 선생님의 부탁으로 보살
피고 있는 수니따가 학교를 잘 다니는지 찾아봐야 해서 하산 루트를 그렇

게 수정했다. 점심 이후 슬슬 내려가다 남체에서 제일 큰 가게에서 수니따 방문을 위한 물건을 골랐다. 너무 크고 좋은 건 평정심을 해치니 학교 선생님을 위한 선물로는 작은 초콜릿을, 수니따를 위한 선물로는 연필 한 다스를 골랐다. 산이라서 매우 비쌌는데, 학교 근처에서는 못 구할 것 같아 남체에서 샀다. 사람의 인정이라는 것이 달달한 뭐라도 하나 주면 수니따에게 좀 더 부드럽게 대하지 않을까 그런 생각을 했다.

남체에 올라갈 때에 만난 가장 싫은 높은 다리를 보니 무서웠지만 일단 표정만은 아무것도 아니라는 듯한 표정으로 빠르게 통과하고 휴 하며 한숨을 돌리는데, 뒤에서 말들이 떼로 지나가고 송아지와 주인이 나란히 달려갔다. 그러면 다리는 안 무너지나 싶었다. 이런 다리를 자주 만나도 무서운 것은 잘 사라지지 않는다.

저지대로 접어드니 털이 북실북실한 야크 대신에 동네 소들이 조(야크와 소의 교배종)나 젖소로 바뀌기 시작했다. 체크 포인트는 오르막이라 힘들다. 체크 포인트가 있는 곳의 지명은 조르살레지만 몬조 마을과 딱 붙어 있다. 그전부터 몬조가 인심이 조금 낮기도 했고, 시간이 오후 4시 반이니 서두를 이유도 없고 오늘은 포터에게 그만 가자고 했다.

몬조는 길을 따라 로지들이 많이 만들어졌는데, 주인의 품성이 잘 느껴지는 아기자기한 나마스테 로지에 가서 자리를 비운 주인을 기다렸다. 포터가 주인을 찾아왔는데, 이 산골과 어울리지 않을 것 같은 키가 크고 날씬한 젊은 새댁이었다.

안전한 고도에 접어들었으니 피로도 풀 겸 술부터 한잔하려고 하는데,

술이 럭시밖에 없었다. 너무 센 술이라서 창을 주문했더니 밖의 가게에 가서 사 온다. 창을 그대로 마시다가 설탕을 타서 마시니 막걸리 맛이 난다. 계란 부침을 시켜서 마시다가 뗸뚝●을 시켜서 먹었는데, 뗸뚝도 좋았다. 주인 새댁 얼굴 표정이 뭘 더 먹나 하는 표정이었다.

동네 사람 대여섯 명이 와서 앉아 이야기를 나누는데, 그중 한 명이 영어로 소통이 되어서 수니따의 학교 위치를 알아내서 포터에게 설명을 했다.

포터가 그동안 열심히 일했다. 심지어 빅벡을 훈련시킬 겸 해서 한 번도 안 해봤다는 비행기 표 리컨펌도 시켰다. 성실하고 부지런하고 성의도 있었다. 술도 안 마시고 도박도 안 하고 별 말도 없었다. 괜찮은 사람이니 히말라야 여행 사이트에 소개해서 일당도 더 받고 손님도 더 많이 받도록 해주고 싶었다. 길도 이번에 충실하게 잘 가르쳐놨으니 그 포스트를 보고 찾아오는 이들이 있으면 성실하게 잘 안내를 해주라고 했다. 이번 산행에서 쓰던 쿰부 지도를 주고 지명도 더 외우고, 여기저기 물어서 더 공부하고 모자라는 부분은 채우라고 했다. 물론 우리에게 좋았다고 남들에게도 좋을 리는 없지만 대개 처음부터 싹이 노란 경우보다는 나아서 정말 처음으로 도와줘야겠다고 생각했다.

그래서 히말라야 등산 사이트에 올렸는데, 2주 정도 뒤에 어떤 네팔의 가이드 녀석이 혼자 오는 한국 여자들만 골라서 성추행을 했다고 하고, 그에 대한 조치로 그 사이트에서는 모든 가이드와 포터에 대한 추천은 금지하게 되었다. 새롭게 사건 사고에 관한 것을 주로 올리는 게시판도 신설되었다.

아무튼 우리 포터, 애칭 짐돌이 빅벡은 운이 없었다. 나중에 해당 사이트에서 에이전시 소속 가이드, 포터 정도의 추천은 허용했지만 안 되는 건

● 티베트 음식으로 우리의 수제비와 비슷하다.

억지로 한다고 되는 일이 아니었다.

아내의 생각

남편의 정성스러운 마사지로 어젯밤에는 비교적 잘 잘 수 있었다. 아침에 잘 잤다고 하니 몹시 미안해하면서 진작 신경 썼어야 했다고 미안하다고 했다. 고도가 내려오니 정신도 돌아오나 보다. 그런데 고산에서는 자기 몸 하나 건사하는 것도 힘든데 당연하다.

다시 시작되는 하산 길, 신나게 내려가다 문득 '나는 내려가서 좋지만 올라오는 사람들은 참 힘들겠구나.' 라는 생각이 들었다. 남체에서 점심을 먹기로 했는데 생각한 것보다 훨씬 멀다. 가도 가도 끝이 없고 심지어 오르막이다. 고교와 갈림길이 나오고 우리가 지나왔던 길로 들어섰다. 평평했던 기억이었는데 나름대로 오르막 내리막이 있다. 탑도 하나인 걸로 기억했는데 굽이마다 탑이 서 있다.

며칠 전 기억인데 뭐가 이리 다른 것인지. 남체에 도착해서 점심을 먹으니 거의 2시다. 팍딩까지 가려고 했는데 몬조까지만 가기로 했다. 남체에서 처음 만나는 다리는 여전히 무시무시했고 바람까지 불어서 기분도 몸도 썰렁했다.

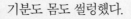

나름 부지런히 하산해서 몬조에 도착하니 이제 저지대로 내려가고 있음을 내려간 물가에서 느낄 수 있었다. 우리는 기분 좋게 창을 1리터짜리 두 병을 시켜서 나누어 마시고 저녁도 이것저것 시켜서 먹었다. 그런데 먹을수록 배가 고픈 것은 무슨 이유인지 모르겠다. 실로 오랜만에 깊은 잠을 잘 수 있었다.

🧭 쿰부히말라야 3좌 19일 차

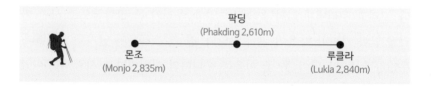

팍딩
(Phakding 2,610m)

몬조
(Monjo 2,835m)

루클라
(Lukla 2,840m)

아침에 숙식비로 3,200루피를 지불하고 수니따를 찾으러 팍딩의 쉬리 초등학교에 가야했다. 단서는 없고 쉬리 초등학교 3학년이라는 거다. 팍딩에 도착해서 동네 사람에게 물으니 학교는 머나먼 산의 중턱에 있다. 한숨을 쉬는데 오늘은 학교가 쉰다고 한다. 그래서 동네 아이에게 사진을 보여주어서 수니따의 집에를 찾아갔다.

작은 오두막이다. 비가 오면 샐 것 같고, 들어오라고 하는데 차마 들어간다는 말을 할 수가 없었다. 수니따는 산에 갔다는데 아마 나무를 하러 간 듯했다. 곧 온다고 해서 그 앞의 허름한 식당에서 기다렸다. 20분 지나서 수니따가 왔다.

초등학교 3학년이라는데 유난히 다른 3학년 아이들보다 덩치가 크다. 학교를 늦게 갔기 때문이다. 남의 집 종으로 있던 아이를 정 선생님이 속해 있는 엄홍길 재단에서 후원하여 집으로 돌려보내고 학교도 다니는 거라고 했다. 남체에서 산 초콜릿과 연필 한 다스를 선물로 주었는데, 아내가 미국에서 산 털모자를 수니따에게 주었다.

그리고 수니따에게 우리의 장학금이라며 500루피를 주며 과자 사 먹으라고 했다. 더 주고 싶었으니 돈이라는 건 항상 위험하다. 수니따는 가끔 먹으라고 준 초콜릿을 우리를 따라 온 동네 친구들의 입에 하나씩 까서 넣어주었다.

그리고 점심을 기다리는데 수니따가 어디에 갔다가 헐떡거리며 달려왔다. 그리고 우리에게 카닥*을 둘러주었다. 우리가 준 장학금으로 사준 카닥을 받아 가려니 마음이 편치 않았다. 잘 크고 행운이 있기를 기원했다. 우리가 돈을 더 많이 못 준 이유는 수니따의 아버지라는 사람 때문이었다. 뭔가 불안해 보였다. 나중에 들으니 그 사람은 수니따의 양아버지였다.

어떤 한 개인의 삶을 제3자가 개입하기는 어려운 일이다. 네팔의 산골에 양아버지라는 조건은, 그저 아이에게 행운이 있기를 바라는 것 외에는 우리가 할 수 있는 게 별로 없었다. 잘 쉬다가 수니따가 종처럼 일하던 다리 앞의 번듯한 로지를 째려보면서 다리를 건너 팍딩으로 해서 루클라로 향했다.

루클라로 오르는 마지막 길은 산을 우습게 보는 걸 방지하기 위해 제법 가파르고 숨차며 은근한 오르막을 제공하여 트레커의 다리가 지나친 내리

●카닥 : 외지의 방문객을 환영하거나 안녕을 빌어주기 위해 주는 1~3m 정도의 천

막으로 인해 부서지는 걸 방지해준다. 아주 오랫동안 수많은 한국의 산악인들이 이용하고 있는 히말라야 로지는 이름만 로지이고 자리 잡은 대지는 어지간한 대형 리조트 급이다. 공항과 바로 붙어 있어 편리하고 주인아저씨의 수완이 뛰어나 유사시 어지간한 일들은 다 해결할 수 있는 곳이다. 방 300루피에 잡고 포터인 빅벡에게 팁으로 2,000루피를 주고 헤어졌다. 그에게 행운이 있기를 진심으로 기원했다. 와이파이가 되는 커피집에서 아메리카노를 마시면서 인터넷의 히말라야 사이트에 빅벡을 추천하는 글을 올렸다. 루클라의 항공사에 가서 확인을 해봤더니 빅벡이 리펀컴을 아주 잘 해놨었다.

다시 도시다, 반갑다!

아내에게 입으로는 히말라야 14좌의 베이스캠프 트레킹을 다 마치고 나면 산에도 히말라야에도 발길을 안 할 거라고 하지만 히말라야는 한번 다녀간 이들을 다시 부르는 마력이 있어서 평생에 걸쳐 마음에 품고 다녀가게 된다. 그래서 주변의 많은 이들이 다시는 안 간다면서 다시 오르고 돌아오고 다시 안 간다고 하기를 반복하는 것 같다. 나도 어떻게 될지는 잘 모르겠다.

아내의 생각

어제 너무 깊이 잠들었는지 아침에도 늦게까지 눈이 떠지질 않았다. 아침으로 토스트와 버섯 수프를 시켰는데 버섯 수프 때문에 입맛이 확 돌아와서 점심 전까지 계속 뭔가가 먹고 싶었다.

산들이 커서 해가 늦게 떠올랐다. 생각보다 날씨가 쌀쌀했다. 우리는 내려가고 많은 트레커들은 올라갔다. 내려가는 길에 팍딩 근처의 학교에서 어떤 여학생을 찾아서 잘 있는지 확인해달라는 정광식 선생님의 청이 있었다.

팍딩 근처에서 학교를 찾으니 세상에 저 높은 산꼭대기에 있다고 한다. 학교를 바라보며 한숨을 쉬고 있는데 아이들이 유난히 많다. 오늘 학교를 가지 않는 날이라고 한다. 동네 아이를 붙잡고 수니따를 물어보니 우리가 찾는 수니따와 같은 학년이다. 사진을 보여주니 바로 뒷집에 산다고 한다. 오늘은 행운이 있는 날이다.

그 집에 가보니 정말 다 쓰러져가는 허름한 집이 헛간과 같다. 아이는 산에 나무하러 간 듯하고 엄마라는 사람이 수니따가 금방 온다고 한다. 기다리는 동안 점심을 할 생각에 앞집에 가서 뚝바와 모모*를 시키고 기다리는데 수니따가 왔다.

초등학교 3학년치고는 유난히 덩치가 크다. 이유는 학교를 늦게 갔기 때문이다. 나 역시 내가 근무하는 학교에 그런 아이들이 꽤 있는지라 금방 눈치챘는데 남편은 내가 이야기해준 후에야 알았다.

남의 집 종으로 있던 아이를 정 선생님이 속해 있는 엄홍길 재단에서 후원하여 집으로 돌려보내고 학교도 다니는 거라는 이야기를 들었다. 마땅히 해줄 게 없어서 초콜릿과 남체에서 산 연필, 내가 사용하던 털모자와 약간의 용돈을 주었다.

포터는 점심을 먹고 천천히 오라고 하고 우리가 먼저 출발했는데 올라오면서 봐둔 카페에 눈이 꽂혔다. 구경만 해야지 하고 들어갔다가 케이크와 빵, 커피를 사 들고 나와 야외 테이블에 자리를 잡았다.

● 모모는 만두이다.

오랜만에 연결된 인터넷에 시간 가는 줄 몰랐고 내 입속으로 들어온 케이크의 달콤함은 이곳을 떠나지 못하게 하는 악마의 유혹 같았다. 정말 어쩔 수 없이 일어나서 다시 길을 떠났다.

보통 가다 보면 포터가 따라붙는데 오지를 않는다. 설마 카페에 있을 때 우리를 앞서 갔나 하는 걱정이 되었다. 올라올 때 무시무시하게 느껴졌던 출렁다리를 이제는 무심하게 건널 수 있었고 동네사람들은 시원하게 말을 달리며 건넌다. 아무리 그래도 저건 좀 무서울 듯하다.

루클라 거의 도착해서야 우리 포터가 땀으로 범벅이 된 채 쫓아왔다. 뭘 하다가 이제 온 걸까? 그래도 보기 드물게 착하고 성실한 친구이다. 개선문보다 더 멋지게 보이는 저 아치를 넘으면 루클라 공항 근처다.

드디어 끝이다. 아치에서 기념사진을 찍으며 이번 산행을 마무리했다.

야호!

◉ 네팔 트레킹은 치안이 안전한가요?

외국인에게 대단히 안전합니다. 대규모 파업이나 폭동 등이 일어나면 대개의 경우 외국인 관광객들이 있으면 잠시 쉬었다가 다시 할 정도로 외국인들에겐 안전합니다. 그러나 가능한 한 일반적인 대비는 항상 해야 합니다.

◉ 트래킹을 갈 때는 어떤 복장을 준비하면 됩니까?

4계절 장비를 다 준비해야 합니다. 특히 신발이 가장 중요합니다.

3,000m 이하에서는 1년 내내 눈이 내리지 않는 아열대성 기후로 굉장히 더우므로 여름 산행 복장을 준비해야 합니다. 해발 4,000m 이상인 경우에도 낮에는 몹시 더워서 긴팔 하나 입고 산행을 하지만 기본적으로 밤에는 춥습니다. 4,000m를 넘어서면 반드시 모자를 쓰고, 선글라스를 써서 눈을 보호하고, 추위에 노출되지 않게 합니다. 5,000m를 넘고 눈이 많으면 스패츠와 아이젠과 스틱을 반드시 준비해야 합니다.

종종 비가 오기도 하므로 방수 재킷과 방수 바지도 필요한 경우가 많습니다. 한국인들이 트레킹을 많이 하는 12월~1월 사이에는 장갑을 여러 겹 껴도 손이 시린 경우가 많습니다.

◉ 가이드, 포터 등 스태프를 꼭 고용해야 하나요?

고산에 올라가면 기압의 영향으로 아무런 짐이 없어도 신체가 압박을 받고 체력 소모가 심합니다. 일단 짐이 가벼워야 주변의 아름다운 풍경이 잘 보이므로 최소한 포터는 반드시 고용하는 것이 좋습니다.

네팔에서는 포터가 1인당 25kg까지 짐을 운반하므로, 시끄러운 것이 싫으면 과묵하고 영어를 구사하는 포터를 고용하여 조용히 다니면 됩니다.

가이드는 안나푸르나 라운딩의 토롱 라 혹은 틸리초를 넘어 메소칸토 라 등을 넘는 경우, 에베레스트 라운딩을 하는 경우 등 특별한 코스에서는 반드시 필요합니다. 대개의 설산들이 수많은 산악 도로의 개설로 일정이 짧아져서 비용 부담도 덜하므로, 특별 허가가 필요하지 않으면 가이드를 대동하는 것이 여러 가지로 안전합니다. 해박하고 과묵하며 세심한 가이드가 좋습니다.

가이드는 길 안내만 해주는 사람이 아니라 트레커의 안전을 지켜주는 사람이므로 그의 의견을 잘 경청하고 가능하면 상의하여 잘 따르는 것이 좋습니다. 다치거나 고산병으로 위급할 때 병원이나 안전한 곳으로 후송하고 어떤 방법을 동원하든 고객을 지키는 것이 가이드의 의무입니다.

◉ 고산병에 대해 알고 싶습니다.

고산병은 일정한 구간에서 일어나는 것이 아니라, 개인차에 따라 각자 다르게 발생합니다. 통상 2,500~3,500m 사이에서 가장 잘 나타납니다.

산소가 부족한 고산에 오르면 사람은 스스로 환경에 적응할 시간이 필요한데, 그 시간을 주지 않고 단시간에 많은 높이를 올리면 바로 고산병에 걸리게 됩니다. 통상 3,000m~3,300m 정도에서 1일 이상 편하게 쉬고, 아주 천천히 산에 오르며 하루에 500m 이상 고도를 올리지 않는 것을 철칙으로 해야 합니다.

고산병에 걸려 힘든 상황이 되면 바로 하산하여 2,500m 이하의 구간으로 가야 합니다. 그 이외 약이나 기타의 방법으로 극복할 방법은 없습니다. 꼭 2,500m 이하가 아니더라도 고산병이 발생한 지점에서 최대한 밑으로 내리는 것이 꼭 필요합니다. 고산병의 주요한 증상은 강력한 두통, 우울증을 수반하다가 뇌수종, 폐수종 등이 발생하여 사망에 이르기도 합니다.

최근의 한국인들의 트레킹 상황을 보면 고산병에 걸리기 가장 좋은 방법은 총동원하여 트레킹을 하는 것 같습니다. 빠른 등반 속도와 휴식과 고소 적응 기간이 거의 없는 속도 경쟁을 하다 보면, 결국 서두르면 도달하지 못한다는 것을 뼈저리게 경험할 뿐입니다.

특히 산에서 술 좋아하는 사람들과 한 팀이 되면 그 팀은 대개 산행에 반드시 실패합니다. 술은 고산병을 부르는 최악의 옵션이기 때문입니다. 부득이 술을 마신다면 2,500m 이하에서 약간 허용이 되겠지만 그 이후는 절대로 안 됩니다. 하산 시에도 마찬가지 입니다.

◉ 가난한 사람들에게 뭔가를 주고 싶습니다.

2015년 지진 이후 현지인들의 마음이 많이 달라졌습니다. 그러므로 등산하는 사람들에게 돈을 달라고 하거나, 먹을 것을 달라고 하거나, 물건을 비싸게 팔려고 하거나, 심지어 매춘을 제안하는 사람들도 있습니다.

구걸에 응하면 평범한 사람들을 구걸의 길로 나서게 하는 것이니 당연히 거절해야 하는 것이고, 단것 등을 주면 치아가 상하기 쉬우므로 거절해야 하고, 한국 의약품이 강력해서 문제가 발생하기 쉬우므로 의약품 역시 안 됩니다. 연필이나 볼펜 같은 게 있다면 그게 좋습니다.

대지진 이후로는 일부러 개인사를 노출시키며 도움을 유인하는 가이드나 포터 혹은 마을 사람들도 갑자기 증가하고 있습니다. 마음 아프지만 이미 가이드와 포터들은 상당한 비용을 받고 일을 하고 있고 많은 액수의 입산료와 숙식비를 지출하고 있으므로 어려움에 대한 동감 정도를 표하는 것으로 충분한 경우가 많습니다.

◉ 트레킹 시 식수는 어떻게 해결하나요?

해발 2,000m 이하에서는 산장 등에서 파는 미네랄 워터나 끓인 물을 마시면 됩니다. 2,000m 이상에서는 현지인들이 사용하는 흐르는 맑은 물을 마셔도 되지만, 끓여서 먹는 것이 좋습니다.

저녁이 되면 로지에서 뜨거운 물을 2리터 정도 되는 크기의 보온병에 넣어 판매하는데 그걸 사서 밤새 마시거나 물통에 넣어 품고 자면 따뜻하고 좋습니다. 아침이 되면 그 물을 가지고 하루의 산행에 이용하면 됩니다.

◉ 하루 산행 거리는 얼마로 하는 것이 좋을까요?

하루의 산행 거리는 보통 5~7시간 정도로 한정하고, 아침 7~8시에 출발해서 반드시 오후 5시 이전에 마치는 것이 좋고, 하루의 고도는 500m 이상을 올리지 않습니다.

만약 산행 시간이 3~4시간이면 충분한데 500m 이상 올리게 된다면 아주 천천히 걸어서 일부러 산행 시간을 길게 하는 것이 좋습니다.

◉ 트레킹에 가장 좋은 기간을 알고 싶습니다.

히말라야는 언제나 좋지만 지역마다 조금씩 다르기는 합니다.

비가 많이 내리지 않는 건기 중 10~11월이 가장 좋은 철이고, 그다음이 우기가 오기 직전인 4~5월입니다.

한국인들이 많이 방문하는 12~1월은 좋기는 하지만 날이 추워지거나 폭설이 내려서 항공편 등 교통이 두절되거나 도저히 산행을 진행할 수 없는 경우도 많고 추워서 산행이 힘든 경우도 자주 있으므로 장비를 잘 준비해서 가야 합니다.

7~8월은 끊임 없이 비가 내리지만 호젓한 산행은 충분히 가능합니다.

12~1월 시즌과 7~8월 시즌은 방수와 방풍에 특히 주의를 기울여 준비해야 합니다.

◉ 비용을 아끼기 위해 일행을 만들고 싶습니다.

　생각은 좋지만 실제로 아낄 수 있는 비용보다는 불편한 점이 더 많아서 추천하고 싶지 않습니다. 산행은 굉장히 주관적이고 스타일도 다 다르므로 상호 간 충돌의 위험이 높습니다.

　고지대로 올라서면 체력적으로도 힘들고 심리적으로도 압박 상태가 되어 감정이 약간 특이한 상황으로 돌입하므로 한 개인의 깊은 곳에 들어있는 좋지 않은 부분들이 많이 드러나게 되어 서로에게 좋지 않습니다.

◉ 산행에 필요한 예산은 얼마나 잡아야 할까요?

　외국인 차별 가격과 시즌에 따른 가격 및 코스에 따른 심한 가격 변동으로 쉽게 측정이 어렵습니다.

　코스를 잘 알고 체력이 뒷받침이 될 경우, 혼자서 짐을 다 지고 야영 장비를 다 들고가면 비용은 많이 절약됩니다만 뭔가 결정해야 할 때 스스로만을 잘 믿고 의지해야 하므로 만만치 않습니다.

　가장 많은 비용을 차지하는 스태프의 인건비 부분은 한국인 에이전시와 네팔 에이전시의 스태프 비용과 실력이 현격한 차이가 나는 곳도 있고 그렇지 않은 곳도 있습니다.

　특히 안나푸르나 BC 이외의 곳은 반드시 그 스태프들의 비용과 교육 수준이 많이 달라집니다. 인건비를 조금 더 주더라도 해당 루트에 경험이 있는 가이드와 포터를 스태프로 고용해야 합니다. 싸고 좋은 경우가 별로 없으니 잘 골라서 해야 합니다.

　안나푸르나, 에베레스트를 기준으로 하면 비용은 대략 아래와 같습니다.

　항상 예산을 잡을 때, 입산 퍼밋 비용과 가이드, 포터 등 스태프 비용, 그리고 숙식 비용을 따로 잡아서 계산하는 것이 좋습니다.

1. 입산료 2,000~3,339루피, 커뮤니티 혹은 TIMS 2,000루피

2. 가이드 하루 25~35달러, 포터 하루 15~20달러

3. 1일 숙식비 1인 50~120달러 정도

4. 가이드 포터 보험료

5. 기타 비용으로 예비비 1일 50달러 정도로 생각하여 준비

칸첸중가, 다울라기리, 마칼루, 초오유 등에서 야영을 하는 경우 4인 이하면 대체적으로 야영을 하는 것이 로지를 이용하는 것보다 비싸고, 4인 이상이면 로지를 이용하는 것보다 야영을 하는 것이 비용이 절감됩니다. 코스에 따라 클라이밍 셰르파를 고용해야 하는 구간도 있습니다.

• 야영 장비 세트 렌트 1일 5~10달러
• 주방 장비 세트 렌트 1일 5~15달러

• 가이드 비용 30~60달러
• 포터 비용   15~25달러

특히 마나슬루는 전 코스 모두 로지가 준비되어 더 이상 야영이 필요없지만, 특수 지역으로 분류되어 입산료와 허가비와 에이전시 수수료 등이 가장 비쌉니다. 마나슬루는 반드시 2인 이상일 경우 입산 허가가 나옵니다. 본인이 2인분을 지불할 경우 에이전시의 양해하에 가능할 수 있습니다.

• 자갓 기준 7일당 시즌에 따라 50~70달러.
  매 1일 경과당 7~10달러 추가 징수
• 이외에 입산료 20달러, 팀스 10~20달러
• 1일 숙식 비용 20~100달러

마나슬루 서킷의 경우 안나푸르나와 연결되므로 안나푸르나 입산료 20달러, TIMS 20달러가 추가로 듭니다.

마나슬루는 강제 가이드 규정이 있어서 가이드를 동반하지 않으면 트레킹이 불가능합니다. 추가적인 비용이 많이 들므로 세심하게 살펴야 합니다.

비용은 쓰기 나름이지만 요즘 많은 부분이 너무 많이 올라서 더 이상 네팔이 싼 비용으로 편안하게 트레킹할 만한 곳이라는 생각들이 많이 달라지고 있습니다.

◉ 현지인과 외국인의 가격 차별이 있다고 들었습니다 어느 정도 가격이 다른가요?

굉장히 오랜 동안 적용되는 악습입니다. 국내선 항공기, 버스 등 모든 교통수단과 입산료, 호텔, 렌터카, 택시, 박물관 등에 외국인 가격이 현지인 가격보다 2~10배 이상 더 비싼 경우가 많습니다. 2015년 대지진 이후로는 외국인 가격 차별이 더 심해졌습니다. 인접 국가인 인도, 방글라데시 등은 가격이 저렴한 편이고, 중국, 일본, 한국 사람들에게 적용되는 가격이 다른 편인데 한국 사람들에게 적용되는 가격이 가장 높은 편이라고 봅니다. 하지만 시정이 불가능한 부분이므로 이것도 역시 여행의 일부분이라고 생각하고 받아들일 수 밖에 없습니다.

대단히 부당하지만, 참고 비공식적인 부분들은 최대한 절약해야 합니다.

◉ 파업(번다)으로 인하여 차량 운행이 끊길 때 어떻게 해야 하나요?

네팔의 번다는 다소 과격해서 일단 길을 막고 각 상점 등도 문을 못 열게 하고 버스, 택시 등도 운행하지 못하게 하는 총파업 스타일로 갑니다.

공항은 파업 중에도 이용이 가능하고, 투어리스트 전용 버스는 번다에서 비교적 안전합니다. 그러나 산행 전후에는 별 방법이 없어서 많은 시간이 소요되는 경우가 있습니다.

◉ 초행이고 여자 혼자입니다. 안전할까요?

　　일반적으로 여자 혼자는 쉽지 않습니다. 그러나 공신력 있는 에이전시에서 가이드 혹은 포터를 구하고, 한국어보다는 영어 포터를 구하는 것이 좋습니다. 필요한 말 외에는 농담 같은 것을 전혀 하지 않으면 크게 문제는 없습니다.

　　네팔의 여성 지위는 매우 낮습니다. 한국 여성에 대한 네팔 가이드와 포터들의 성폭행 혹은 성추행이 ABC지역에서 나타나기도 했습니다. 2018년부터 대사관에서 조치를 시작했으나 효과는 미지수입니다. 가벼운 행위라도 단호히 거절하고 바로 에이전시에 해고를 요구하거나 즉시 해고하면 됩니다.

◉ 산행 중 가이드·포터와 문제가 발생했습니다. 어떻게 처리를 하는 것이 좋을까요?

　　산행 중 스태프들과 문제가 발생하면 대단히 위험하고 힘듭니다. 대개 고용한 사람에게 맞춰주는 편이나, 2015년 대지진 이후로 약간 다른 양상도 보이는 것 같습니다. 포터의 경우 가이드가 통제하면 되고 어느 코스에서든지 다시 구하면 되지만, 가이드는 다릅니다. 아무도 안 보는 데서 조용히 사실 한 가지만 말하는 식으로 원하는 것을 정확하게 전달하면 됩니다.

　　중도에 하산시키는 것은 쉽지 않은 일이지만, 하산을 요구할 수 있습니다. 에이전시의 경우 나중에 손실 부분에 대해 보상을 받으면 되고, 프리랜서 가이드나 포터의 경우 바로 정산을 해주면 됩니다.

　　에이전시의 경우는 출발 전 대부분의 필요 비용을 지불하게 되고, 프리랜서 스태프들에게는 총액의 20% 정도를 선지급하고, 여러 번에 나눠서 주는 것이 서로에게 좋습니다.

◉ 로지를 이용하려고 하는데, 3계절용 등 좀 가벼운 침낭을 가져가도 될까요?

　　결론부터 말씀드리면 어느 시즌, 어느 코스라도 동계용 침낭을 준비 해야 합니다. 특히 안나푸르나 베이스캠프, 안나푸르나 라운딩과 에베레스트 등을 하신다면 길고 추운 밤 1분이 1년처럼 느껴질 수 있습니다.

동계 침낭을 가져가고, 가능하면 방수 침낭 커버도 가져가서 저지대에서는 침낭 커버만으로 자다가 고지대에서는 침낭과 침낭 커버를 함께 사용하는 것이 좋습니다.

안나푸르나 BC도 종종 엄청난 추위가 엄습하는 경우가 있습니다. 숙소라고 해도 찬 바람이 팍팍 들어오는 경우가 많아서 밤에 더운 물을 컵에 부어 놓고 잤는데 얼음이 얼어 있는 경우도 종종 보게 됩니다.

등산 장비점에서 좋은 침낭을 구하든가, 인터넷 중고사이트에서 잘 찾으면 아주 좋은 침낭을 저렴하게 구할 수 있습니다.

그 외에는 카트만두 현지에서 하루 3~5달러 정도로 렌트하는 방법도 있으나 만족스럽지 않은 경우가 많은 것 같습니다.

국산은 다나, 준우 등이 좋고 외제는 마모트, 예티 등이 좋습니다.

◉ 고어텍스 방수 잠바 외에 오리털 파카도 필요한가요?

3,000m 이상 올라가면 오리털 파카가 필요한 경우가 분명히 있습니다. 그러나 도심에서 입는 그런 오리털 파카가 아닌 등산용 오리털 파카를 준비하는 것이 좋습니다.

구매는 동대문 등의 등산 전문점들과 중고나라 등의 땡처리 정품들을 이용해도 좋을 것 같습니다.

◉ 선글라스가 필요한가요?

반드시 필요합니다. 설산에 태양이 떠오르면 거대한 다이아몬드 같은 산이 햇빛을 반사하게 되고 조금만 경과하면 눈이 아프고 괴로운 설맹 현상이 일어납니다. 그러므로 설산을 마주하게 되는 구간과 사막화되는 구간인 약 3,000m 구간부터는 반드시 써야 합니다.

햇빛이 강한 경우는 그 이전에도 써야 하고, 반드시 2개를 준비하는 것이 좋습니다. 선글라스와 함께 챙이 넓은 고어텍스 모자도 준비하는 것이 좋습니다.

◉ 아이젠과 스패츠 등이 필요할까요?

아이젠이 필요한 구간들은 주로 눈이 녹아 흐르다가 얼어서 등산로가 빙판이 된 곳이나 5,000m 안밖의 패스들을 넘을 때 쓸 일이 생깁니다. 평상시 연습을 좀 해보는 것이 좋습니다.

스패츠는 눈이 많이 오게 되면 사용하는데, 무릎 이상으로 눈이 오는 경우도 많으므로 여유가 되면 방수 바지도 준비하는 것이 좋습니다.

눈은 3월 중순까지도 많이 오고, 눈이 많이 와서 산행 자체가 안 되는 경우도 많으므로, 이런 경우 보온과 방수에 신경 써야 합니다.

◉ 요새는 GPS를 많이 씁니다. 종이 지도가 필요할까요?

확실히 전화기 등에 어플로 깔아서 사용하는 등 GPS가 편리하지만, 설산들은 자성이 강한 경우도 많아서 기계가 혼선을 빚기도 하고, 배터리 소모가 많아서 충전하며 사용하기 어려운 경우도 있습니다. 종이 지도는 아직은 필수로 생각합니다.

◉ 산행 중 충전은 어떻게 하나요?

3,500m 이하 저지대에는 전기 인심이 괜찮은 편이지만 4,000m만 넘어가면 서서히 전기 인심이 그리 좋지 않다가 5,000m 근방에 가면 카메라 혹은 전화기를 충전하는 비용이 하루 숙식비에 육박하는 엄청난 경우도 분명히 생깁니다.

카메라 등에 사용하는 보조 배터리를 충분히 준비하고, 휴대용 대용량 충전지를 준비하고, 이외에 풍부한 태양광을 이용한 태양열 충전기를 준비하면 유사시 충전의 압박에서 벗어날 수 있을 것입니다.

◉ 인터넷은 히말라야 전역에서 잘되나요?

　　에베레스트 지역은 남체와 그 부근, 안나푸르나는 좀솜, 마낭 지역까지 가동되고 그 이후는 거의 가동되지 않습니다. 로지 등에서 와이파이와이파이 (Wi-Fi) 데이터를 사서 사용이 가능한 경우도 있으나 미리 시그널을 확인해보시기 바랍니다.

◉ 고산병 등 환자가 발생하면 어떻게 하나요?

　　고산병 등으로 갑작스러운 환자가 발생하는 경우, 즉시 하산시키는 것이 최선책이고, 버틸수록 좋지 않습니다. 비아그라 등은 별 효과가 없는 것 같고, 다이아목스(Diamox)가 어느정도 효과가 있지만 절대적이지는 않습니다.

　　상황이 아주 안 좋은 경우는 5,000m 이하의 고도라면 헬리콥터를 불러 빨리 후송하는 것이 좋습니다. 날씨가 좋지 않고 저녁인 경우, 헬리콥터가 뜨지 못하므로 일단 말 혹은 야크에 태워 저지대로 옮기게 되는데 그 비용은 선불해야 하고, 국내선 비행기 왕복하는 수준은 됩니다.

　　헬리콥터 등은 관련 보험을 미리 들어두는 것도 좋은 방법입니다.

　　고산병에 걸리면 일단 정상적인 사고를 하지 못하고 움직이는 것도 힘들어집니다. 그 외에 가장 쉽게 판단하는 방법은, 식사를 전혀 하지 못하고 두통으로 괴로워하면 바로 하산해야 하고, 식사는 하면서 괴로워하면 적응이 가능해질 수도 있습니다.

　　고산병에 걸리지 않으려면 통상 3,000~3,500m에서 1~2일 쉬는 것을 기본 철칙으로 하고, 하루 500m 이상 고도를 올리면 안 됩니다.

◉ 돈은 어떻게 준비해 가나요?

　　500루피 이하, 100루피짜리로 준비해 가는 것이 좋습니다.

　　카드 등은 쿰부 외에는 산속에서 통용되는 곳이 거의 없습니다.

1. 여행자 보험

일반적인 여행자 보험으로는 트레킹 시 발생하는 사고에 대한 보상도 어렵고 가입도 어려우며, 헬리콥터를 부르거나 병원 치료에 발생하는 엄청난 비용에 대한 부분도 감당하기 어렵다.

여행 마니아들을 위한 보험으로 치료비 무제한 서비스를 해주는 월드 노매드에 가입한다. 우리 부부는 한국인, 50일 정도 2명으로 350달러 정도의 비용이 들어갔는데, 강력한 보장 내용 대비 적당하다고 생각한다.

http://www.worldnomads.com

2. 전화 및 인터넷

락이 걸리지 않은 스마트폰에 네팔 현지에서 심 카드 나마스테 등을 사서 충전한 뒤에 GPS 혹은 오프라인 지도를 탑재한 Mapswithme 등 앱을 깔아 활용한다.

인터넷은 대도시 외에는 활용이 힘들지만 전화기는 유사시에 활용이 잘되는 편이다.

3. 환전

달러가 필요한 대부분의 경우가 에이전시 비용이다. 버스비 등도 현지 한인 여행사 등에 미리 결제해주고, 에이전시 비용은 분할하여 지급하는데 가능한 한 100달러 짜리로 환전하여 준비하고 카트만두의 환전소에서 환전하는 것이 유리하다. 포카라만 되어도 환율이 불리하다. 유사시를 대비하여 신용 카드를 준비한다. 소액이라도 흥정이 가능하고, 환전소 간의 환율 차이가 심하므로 여러 곳을 다녀보는 것이 좋다.

4. 기본 서류 준비

여권, 여권 복사본 5장 이상(스마트폰 등에 입력도 할 것), 여권 사진 20장(코스가 하나일 경우 3장 정도), 전자 항공권 등

TIMS 등 각종 허가서, 여권의 비자면, 보험 서류 등은 반드시 복사본을 준비하고 에이전시와도 계약서를 작성하는 것이 좋다.

5. 여행 및 트레킹 준비물

• 기내 및 장거리 버스 여행시

플리스 재킷(비행기, 버스 등등이 의외로 냉방이 센 경우가 많다.), 슬리퍼(기내 혹은 장거리 버스 안에서 발이 불편한 것을 방지한다.), 세면도구, 가그린 등등, 등산용 타월, 화장지, 물티슈, 간단한 책, 지도, 카메라, GPS 등

• 추천 장비 구입처

종로 5가의 등산 전문 장비점들이 인터넷 등과 비교해도 가장 저렴하고, 특히 이월되는 철에는 대폭의 세일도 실시하고, 다소 불친절한 듯한 냉랭한 장비점 사장님들이 사실은 아주 친절한 분들인 경우가 많다. 원하는 장비 품목과 예산으로 상담을 잘하고, 다리품을 많이 팔면 많이 절약된다.

오프라인에서도 이월되는 철에는 일반적이고 간단한 등산 장비들은 정품을 반값 이하로 저렴하게 파는 것이 많다.

시간이 부족하여 카트만두에 도착해서 장비를 구입해야 하는 경우는 왕

궁 근처의 노스페이스 등 유명 등산 브랜드의 정품을 구입하는 것이 가장 좋고, 그 외에는 중국산 정품 짝퉁도 차선책인데 딱 돈 준 만큼의 품질이 겨우 제공되므로 크게 기대는 안 하는 것이 좋다.

에베레스트는 남체에서 노 브랜드지만 산행에 충분한 품질의 것을 구할 수 있고, 안나푸르나 지역은 포카라에서 장비를 구하면 되는데 외국인 특별가가 적용되므로 엄청난 다리품을 팔아야 현지 가격보다 조금 비싼 정도로 구입이 가능하다.

산행 준비물

신발류 / 중등산화

1일 이상 산행 시 사실상 가장 중요한 장비다. 산행 장비 중 가장 많은 부분을 투자해야 하는 것이 중등산화이다. 등산화가 안 좋으면 산행은 종료되는 경우가 많다.

험한 곳에서 발목을 다치는 부분도 생각해야 하고, 눈이나 얼음이 많이 쌓인 패스들을 건너면서 아이젠 등을 장착했는데 신발이 망가지면 생명이 오가는 문제가 되므로 살 수 있는 한 최고급의 중등산화를 준비해야 한다.

눈이 많이 내리면 일반 등산화는 얼어서 딱딱하게 되고, 발도 젖어서 동상에 걸리므로 고어텍스 혹은 틴슐리트 등 다양한 방수제가 들어 있는 중등산화를 골라 왁스도 바르고 스프레이도 뿌려서 방수력을 높여야 한다.

신발은 5~10mm 정도 큰 것으로 두꺼운 등산 양말 등을 착용하고 저녁에 꼭 신어보고 사야 하고 디자인은 기본에 충실한 클래식한 것들이 좋다. 양말을 신은 상태에서 엄지손가락이 들어갈 수 있는 정도의 크기의 등산화를 사는 것이 좋다.

마인들, 한바그가 볼이 좀 넓고, 볼 넓은 사람을 위한 중등산화들이 따로 나온다. 잠발란이 약간 볼이 좁은 편이어서 자신의 체형에 맞추어 반드시 신어보고 준비하는 것이 좋다. 정품은 수리 등에 필요한 수리 보증서를 준다.

가격은 대략 35만 원 선인데, 우리 부부는 아내는 마인들을 사고, 볼이 더 넓고 사이즈가 큰 남편은 한바그를 사면서 조금 더 깎아서 사고 고어텍스 스프레이도 얻어서 잘 샀다고 본다.

둘이 시내에서도 신고 다니고, 작은 산에서도 신고 다니면서 신발을 길들였다.

`Tip` **구입 추천 : 종로 5가 Lowe alpine, 안나푸르나, 호 상사 등**

국산 유명 중등산화 유감.

　국내산 중등산화를 추천하지 못하는 이유는, 그동안 경공업 세계 최고의 품질로 명성을 누려온 한국의 신발 제조 능력이 하락한 건지, 그냥 불운한 것인지 알 수 없으나, 국산 최고급 중등산화를 구입해서 길들이던 중 갑자기 신발 축이 내려앉고, 가루처럼 부서져서 안에 양말을 넣고 스포츠 테이프로 봉해서 겨우 산길을 내려오는 위기를 겪었다.

　신발의 이러한 사고에 대해 충분히 공부한 후 문의를 했는데, 해당 제조업체의 상무급 임원이 나서더니 사과나 수리 혹은 교환 또는 보상 중 어느 것도 할 수 없으니 소비자 보호원에 고발하고, 소송도 하라는 적반하장 식의 고객 응대를 받았다. 몹시 어이가 없는 일이었다. 이후 아내의 반대로 소송이나 1인 시위 등은 포기했으나 경등산화나 다른 신발들은 국산을 쓰지만, 중등산화만큼은 절대로 사지 않는다.

　"잘못된 신발의 착용은 반드시 많은 시간과 노력과 비용을 들인 산행 중 사람을 다치게 하고, 누군가의 일생의 로망인 설산행을 망치게 하거나 죽음에 이르게 할 수도 있다. 좀 잘 만들어 달라." 이런 내용의 편지를 해당 업체에 전달하고 마무리 지었다.

스패츠

저렴한 것을 구매해도 된다. 고어텍스 스패츠를 구입하는 것도 추천한다. 눈이 많이 올 때 일정 수준까지는 스패츠가 하체를 보호해준다.

아이젠

촐라 패스 정도를 통과하는 경우 스테인리스 아이젠 정도면 충분하다.

슬리퍼

기내와 장거리 버스 탑승 시, 산행 후 로지 등에 머물 때 주로 사용한다. 눈이 많고 얼음이 언 곳은 로지 안이라도 사용하지 않는다. 의외로 대형 사고로 이어지는 경우가 많다.

양말

저지대에서는 속건성의 쿨맥스 등 기능성 양말이 좋고, 고지대에서는 우모 혹은 낙타털 등으로 만든 양말 등 보온성 양말이 좋다.

배낭, 카고 백 등 가방류

각 필요 물품들을 비닐 혹은 방수천으로 분리하여 수납하고, 다시 큰 김장 비닐로 감싸서 방수한다. 100리터 급 배낭과 120리터 급 얇은 카고 백을 준비하고 2개의 하드 케이스에 넣어 가지고 간다.

하드 케이스는 기내 수하물로 보내거나, 산행 전 숙소 등에 열쇠로 잠가서 맡겨두고 배낭과 카고 백만 들고 산에 간다.

포터를 고용하는 경우는 카고 백으로 짐을 나르는 것이 편하다. 포터를 고용하면서도 배낭을 가지고 가야 하는 이유는 가끔 어려운 코스에서, 포터가 짐을 버리고 도망가는 경우도 있어서이다.

배낭이나 카고 백은 자신의 여행 기간이나 코스에 따라 유동적이므로 상황에 따라서 선택하면 된다.

보조 배낭

30리터에서 35리터 급으로 아무 브랜드나 가격과 상관없이 매보고 편한 것으로 사면 된다.

귀중품과 물, 현금, 전자 장비 등을 넣는다. 지도, 가이드북 등도 넣고, 기후 변화에 대비한 고어텍스 재킷 같은 것을 넣는다.

스틱

일자형 스틱을 쌍으로 사용해야 한다. 고가의 스틱으로 레키(LEKI)가 있는데, 추천한다.

침낭

원정대용 침낭을 구입하는 것이 좋다. 국산품으로는 다나의 침낭이 좋다. 중고 등산용품을 파는 사이트에서 가끔 엄청나게 싼 가격에 파는 경우도 있다. 어쨌든 침낭은 무조건 좋은 걸 사용해야 한다. 추운 로지나 텐트에서 잠을 자보면 침낭만큼은 무조건 좋은 걸 사야 한다는 견해에 충분히 동의할 것이다.

네팔 현지에서도 빌릴 수 있다. 카트만두나 포카라에서 빌릴 수 있으나, 아무래도 품질은 추천하기 어렵다.

침낭 커버

에베레스트나 안나푸르나 코스 정도에서는 침낭이 좋다면 침낭 커버는 필요 없다. 그러나 침낭의 품질이 원정대용 정도 수준이 아니라면 고어텍스 침낭 커버를 구입하는 것이 좋다. 고지대와 야영시에는 아래에 매트를 깔고 밖에 커버를 두르고 자는 게 좋다.

야영장비(텐트, 매트)

현지에서 빌리는 텐트의 수준을 알 수 없어 집에 있는 콜맨의 텐트 2개를 일단 가져갔다. 비교해보고 빌리는 것이 나으면 그것으로 하고 매트 정도만 빌리면 되지만, 가이드, 포터용 침낭과 매트도 준비해줘야 하므로 만만치 않은 비용이 들어간다.

등산 의류
네팔은 4계절 산행 장비가 모두 필요해서 짐이 많아지므로 좋은 것으로 몇 개만 준비한다.

- 기능성 내복 상의 : 해발 4,000m를 통과하면 건조하고 쌀쌀하다. 내복 상의만 입고 산행하는 경우도 그리 나쁘지 않다.
- 기능성 내복 하의 : 4,000m를 통과하면 입는다. 부상 방어와 보온을 위해 2XL 등의 브랜드 압박 바지를 입고 그 위에 입으면 덜 춥고 주행이 조금 더 쉽다.
- 보온 재킷 : 여러 종류가 있지만 플리스가 좋은 편이고, 최근에는 방수 기능도 있는 재킷이 많이 나온다.
- 다운 재킷 : 약 800g정도의 다운 재킷이 있으면 아무래도 좋다.
- 방수, 방풍 재킷 : 고어텍스나 아니면 같은 기능을 하는 재킷으로 준비하는 것이 좋다.
- 방수, 방풍 바지 : 이것도 마찬가지로 고어텍스 바지이거나 같은 기능을 가진 바지를 준비하는 것이 좋다.
- 모자류 : 저지대에서는 챙이 넓은 고어텍스 모자를 접어서 쓰고, 고지대에서는 보온이 되는 플리스 등의 소재로 된 모자를 쓴다. 4,500m 이상을 넘어서고, 패스 등을 새벽에 넘는 경우는 목과 얼굴을 완전히 막아주는 이른바 타이거 마스크라고도 불리는 복면 모자인 발라클라바 모자를 쓰는 것이 좋다.
- 장갑 : 4,000~5,000m 정도에서는 겨울용 등산 장갑을 사용하면 된다.

5,000m 이상, 그리고 패스 통과 시에는 벙어리장갑을 사용하는 것이 좋다.
- 수건 : 스포츠 타월을 주로 사용하면 된다. 1인당 2~3개면 된다.

헤드랜턴
집에 있던 페츨과 블랙 다이아몬드 헤드랜턴과 LED 손전등을 준비했다.

고글이나 선글라스
저지대에서는 챙이 넓은 모자 정도면 되지만, 3,000m 이상으로 설산이 반짝이는 지점에서는 반사광이 사방에서 들어오므로 처음에는 눈이 아프다가 일시적으로 실명되기도 하므로 고글이 필수이다. 오클리 혹은 즐보의 고글이 좋고, 눈폭풍이 몰아치거나 비가 많이 오는 경우는 스키 혹은 등산용 대형 고글도 좋다.

시계
고도계를 겸한 전자시계가 좋다. 안나푸르나의 ABC나 쿰부히말의 에베레스트 베이스캠프 정도를 갈 때는 굳이 필요치 않다.

카메라
미러리스 카메라가 가볍고 좋다. 메모리와 배터리를 충분히 준비하는 것이 좋다.
카메라는 너무 추우면 배터리가 방전되거나 정상 가동이 되지 않으므로 카메라 집이 필수적으로 있어야 한다. 5,000m 이상 고지대에서는 방수팩에 핫팩을 붙여두거나 품에 넣고 있는 것도 충분한 도움이 된다.

보조 배터리

보조 배터리 1만 암페어 2개. 2만 암페어 1개.

태양광 충전기 2개(미국 아마존에서 60달러에 구입, 보조 랜턴 겸용. 중국제인데 제법 충전 속도도 빠르다.)

멀티 탭

전원이 공급 가능한 곳에서는 최대한 모든 전기 장치를 충전해둔다. 집에 있는 멀티 탭을 가져간다.

밑반찬

뜨거운 물에 불려 먹는 봉지 라면류, 수프류, 햇반, 죽류, 튜브 고추장, 깡통에 든 우엉, 통자반, 깻잎, 장아찌, 작은 김치, 마른 멸치, 황태포, 쥐포, 오징어포, 쌈장 등이 좋다.

차 : 티백이 좋다. 한방차, 쌍화차, 마차, 생강차, 코코아, 분유, 커피, 둥글레, 꿀차 등등 먹으면 든든한 차 종류가 좋다.

물이 안 좋은 곳에서는 차를 마시는 것이 더욱 좋다. 간혹 뜨거운 물 한 잔에도 엄청난 가격을 요구하는 로지도 많다.

간식 : 가장 좋아하는 것들을 가져가도 의외로 잘 안 먹게 된다. 사탕, 초콜릿, 초코 바, 껌 등을 많이 가지고 가는 게 좋다.

보온병

보온병 큰 것을 준비한다. 12시간 이상 보온력이 유지되는 스테인리스 제가 좋다. 5,000m 급의 패스들을 새벽부터 지나야 하는 경우 꼭 준비한다.

컵
스테인리스 컵 큰 것을 가져가서 죽이나 수프 등을 먹거나 차 등을 우려서 자주 마신다.

고체 연료, 등산 스토브
필요한 때가 있다. 가스는 특히 네팔 도착 후 구매한다.

라이터
종종 말썽이 나므로, 수하물로 붙이지 않는 것이 좋다.

핫팩
많이 준비하는 것이 좋다.

비상 약품
고용량의 비타민제를 준비한다. 진통제와 소염제, 감기약 등도 다양하게 준비하는 것이 좋다. 압박 붕대도 준비하는 것이 좋다. 반창고와 물파스도 준비하는 것이 좋다. 비아그라는 별 효과가 없다. 고산병에 좋다는 다이아목스는 네팔에서 구입하면 된다.

◎ 네팔의 화폐는 어떤 것이 있나요?

통화 단위는 루피(Rs)와 뻐이샤(P)입니다.

네팔 루피(Rs)1, 2, 5, 10, 20, 25, 50, 100, 250, 500, 1000루피 지폐가 있는데, 주로 20, 50, 100루피가 많이 쓰이고 1, 2, 5루피 동전도 있습니다. 환전은 공항, 호텔, 식당, 은행과 타멜 곳곳의 사설 환전소에서도 가능한데, 환율 변동이 클 때는 은행이 유리하고, 안정적일 때는 환전소가 유리합니다. 그러나 은행에서 환전을 한 경우, 영수증을 보관해두어야만 여행 종료 후 최초 환전한 금액의 15%만 재환전이 가능해서 대개 환전소 혹은 등산 에이전시 등에서 유리한 환율로 교환하는 경우가 많습니다.

US 1달러당 = 108~110 루피 (2017. 4월 현재) 정도입니다.

ATM은 카트만두, 포카라의 대도시에서 4만 루피 정도가 최대로 인출됩니다.

카트만두에서 바꾸는 것이 환율이 가장 유리하고, 포카라만 되어도 1달러당 1루피 정도 차이가 납니다. 산간 마을에서는 엄청난 환율 차이가 납니다.

◎ 네팔에 출입 시 비자는 어떻게 해야 하나요?

1. 한국에는 한국 주재 명예 네팔 영사관이 있고 이곳에서 비자를 발급 받을 수 있습니다. 그러나 약 3일이 걸리고, 지방에 사는 경우 차비가 들고 번잡해서 카트만두 공항에서 입국할 때 비자를 받는 것이 일반적입니다.

E-Visa도 가능한데, 비자 수수료를 카트만두 공항에서 내게 되므로 큰 메리트가 없습니다. 이런 경우 비자 대행사에 맡겨도 좋은데 15일 비자의 경우 네팔 트리부반 공항 도착 비자가 25달러 한국에서는 35,000원입니다. 비자월드(http://www.visaworld.co.kr)등 대행사들은 6만 5천 원 ~7만 원 정도에 대행합니다.

2. 카트만두 공항에서 단수 관광 비자를 발급해주는 것을 받으면 됩니다. 6개월 이상 남은 여권, 사진 2장, 비자 신청서, 비자 발급 비용(만 10세 미만은 비자 발급 비용이 면제됩니다.)
비자는 15일 25달러, 30일 40달러, 90일 100달러 3가지 기간 중 선택하면 됩니다. 중도에 연장하는 경우, 비용이 더 많이 들고 시간도 들어 불편합니다.

3. 6개의 육로로 네팔에 입국하는 도시의 이민국 체크 포인트에서 주는 비자를 받으면 됩니다. 주로 인도에서 입국하는 경우에 해당하고, 중국 티베트의 라싸에서 들어오는 장무-코다리 등의 국경에서 비자를 받을 수 있습니다.

4. 비자 연장 : 처음 받은 비자의 유효 기간을 넘겨 체류를 하고자 하면 이민국(Immigration Office)에 가서 비자 연장을 하면 됩니다. 1회당 30일씩 연장이 가능하고 Old bus terminal 뒤편 Tourism center 내에 있습니다. 타멜에서 택시로 5분 소요되고 연장에는 급행 발행이 있고 반나절 정도 걸리는 일반 연장이 있습니다.

5. 비자 기간 초과(overstay) : 중도에 비자 기간보다 오래 머무르게 되는 오버 스테이 상황이 발생하면 단 하루를 초과해도 벌금 30달러와 매 1일

당 3달러의 벌금이 부과됩니다. 최초 발급 시 충분한 기간을 신청하는 것이 시간과 비용 측면에서 경제적입니다. 비자의 연장은 1년에 최대 150일까지입니다.

6. 네팔에 영주권 제도는 없고 60세 이상 은퇴 비자가 있습니다. 2만 달러를 예치하고 1년에 한 번 갱신합니다. 대개의 외국인은 학생 비자, 사업 비자 등을 취득 후 계속 갱신하며 체류하게 됩니다.

7. 특이한 경우로 거주 비자(Residential Visa)가 발급되기도 하는데 국제 저명인사, 네팔의 발전에 공헌한 자, 네팔 산업체에 한 번에 최소한 10만 달러 이상 투자한 자 등, 일정한 자격을 갖춘 사람에게만 발급한다고 합니다.

◎ 네팔 주재 한국 대사관은 어떻게 연락해야 하나요?
　　주소 : P.O.Box 1058 Ravi bhawan Tahachal, Kathmandu, Nepal
　　위치 : Kathmandu 서부 Lincoln School 옆

　　대사관 연락처
　　전화 : (+977-1) 427-0172, 427-7391, 427-0417
　　팩스 : (+977-1) 427-5485/427-2041
　　대사관 대표 메일 : konepemb@mofa.go.kr
　　사건 사고 긴급 연락처 : (+977) 98510-33178, (+977) 98510-25228
　　사증(비자)·공증·서한 발급, 여권 업무 및 기타 등은 대사관 평일 근무시간(월~금, 오전 09:00~12:00, 오후 1:30~5:00)에 +977-1-427-0172로 문의하시기 바랍니다.

◎ 네팔에서 여권 등 각종 증명서 혹은 신용 카드 등을 분실하면 어떻게 해야 하나요?

각종 분실 사고의 경우, 대동소이한 과정을 거칩니다. 그러나 여권 등 증명서와 함께 전화기와 현금 및 신용 카드 등도 모두 분실하는 경우는 할 수 없이 주변 분들에게 많은 도움을 받아야 합니다.

1. 여권 분실 시

네팔에서는 많은 경우 여권 등 각종 증명서의 복사본을 요구하므로, 여권 분실 및 기타 서류 준비 등에 대비해서 여권 복사본과 비자 복사본 및 여분의 사진 등을 만들어두는 것이 좋습니다. 불행히도 여권을 분실한 경우, 먼저 네팔 관광청(Tourism Board Tourist Police)에 가서 여권 사진 1장과 수수료 약간과, 여권 복사본을 가지고 분실 확인 증명서(Police Report)를 발급받아야 합니다. 그런 다음 분실 확인 증명서를 가지고 네팔 주재 한국 대사관에 가서 여행증명서를 발급 받아야 합니다.

2. 신용 카드 분실 시

먼저 평상시에 카드 뒷면에 반드시 본인 서명을 해둬야 안전합니다. 신용 카드를 분실하게 되면 즉시 한국에 있는 카드 회사로 전화를 걸어 카드 사용 정지를 신청해야 합니다.

3. 여행자 수표 분실 시

요새는 여행자 수표를 많이 쓰지 않지만 분실한 경우, 먼저 네팔 관광청(Tourism Board Tourist Police)에 가서 여권 사진 1장과 수수료 약간과, 여권 복사본을 가지고 분실 확인 증명서(Police Report)를 발급받은 후 해당 은행을 방문해 재발급받으면 됩니다.

4. 도난을 당했을 때

네팔에서 도난을 당한 경우, 일단 찾을 가능성은 거의 없습니다. 그러나 여권 등 중요한 서류와 귀국 및 보험 처리를 위해 네팔 관광청 (Tourism Board Tourist Police)에 가서 여권 사진 1장과 수수료 약간과, 여권 복사본을 가지고 분실 확인 증명서(Police Report)를 발급받아야 합니다. 현금과 카드 등을 모두 도난당해 막막한 경우, 송금이 느린 편인 은행보다는 웨스턴 유니언, 머니 그램 등 다양한 환전소 혹은 한국 여행사와 식당 등을 통해 송금을 받아 해결하는 것도 방법입니다.

5. 와이파이(Wi-Fi)가 있는 지역에서는 카톡, 페이스북 메신저 등 다양한 방법을 이용하여 사고를 해결하는 게 좋습니다.
국내에서 네팔로 전화할 때 아래와 같은 방법으로 합니다.
국가 번호 + 0을 뺀 지역 번호 + 고유 전화번호
예) 카트만두 : 977-1-(1234567)
   포 카 라 : 977-61-(1234567)
   휴대 전화 : 977-98510-(1234567)

6. 이외에 네팔 한인회, 한인 교회 등에서도 꼭 필요한 중요한 일인 경우 일정 부분 도움과 상담을 받을 수 있습니다.

◎ 네팔에서의 인터넷과 전화의 이용에 대해 알고 싶습니다.

락이 풀린 전화기를 준비하여, 공항 혹은 타멜 등에서 심 카드를 사서 필요한 만큼 충전해서 쓰면 됩니다. 유사시를 대비하여 산에 들어가게 되어도 전화를 사용할 수 있도록 충분한 전화 요금을 준비 해두면 좋습니다.

네팔 텔레콤(NEPAL TELECOM)의 나마스테(Namaste)와 앤셀(Ncell)을 주로 쓰는데, 지역마다 통신 품질이 다르고, 에베레스트 남체, 안나푸르나 좀솜 등을 지나면 산에서 전화는 되나 인터넷은 안됩니다.

지역 전화번호: 카트만두 (01), 포카라 (061), 룸비니 (071)

◎ 네팔의 전압 등 전기 상황에 관해 알고 싶습니다.

네팔은 우리와 마찬가지로 220볼트이므로 한국산 그대로 사용이 가능합니다. 그러나 네팔은 50HZ 한국은 60HZ이며, 네팔의 전기 품질이 고르지 못해 간혹 정밀 기계는 오작동하므로 주의해야 합니다.

수도인 카트만두도 하루 10시간 가까이 정전이 자주 됩니다.

◎ 네팔의 우편 제도에 대해 알고 싶습니다.

우편물이 한국 등 외국의 수취인에게 도달하는 데는 10~20일 소요되지만, 배달된 물건이 사라지는 사고도 빈번합니다. EMS 사용 시에도 주소가 아닌 P.O.Box로 먼저 가게 되고, 우체국에서 세금 등을 징수한 후 짐을 줍니다.

EMS는 물론 일반 개인 국제 화물 역시 포장과 배송 등에 상당히 복잡한 과정을 거치게 되므로 주의해야 합니다.

◎ 네팔의 치안은 어떤가요?

치안은 외국인에게는 특히 좋으나 항상 소지품에 주의를 기울여야 합니다. 상황 발생 시 뒷일은 피차 생각하기 어려우니 최선을 다해 잘 대응해야 합니다.

◎ 네팔의 물가 그리고 산행 중의 물가에 대해 알고 싶습니다.

네팔은 세계 최고 수준의 가난한 산악 국가입니다. 그런데 전기세, 수도세, 전화료, 통신 요금 등 기본적인 모든 것이 세계적으로도 가장 비싼 편에 들어갑니다. 전기는 늘 정전이고, 물도 그렇고 통신 품질도 안 좋은데 가격은 매우 비쌉니다.

식료품 및 공산품의 가격은 괜찮은 편인데, 정확한 가격을 알고 싶으면 항상 텔레비전에서 모든 게 다 있는 곳이라고 광고하는 네팔 기준 초대형 슈퍼마켓인, 카트만두와 포카라의 바바뜨니에서 장을 보고, 그 가격을 기준으로 현지 로컬 시장 물가를 가늠해보면 됩니다.

네팔 현지 물가의 실제 가치를 알고 싶은데 감이 잘 안 올 경우 네팔 화폐인 루피에 00을 더 붙여보면 원화로 어느 정도 가치가 되는지 가늠할 수 있습니다. 예를들어 포터 인건비 1인 15달러는 대략 1,700루피인데(2017년 4월 기준 1달러당 110루피) 실제 체감 가치는 170,000원 정도입니다.

비록 일이 매일 있지는 않지만 가이드, 포터들도 네팔 기준 고소득 직군에 들어가는 편이고, 드물지만 부지런히 산행 스태프로 일해서 산간 마을이나 대도시에 작은 호텔이나 식당을 시작해서 큰 부자로 성공한 사람들도 많습니다.

현지 여행 시에 지불을 요구하는 액수에 00을 붙이는 것을 생활화하 면, 네팔 현지에서 지불해야 할 다양한 경우의 외국인 차별 가격에 대해서도 잘 대응할 수 있게 되고, 가이드, 포터 등 스태프의 고용에 대해서도 단순히 힘들고 고된 불쌍한 직업이라는 선입견보다는, 네팔 기준으로 전문적이며 고소득 직종이라는 생각에 적합한 서비스를 요구할 수 있게 됩니다.

그러나 한국 에이전시에서 한국인 가이드에게 서비스를 받는 경우나, 한국 음식 등을 먹게 되는 경우는 한국의 물가와 운송비 등에 준해 서비스 사용료를 내는 것으로 한국보다 비싼 가격이 청구되는 것이 맞습니다.

또 한국인의 약점인 감정적이고 즉흥적인 지출은 피하고, 지불에 대한 정확한 서비스를 요구하며 구두보다는 명세서와 간략한 계약서 등을 명확히 받아두는 것이 좋습니다. 흔히 만나게 되는 산골 마을의 로지나 도시의 호텔 주인들의 경제력은 보기와는 달리 한국의 중상류층 이상이며, 파는 물건이나 서비스들도 외국인들에게는 열악한 품질 대비 초고가이므로 일정 부분 엄격한 지출 통제가 필요합니다.

◎ 네팔에서의 질병 발생 시 어떻게 해야 할까요?

네팔에서는 대개의 질병이 물에서 오는 경우가 많고, 저지대에서 모기, 개미 등에 물리는 경우 발생하는 전염병이 주를 이루는 경우가 많습니다. 운이 없으면 차량 사고도 날 수 있고 개에게 물리거나 넘어져서 다치는 등 사고는 다양합니다.

네팔에서 판매되는 인도제 의약품이 의외로 정확하고 좋기는 하지만 한국인에게는 잘 안 듣는 경우도 많습니다.

개인 응급 처치함을 준비해서 소독약, 진통 소염제, 몸살 감기약, 설사약, 소화제, 알레르기 연고 등과 간단한 물파스, 반창고 등을 충분히 준비하는 등 만반의 준비를 해두는 것이 좋습니다.

대도시에서는 항상 생수를 마시고, 해발 2,000m 이하 산에서는 물을 정수한 후 다시 차나 보리 등을 넣어 재차 끓여 마시는 것이 좋습니다. 우기에는 특히 콜레라, 장티푸스 등에 대비하여 모든 음식을 끓여 먹어야 합니다.

등반 중 발생하는 고산병 관련 의약품은 카트만두, 포카라 등 현지 약국, 등산 장비점들과 남체 등에서도 구입할 수 있습니다. 여행자 보험을 들어두고, 일행이 많은 경우는 헬리콥터 후송에 대한 보험도 들어두는 것이 현명합니다.

해외여행 보험에 가입했으면 여행자 보험과 신용 카드의 소유 여부를 알리고, 반드시 충분히 준비해두어야 합니다. 질병 발생 시 병원에서 영수증과 의사 소견서를 받아서 귀국 후 30일 이내에 보험 회사에 제출하면 됩니다.

외국인에게는 많은 병원비가 청구되므로, 잘 살펴서 부당한 청구에 대해 할인을 요구할 수도 있습니다.

간혹 가이드 혹은 포터가 산에서 쓰러져 치료가 요구되는 경우가 있습니다. 치료비는 손님에게 청구되는 경우가 많고, 등산 스태프들의 생사가 오가는 일로 헬리콥터 등을 불러도 신용 카드의 승인이 떨어지거나, 스태프 본인의 보험 번호가 확인이 되지 않으면 오지 않으므로 스태프를 고용한 손님에게 선택의 상황이 발생합니다. 스태프의 보험도 잘 들었는지 확인해야 합니다. 15일 약 15달러 정도.

산행 시작할 때 안색을 잘 살펴서 너무 나이가 많거나, 술을 즐기는 경우는 고용하지 않는 것이 좋습니다. 술을 마시는 트레커 들은 목표지에 오르는 경우가 거의 없고 일행들에게 항상 피해를 줍니다. 스태프들도 마찬가지 입니다. 못 마시게 하고 마시면 해고하는 것이 현명합니다.

응급 상황 시 연락처

- 한국—네팔 친선 병원 663-3442
- 한국 대사관(427-0172, 427-0417)

네팔 경찰 및 앰블런스 서비스

- 네팔 구급차 앰뷸런스(Ambulance) 102
- 레드 크로스 앰뷸런스(Redcross Ambulance Service) 422-8094
- 네팔 경찰(Police Control) 100
- 카트만두 경찰〔Metropolitan Police Range (Kathmandu)〕
  426-1945, 426-1790
- 카트만두 관광 경찰(Bhrikutimandap Kathmandu) 424-7041
- 교통경찰(Traffic Police Hotline) 103

네팔 주요 병원

- Tilganga Eye Hospital-Kathmandu 442-3684

- Bir Hospital-Kathmandu 422-3807, 422-1988
- Nepal Police Hospital-Kathmadu 441-2430, 441-2530
- TU Teaching Hospital-Kathmandu 441-2404, 441-2505
- Grande International Hospital-Kathmandu 515-9266, 515-9267
- Gangalal National Heart Centre-Kathmandu 437-1322, 437-1374
- Vayodha Hospital-Kathmandu 428-6428, 428-1666
- Teku Hospital-Kathmandu 425-3396
- Patan Hospital-Patan 552-2278, 552-2266
- Bhaktapur Hospital-Bhaktapur 661-0676
- Mental Hospital-Lalitpur 552-1333
- Kanti Children Hospital-Kathmandu 441-4798, 442-7452
- Kathmandu Model Hospital-Kathmandu 424-0805
- B&B Hospital- Gwarko Lalitpur 553-1933,
- Norvic International Hospital- Kathmandu 425-8554, 421-8230
- Martyr Gangalal National Heart Centre 437-1322, 437-1374
- Life Care Hospital 422-7735, 425-5330

◎ 해외여행자 보험을 들고 싶어도 스포츠나 고산 등반에 대해서는 보험을 들어주지 않거나 보험료 지급을 거절합니다. 어떻게 해야 할까요?

EBC, 안나푸르나 라운드만 해도 일반적인 보험사의 여행자 보험으로는 보험 가입이 어렵거나 들었어도 보상 받는 것이 어려운 것이 사실입니다. 그러나 세상에는 그런 사람들을 위한 특이한 보험도 있습니다.

아래의 보험사들은 6,000m 이하의 고산 등반에 대한 보험도 들어주고, 헬리콥터와 병원 이송 후의 치료비 전액을 지불해 줍니다. 보험답게 여행 취소나 분실 등에 대해서도 보장을 해줍니다. 여유가 된다면 이런 종류의 보험을 들어두는 것이 좋습니다.

전 세계적으로 가장 평이 좋은 회사는 월드 노매드입니다. 익스트림 트레커들에게는 가장 익숙한 회사입니다. 한국인의 경우 50일 정도 2명인 경우 350달러 정도의 비용이 들어가는데, 강력한 보장 내용 대비 괜찮다고 생각합니다. 이외에 트루 트래블러나 부파(Bupa)도 좋은 보험인데 보험료가 더 높은 편입니다.

6,000m 정도의 피크를 오르거나 GHT를 하는 정도 혹은 5,000m 이상의 패스를 여러 번 가야 하는 챌린지가 있는 경우는 반드시 이러한 특수한 여행자 보험을 들어두는 것이 필수입니다. 인터넷 가입이 가능하므로 충분히 숙고하여 들어두는 것을 진심으로 권합니다.

- WorldNomads. (https://www.worldnomads.com)
- http://www.ihi.com
- The True Traveller

여행보험나라 등 여행자 보험 대행사를 이용하여 국내의 여러 보험을 비교한 후 가입합니다. 동부화재, 삼성화재가 유리한 편입니다. 각자의 상황에 맞춰 준비합니다.

◎ 네팔의 대지진에 대해 알고 싶습니다.

2015년 4월 25일 낮 12시경 일어난 진도 7.8의 대지진은 수도 카트만두는 물론 네팔 전 지역에 엄청난 피해를 주었습니다.

수천 채의 집들이 완파되고 재산상의 피해는 물론, 사망 8,500명 이상, 수만 명의 사람이 부상하고 에베레스트 베이스캠프에 미무르던 등신가들 18명도 사망했고, 수많은 도로와 등산로들도 파손되었습니다.

2015년 5월 12일 여진으로 수백 명이 더 사망했고 카트만두 밸리의 수많은 국제적으로 유명한 관광지의 유적들도 파손되었다. 국제적인 원조가 엄청나게 쏟아졌지만 효율적으로 집행되지는 않았고, 대재앙 후에 네팔 국민들의 평온한 마음도 많이 달라졌고, 뭔가 그전의 분위기와는 많이 다릅니다.

관광객들이 내내 사라졌다가 서서히 돌아오고는 있지만, 아직 완전히 정상치를 되찾지는 못했습니다. 어렵게 찾아오는 외국인에 대한 보답으로 느껴지는 건 무스탕에 대한 입산료 인하 외에는 없는 것 같습니다. 2017년 4월 현재 대부분의 등산로들이 복구되었고, 트레킹하는 데 애로가 있다는 소식은 그리 들리지 않고 있습니다.

대지진과 관련하여 수많은 이야기들이 있고, 등반 도중에 많은 개인적인 이야기들을 하다 보면 뭔가 감정적인 사건에 휘말리는 단초가 되기도 합니다. 2015년 대지진에 관한 것은 네팔 설산 등반 및 일반 대화에 있어서 금기로 해야 할 주제입니다.

◎ 네팔의 숙소는 어떤가요?

네팔에도 5성급 시설의 호텔들이 카트만두와 포카라에 많이 있습니다다. 고급 호텔로는 카트만두에 하얏트, 솔티, 야크&예티, 레디슨, 안나푸르나가 있고 포카라에 풀바리, 피시테일 등이 있습니다. 가격대는 100~350달러 사이입니다.

중저가 호텔들도 최근에 많이 생기고 있고, 전통적으로 배낭 여행객들에게 인기 있는 게스트 하우스와 로지도 많습니다. 이외에 한국 교민들과 여행사들이 운영하는 게스트 하우스나 민박들도 가격 대비 훌륭하므로 여행 정보와 장비 및 음식 등을 필요로 하는 이들에게 많은 도움을 받을 수 있습니다.

카트만두는 공항에서 타멜까지 택시 요금으로 약 300~400루피 정도, 포카라는 공항에서 레이크 사이드까지 택시 요금으로 200루피 정도면 무난합니다. 포카라는 잘 걷는 사람들은 슬슬 걸어가도 될 정도로 레이크 사이드에서 아주 멀지 않습니다.

호텔의 가격들은 부킹닷컴(Booking.com), 아고다 등의 유명 숙소 전문 사이트들의 특가를 기준으로 하고 수수료 부분을 감안하여 할인을 요구하면 대충 가격이 맞는데 카트만두의 타멜 지역, 포카라의 레이크 사이드를 기준으로 찾으면 됩니다.

◎ 네팔의 주식은 무엇인가요?

네팔의 주식도 쌀입니다. 산사람들은 감자, 고구마, 옥수수를 주식으로 하루 1~2번 식사합니다. 주식은 달밧이라고 합니다. 무제한으로 밥을 줍니다. 원래는 오른손으로 먹지만 관광객들에게는 숟가락을 줍니다.

최근에 중국 사람들이 많아져서 온통 중국 식당이라 음식 선택의 폭이 넓어졌습니다. 서양인 관광객이 항상 많아서 양식 요리는 자주 찾을 수 있습니다. 티베트 요리 중 한국인과 잘 맞는 갖가지 속을 넣은 여러 종류의 만두(모모), 우동류인 뚝바, 수제비 같은 뗀뚝, 면을 볶은 초유멘 등도 대중적인 요리입니다. 인도 음식점들도 많이 있고, 특이하게도 솜씨 좋은 일식집도 많이 있습니다.

한국 음식점은 정원, 빌라 에베레스트, 대장금, 경복궁, 섬, 짱 등이 성업 중입니다.

◎ 마지막으로 여행할 때 주의해야 할 점은 뭐가 있나요?

1. 만취할 정도까지 음주는 자제합니다.
2. 주문한 음식과 술은 가급적 기억합니다.
3. 메뉴와 실제 청구된 계산서 가격을 꼼꼼히 확인합니다.
4. 위의 사례처럼 바가지 계산서로 위협을 가한다면 관할 경찰서로 바로 신고하면 가장 빠르게 경찰의 도움을 받을 수 있습니다.
   〔신고 전 현재 자신의 위치가 어딘지 확인 필요, 영어 통역이 필요할 경우 외교부 영사콜센터 통역지원서비스 활용
   (https://www.0404.go.kr/callcenter/callcenter_intro.jsp)〕

- 범죄신고: 100
- 카트만두 관광 경찰서 : 01) 424-7041
- 깔리마티 관할 경찰서 : 01) 428-0630
- 마하라즈건즈 관할 경찰서 : 01) 437-2141
- 버이시파티 관할 경찰서 : 01) 559-0684
- 넉쿠촉 관할 경찰서 : 986-091-9232
- 사네파 관할 경찰서 : 01) 552-2161
- 잠시켈 관할 경찰서 : 985-128-1161
- 자월라켈 관할 경찰서 : 01) 555-1055, 552-1207
- 넉키폿, 사또바또 관할 경찰서 : 01) 555-4220
- 넉살(발루와딸) 관할 경찰서 : 01) 441-1210
- 포카라 관할 경찰서 : 06) 153-8633, 152-0100
- 공항 관할 경찰서 : 01) 447-5304

5. 이외 긴급한 도움이 필요할 경우 대사관 긴급 전화(+977 985 103 3178)
   로 연락하여 대사관의 도움을 받기 바랍니다.

◎ 인터넷 및 전화

전화와 인터넷이 가능합니다. 네팔 텔레콤 나마스테(Namaste), 앤셀
(Ncell)이 네팔 대부분의 곳에서 통화는 가능하나, 입산 후 에베레스트는 탕
보체 이후, 안나푸르나는 마낭 이후로 인터넷은 불통입니다.

◎ 한국으로의 전화

00(혹1445) + 82(한국 국가 번호) + 0을 뺀 지역번호 + 전화번호
예) 한국 번호 010-8888-9999 이면 00 82 10 8888-9999 순서로 누
릅니다.

도심에서는 카톡 전화, 페이스북 전화 등을 사용할 수 있습니다.

락이 풀린 전화기를 가지고 와서 심 카드를 사서 50루피나 100루피 단위로 충전해서 씁니다. 길 가다 구멍가게 등에서 손쉽게 충전할 수 있습니다.

심 카드 등을 공항이나 카트만두 등에서 사서 준비는 해둡니다.

통신사 2곳이 돌아가면서 터지기도 하고 안 터지기도 해서 현지인들은 더블 심 카드를 꽂아서 씁니다.

◎ 심 카드의 구입

락이 풀린 전화기를 준비하여, 네팔 통신사들의 대리점 및 취급점에서 여권 사진면과 비자 복사면, 사진 2장을 준비하여 심 카드를 구매해 전화를 개통합니다. 이후 동네 가게 등에서 전화 카드를 구입하거나 전자 충전 방식으로 로드를 구매하여 쓰면 됩니다.

다울라기리 8일차

마나슬루 9일차

칸첸중가 탄싱전망대

마칼루BC

초오유 6번 호수 BC

초오유 6번 호수 BC

초오유 BC

EBC

EBC

로체 사우스 BC

카투만두 빌라 에베레스트, 엄홍길 대장과 정광식 선배님과 같이한 저자들.
책이 나오면 꼭 전해드리기로 굳은 약속을 한 얼마 뒤 사고로 돌아가신 정광식 선배님의 명복을 빕니다.
선배님 저희는 약속을 지켜 책을 엄홍길 재단에 보내 드리겠습니다.
선배님 수니따는 제가 쿰부에 오가며 한번씩 들여다 보겠습니다.

평범한 사람들의 히말라야 14좌 ①

1판1쇄발행 2018년 6월 12일
지은이 최찬익, 서지나
발행인 도영
내지 디자인 손은실
표지 디자인 신병근
마케팅 김영란
편집 및 교정 교열 김미숙
발행처 그러나 등록 2016-000257
주소 서울시 마포구 동교로 142, 5층(서교동)
전화 02) 909-5517
Fax 0505) 300-9348
이메일 anemone70@hanmail.net
ISBN 978-89-98120-48-1
ISBN 978-89-98120-47-4 (세트)
ⓒ 최찬익, 서지나

• 이 도서의 국립중앙도서관 출판예정도서목록(CIP)은
  서지정보유통지원시스템 홈페이지(http://seoji.nl.go.kr)와
  국가자료공동목록시스템(http://www.nl.go.kr/kolisnet)에서 이용하실 수 있습니다.
  (CIP제어번호 : 2018017009)